제니쌤의 오픽 편의점

제니 · 시원스쿨어학연구소 지음

시원스쿨 **LAB**

제니쌤의 오픽 편의점

초판 1쇄 발행 2025년 12월 2일

지은이 제니·시원스쿨어학연구소
펴낸곳 (주)에스제이더블유인터내셔널
펴낸이 양홍걸 이시원

홈페이지 www.siwonschool.com
주소 서울시 영등포구 영신로 166 시원스쿨
교재 구입 문의 02)2014-8151
고객센터 02)6409-0878

ISBN 979-11-7550-047-1 13740
Number 1-110702-26269900-08

이 책은 저작권법에 따라 보호받는 저작물이므로 무단복제와 무단전재를 금합니다. 이 책 내용의 전부 또는 일부를 이용하려면 반드시 저작권자와 ㈜에스제이더블유인터내셔널의 서면 동의를 받아야 합니다.

머리말

"영어로 말하고 싶은데, 막상 입이 안 떨어져요."

수많은 학생들이 제게 이렇게 말하곤 합니다.

문법도 공부했고, 단어도 외웠는데 말이 나오지 않는 이유,
그건 '실력'의 문제가 아니라 '방법'의 문제예요. 우리는 대부분 영어로 '말로 익히는 훈련'을 제대로 받아본 적이 없기 때문이죠.

저 역시 유학생 시절, 말문이 트이기까지 정말 오랜 시간이 걸렸습니다.
책 속의 표현을 암기하는 것보다 내가 실제로 쓸 수 있는 문장을 입으로 풀어내는 건 훨씬 어렵다는 걸 깨달았어요.

그래서 저는 그때부터 고민했습니다.
"어떻게 하면 누구나 자연스럽게 영어를 말할 수 있을까?"

그 질문에 대한 답을 찾기 위해 10년 넘게 연구해왔고, 그 결과물이 바로 이 <제니쌤의 오픽 편의점>입니다. 이 책은 단순한 '오픽 수험서'가 아닙니다. 시험 점수 만을 위한 영어가 아니라, 내 이야기를 영어로 말하는 힘을 기르는 종합서입니다.

오픽 IM 등급을 목표로 하는 분들은 짧고 명확한 문장부터 차근차근 쌓아가며 '말의 틀'을 익히게 될 거예요. IH 등급 이상을 목표로 하는 분들은 단어 하나로 이야기에 생기를 불어넣고, 경험을 자연스럽게 풀어내는 방법을 배우게 될 겁니다.

공부를 시작하는 건 언제나 막막하지만, 방향이 명확하면 두려움은 사라집니다.
이 책이 여러분에게 "말하기는 감각이다"라는 확신을 심어주는 든든한 길잡이가 되길 바랍니다.

여러분의 입에서 "어? 나 지금 영어로 말하고 있네?"
그리고 어느새, "내가 원하던 등급을 받았네!"라고 말하는 그 순간까지,
진심을 담아 응원할게요.

제니 드림

목차

왜 「제니쌤의 오픽 편의점」인가?	6
이 책의 구성과 특징	8
제니쌤 20일 학습플랜	10

1 OPIc 시험 공략 가이드 12

2 OPIc 필수 패턴 20 30

3 기본주제 38
- 01 자기소개(학생) 42
- 02 자기소개(직장인) 44

4 선택주제 46
- 01 집 54
- 02 쇼핑하기 68
- 03 TV/리얼리티쇼 시청하기 82
- 04 영화 보기 94
- 05 음악 감상하기 104
- 06 국내여행/해외여행 114
- 07 집에서 보내는 휴가 128

5 돌발주제 138
- 01 음식점 148
- 02 인터넷 162
- 03 재활용 176
- 04 건강 190
- 05 지형 204
- 06 가족/친구 218
- 07 패션 230
- 08 휴대폰 240
- 09 산업 254

6 롤플레이 268
- 01 상점 278
- 02 모임 286
- 03 호텔 294
- 04 건강 302
- 05 음식점 310
- 06 휴대폰 318
- 07 여행 326
- 08 교통(렌터카) 334

7 AL 고난도 342
- 01 집 344
- 02 음식점 348
- 03 휴대폰 352
- 04 산업 356
- 05 인터넷 360
- 06 지형 364

온라인 부가자료 lab.siwonschool.com

- 본서 음원 MP3
- 실전모의고사 문제 영상 및 해설강의
  (도서 내 쿠폰번호 제공)
- 레벨별 제니쌤 실제 모범답변 QR특강
  (236강, 도서 내 모범답변 QR코드 스캔)
- 오픽 총정리 강의(6강, 제니 오픽 유튜브 채널)

왜 「제니쌤의 오픽 편의점」인가?

1 없는 거 빼고 다 있는 오픽 종합서

- 최빈출 기출 Combo부터 필수 어휘, 모범답변까지 오픽 목표 등급에 필요한 건 다 담은 종합서
- 목표 등급에 꼭 필요한 것만 쉽고 빠르게 학습

2 오픽 IM부터 AL까지 목표 등급 맞춤 학습

- IM1과 IM2-3 등급을 구분하는 「IM 보장 답변」 가이드라인 제시
- IH에서 AL로 등급 올리는 「이거 쓰면 AL」 전용 표현 전수

3 최빈출 & 고난도 기출 Combo로 모든 질문 완벽 대비

- 주제별 기출 Combo를 총정리해 모든 질문에 완벽 대비 가능

4 실제 모범답변 QR특강 236강 무료 제공

- 도서 내 QR코드 스캔으로 제니쌤의 실제 IM 및 IH-AL 레벨별 답변 영상 바로 재생
- 레벨별 모범답변의 답변 시간과 스피킹 스킬까지 함께 학습

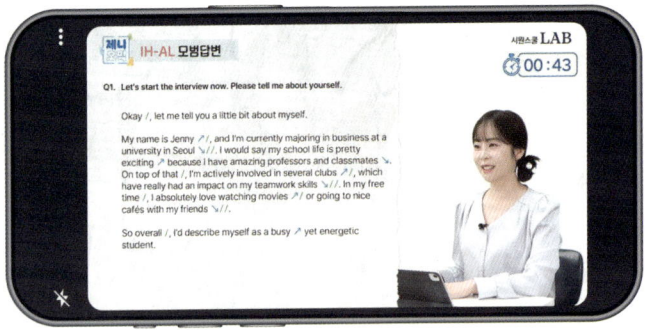

5 오픽 AL 만점강사 제니쌤의 AL 비법 대공개

- 오픽 맞춤 필수 문장 패턴과 답변 아이디어 브레인스토밍 방법 공개
- 암기식이 아닌 영어 말하기 기본기를 탄탄하게 하는 노하우 전수

6 오픽 총정리 유료강의 무료 공개

- 주제별 필수 어휘&모범답변 몰아보기 강의를 제니쌤 유튜브 채널에서 무료 제공 (일부 공개, 6강)
- 실전모의고사 문제&해설강의 무료 제공 (도서 구매 시, 도서 내 쿠폰번호 제공)

7 최신 출제 경향 완벽 반영

- 최신 출제 패턴을 철저히 분석하여 모든 문제에 반영

8 <제니쌤의 오픽 편의점> 저자 직강 (유료)

- IM부터 AL까지 목표 등급에 따라 필요한 것만 골라 학습
- 다양한 주제에 활용할 수 있는 <OPIc 필수 패턴 20> 특강 제공
- 강의 패키지 구매 시, 워크북(모범답변 빈칸 채우기) 및 오픽 필수 어휘 핸드북(PDF) 특별 제공
- 강의 패키지 구매 시, 제니쌤이 직접 관리하는 실시간 카톡 스터디 서비스 제공

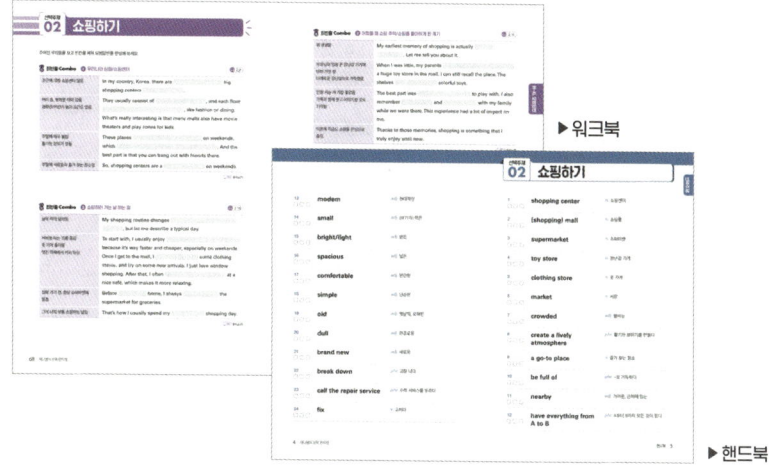

▶ 워크북

▶ 핸드북

이 책의 구성과 특징

OPIc 필수 패턴

오픽을 본격적으로 학습하기에 앞서, 답변에서 자주 쓰이는 문장 패턴을 익힐 수 있습니다. 적은 수의 문장 패턴만으로 다양한 문장을 만들어 보고, 이를 바탕으로 실제 답변에 바로 활용할 수 있는 문장까지 자연스럽게 확장해 볼 수 있습니다.

주제별 최빈출 기출 Combo

주제별로 가장 자주 출제되는 최빈출 기출 Combo를 문제은행 형식으로 정리한 코너입니다. 목표 등급 달성에 반드시 필요한 필수 문제부터 고난도 문제까지 한눈에 확인할 수 있어, 기출 경향을 정확히 파악하고 시험을 효율적으로 대비할 수 있습니다.

문제 유형

각 주제별로 최빈출 문제와 고난도 문제 유형을 미리 살펴볼 수 있습니다. 실제 시험에서 자주 출제되는 문제를 사전에 파악하고 미리 준비할 수 있습니다.

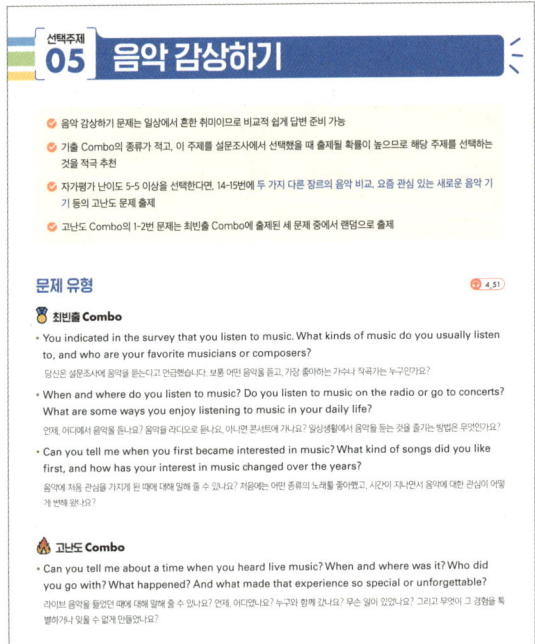

필수 어휘 & 표현

모범답변을 학습하기에 앞서, 주제별로 자주 사용되는 필수 어휘와 표현을 먼저 학습합니다. 모범답변에 등장하는 어휘는 물론, 각 주제와 관련된 추가 어휘까지 함께 제공하여 더욱 풍부하고 완성도 높은 답변을 준비할 수 있습니다.

답변 아이디어 노트

문제별로 핵심 아이디어를 정리할 수 있는 답변 아이디어 노트를 제공합니다. 논리적인 답변 흐름을 구성하여 체계적인 답변을 만들 수 있습니다.

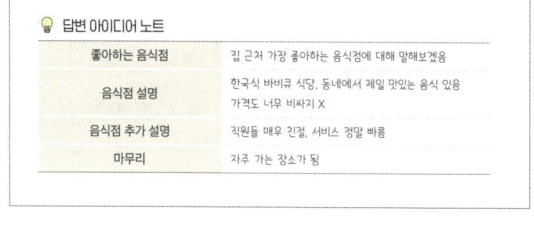

제니쌤 모범답변

목표 레벨별 모범답변을 모두 제시하여 원하는 등급에 맞춰 답변을 선택해 학습할 수 있습니다. IM1 보장 답변과 AL 전용 표현을 함께 제공해 세분화된 답변 가이드를 제공합니다.

또한, 각 모범답변 상단의 QR코드를 통해 제니쌤의 실제 답변 영상을 바로 시청할 수 있으며, 답변 시간과 스피킹 스킬까지 한눈에 확인할 수 있습니다. 모든 QR특강을 모은 전체 영상은 제니쌤 유튜브 채널에서 확인할 수 있습니다.

제니쌤 20일 학습플랜

IM 등급 목표

- 각 주제별 필수 어휘&표현 반드시 암기하기
- 최빈출 Combo를 숙지하고, 관련 답변 스크립트 반드시 준비하기
- 주제와 상관없이 활용 가능한 만능 문장을 자연스럽게 말할 수 있도록 반복 연습하기
- 어려운 표현보다는 짧고 단순한 문장을 사용하여 완전한 구조의 답변으로 말하기

DAY 1	DAY 2	DAY 3	DAY 4	DAY 5
OPIc 시험 공략 가이드 OPIc 필수 패턴 20 기본주제 자기소개	선택주제 집 쇼핑하기 TV/리얼리티쇼 시청하기	선택주제 영화 보기 음악 감상하기 국내여행/해외여행	선택주제 집에서 보내는 휴가 돌발주제 음식점 인터넷	돌발주제 재활용 건강 지형

DAY 6	DAY 7	DAY 8	DAY 9	DAY 10
돌발주제 가족/친구 패션 휴대폰	돌발주제 산업 롤플레이 상점 모임	롤플레이 호텔 건강 음식점	롤플레이 휴대폰 여행 교통(렌터카)	실전모의고사

 **IH-AL 등급 목표**

- 자가평가에서 5-5 이상 난이도 선택하기
- 선택주제는 기본적으로 준비하면서, 돌발주제와 AL 고난도 문제에 비중을 두고 연습하기
- 무작정 많이 말하기 보다는, 한 문장 안에 심화된 표현과 어법을 사용해서 말하기
- 또박또박 말하기보다는 연음을 활용해 자연스럽고 유창하게 말하면서 발화량을 늘리는 연습하기

DAY 1	DAY 2	DAY 3	DAY 4	DAY 5
OPIc 시험 공략 가이드 OPIc 필수 패턴 20 기본주제 자기소개 선택주제 집	선택주제 쇼핑하기 TV/리얼리티쇼 시청하기 영화보기	선택주제 음악 감상하기 국내여행/해외여행 집에서 보내는 휴가	돌발주제 음식점 인터넷 재활용	돌발주제 건강 지형 가족/친구

DAY 6	DAY 7	DAY 8	DAY 9	DAY 10
돌발주제 패션 휴대폰 산업	롤플레이 상점 모임 호텔 건강	롤플레이 음식점 휴대폰 여행 교통(렌터카)	AL 고난도 집 음식점 전화기	AL 고난도 산업 인터넷 지형 실전모의고사

OPIc 시험 공략 가이드

- **01** OPIc 시험 소개
- **02** 시험 진행 순서
- **03** 사전 설문조사(Background Survey)
- **04** 자가 평가(Self-Assessment)
- **05** 등급 체계
- **06** 제니쌤 추천! 사전 설문조사 & 자가 평가
- **07** 문제 출제 공식
- **08** 목표 레벨별 제니쌤 학습 전략
- **09** 제니쌤 스피킹 스킬 특강

한 눈에 보는 오픈

대화 형식의 말하기 시험
컴퓨터/인터넷 기반의 응시자 친화형 말하기 평가

개인 맞춤형 문제 출제
Background Survey를 통한 관련 문제 출제

60

시험 시간 60분
오리엔테이션 20분
본 시험 40분
답변 시간에는 제한 없음

12-15

12~15개의 문항
선택 주제 2세트
돌발 주제 2세트
롤플레이 1세트
*선택한 난이도에 따라 달라질 수 있음

7

다양한 언어
영어, 중국어, 러시아어, 스페인어, 한국어, 일본어, 베트남어 오픽 시험 시행

5

5일 후 성적 확인
채용 시즌에는 조기 발표 등 유동적 성적 발표 기간

세분화된 성적 등급
Novice Low 등급부터 Advanced Low 등급까지 나뉨
*Intermediate Mid 등급은 3단계로 제공(IM1 < IM2 < IM3)

절대평가
ACTFL 말하기 기준에 따라 평가

01 OPIc 시험 소개

OPIc 기본 정보

OPIc(Oral Proficiency Interview - Computer)이란?

OPIc은 1:1로 사람과 사람이 인터뷰하는 듯한 말하기 시험으로서, 최대한 실제와 가깝게 만든 인터넷 기반(iBT)의 수험자 친화형 외국어 말하기 평가입니다. 단순히 문법이나 단어 등을 얼마나 많이 알고 있는가를 측정하는 것이 아니라, 실제 생활에서 얼마나 효과적이고 또 적절하게 해당 언어를 사용할 수 있는가를 측정하는 객관적인 언어 평가 도구입니다. 우리나라에서는 2007년에 최초 시행되어 현재 약 1,700여 개 기업과 기관에서 채용 및 인사고과 등에 활발하게 활용하고 있습니다. 영어에서부터 중국어, 일본어, 스페인어, 러시아어, 한국어, 베트남어에 이르기까지 총 7개 언어에 대한 평가를 제공합니다.

평가 언어	7개 언어 (영어, 중국어, 일본어, 스페인어, 러시아어, 한국어, 베트남어)
시험 시간	총 60분(Orientation 20분 + 본 시험 40분) - 문항 청취 시간 제외, 약 30-35분 간 답변 녹음
문항 수	12~15문항
시험 특징	• 개인 맞춤형 평가 • 실제 인터뷰와 흡사하여 수험자의 긴장 완화 • 문항별 성취도 측정이 아닌 종합적 평가 • 회화 능숙도 평가 • 신속한 성적 처리
문항 유형	• Background Survey를 통한 개인 맞춤형 문제 출제 • 직업, 여가 생활, 취미, 관심사, 스포츠, 여행 등에 대한 주제
평가 등급	Novice Low 등급부터 Advanced Low 등급까지 있으며, 특히 Intermediate Mid 등급을 세분화하여 제공 (IM1 < IM2 < IM3)
평가 영역	• 과제 수행 / 기능 (Global Tasks / Functions) • 문맥 / 내용 (Context / Content) • 정확도 / 의사전달 능력 (Accuracy / Comprehensibility) • 문장 구성 능력 (Text Type)
시험 규정 (25일 규정)	OPIc, OPIc Writing, OPIc L&R에 응시한 모든 수험자는 최근 응시일로부터 25일 경과 후의 시험에 응시 가능한 제도. 단, 각각의 시험에는 한 언어당 1회에 한하여 25일 이내의 시험에 응시할 수 있는 Waiver 제도가 있으므로 OPIc 공식 홈페이지의 '25일 규정 계산기'를 활용해 확인하는 것을 추천

평가 목적과 평가 영역

OPIc의 평가 목적은 아래와 같습니다.

- 수험자가 외국어를 활용해 어떤 일을 할 수 있는지 측정하는 것
- 실생활의 목적들과 연관하여 언어 기술을 사용할 수 있을지 측정하는 것

수험자가 얼마나 오랫동안 외국어를 학습했는지, 언제, 어디에서, 어떤 이유로 어떻게 습득하였는지보다는 수험자의 본질적인 언어 활용 능력을 측정하는 데에 초점이 맞춰져 있다는 것을 알 수 있습니다.

상세한 평가 영역은 총 4가지이며 아래와 같습니다.

- **과제 수행 / 기능 (Global Tasks / Functions)**
  특정 과제를 수행하기 위한 언어 능력 측정
- **문맥 / 내용 (Context / Content)**
  과제 수행을 하기 위해 사용하는 언어 문맥 및 내용의 범위
- **정확도 / 의사전달 능력 (Accuracy / Comprehensibility)**
  답변의 보편적 이해도, 정확성, 수용성 측정 - Grammar/Vocabulary, Fluency/Pronunciation, Pragmatic Competency, Sociolinguistic Competency
- **문장 구성 능력 (Text Type)**
  답변의 길이와 구성 능력(단위: 단어, 구, 문장, 접합된 문장들, 문단)

우리가 흔히 알고 있는 문법(Grammar), 어휘(Vocabulary), 발음(Pronunciation) 등의 요소는 위 평가영역 중 하나의 영역에 포함된 요소에 불과한데, OPIc은 총체적이고 다면적인 언어 수행 능력을 평가하는 시험이라는 것을 보여줍니다.

평가 방식

OPIc은 절대평가 방식으로 진행됩니다. 수험자가 녹음한 답변은 시험 주관인 ACTFL 공인 평가자(OPIc Rater)에게 전달되며, 평가자는 *ACTFL의 말하기 기준(Proficiency Guidelines Speaking: Revised 2012)에 따라 수험자에게 등급을 부여합니다.

* **ACTFL의 말하기 기준(Proficiency Guidelines Speaking: Revised 2012)이란?**
  말하기 능숙도(Oral Proficiency)에 대한 ACTFL의 공식 언어능력 기준으로, 일상생활에서 해당 언어를 얼마나 효과적이고 적절하게 구사할 수 있는가를 측정하는 ACTFL의 40년 이상의 노하우가 집약된 공신력 있는 가이드라인입니다.

OPIc 기본 정보 02 시험 진행 순서

오리엔테이션(20분)

오리엔테이션은 본격적인 시험 시작 전 진행됩니다. 이 때, 시험에 있어 가장 중요한 사전 설문조사(Background Survey)와 문제 난이도 맞춤을 위한 자가 평가(Self-Assessment)가 진행됩니다.

① 사전 설문조사(Background Survey)
먼저, 평가 문항을 위한 사전 설문을 진행합니다.

② 자가 평가 (Self-Assessment)
시험의 난이도 결정을 위한 자가 평가가 진행됩니다.

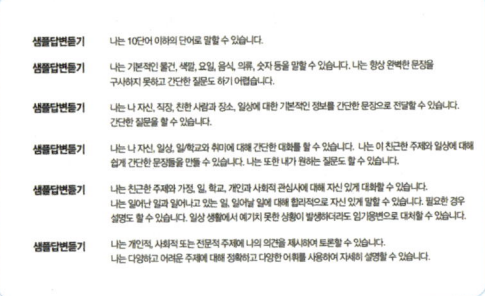

③ 사전 점검 (Pre-Test Setup)
질문 청취 및 답변 녹음 기능을 사전 점검합니다.

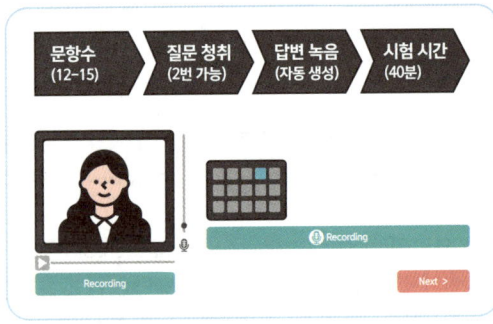

④ 샘플 문제 답변 (Sample Question)
화면구성, 청취 및 답변 방법 등 전반적인 시험 진행 방법이 안내됩니다.

본 시험 (40분)

1 **1st Session**
사전 설문조사 결과와 자가 평가에서 선택한 난이도를 바탕으로 약 7개의 문제가 진행됩니다.

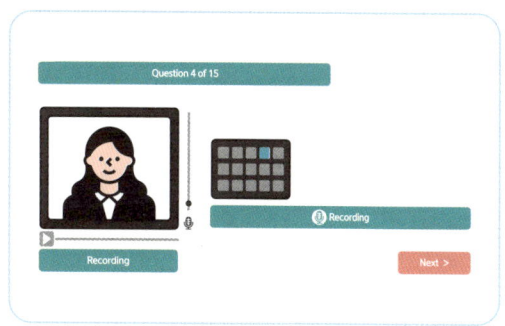

2 **난이도 재조정**
시험의 난이도를 다시 설정할 수 있는 2차 난이도 설정입니다. 쉬운 질문, 비슷한 질문, 어려운 질문 중 선택하면 됩니다.

3 **2nd Session**
난이도 재조정 결과를 적용한 나머지 인터뷰 질문들 (약 7개)이 출제됩니다.

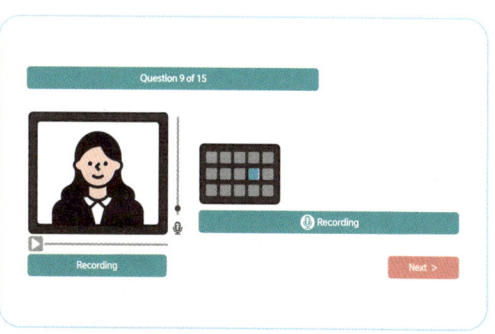

OPIc 기본 정보 03 사전 설문조사 (Background Survey)

사전 설문조사 항목 미리보기

시험을 보기 전 수험자에 대한 설문조사가 실시되며, 설문조사는 1~7번에 걸쳐 직업, 거주지, 여가활동, 취미, 관심사, 스포츠, 여행에 대한 것을 묻게 됩니다. 특히 4~7번에 걸쳐 12개 이상을 택해야 하며 여기서 택한 주제들을 중심으로 본 시험 문제가 출제됩니다.

1. 현재 귀하는 어느 분야에 종사하고 계십니까?
- ☐ 사업/회사
- ☐ 재택근무/재택사업
- ☐ 교사/교육자
- ☐ 군 복무
- ☐ 일 경험 없음

1.1. 현재 귀하는 직업이 있으십니까?
- ☐ 네
- ☐ 아니오

2. 현재 귀하는 학생이십니까?
- ☐ 네
- ☐ 아니오

2.1. 현재 어떤 강의를 듣고 있습니까?
- ☐ 학위 과정 수업
- ☐ 전문 기술 향상을 위한 평생 학습
- ☐ 어학 수업

2.2. 최근 어떤 강의를 수강했습니까?
- ☐ 학위 과정 수업
- ☐ 전문 기술 향상을 위한 평생 학습
- ☐ 어학 수업
- ☐ 수업 등록 후 5년 이상 지남

3. 현재 귀하는 어디에 살고 계십니까?
- ☐ 개인 주택이나 아파트에 홀로 거주
- ☐ 친구나 룸메이트와 함께 주택이나 아파트에 거주
- ☐ 가족(배우자/자녀/기타 가족 일원)과 함께 주택이나 아파트에 거주
- ☐ 학교 기숙사
- ☐ 군대 막사

아래의 4~7번 문항에서 12개 이상을 선택해 주시기 바랍니다.

4. 귀하는 여가 활동으로 주로 무엇을 하십니까? (두 개 이상 선택)

□ 영화 보기	□ 클럽/나이트 클럽 가기	□ 술집/바에 가기
□ 박물관 가기	□ 공원 가기	□ 당구 치기
□ 스포츠 관람	□ 주거 개선	□ 시험대비 과정 수강하기
□ 게임하기	□ 친구들에게 문자 대화하기	□ 뉴스 보거나 듣기
□ SNS에 글 올리기	□ 리얼리티쇼 시청하기	□ 쇼핑하기
□ TV 보기	□ 스파/마사지샵 가기	□ 구직활동 하기
□ 요리 관련 프로그램 시청하기	□ 공연 보기	□ 콘서트 보기
□ 차로 드라이브하기	□ 캠핑하기	□ 해변 가기
□ 카페/커피 전문점 가기	□ 체스하기	□ 자원 봉사하기

5. 귀하의 취미나 관심사는 무엇입니까? (한 개 이상 선택)

□ 아이에게 책 읽어주기	□ 음악 감상하기	□ 악기 연주하기
□ 글쓰기(편지, 단문, 시 등)	□ 그림 그리기	□ 요리하기
□ 독서	□ 주식 투자하기	□ 신문 읽기
□ 사진 촬영하기	□ 혼자 노래 부르거나 합창하기	□ 춤추기

6. 귀하는 주로 어떤 운동을 즐기십니까? (한 개 이상 선택)

□ 농구	□ 야구/소프트볼	□ 축구
□ 미식 축구	□ 하키	□ 크리켓
□ 골프	□ 배구	□ 테니스
□ 배드민턴	□ 탁구	□ 수영
□ 자전거	□ 스키/스노보드	□ 아이스 스케이트
□ 조깅	□ 걷기	□ 요가
□ 하이킹/트레킹	□ 낚시	□ 헬스
□ 태권도	□ 운동 수업 수강하기	□ 운동을 전혀 하지 않음

7. 당신은 어떤 휴가나 출장을 다녀온 경험이 있습니까? (한 개 이상 선택)

□ 국내 출장	□ 해외 출장	□ 집에서 보내는 휴가
□ 국내여행	□ 해외여행	

OPIc 기본 정보 04 자가 평가 (Self-Assessment)

자가 평가 항목(Self-Assessment) 미리보기

OPIc에선 응시자가 스스로 시험의 난이도를 결정할 수 있습니다. 설문조사가 끝나면 하단과 같이 1단계(가장 낮은)부터 6단계(가장 높은)에 걸쳐 난이도가 제시되며, 응시자는 각각의 난이도에 해당하는 샘플 답변을 들어본 뒤 본인이 원하는 난이도를 택할 수 있습니다.

1단계	Sample Audio	나는 10단어 이하의 단어로 말할 수 있습니다.
2단계	Sample Audio	나는 기본적인 물건, 색깔, 요일, 음식, 의류, 숫자 등을 말할 수 있습니다. 나는 항상 완벽한 문장을 구사하지 못하고 간단한 질문도 하기 어렵습니다.
3단계	Sample Audio	나는 나 자신, 직장, 친한 사람과 장소, 일상에 대한 기본적인 정보를 간단한 문장으로 전달할 수 있습니다. 간단한 질문을 할 수 있습니다.
4단계	Sample Audio	나는 나 자신, 일상, 일/학교와 취미에 대해 간단한 대화를 할 수 있습니다. 나는 친근한 주제와 일상에 대해 쉽게 간단한 문장들을 만들 수 있습니다. 나는 또한 내가 원하는 질문도 할 수 있습니다.
5단계	Sample Audio	나는 친근한 주제와 가정, 일, 학교, 개인과 사회적 관심사에 대해 자신 있게 대화할 수 있습니다. 나는 일어난 일과 일어나고 있는 일, 일어날 일에 대해 합리적으로 자신 있게 말할 수 있습니다. 필요한 경우 설명도 할 수 있습니다. 일상 생활에서 예기치 못한 상황이 발생하더라도 임기응변으로 대처할 수 있습니다.
6단계	Sample Audio	나는 개인적, 사회적 또는 전문적 주제에 나의 의견을 제시하여 토론할 수 있습니다. 나는 다양하고 어려운 주제에 대해 정확하고 다양한 어휘를 사용하여 자세히 설명할 수 있습니다.

목표 등급에 따른 추천 선택 항목

목표 등급	선택 항목	주요 채점 기준
IM	3단계	· 문장 단위로 말할 수 있음 · 선택형 문제에 현재 시제를 활용해 답변할 수 있음
IH	4단계	· 다양한 시제와 형용사, 부사 사용할 수 있음 · 롤플레이 질문하기 유형에 답할 수 있음 · 돌발 문제에 간헐적인 실수가 있지만 답변할 수 있음
AL	5단계	· 비교/변화/이슈 고난도 유형에도 답변할 수 있음 · 전반적으로 답변의 논리성과 일관성을 가지고 있음 · 답변의 뉘앙스와 상황에 따라 현장감을 실어 답변할 수 있음

OPIc 기본 정보 05 | 등급 체계

등급 체계 자세히 보기

OPIc 등급은 총 7개로 구분되고 IM(Intermediate Mid) 등급은 IM1, IM2, IM3로 세분화됩니다. 기업/기관 채용 시 지원하는 부서와 직무별로 상이하지만 보통 이공계는 IM 등급, 인문계는 IH 등급이 요구됩니다.

NL	NM	NH	IL	IM	IH	AL
Novice Low	Novice Mid	Novice High	Intermediate Low	Intermediate Mid	Intermediate High	Advanced Low

취업 및 승진 시 일반적으로 가장 많이 요구되는 등급 (IL ~ AL)

등급		등급별 요약 설명
AL	Advanced Low	생각, 경험을 유창히 표현하는 수준. 토론, 협상, 설득 등 업무 능력 발휘가 가능하다. 일관적 시제 관리, 묘사 및 설명에 다양한 형용사를 사용, 적절한 접속사 사용으로 문장 간의 결속력이 높고 문단의 구조를 능숙히 구성한다. 익숙치 않은 복잡한 상황에서도 문제를 설명, 해결할 수 있다.
IH	Intermediate High	문법적으로 크게 오류가 없는 문단 단위의 언어를 구사하고 기본적인 토론과 업무 관련 의사소통이 가능하다. 익숙하지 않거나 예측하지 못한 복잡한 상황을 만날 때, 대부분의 상황에서 사건을 설명하고 문제를 효과적으로 해결 가능하다. 발화량이 많고 다양한 어휘를 사용한다.
IM	Intermediate Mid	문법적 오류를 범하나 문장 단위의 언어를 구사하고 깊은 토론 외의 의사소통이 가능하다. 일상소재 및 익숙한 상황을 문장으로 표현할 수 있다. 다양한 문장형식이나 어휘를 실험적으로 사용하려고 하며 상대방이 조금만 배려해 주면 오랜 시간 대화가 가능하다. ※ IM등급은 Fluency, Delivery, Production을 기준으로 IM-1(하), IM-2(중), IM-3(상)으로 세분화되어 제공됩니다.
IL	Intermediate Low	일상적인 소재에 한해서 짧은 문장으로 구성하며 말할 수 있다. 대화에 참여하고 선호하는 소재에서는 자신감을 가지고 말할 수 있다.
NH	Novice High	단어나 어구를 통한 의사소통이 가능하며, 일상적이고 간단한 대화가 가능하다. 일상적인 소재에 대해 복합적인 단어 혹은 문장으로 말할 수 있다. 개인 정보를 질문하고 응답을 할 수 있다.
NM	Novice Mid	이미 암기한 단어나 문장으로 말하기를 할 수 있다.
NL	Novice Low	제한적인 수준이지만 영어 단어를 나열하며 말할 수 있다.

OPIc 기본 정보 06 사전 설문조사&자가 평가 *제니쌤 추천!*

자가 평가(Self-Assessment)
IM 목표: 3단계 - 3단계
IH 목표: 4단계 - 4단계
AL 목표: 5단계 - 5단계 또는 6단계 - 6단계

1. 현재 귀하는 어느 분야에 종사하고 계십니까?
   □ 사업/회사 □ 재택근무/재택사업 □ 교사/교육자 □ 군 복무 ☑ 일 경험 없음

   1.1. 현재 귀하는 직업이 있으십니까?
   □ 네 ☑ 아니오

2. 현재 귀하는 학생이십니까?
   □ 네 ☑ 아니오

   2.2. 최근 어떤 강의를 수강했습니까?
   □ 학위 과정 수업
   □ 전문 기술 향상을 위한 평생 학습
   □ 어학 수업
   ☑ 수업 등록 후 5년 이상 지남

3. 현재 귀하는 어디에 살고 계십니까?
   ☑ 개인 주택이나 아파트에 홀로 거주
   □ 친구나 룸메이트와 함께 주택이나 아파트에 거주
   □ 가족(배우자/자녀/기타 가족 일원)과 함께 주택이나 아파트에 거주
   □ 학교 기숙사
   □ 군대 막사

아래의 4~7번 문항에서 12개 이상을 선택해 주시기 바랍니다.

4. 귀하는 여가 활동으로 주로 무엇을 하십니까? (두 개 이상 선택)

- ☑ 영화 보기
- ☐ 박물관 가기
- ☐ 스포츠 관람
- ☐ 게임하기
- ☐ SNS에 글 올리기
- ☑ TV 보기
- ☐ 요리 관련 프로그램 시청하기
- ☐ 차로 드라이브하기
- ☐ 카페/커피 전문점 가기
- ☐ 클럽/나이트 클럽 가기
- ☐ 공원 가기
- ☐ 주거 개선
- ☐ 친구들에게 문자 대화하기
- ☑ 리얼리티쇼 시청하기
- ☐ 스파/마사지샵 가기
- ☑ 공연 보기
- ☐ 캠핑하기
- ☐ 체스하기
- ☐ 술집/바에 가기
- ☐ 당구 치기
- ☐ 시험대비 과정 수강하기
- ☐ 뉴스 보거나 듣기
- ☑ 쇼핑하기
- ☐ 구직활동 하기
- ☑ 콘서트 보기
- ☐ 해변 가기
- ☐ 자원 봉사하기

5. 귀하의 취미나 관심사는 무엇입니까? (한 개 이상 선택)

- ☐ 아이에게 책 읽어주기
- ☐ 글쓰기(편지, 단문, 시 등)
- ☐ 독서
- ☐ 사진 촬영하기
- ☑ 음악 감상하기
- ☐ 그림 그리기
- ☐ 주식 투자하기
- ☐ 혼자 노래 부르거나 합창하기
- ☐ 악기 연주하기
- ☐ 요리하기
- ☐ 신문 읽기
- ☐ 춤추기

6. 귀하는 주로 어떤 운동을 즐기십니까? (한 개 이상 선택)

- ☐ 농구
- ☐ 미식 축구
- ☐ 골프
- ☐ 배드민턴
- ☐ 자전거
- ☑ 조깅
- ☐ 하이킹/트레킹
- ☐ 태권도
- ☐ 야구/소프트볼
- ☐ 하키
- ☐ 배구
- ☐ 탁구
- ☐ 스키/스노보드
- ☑ 걷기
- ☐ 낚시
- ☐ 운동 수업 수강하기
- ☐ 축구
- ☐ 크리켓
- ☐ 테니스
- ☐ 수영
- ☐ 아이스 스케이트
- ☐ 요가
- ☐ 헬스
- ☑ 운동을 전혀 하지 않음

7. 당신은 어떤 휴가나 출장을 다녀온 경험이 있습니까? (한 개 이상 선택)

- ☐ 국내 출장
- ☑ 국내여행
- ☐ 해외 출장
- ☑ 해외여행
- ☑ 집에서 보내는 휴가

07 문제 출제 공식

OPIc 기본 정보

사전 설문조사와 자가 평가를 토대로 오픽 시험은 아래와 같이 출제됩니다. 난이도 선택 항목에 따라 고난도 문제 유형과 선택 및 돌발형 문제의 개수가 달라질 수 있지만 아래와 같은 출제 공식을 가지고 있습니다. 또한 한 가지 주제가 결정되면 그 주제에 관한 문제 3개(혹은 2개)가 연속적으로 출제되는 경향이 있습니다. 이를 Combo 세트라고 부르고 Combo 세트의 첫 번째 문항, 두 번째 문항, 세 번째 문항은 각각 현재 시제, 과거 시제, 경험 관련 문제라는 특징이 있습니다.

	Q1	자기소개	
Combo 1	Q2		
	Q3		
	Q4		
Combo 2	Q5	선택/돌발주제	선택형: 사전 설문조사에서 선택한 주제 돌발형: 사전 설문조사에서 선택하지 않았지만 출제되는 주제
	Q6		
	Q7		
Combo 3	Q8		
	Q9		
	Q10		
Combo 4	Q11	롤플레이	질문하기
	Q12		문제 해결하기
	Q13		경험 이야기하기
Combo 5	Q14	고난도 문제	난이도 3-3, 4-4를 선택 시, - Q14 경험/묘사하기 - Q15 질문하기
	Q15		난이도 5-5, 6-6을 선택 시, - Q14 비교/변화 - Q15 최근 이슈 유형

OPIc 기본 정보
08 목표 레벨별 제니쌤 학습 전략

IM 등급 목표

IM 등급을 목표로 한다면 기본에 충실하는 게 핵심이에요.

❶ 주어 + 동사 중심으로 말하기

I go to the gym.이나 I like cooking.처럼 간결하게 말하세요. 답변을 길게 말하다 중간에 멈추는 것보다, 짧지만 완벽한 문장으로 끊어 말하는 게 훨씬 안정적이에요.

❷ 주제별 핵심 단어 정리하기

자주 나오는 주제마다 주제와 관련된 단어를 5개씩 외워두고, 해당 주제가 출제되었을 때 외워둔 단어를 위주로 답변을 구상해 보세요.

❸ 만능 Intro & Wrap-up 문장 익히기

I'd love to talk about that.이나 That's all I can think of for now.처럼 답변의 처음과 마지막 문장이 안정적이면 전체 답변의 완성도가 훨씬 높아져요. 주제 상관없이 쓸 수 있는 Intro와 Wrap-up 문장을 암기해 모든 답변에 활용해 보세요.

❹ 모든 주제에 쓸 수 있는 나의 느낀 점/내 생각 문장 암기하기

It was such a memorable experience.나 It made me feel relaxed. 같이 주제 구분 없이 언제든지 쓸 수 있는 든든한 만능 문장들을 외워두세요.

❺ 큰 덩어리 위주로 브레인스토밍하기

답변의 디테일이 조금 부족해도 큰 덩어리 위주로 브레인스토밍을 하세요. 답변의 흐름을 먼저 크게 잡고 Intro와 나의 느낀 점, 그리고 Wrap-up 문장만 이어주면 답변이 완성돼요.

IH-AL 등급 목표

IH 등급 이상을 목표로 한다면 자연스러움을 살리는 게 핵심이에요.

❶ 주제별 형용사/부사로 답변에 맛 더하기

It was absolutely amazing.이나 The food was totally worth it. 같이 오픽 주제마다 자주 쓸 수 있는 형용사와 부사 위주로 암기해 주세요.

❷ 자연스러운 추임새 표현 익히기

You know what I mean?, The best part is that ~, I mean, how can I not? 등 긴 문장들 사이에 넣는 짧은 추임새 표현들이 유창한 느낌을 더 살려줘요.

❸ 묘사 문제에는 항상 이유를 붙이기

It's cozy because the lighting is warm. 같이 묘사 문제에는 항상 이유를 덧붙여 말해주세요. IH-AL 등급을 목표한다면 문장의 디테일을 추가하는 게 포인트예요! 항상 답변하려는 모든 문장에 '왜?'를 붙이면 답변 브레인스토밍이 쉬워져요.

❹ 경험 문제에는 배경 상황을 함께 말하기

Last weekend, when I was with my friends at the park.처럼 답변의 중심이 되는 사건부터 바로 말하기 시작하면, 후반부로 갈수록 말할 내용이 부족해질 수 있어요. 경험의 배경 상황부터 슬슬 묘사하면서 발화양을 늘려보세요.

❺ 고난도 문제는 기존 브레인스토밍 내용을 재활용하기

고난도 문제를 답변할 때는 완전히 새로운 이야기를 만들기 보다는 해당 주제에 대해 준비해 놓았던 답변을 확장해서 말하세요.

OPIc 기본 정보
09 제니쌤 스피킹 스킬 특강

오픽 시험에서는 답변의 내용이 아무리 좋아도, 전달력이 부족하면 높은 등급이 나올 수 없어요. 즉, 답변의 내용이 조금 부족하더라도 말을 전달하는 능력인 스피킹 스킬(Speaking Skill)이 좋다면 높은 레벨이 나올 수 있다는 뜻이죠. 생각보다 많은 학습자들이 모범답변이나 표현만 달달 외워 완벽한 답변을 했다고 생각하고 좋은 결과를 기대하지만, 그렇지 않은 경우가 아주 많답니다.

그렇다면 어떻게 자연스럽게 말할 수 있을까요? 자, 지금부터 저와 미리 준비한 답변이라도 시험장에서 더 유창하게 말하게끔 보이는 핵심 스피킹 스킬 5가지를 배우고 스피킹 감각을 함께 키워봐요!

❶ 끊어 읽기

우리는 당연히 영어에 익숙하지 않기 때문에, 영어로 말하는 도중에 정적이 찾아오기도 하고 말이 끊어질 수밖에 없어요. 하지만, 전략적으로 의도해서 끊어 읽는다면 오히려 원어민처럼 영어를 자연스럽게 말할 수 있다는 것 알고 계신가요? 끊어 읽기를 할 때 한국인으로서 가장 주의해야 할 점은 바로 주어 뒤에서 끊어 읽지 않는 거예요. 한국어는 주어 → 대화의 내용 → 동사 순으로 문장을 말하기 때문에 보통 주어를 말한 다음 잠깐 끊어 가요. 하지만, 반대로 영어는 주어 → 동사 → 대화의 내용의 순서이기 때문에 주어와 동사를 한숨에 말해야 더 유창해 보인답니다!

✅ 끊어 읽기는 왜 해야 하나요?
대화를 듣는 사람이 내가 말하는 내용을 쉽게 따라갈 수 있어 대화의 내용을 이해하기 쉬워져요.

📌 끊어 읽기 포인트

① 「주어 + 동사」 뒤에서 끊어 읽기
   예시 I enjoy / listening to jazz at home.
   저는 집에서 재즈를 듣는 것을 즐깁니다.

② 단어나 문장을 연결하는 연결어에서 끊어 읽기
   예시 I go to a café / and the gym in my free time.
   저는 자유 시간에 카페와 헬스장에 갑니다.

③ 문장 내 쉼표 뒤에서 끊어 읽기
   예시 These days, / I'm looking for a job in marketing.
   요즘, 저는 마케팅 분야에서 일을 찾고 있습니다.

④ 문장 끝에 있는 마침표나 물음표 뒤에서 길게 끊어 읽기
   예시 When I was in Spain, I tried a variety of authentic food. //
   제가 스페인에 있을 때, 다양한 현지 음식을 맛봤습니다.

💡 끊어 읽기 TIP

문장을 한 번 끊어 읽었다면 다음 문장을 읽기 전 잠깐 숨을 고르고, 다음 문장을 말할 준비를 하세요.

❷ 올려 읽기/내려 읽기

우리가 흔히 억양이라고 얘기하는 올려 읽기와 내려 읽기는 한국어뿐만 아니라 영어에도 존재해요. 같은 문장이라도 올려 읽느냐 또는 내려 읽느냐에 따라 전달되는 감정이나 말투, 그리고 심지어 의미까지도 완전히 달라질 수 있어요. 자연스러운 대화 상황으로 설정된 오픽 시험에서 억양을 잘 살릴수록 높은 레벨을 받을 수 있겠죠?

✅ 끊어 읽기는 왜 해야 하나요?

올려 읽기는 말하는 사람의 의도를 더 강조할 수 있어요. 특히 의문문의 경우, 질문하는 느낌을 생생하게 전달해 줘요. 반대로 내려 읽기는 문장의 내용이 확신 있게 들리고, 문장이 마무리되었다는 것을 정확하게 알려줘요.

📌 올려 읽기 포인트

강조하고 싶은 단어의 마지막 음절을 올려 읽으세요.

> **예시** I usually go jogging in the park, especially in the morning. ↗
> 저는 보통 공원에서 조깅을 합니다, 특히 아침에요.

💡 올려 읽기 TIP

마지막 음절을 끌면서 천천히 위↗로 올려주세요.

📌 내려 읽기 포인트

문장의 끝을 급하게 내리지 말고, 마지막 단어에서 부드럽게 톤을 낮추어 읽으세요.

> **예시** That's why I love spending time outdoors. ↘
> 그래서 저는 야외에서 시간을 보내는 것을 정말 좋아합니다.

💡 내려 읽기 TIP

마침표를 찍는 느낌으로 마지막 음절을 끌면서 내려↘주세요.

❸ 연음

연음이란 단어와 단어를 이어 말하는 것을 말합니다. 많은 학습자가 연음을 어려워하는 이유는 단어를 하나씩 외우는 습관을 가지고 있기 때문이에요. 우리가 어릴 때부터 자연스럽게 통으로 말하던 I'm fine, thank you. And you? 문장에서 And you?를 '앤쥬?'라고 발음하는 것처럼, And '앤드'와 you '유'라고 따로 발음하지 않고 And you '앤쥬'로 이어 말하면 돼요. 당장 모든 연음을 한 번에 정확히 발음하기 어렵지만, 자주 쓰는 문장부터 통으로 말해보는 습관을 들여보세요!

✅ 연음을 연습해야 하는 이유?

발음을 부드럽고 자연스럽게 연결할 수 있어, 더욱 유창하게 말하는 인상을 줄 수 있어요.

📌 연음 포인트

「주어 + 동사」 또는 「전치사 + 명사」는 하나의 덩어리처럼 묶어서 발음해 보세요.

> **예시** My family was in Japan for a week last year.
> 우리 가족은 작년에 일주일 동안 일본에 있었어요.
> → Myfamilywas inJapan   foraweek   lastyear.

💡 연음 TIP

연음 포인트에 맞춰 여러 단어를 한 단어처럼 이어서 발음해 보세요.

④ 강세

한국어는 발음만 잘해도 문제없이 소통할 수 있지만, 영어는 발음과 강세가 똑같이 중요해요. 단어의 어느 부분에 강세를 두느냐에 따라 전달력이 달라지며, 각 단어에는 고유의 강세가 있어요. 예를 들어, '정보'라는 뜻의 명사 information는 'ma'에 강세를 두어야 하며, 다른 부분에 강세를 주면 원어민이 알아듣지 못할 수도 있어요. 오픽 시험에서는 유창성이 중요한 채점 기준 중 하나이므로, 단기간에 유창한 느낌을 주고 싶다면 강세에 집중해 보세요.

✅ 강세가 중요한 이유?

말하는 사람이 의도적으로 특정 정보나 의미를 강조하면, 전달하고자 하는 내용을 더 정확히 표현할 수 있어요.

📌 강세 포인트

① 명사, 동사, 형용사를 강하게 발음하기
> **예시** I like **songs** with **good** vibes.
> 저는 좋은 분위기가 있는 노래들을 좋아합니다.

② 관사나 전치사 같은 작은 단어는 약하게 발음하기
> **예시** I **visited** my **grandparents** over the **weekend**.
> 저는 주말 동안 조부모님을 방문했습니다.

💡 강세 TIP

강세를 줄 때는 목소리를 높이거나 낮추기보다, 발음을 강하게 또는 약하게 하는 느낌으로 해 보세요.

⑤ 연기하기

연기하기는 롤플레이 문제에 답변할 때 특히 중요해요. 시험에서 주어진 특정 상황에서 질문하거나 자신의 경험을 말해야 하므로, 상황에 몰입해 자연스럽게 연기할 수 있어야 합니다. 예를 들어, 친구와의 약속을 전화로 취소해야 하는 문제가 나온다면, 실제로 친구에게 "어, 난데... 진짜 미안한데 오늘 갑자기 일이 생겨서 못 만나겠다... 어떡하지?"라고 말하는 것처럼요. 또, 영어를 유창하게 하는 듯한 연기를 하는 것도 정말 중요해요. 연기에 자신이 없다면, 영어를 잘하는 배우나 제가 강의에서 말하는 것을 따라하는 연기를 해보는 연습을 해보세요.

✅ 연기 연습을 해야 하는 이유?

오픽 시험 상황에 몰입할 수 있고, 감정을 더 편안하게 표현할 수 있어요.

📌 연기하기 포인트

대화하는 상황에 따라 어떤 톤으로 연기할지 미리 생각해 두는 게 좋아요.
> **예시** It was such a blast! → 신나서 들뜨는 느낌으로 말하기
> 너무 재밌었어요!
> I still can't forget that day. → 아련하고 추억이 가득한 느낌으로 말하기
> 저는 여전히 그날을 잊을 수 없어요.

💡 연기하기 TIP

오픽은 컴퓨터 기반 시험이라 화면에 얼굴이 보이진 않지만, 표정과 손짓을 함께 쓰면 연기가 훨씬 자연스러워져요!

OPIc 필수 패턴

오픽을 본격적으로 학습하기에 앞서, 오픽 답변에서 자주 쓰는 필수 문장 패턴을 학습해 보겠습니다. 모든 답변 문장을 통째로 외우기는 어렵기 때문에, 적은 수의 문장 패턴으로 다양한 문장을 만들 수 있어야 합니다. 각 패턴을 어떤 문제의 답변으로 사용할 수 있는지를 함께 학습하면 어느 문제가 나와도 쉽게 답변할 수 있습니다.

❶ I usually   저는 보통 ~합니다

I usually는 반복적인 일상 루틴이나 평소 행동, 자주 하는 일에 대해 답변할 때 활용할 수 있는 표현입니다. 음악을 듣는 장소/시간, 주중/주말 활동, 쇼핑 습관, 해외여행에서 주로 하는 일 등 반복적으로 하는 일상 행동을 묻는 문제에 사용합니다. 또한, I usually + 동사까지 한 호흡으로 말하고, 그다음을 살짝 끊어 읽으면 더 자연스럽고 원어민처럼 문장을 말할 수 있습니다.

🔊 오픽 문장으로 만들어보기

I usually listen to music when I study. 저는 보통 공부할 때 음악을 듣습니다.
I usually meet my friends on weekends. 저는 보통 주말에 친구들을 만납니다.
I usually buy clothes online. 저는 보통 온라인으로 옷을 삽니다.
I usually go to Paris every winter. 저는 보통 매 겨울마다 파리에 갑니다.

❷ It has   그곳은(그것은) ~이 있습니다

It has는 특정 장소나 사물에 대해 묘사할 때 활용할 수 있는 표현입니다. 현재 살고 있는 집, 쇼핑센터, 여행지, 휴대폰의 기능 등을 설명해야 하는 문제에 활용됩니다. has 뒤에는 다양한 명사가 올 수 있어 문장을 쉽게 확장할 수 있습니다. It이 장소를 나타낼 때는 그곳에서 판매되는 제품이나 분위기를, 사물을 나타낼 때는 해당 사물이 가진 기능이나 특징을 묘사할 수 있습니다.

🔊 오픽 문장으로 만들어보기

It has great food. 그곳은 훌륭한 음식이 있습니다.
It has a cozy atmosphere. 그곳은 편안한 분위기가 있습니다.
It has a lively street market. 그곳은 활기찬 길거리 시장이 있습니다.
It has a built-in speaker. 그것은 내장 스피커가 탑재돼 있습니다.

❸ I try to   저는 ~하려고 합니다

I try to는 생활 습관이나 개인적인 노력과 관련된 질문에 답할 때 활용할 수 있는 표현입니다. 건강을 위해 하는 일, 집에서의 일과, TV/영화 시청 습관, 가족/친구와 함께할 때 하는 일 등에 관한 질문에 활용됩니다. to 뒤에는 동사가 오며, try와 to를 끊어 읽기보다는 하나의 단어처럼 이어서 발음해야 자연스럽습니다.

🔊 오픽 문장으로 만들어보기

I try to exercise every day. 저는 매일 운동하려고 합니다.
I try to clean my room once a week. 저는 일주일에 한 번 제 방을 청소하려고 합니다.
I try to watch English movies without subtitles. 저는 자막 없이 영어로 된 영화를 보려고 합니다.
I try to take photos with my friends. 저는 제 친구들과 사진을 찍으려고 합니다.

4 I'd like to   저는 ~하고 싶습니다

I'd like to는 특히 롤플레이에서 주로 사용하는 문장 패턴으로, 물건이나 서비스를 구매하거나 예약을 위해 특정 정보를 요청할 때 자주 쓰입니다. to 뒤에는 동사가 오며, would를 완전히 발음하기보다는 끝에 d만 가볍게 소리 내어 I와 자연스럽게 이어서 말하면 됩니다. 또한, like에 강세를 주어 강하게 발음하고, to는 약하게 발음해야 자연스럽습니다.

🔊 오픽 문장으로 만들어보기

I'd like to get this shirt in blue. 저는 이 셔츠를 파란색으로 구매하고 싶습니다.
I'd like to book a trip to Italy. 저는 이탈리아로 가는 여행을 예약하고 싶습니다.
I'd like to know how long the repair will take. 저는 수리가 얼마나 걸릴지 알고 싶습니다.
I'd like to open a new savings account. 저는 새로운 저축계좌를 개설하고 싶습니다.

5 I used to   (과거에) 저는 ~하곤 했습니다

I used to는 과거에 반복적으로 했던 행동이나 상태를 표현할 때 사용합니다. 과거에는 특정 행동을 했지만, 지금은 하지 않는다는 의미를 포함하고 있습니다. to 뒤에는 동사가 오며, 과거와 현재를 비교하는 문제나 과거 경험을 묘사하는 문제에 답변할 때 주로 활용합니다.

🔊 오픽 문장으로 만들어보기

I used to play video games all day. 저는 하루 종일 비디오 게임을 하곤 했습니다.
I used to share a room with my sister. 저는 언니와 방을 나눠 쓰곤 했습니다.
I used to order bibimbap all the time. 저는 항상 비빔밥을 주문하곤 했습니다.
I used to visit my relatives in the U.S. 저는 미국에 있는 친척들을 방문하곤 했습니다.

6 It was memorable   ~이 기억에 남습니다

It was memorable은 기억에 남는 경험이나 잊을 수 없는 에피소드, 특별했던 추억 등을 묘사할 때 쓰입니다. memorable 뒤에 because를 붙여 이유를 말하면 답변이 더 풍부해집니다. 이 문장을 말할 때는 It was memorable까지 한 호흡에 말하고, because부터는 살짝 끊어 주면 더 자연스럽게 이야기할 수 있습니다.

🔊 오픽 문장으로 만들어보기

It was memorable because I saw a 4D movie. 4D 영화를 봤기 때문에 기억에 남습니다.
It was memorable because I visited London for the first time. 처음 런던에 방문했기 때문에 기억에 남습니다.
It was memorable because I finished an entire series in one day.
하루 만에 시리즈 전체를 끝냈기 때문에 기억에 남습니다.
It was memorable because I met my old friends. 제 오래된 친구들을 만났기 때문에 기억에 남습니다.

7 I make sure to   저는 꼭 ~합니다

I make sure to는 습관적으로 지키는 행동이나 신경 쓰는 부분을 말할 때 쓰는 표현입니다. 여행 전 준비, 옷 사러 갈 때 하는 일, 평소 식습관, 예약할 때 하는 일 등을 묘사할 때 사용할 수 있습니다. to 뒤에는 동사원형이 옵니다. sure을 발음할 때는 '슈어'라고 또박또박 발음하기보다는, '셔'에 가깝게 흘려 발음하는 것이 자연스럽습니다.

🔊 오픽 문장으로 만들어보기

I make sure to charge my phone before the trip. 저는 여행 전에 꼭 휴대폰을 충전합니다.
I make sure to compare prices at the store. 저는 매장에서 꼭 가격을 비교합니다.
I make sure to eat vegetables every day. 저는 매일 꼭 채소를 먹습니다.
I make sure to check the date and time twice. 저는 날짜와 시간을 꼭 두 번 확인합니다.

8 It's all about   ~이 핵심이에요

It's all about은 모범답변 중 본론(Body)과 결론(Wrap-up)에서 많이 사용하는 강조 표현으로, 주제를 함축적으로 나타내는 키워드를 강조할 때 사용합니다. about 뒤에는 명사나 동명사가 오며, 가족/친구와 하는 일, 사람들이 휴일을 보내는 장소/활동, 우리나라의 재활용 현황, 자주 이용하는 교통수단 등을 묻는 문제에 답변할 때 활용할 수 있습니다.

🔊 오픽 문장으로 만들어보기

It's all about spending time together. 함께 시간을 보내는 것이 핵심이에요.
It's all about going to parks and cafés. 공원과 카페를 가는 것이 핵심이에요.
It's all about sorting waste properly. 쓰레기를 제대로 분리하는 것이 핵심이에요.
It's all about convenience and speed. 편리함과 속도가 핵심이에요.

9 The main reason is   주된 이유는 ~이기 때문이에요

The main reason is는 특정 행위의 이유나 문제 상황의 원인을 설명할 때 사용합니다. 집에서 가장 좋아하는 방, 머물렀던 호텔이 기억에 남는 이유, 선호하는 음식 포장/배달 방법, 근로자에게 매력적인 산업 분야 등을 묻는 문제 답변에 활용합니다. 동사 is 뒤에 주로 (that) + 주어 + 동사의 구조를 붙여 사용합니다.

🔊 오픽 문장으로 만들어보기

The main reason is it's comfortable. 주된 이유는 편안하기 때문이에요.
The main reason is the view was amazing. 주된 이유는 경치가 멋졌기 때문이에요.
The main reason is the food stays fresh. 주된 이유는 음식이 신선하게 유지되기 때문이에요.
The main reason is the salary is good. 주된 이유는 연봉이 좋기 때문이에요.

⑩ It feels super   엄청 ~하게 느껴져요.

It feels super는 감정을 나타낼 때 특히, 긍정적인 경험을 말할 때 사용하기 좋습니다. 뒤에 형용사를 붙여 문장을 완성하며, super는 '엄청, 아주'라는 뜻으로 형용사를 강조합니다. 따라서 super는 생략 가능하지만, 넣으면 It feels ~ 보다 훨씬 자연스러운 느낌을 낼 수 있습니다. 신제품을 처음 사용한 경험, 기억에 남는 인터넷 서핑 경험, 특별했던 어린 시절 휴일 관련 추억, 동네에서 좋아하는 음식점 등을 묻는 문제에 많이 사용합니다.

🔊 오픽 문장으로 만들어보기

It feels super exciting to try using a new phone. 새로운 휴대폰을 써보는 건 엄청 신나게 느껴져요.
It feels super easy to find information online. 온라인으로 정보를 찾는 건 엄청 쉽게 느껴져요.
It feels super weird to wake up late. 늦게 일어나는 건 엄청 이상하게 느껴져요.
It feels super nice to eat at my favorite restaurant. 가장 좋아하는 음식점에서 식사하는 건 엄청 멋지게 느껴져요.

⑪ The best part is   가장 좋은 점은 ~이에요

The best part is는 특정 경험이나 물건 등에서 가장 마음에 드는 점을 말할 때 쓰이며, 오픽의 어떤 주제가 출제되어도 활용할 수 있는 표현입니다. 뒤에 명사나 (that) + 주어 + 동사 구조를 붙일 수 있으며, 즐겨 찾는 쇼핑 장소나 좋아하는 가구/음식점/패션 등의 질문에 답변할 때 유용하게 사용할 수 있습니다. part와 is를 연음으로 자연스럽게 연결하면 원어민처럼 발음할 수 있습니다.

🔊 오픽 문장으로 만들어보기

The best part is the discounts. 가장 좋은 점은 할인 혜택이에요.
The best part is that it looks modern. 가장 좋은 점은 세련되게 보인다는 점이에요.
The best part is the atmosphere. 가장 좋은 점은 분위기예요.
The best part is that it matches everything. 가장 좋은 점은 어디에나 잘 어울린다는 점이에요.

⑫ The thing is (that)   문제는 ~인 거야

The thing is (that)은 새로운 정보를 전달하거나 이유를 설명할 때 사용합니다. 특히 롤플레이 문제에서 문제 상황을 설명할 때 자주 활용됩니다. that 뒤에는 주어 + 동사 구조가 오며, 실제 말할 때는 that을 생략하기도 합니다. 친구에게 빌려준 MP3 플레이어가 고장 났다던가 몸이 아파 공연에 못 가게 된 상황, 기차 지연으로 친구와의 약속에 늦게 된 상황, 또는 도시락이 잘못 배달된 상황 등 다양한 상황에 활용할 수 있습니다.

🔊 오픽 문장으로 만들어보기

The thing is that your MP3 player broke while I was using it.
문제는 네 MP3 플레이어를 내가 쓰다가 고장이 났다는 거야.
The thing is that I'm too sick to go to the concert tonight. 문제는 내가 아파서 오늘 밤 콘서트를 못 간다는 거야.
The thing is that my train was delayed, so I'll be late. 문제는 기차가 지연돼서 늦을 것 같다는 거야.
The thing is that I haven't received my lunchbox yet. 문제는 아직 내 점심 도시락을 받지 못했다는 거야.

⓭ It turned out (that) (알고 보니) ~였어요

It turned out (that)은 예상과 다른 결과를 말하거나 기존의 생각이 틀렸음을 설명할 때 쓰는 표현입니다. 특히, 모범답변의 결론(Wrap-up)에서 결과를 강조할 때 자주 활용합니다. that 뒤에는 주어 + 동사 구조가 오며, that을 생략할 수 있습니다. turned 끝의 'd'는 약하게 발음하거나 생략하듯 말하는 것이 자연스럽습니다.

🔊 오픽 문장으로 만들어보기

It turned out that painting helped me relieve stress. 알고 보니 그림 그리기가 스트레스 해소에 도움이 됐어요.
It turned out that the scenery from the top was beautiful. 알고 보니 정상에서 보는 풍경이 아름다웠어요.
It turned out that assembling the bookshelf wasn't difficult. 알고 보니 책장을 조립하는 게 어렵지 않았어요.
It turned out that the movie was more touching than I expected.
알고 보니 영화가 제 예상보다 더 감동적이었어요.

⓮ It makes + 대상 + 형용사 [대상]을 [형용사]하게 만들어줘요

It makes + 대상 + 형용사 패턴은 어떤 대상에 대해 느끼는 감정을 표현할 때 쓰입니다. 대상을 나타내는 자리에는 사람이나 사물, 경험 등 다양한 명사나 대명사를 사용할 수 있고, 뒤에는 감정이나 상태를 나타내는 형용사가 옵니다. 우리나라에 잘 알려진 산업 분야, 휴일에 하는 일, 재활용하는 방법, 건강한 사람들의 식습관 등을 묻는 문제에 대한 답변에 유용하게 활용할 수 있습니다.

🔊 오픽 문장으로 만들어보기

It makes the K-pop industry competitive. 케이팝 산업을 경쟁력 있게 만들어줘요.
It makes weekends relaxing. 주말을 편안하게 만들어줘요.
It makes recycling easy. 재활용을 쉽게 만들어줘요.
It makes people's daily meals more balanced. 사람들의 하루 식사를 더 균형 있게 만들어줘요.

⓯ I make it a habit to ~하는 습관을 들이고 있어요

I make it a habit to는 오픽 선택주제와 돌발주제에서 일상 습관이나 반복 행동을 설명할 때 사용하는 고급 표현입니다. 앞서 학습했던 I usually와 비슷하지만, I usually보다 더 의식적이고 계획적인 습관을 강조할 때 사용합니다. make와 it은 하나의 단어처럼 '메이킷'처럼 붙여 발음하며, I make it + a habit + to 동사를 한 덩어리로 말하는 것이 좋습니다.

🔊 오픽 문장으로 만들어보기

I make it a habit to check the weather every morning. 매일 아침 날씨를 확인하는 습관을 들이고 있어요.
I make it a habit to save money every month. 매달 돈을 저축하는 습관을 들이고 있어요.
I make it a habit to read reviews before booking. 예약 전에 후기를 읽는 습관을 들이고 있어요.
I make it a habit to finish important tasks first. 중요한 업무를 먼저 끝내는 습관을 들이고 있어요.

16 One thing that stands out is 눈에 띄는 한 가지는 ~에요

One thing that stands out is는 특정 대상이나 경험에서 두드러지는 점을 강조할 때 쓰입니다. 뒤에는 명사 또는 주어 + 동사 구조가 오며, how + 형용사 + 주어 + 동사 구조도 자주 쓰입니다. 앞서 학습한 The best part is는 가장 마음에 드는 부분을 언급하기 때문에 주로 긍정문에 사용하지만, One thing that stands out is는 눈에 띄는 특징을 강조하기 때문에 긍정문과 부정문에 모두 활용할 수 있습니다.

오픽 문장으로 만들어보기

One thing that stands out is the smartphone's battery life. 눈에 띄는 한 가지는 스마트폰의 배터리 수명이에요.
One thing that stands out is the river running through the city. 눈에 띄는 한 가지는 도시를 가로지르는 강이에요.
One thing that stands out is how friendly the staff are. 눈에 띄는 한 가지는 직원들이 정말 친절하다는 거예요.
One thing that stands out is how fast the subway trains are. 눈에 띄는 한 가지는 지하철이 정말 빠르다는 거예요.

17 There's something special about ~에는 특별한 무엇인가가 있어요

There's something special about은 단순히 좋은 것을 넘어 특정 대상이나 경험이 가진 특별한 매력을 설명할 때 쓰는 표현입니다. about 뒤에는 명사나 동명사가 오며, 오픽 선택주제와 돌발주제 문제에서 모두 활용할 수 있습니다. 주로 긍정적 상황에서 자연스럽게 쓰이며, 위에서 학습한 One thing that stands out is와 함께 활용한다면 더 수준 높은 답변이 됩니다.

오픽 문장으로 만들어보기

There's something special about homemade food. 집에서 만든 음식에는 특별한 무엇인가가 있어요.
There's something special about classic movies. 고전 영화에는 특별한 무엇인가가 있어요.
There's something special about live concerts. 라이브 콘서트에는 특별한 무엇인가가 있어요.
There's something special about visiting Jeju Island. 제주도를 방문하는 것에는 특별한 무엇인가가 있어요.

18 When it comes to ~에 관해 말하자면

When it comes to는 특정 주제를 설명하거나 다른 주제로 전환할 때 쓰는 표현입니다. to 뒤에는 주로 명사가 오며, 오픽 선택주제와 돌발주제 문제에 답변할 때 활용할 수 있습니다. 발음할 때는 When it comes to를 한 덩어리로 빠르게 말하고, 이어지는 명사에 강세를 주는 것이 자연스럽습니다.

오픽 문장으로 만들어보기

When it comes to traveling, I prefer short trips. 여행에 관해 말하자면, 저는 짧은 여행을 선호해요.
When it comes to food, I like spicy dishes. 음식에 관해 말하자면, 저는 매운 음식을 좋아해요.
When it comes to movies, I rarely watch horror ones. 영화에 관해 말하자면, 저는 공포 영화는 거의 보지 않아요.
When it comes to music, I enjoy listening to ballads. 음악에 관해 말하자면, 저는 발라드를 듣는 것을 즐겨요.

⑲ I'd have to say (that) 제 생각엔 ~에요

I'd have to say (that)은 의견을 부드럽게 제시할 때 쓰이며, have to를 빼고 I'd say라고 줄여 말해도 의미가 같습니다. say 뒤에는 주어 + 동사 구조가 오며, that은 생략 가능합니다. 특히, 오픽 선택주제와 돌발주제에서 선호하는 것이나 의견을 말할 때 유용하게 쓸 수 있습니다.

🔊 오픽 문장으로 만들어보기

I'd have to say (that) Seoul is my favorite city. 제 생각엔 서울이 제가 제일 좋아하는 도시예요.

I'd have to say (that) it's a bit expensive. 제 생각엔 그건 좀 비싼 편이에요.

I'd have to say (that) food delivery is really convenient. 제 생각엔 음식 배달은 정말 편리해요.

I'd have to say (that) the subway is the fastest way to get around.
제 생각엔 돌아다니기엔 지하철이 가장 빠른 방법이에요.

⑳ Not to mention (that) ~하다는 건 말할 것도 없고

Not to mention (that)은 앞서 말한 내용에 정보를 덧붙일 때 쓰는 표현입니다. 부정적인 맥락에서는 불평을 더 강하게 드러낼 수 있습니다. that 뒤에는 완전한 문장 구조가 와야 하며, 실제 말할 때는 that을 생략할 수 있습니다. 자연스럽게 말하기 위해서는 Not to mention that을 한 번에 이어 발음하고, that 뒤의 내용을 강조하면 좋습니다.

🔊 오픽 문장으로 만들어보기

Not to mention (that) the weather is nice, so it is perfect for a picnic.
날씨가 좋았다는 건 말할 것도 없고, 소풍하기에도 완벽해요.

Not to mention (that) the room was spacious, and it was also very clean.
방이 넓었다는 건 말할 것도 없고, 아주 깨끗했어요.

Not to mention (that) since the technology is growing so fast, it's creating many jobs.
기술이 빠르게 성장하는 건 말할 것도 없고, 많은 일자리도 만들고 있어요.

Not to mention (that) the clothes are stylish, and also comfortable.
옷이 스타일이 좋다는 건 말할 것도 없고, 편하기도 해요.

기본주제

- **01** 자기소개 (학생)
- **02** 자기소개 (직장인)

자기소개 Intro & Wrap-up 표현

Intro

1. Let me tell you about myself.
   제 소개를 해 드릴게요.
2. I'll tell you about myself.
   제 소개를 하겠습니다.
3. I'd like to tell you a little bit about myself.
   저에 대해 조금 말하고 싶습니다.
4. I'm excited to be here today.
   오늘 여기 오게 되어 신납니다.
5. Let me introduce myself.
   제 소개를 할게요.
6. Let me start by telling you a little bit about myself.
   제 소개를 조금 하면서 시작할게요.
7. Hi, my name is Jenny. Nice to meet you.
   안녕하세요, 제 이름은 제니입니다. 만나서 반갑습니다.
8. Hi, I'm Jenny, and I'm happy to talk with you today.
   안녕하세요, 저는 제니이고, 오늘 이야기할 수 있어서 기쁩니다.
9. Good afternoon. I'd like to share a little bit about myself.
   좋은 오후입니다. 저에 대해 조금 나누고 싶습니다.

Wrap-up

1. That's a short introduction about myself.
   제 소개는 간단히 여기까지입니다.
2. That's a little bit about myself.
   제 소개는 이 정도입니다.
3. That's all I have to say about myself.
   제 소개는 여기까지입니다.
4. That's all I'd like to share.
   나누고 싶은 건 여기까지입니다.
5. I'm looking forward to talking more.
   앞으로 더 이야기하는 것이 기대됩니다.
6. I hope this gives you an idea about me.
   저에 대해 이해하는 데 도움이 되었기를 바랍니다.
7. That's all for now.
   지금은 이게 다입니다.

기본주제 01 자기소개

- 자기소개는 오픽 시험에서 1번 문제로 반드시 출제
- 자기소개를 하지 않고 넘어가더라도 점수에는 영향이 없지만, 입을 풀기 위해 간단히 답변하는 것을 추천
- 길게 말할 필요는 없으며, 3~5문장을 자연스럽게 말할 수 있도록 연습하기

문제 유형

 3_2

- Please tell me about yourself.
  당신에 대해 말해 주세요.
- Let's start the interview. Please tell me about yourself.
  인터뷰를 시작합니다. 당신에 대해 말해 주세요.
- Please introduce yourself.
  자기소개를 해주세요.
- Could you please tell me something about yourself?
  당신에 관해 조금 말해 주시겠어요?

필수 어휘 & 표현

🎧 3_3

이름

- My name is Jenny. 제 이름은 제니입니다.
- You can call me Jenny. 저를 제니라고 불러 주세요.

기본 정보

- I'm currently a college student. 저는 현재 대학생입니다.
- I'm 20 (years old). 저는 20살입니다.
- I'm in my first/second/third/fourth year. 저는 (대학교) 1/2/3/4학년입니다.
- I'm taking a semester off. 저는 한 학기 휴학 중이에요.
- major in business 경영학을 전공하다 ┄┄┄ ➕ Computer Engineering 컴퓨터 공학
- I work at/for 회사명. 저는 ~에서 일하고 있어요.   Architecture 건축학
- I've been working there for 기간. 그곳에서 ~동안 근무해 오고 있어요.   English Literature 영문학
- I'm in between jobs. 저는 현재 구직 중입니다.   Law 법학
- I live with my family in 지역. 저는 ~에서 가족과 함께 살고 있어요.   Industrial Design 산업 디자인
     Nursing 간호학
     Education 교육학

일상/회사 생활

- daily life 일상생활
- school life 학교생활
- busy 바쁜 ┄┄┄ ➕ challenging 도전적인
- have classes 수업을 듣다   demanding 힘든
- exciting 신나는, 흥미로운   rewarding 보람 있는
- energetic 에너지가 넘치는   satisfying 만족스러운
- be actively involved in ~에 적극적으로 참여하다 ┄┄┄ ➕ sociable 사교적인
- start my day by -ing ~하면서 하루를 시작하다   talkative 말이 많은
- after work 퇴근 후에   extroverted 외향적인
- travel abroad for business trips 해외로 출장을 가다   introverted 내향적인
- hardworking 성실한, 열심히 일하는, 열심히 공부하는   quiet 조용한
     picky 까다로운

취미/여가생활

- hang out with friends 친구들과 어울리다
- watch Netflix dramas 넷플릭스 드라마를 보다
- go for a walk 산책하다
- watch movies 영화를 보다
- go to cafés 카페에 가다
- work out 운동하다
- rest at home 집에서 쉬다

 ① 자기소개 (학생)

🎧 3_4

Q Let's start the interview now. Please tell me about yourself.
인터뷰를 시작합니다. 당신에 대해 말해 주세요.

💡 답변 아이디어 노트

자기소개	내 소개하겠음
기본 정보	제니, 경영학을 전공하는 대학생 가족과 함께 서울에 살고 있음
일상생활/여가생활	꽤 바쁨 – 수업들을 많이 들음 친구들과 어울리기, 집에서 영화 보기
마무리	나에 대한 소개는 여기까지임

실제답변 바로가기 ▶

Intro Okay, let me tell you about myself.

Body My name is Jenny. I'm currently a college student majoring in business. I live with my family in Seoul. My daily life is pretty busy because I usually have a lot of classes. In my free time, I like hanging out with my friends or watching movies at home.

Wrap-up That's a short introduction about myself.

* IM1 보장 답변

자, 제 소개를 해 드릴게요. 제 이름은 제니에요. 저는 현재 경영학을 전공하고 있는 대학생이에요. 저는 서울에서 가족과 함께 살고 있어요. 저는 보통 수업을 많이 들어서 일상생활이 꽤 바빠요. 여가 시간에는 친구들과 어울리거나 집에서 영화를 보는 걸 좋아해요. 제 소개는 간단히 여기까지 예요.

TIP because를 정직하게 [비.코.즈.]라고 발음하기 보다는 강약 조절을 해주세요.
[b커~즈]의 느낌으로 'b'는 정말 짧게, '커'에 강세를 주세요!

🔍 주요 어휘

because ~하기 때문에   a lot of 많은   in my free time 여가 시간에는   like -ing ~하는 것을 좋아하다   introduction 소개

Q Let's start the interview now. Please tell me about yourself.
인터뷰를 시작합니다. 당신에 대해 말해 주세요.

답변 아이디어 노트

자기소개	내 소개를 조금 하겠음
기본 정보	제니, 서울에 있는 대학에서 경영학 전공 중임 멋진 교수님/동기들 덕분에 학교생활 신남
일상생활/여가생활	동아리에도 적극적으로 참여함 영화 보기, 친구들과 카페 가기
마무리	바쁘지만 에너지가 넘치는 학생임

실제답변 바로보기 ▶

Intro Okay, let me tell you a little bit about myself.

Body My name is Jenny, and I'm currently majoring in business at a university in Seoul. I would say my school life is pretty exciting because I have amazing professors and classmates. On top of that, I'm actively involved in several clubs, which have really had an impact on my teamwork skills. In my free time, I absolutely love watching movies or going to nice cafés with my friends.

Wrap-up So overall, I'd describe myself as a busy yet energetic student.

* 이거 쓰면 AL

자, 제 소개를 조금 해드릴게요. 제 이름은 제니이고, 저는 현재 서울에 있는 대학에서 경영학을 전공하고 있어요. 멋진 교수님들과 동기들 덕분에 제 학교생활은 꽤 신난다고 말할 수 있어요. 게다가, 저는 여러 동아리에도 적극적으로 참여하고 있는데, 이게 제 팀워크 능력에도 정말 큰 영향을 줬어요. 여가 시간에는, 영화를 보거나 친구들과 함께 멋진 카페에 가는 것도 굉장히 좋아해요. 그래서 전반적으로, 저는 바쁘지만 에너지가 넘치는 학생이라고 할 수 있어요.

🔍 주요 어휘

on top of that 게다가, 그 뿐만 아니라   **have an impact on** ~에 큰 영향을 주다   **describe A as B** A를 B라고 (설명)할 수 있다

 ① 자기소개 (직장인)

 3_6

Q Let's start the interview now. Please tell me about yourself.
인터뷰를 시작합니다. 당신에 대해 말해 주세요.

답변 아이디어 노트

자기소개	내 소개하겠음
기본 정보	제니, 서울에 있는 IT 회사에서 일함 약 5년 동안 근무 중임
회사 생활/여가생활	이메일 확인/회의로 하루를 시작함 퇴근 후, 가끔 동료들과 어울림/그냥 집에서 쉬기도 함
마무리	나에 대한 소개는 여기까지임

  실제답변 바로보기 ▶

Intro Okay, let me tell you about myself.

Body My name is Jenny. I work at an IT company in Seoul. I've been working there for about five years. I usually start my day by checking emails or attending meetings. After work, I sometimes hang out with my colleagues or just rest at home.

Wrap-up That's a short introduction about myself.

* IM1 보장 답변

자, 제 소개를 해 드릴게요. 제 이름은 제니에요. 저는 서울에 있는 IT 회사에서 일하고 있어요. 그곳에서 약 5년 동안 근무해 왔습니다. 저는 보통 이메일을 확인하거나 회의에 참석하며 하루를 시작해요. 퇴근 후에는, 가끔 동료들과 어울리거나 그냥 집에서 쉬기도 해요. 제 소개는 간단히 여기까지예요.

🔍 주요 어휘

check emails 이메일을 확인하다 **attend** ~에 참석하다 **sometimes** 가끔 **colleague** (회사) 동료 **just** 그냥

Q Let's start the interview now. Please tell me about yourself.
인터뷰를 시작합니다. 당신에 대해 말해 주세요.

💡 답변 아이디어 노트

자기소개	내 소개를 조금 하겠음
기본 정보	제니, 서울에 위치한 IT 회사에서 일함 내 직업은 도전적 + 보람 있음
회사 생활/여가생활	다양한 문서 관리, 여러 팀과 조율함, 때때로 해외 출장 기회 있음 영화 보기, 사랑하는 사람들과 멋진 카페 가기
마무리	열정적이고 성실한 직장인임

Intro Okay, let me tell you a little bit about myself.

Body My name is Jenny, and I currently work for an IT company located in Seoul. If you ask me, I'd say my job is both challenging and rewarding. I mainly manage various documents and coordinate with different teams, which makes my role very dynamic. On top of that, I sometimes have the chance to travel abroad for business trips, which makes my job even more exciting. In my free time, I absolutely love watching movies or going to nice cafés with my loved ones.

Wrap-up So overall, I'd describe myself as a passionate, hardworking professional.

* 이거 쓰면 **AL**

자, 제 소개를 조금 해드릴게요. 제 이름은 제니이고, 저는 현재 서울에 위치한 IT 회사에서 일하고 있어요. 제 직업은 도전적이면서도 보람차다고 말하고 싶어요. 저는 주로 다양한 문서를 관리하고 여러 팀과 조율하는 일을 하고 있어서 제 역할을 아주 역동적으로 만들어줘요. 게다가, 때때로 해외로 출장을 갈 기회도 있어서, 제 직업을 더욱더 흥미진진하게 만듭니다. 여가 시간에는, 영화를 보거나 사랑하는 사람들과 함께 멋진 카페에 가는 걸 굉장히 좋아해요. 그래서 전반적으로, 저는 열정적이고 성실한 직장인이라고 말할 수 있어요.

TIP business에서 'si'는 w보다는 z 발음에 가까워요.
우리에게는 [비즈니스]라는 발음이 친숙하지만, [비 Z 니 스]로 발음하는 훈련을 해야 해요!

🔍 주요 어휘

both A and B A이면서도 B한　**manage** ~을 관리하다　**coordinate with** ~와 조율하다　**dynamic** 역동적인, 활발한　**passionate** 열정적인

선택주제

- **01** 집
- **02** 쇼핑하기
- **03** TV/리얼리티쇼 시청하기
- **04** 영화 보기
- **05** 음악 감상하기
- **06** 국내여행/해외여행
- **07** 집에서 보내는 휴가

최빈출 집 기출 Combo

Combo 1
1. 현재 살고 있는 집 (필수)
2. 집에서의 주중/주말 일과 (필수)
3. 어렸을 때 살았던 집/지금 집 (고난도)

Combo 2
1. 집에서 가장 좋아하는 방 (고난도)
2. 집에서 하는 집안일
3. 어렸을 때 살았던 집/지금 집

Combo 3
1. 집에서 가장 좋아하는 방
2. 어렸을 때 살았던 집/지금 집
3. 집에 준 변화 (고난도)

Combo 4
1. 집에서 가장 좋아하는 방
2. 어렸을 때 살았던 집/동네
3. 집에서 있었던 가족 관련 추억

Combo 5
1. 현재 살고 있는 집
2. 집에서의 주중/주말 일과
3. 집에 있었던 문제점 (필수)

Combo 6
1. 현재 살고 있는 집
2. 집에 있었던 문제점
3. 집에 있었던 문제점 상세 설명/대처 방법

Combo 7 (고난도)
14. 새로운 가전제품이 가사 노동에 가져온 변화
15. 생활에 유용한 가전제품

Combo 8 (고난도)
14. 새로운 가전제품이 가사 노동에 가져온 변화
15. 가전제품이 삶에 가져온 변화

Combo 9 (고난도)
14. 집에 생기는 문제와 관련해 부모님/나의 해결 방법 차이
15. 집을 구할 때 사람들이 겪는 문제

Combo 10 (고난도)
14. 몇 년간 우리나라 주택들의 변화
15. 우리나라 주택 시장 문제 관련 뉴스

최빈출 쇼핑하기 기출 Combo

🛒 Combo 1
1. 우리나라 상점/쇼핑센터 ✪필수
2. 즐겨가는 쇼핑 장소/사는 물건
3. 어렸을 때 쇼핑 추억/쇼핑을 좋아하게 된 계기 ✪필수

🛒 Combo 2
1. 우리나라 상점/쇼핑센터
2. 쇼핑하러 가는 날 하는 일 ✪필수
3. 어렸을 때 기억에 남는 상점/시장 🔀고난도

🛒 Combo 3
1. 우리나라 상점/쇼핑센터
2. 어렸을 때 기억에 남는 상점/시장
3. 쇼핑 중 예상치 못한 경험

🛒 Combo 4
1. 나의 쇼핑 습관 🔀고난도
2. 쇼핑하러 가는 날 하는 일
3. 어렸을 때 쇼핑 추억/쇼핑을 좋아하게 된 계기

🛒 Combo 5
1. 나의 쇼핑 습관
2. 어렸을 때 기억에 남는 상점/시장
3. 내가 겪은 쇼핑 에피소드 🔀고난도

🛒 Combo 6
1. 나의 쇼핑 습관
2. 어렸을 때 쇼핑 추억/쇼핑을 좋아하게 된 계기
3. 내가 겪은 쇼핑 에피소드

🛒 Combo 7 🔀고난도
14. 사람들의 쇼핑 습관의 변화
15. 요즘 많이 언급되는 인기 상품/서비스

최빈출 TV/리얼리티쇼 시청하기 기출 Combo

🛒 Combo 1
1. 좋아하는 TV 방송/영화 (필수)
2. TV 방송/시청 습관 (고난도)
3. TV 방송 프로그램의 과거/현재 (고난도)

🛒 Combo 2
1. 좋아하는 TV 방송/영화
2. TV 방송 프로그램의 과거/현재
3. 기억에 남는 TV 방송/영화 (필수)

🛒 Combo 3
1. 좋아하는 TV 방송/영화
2. 좋아하는 TV 방송/영화 캐릭터
3. TV 방송/영화에 처음 관심 갖게 된 계기/취향 변화 (필수)

🛒 Combo 4
1. 좋아하는 TV 방송/영화
2. 기억에 남는 TV 방송/영화
3. TV 방송/영화에 처음 관심 갖게 된 계기/취향 변화

🛒 Combo 5 (고난도)
14. 10년 동안 기술 변화가 영상 시청 방식 변화에 끼친 영향
15. 새로운 영상 시청 트렌드/시청자들이 관심을 갖는 이유

🛒 Combo 6 (고난도)
14. 과거/현재의 리얼리티쇼 비교
15. 우리나라 사람들이 좋아하는 리얼리티쇼

최빈출 영화 보기 기출 Combo

🧺 Combo 1
1. 가장 좋아하는 영화 장르 (필수)
2. 같이 영화 보러 가는 사람/영화 보기 전후로 하는 일
3. 최근 영화관 가서 영화 보기 전후로 했던 일 (필수)

🧺 Combo 2
1. 가장 좋아하는 영화 장르
2. 최근 영화관 가서 영화 보기 전후로 했던 일
3. 기억에 남는 영화/이유 (필수)

🧺 Combo 3
1. 가장 좋아하는 영화 장르
2. 최근 영화관 가서 영화 보기 전후로 했던 일
3. 좋아하는 영화배우에 대한 최근 뉴스 (고난도)

🧺 Combo 4 (고난도)
14. 영화 작품들의 과거/현재 변화
15. 친구들과 이야기하는 영화 관련 주제

최빈출 음악 감상하기 기출 Combo

🧺 Combo 1
1. 좋아하는 음악 장르/가수 (필수)
2. 음악 감상하는 장소/시간 (필수)
3. 음악을 처음 좋아하게 된 계기/
   취향 변화 (필수)

🧺 Combo 2
1. 좋아하는 음악 장르/가수
2. 음악을 처음 좋아하게 된 계기/취향 변화
3. 라이브 음악을 들었던 경험 (고난도)

🧺 Combo 3 (고난도)
14. 다른 장르의 두 가지 음악 비교
15. 요즘 관심을 끄는 새로운 음악 기기

최빈출 국내여행/해외여행 기출 Combo

🧺 Combo 1
1. 좋아하는 국내여행 장소 ✚필수
2. 여행 가기 전 하는 준비 ✚필수
3. 국내여행 중 잊을 수 없는 에피소드 ✚필수

🧺 Combo 2
1. 좋아하는 국내여행 장소
2. 여행 가기 전 하는 준비
3. 어렸을 때 갔던 여행

🧺 Combo 3
1. 좋아하는 국내여행 장소
2. 어렸을 때 갔던 여행
3. 국내여행 중 잊을 수 없는 에피소드

🧺 Combo 4
1. 가봤던 해외 국가/도시 및 현지인
2. 해외 여행지에서 주로 하는 일
3. 처음으로 가본 해외 국가/도시

🧺 Combo 5
1. 가봤던 해외 국가/도시 및 현지인
2. 처음으로 가본 해외 국가/도시
3. 해외여행 중 잊을 수 없는 에피소드

🧺 Combo 6
1. 우리나라 관광객들이 주로 가는 해외 여행지 🔹고난도
2. 어렸을 때 갔던 외국 국가 🔹고난도
3. 해외여행 중 잊을 수 없는 에피소드

🧺 Combo 7
1. 우리나라 관광객들이 주로 가는 해외 여행지
2. 우리나라 관광객들이 해외 여행지에서 하는 일 🔹고난도
3. 어렸을 때 갔던 외국 국가

🧺 Combo 8 🔹고난도
14. 지난 5년간 여행이 더 어려워진 이유
15. 사람들이 가지고 있는 여행 관련 우려

🧺 Combo 9 🔹고난도
14. 과거/현재의 해외여행 비교
15. 해외로 가는 여행객들의 관심사

최빈출 집에서 보내는 휴가 기출 Combo

🧺 Combo 1
① 집에서 보내는 휴가 중 만나고 싶은 사람 〔필수〕
② 휴가 때 만나는 사람/하고 싶은 일 〔고난도〕
③ 지난 휴가 때 했던 일 〔필수〕

🧺 Combo 2
① 집에서 보내는 휴가 중 만나고 싶은 사람
② 지난 휴가 때 했던 일
③ 집에서 보내는 휴가 중 기억에 남는 경험 〔필수〕

🧺 Combo 3 〔고난도〕
⑭ 과거/현재의 사람들이 휴가를 보내는 방법
⑮ 휴가가 중요하다고 생각하는 이유

선택주제 01 집

- 집(거주지) 문제는 현재 나의 상황에 맞추어 답변을 준비하는 것을 추천
- 주로 현재 살고 있는 집, 어렸을 때 살았던 집과 현재 사는 집 비교, 집에서 가장 좋아하는 방 등의 문제가 가장 많이 출제
- 자가평가 난이도 5-5 이상을 선택한다면, 14-15번에 해당 주제의 고난도 문제도 출제

문제 유형

 최빈출 Combo

- I would like to talk about where you live. What kind of home do you live in? How many rooms are there? Describe it in detail.

  당신이 살고 있는 곳에 대해 이야기하고 싶습니다. 어떤 종류의 집에 살고 있나요? 방은 몇 개 있나요? 자세히 묘사해 주세요.

- What is your daily routine at home? What do you usually do during the week, and how do you spend your weekends?

  집에서의 일상 루틴은 어떤가요? 주중에는 보통 무엇을 하고, 주말에는 어떻게 시간을 보내나요?

- There may be situations where something goes wrong at home. Sometimes, things don't go as planned, and problems can happen in any home. Tell me about a problem or issue you've had at home.

  집에서 무엇인가가 잘못되는 상황이 있을 수 있습니다. 때때로, 일이 계획대로 되지 않거나, 문제는 어떤 집에서도 일어날 수 있습니다. 집에서 겪었던 문제나 사건에 대해 말해 주세요.

고난도 Combo

- I would like to now talk about where you live. What is your favorite room in the house, and what does it look like?

  이제 당신이 살고 있는 곳에 대해 이야기하고 싶습니다. 집에서 가장 좋아하는 방은 어디이고, 어떻게 생겼나요?

- Describe the house you grew up in. What are some major differences between that and your current home?

  당신이 자라온 집을 묘사해 주세요. 그 집과 현재 당신의 집은 어떤 점이 크게 다른가요?

- People often want to make a change at home, like buying new furniture or redecorating. Tell me about one change you have made to your home recently.

  사람들은 종종 새로운 가구를 사거나 다시 꾸미는 것 같이 집에 변화를 주고 싶어 합니다. 최근에 당신이 집에 준 변화에 대해 말해 주세요.

필수 어휘 & 표현

🎧 4_2

집에서 하는 일과

- ☐ live in ~에 살다
- ☐ spend most of my time in 장소 ~에서 대부분의 시간을 보내다
- ☐ clean the house 집을 청소하다
- ☐ watch TV TV를 보다
- ☐ invite friends over 친구들을 초대하다
- ☐ suit my lifestyle 내 생활 방식에 잘 맞다
- ☐ lie down 누워 있다
- ☐ share a room with ~와 방을 함께 쓰다
- ☐ change the mood 분위기를 바꾸다

apartment 아파트
house 집, 주택
apartment complex 아파트 단지
studio apartment 오피스텔

relax 쉬다
take a rest 휴식을 취하다
unwind 긴장을 풀다
take it easy 무리하지 않다
have a break 휴식하다
chill out 편하게 쉬다, 기분 전환하다

집 구조

- ☐ kitchen 주방
- ☐ living room 거실
- ☐ be connected to ~와 연결되어 있다
- ☐ be located on the ~ floor ~층에 위치해 있다
- ☐ bedroom 침실
- ☐ study room 공부방
- ☐ balcony 발코니

playground 놀이터
facility 시설
swimming pool 수영장
fitness center/gym 헬스장
community center 커뮤니티 센터
parking lot 주차장

집 특징

- ☐ big (크기가) 큰
- ☐ cozy 아늑한
- ☐ convenient 편리한
- ☐ modern 현대적인
- ☐ small (크기가) 작은
- ☐ bright/light 밝은
- ☐ spacious 넓은
- ☐ comfortable 편안한
- ☐ simple 단순한
- ☐ old 옛날의, 오래된
- ☐ dull 단조로운
- ☐ brand new 새로운

집 관련 문제

- ☐ break down 고장 나다
- ☐ call the repair service 수리 서비스를 부르다
- ☐ fix 고치다

stop working 작동을 멈추다
leak 물이 새다
crack 금이 가다, 깨지다
clog 막히다

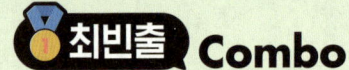 **Combo** ① 현재 살고 있는 집

🎧 4_3

Q I would like to talk about where you live. What kind of home do you live in? How many rooms are there? Describe it in detail.

당신이 살고 있는 곳에 대해 이야기하고 싶습니다. 어떤 종류의 집에 살고 있나요? 방은 몇 개 있나요? 자세히 묘사해 주세요.

💡 답변 아이디어 노트

집 소개	우리 집을 묘사하겠음
집 특징	아파트 거주 크진 않지만 아늑함
집 구조	방 3개(거실, 침실, 공부방) 주방은 거실과 연결됨
마무리	이게 전부임

  실제답변 바로보기 ▶

Intro Let me describe my home.

Body First of all, I live in an apartment. It is not too big, but it's cozy for me. There are three rooms: a living room, a bedroom, and a small study room. The kitchen is connected to the living room, so it is super convenient to move around. I usually spend most of my time in the living room.

Wrap-up That's all about my home.

* IM1 보장 답변

제 집을 묘사해 볼게요. 먼저, 저는 아파트에 살고 있어요. 크진 않지만 저에게는 아늑해요. 거실과 침실, 작은 공부방까지 세 개의 방이 있어요. 주방은 거실과 연결돼 있어서 돌아다니기에 아주 편합니다. 저는 보통 거실에서 대부분의 시간을 보내요. 이게 제 집에 관한 전부예요.

🔍 주요 어휘

describe ~을 묘사하다, 설명하다　**first of all** 먼저　**super** 아주　**move around** 돌아다니다

Q I would like to talk about where you live. What kind of home do you live in? How many rooms are there? Describe it in detail.

당신이 살고 있는 곳에 대해 이야기하고 싶습니다. 어떤 종류의 집에 살고 있나요? 방은 몇 개 있나요? 자세히 묘사해 주세요.

💡 답변 아이디어 노트

집 소개	현재 집을 자세히 묘사하겠음
집 특징	현대적/아늑한 아파트 단지, 21층
집 구조	방 3개(거실, 침실, 공부방) + 도시 전망 발코니 주방과 거실 연결됨, 트인 느낌
마무리	현대적, 내 생활 방식에 완전히 잘 맞음

실제답변 바로보기 ▶

Intro Let me describe my current home in detail.

Body I'd have to say I live in a modern yet cozy apartment complex. It's located on the 21st floor. There are three rooms including a living room, a bedroom, and a small study room. Oh, and there is a balcony with a nice view of the city too! One of my favorite things about this apartment is that the kitchen and living area are connected, which makes it feel open. I spend most of my time in the living room to enjoy a cup of coffee.

Wrap-up As you can see, my home is modern and totally suits my lifestyle. How does your place look?

* 이거 쓰면 AL

현재 제 집을 자세히 묘사해 볼게요. 저는 현대적이면서도 아늑한 아파트 단지에 살고 있어요. 21층에 위치해 있어요. 거실, 침실, 그리고 작은 공부방을 포함해 세 개의 방이 있습니다. 오, 그리고 도시 전망이 좋은 발코니도 있어요! 이 아파트에 대해 제가 가장 좋아하는 점 중 하나는 주방과 거실이 연결돼 있어서, 더 트인 느낌을 준다는 거예요. 저는 커피 한 잔을 즐기기 위해 대부분의 시간을 거실에서 보내요. 보시다시피, 제 집은 현대적이고 제 생활 방식에 완전히 잘 맞아요. 당신의 집은 어떤가요?

🔍 주요 어휘

current 현재의　**in detail** 자세히　**A yet B** A 하면서도 B한　**including** ~을 포함해　**view** 전망　**feel open** 더 트인 느낌이다　**totally** 완전히

 ② 집에서의 주중/주말 일과

🎧 4_5

Q What is your daily routine at home? What do you usually do during the week, and how do you spend your weekends?

집에서의 일상 루틴은 어떤가요? 주중에는 보통 무엇을 하고, 주말에는 어떻게 시간을 보내나요?

 답변 아이디어 노트

집에서의 일과 소개	집에서의 일상 루틴을 말하겠음
주중 일과	오전 8시 기상, 공부하거나 일함 저녁엔 TV 보거나 친구와 통화
주말 일과	집 청소
마무리	지금은 이 정도임

  실제답변 바로보기 ▶

Intro   Alright, I'll tell you about my daily routine at home.

Body   On weekdays, I usually wake up at around 8 a.m. and have breakfast in the kitchen. Then, I spend some time studying or working in my study room. In the evening, I tend to watch TV or talk with my friends on the phone. On weekends, however, I usually clean the house.

Wrap-up   That's all I can think of right now.

* IM1 보장 답변

좋아요, 집에서의 제 일상 루틴에 대해 말씀드릴게요. 평일엔, 저는 보통 오전 8시쯤 일어나서 주방에서 아침을 먹어요. 그다음엔, 제 공부방에서 공부하거나 일을 하면서 시간을 보내요. 저녁엔, TV를 보거나 친구들과 통화를 하곤 해요. 그러나 주말엔, 보통 집을 청소합니다. 지금 생각 나는 건 이 정도에요.

🔍 주요 어휘

daily routine 일상   **wake up** 일어나다   **have breakfast** 아침을 먹다   **tend to do** ~하곤 하다, ~하는 편이다   **on the phone** 전화로

🎧 4_6

Q What is your daily routine at home? What do you usually do during the week, and how do you spend your weekends?

집에서의 일상 루틴은 어떤가요? 주중에는 보통 무엇을 하고, 주말에는 어떻게 시간을 보내나요?

💡 답변 아이디어 노트

집에서의 일과 소개	집에서의 일상 루틴이 어떤지 궁금한가 봄?
주중 일과	체계적인 루틴을 따름 – 가벼운 아침, 집에서 저녁 준비, 영화 보기, 운동
주말 일과	친구들 초대해서 새로운 요리법 시도
마무리	주말이 평일보다 편안함

실제답변 바로보기 ▶

Intro Alright, *it looks like you want to know* what my daily routine at home is like.

Body During the weekdays, I follow a pretty *structured routine*. I usually start my day with a light breakfast, just some toast and coffee. After work, I like to prepare a homemade dinner and sometimes watch a movie in the living room. On most of the days, I also *do a quick workout* at the end of the day. Weekends are *totally* different because I often *invite friends over* and try new recipes.

Wrap-up *If you ask me, I would say* weekends are absolutely relaxing compared to my weekdays.

* 이거 쓰면 **AL**

좋아요, 집에서의 제 일상 루틴이 어떤지 궁금하신 것 같네요. 평일 동안, 저는 꽤 체계적인 루틴을 따릅니다. 보통 토스트와 커피로 가벼운 아침과 함께 하루를 시작해요. 퇴근 후엔, 집에서 저녁을 준비하고 때로는 거실에서 영화를 보는 것을 좋아해요. 대부분의 날엔, 하루를 마무리할 때 짧게 운동을 합니다. 주말은 완전히 다른데, 종종 친구들을 집에 초대해서 새로운 요리법을 시도하기 때문이에요. 제 생각에 주말은 평일과 비교해 확실히 편안해요.

🔍 주요 어휘

structured 체계적인 **prepare** ~을 준비하다 **do a quick workout** 짧게 운동하다 **try** ~을 시도하다 **recipe** 요리법 **absolutely** 확실히

 ③ 집에 있었던 문제점

🎧 4_7

Q There may be situations where something goes wrong at home. Sometimes, things don't go as planned, and problems can happen in any home. Tell me about a problem or issue you've had at home.
집에서 무엇인가가 잘못되는 상황이 있을 수 있습니다. 때때로, 일이 계획대로 되지 않거나, 문제는 어떤 집에서도 일어날 수 있습니다. 집에서 겪었던 문제나 사건에 대해 말해 주세요.

💡 답변 아이디어 노트

집 관련 문제점 소개	집에 문제 있었음
문제점	에어컨 고장 남, 여름이어서 정말 더웠음 밤에 잘 수 없었음
해결 방법	수리를 불렀음, 고쳤음
마무리	스트레스였음

실제답변 바로보기 ▶

Intro I once had a problem at home.

Body Last year, the air conditioner in my living room broke down. It was summer, so it was extremely hot. I couldn't sleep at night because of the weather. I called the repair service, and it was finally fixed.

Wrap-up It was quite stressful for me. So, it was not a pleasant experience.

* IM1 보장 답변

한 번 집에 문제가 있었어요. 작년에, 거실에 있던 에어컨이 고장 났어요. 여름이었어서 정말 더웠어요. 날씨 때문에 밤에 잠을 잘 수 없었어요. 저는 수리 서비스를 불렀고, 에어컨은 결국 고쳐졌어요. 저한테 꽤 스트레스였어요. 그래서 기분이 좋은 경험은 아니었어요.

🔍 주요 어휘

air conditioner 에어컨 extremely 너무, 극도로 because of ~ 때문에 finally 마침내 stressful 스트레스인 pleasant 기분이 좋은

Q There may be situations where something goes wrong at home. Sometimes, things don't go as planned, and problems can happen in any home. Tell me about a problem or issue you've had at home.

집에서 무엇인가가 잘못되는 상황이 있을 수 있습니다. 때때로, 일이 계획대로 되지 않거나, 문제는 어떤 집에서도 일어날 수 있습니다. 집에서 겪었던 문제나 사건에 대해 말해 주세요.

답변 아이디어 노트

집 관련 문제점 소개	큰 문제 확실히 기억함
문제점	작년 여름, 에어컨 완전 고장 남, 켜지지도 않았음 선풍기 3대 사용, 효과 없었음
해결 방법	수리 서비스 불렀지만 며칠 걸렸음, 돈도 많이 들었음
마무리	다시는 겪고 싶지 않음

실제답변 바로보기 ▶

Intro I definitely remember a big issue I had at home.

Body So if I remember correctly, last summer was sizzling hot. But one day, the air conditioner broke down completely. It didn't even turn on. So, all I could do was use three fans to cool my house down. But it didn't work at all, so I had to call the repair service to fix the air conditioner. But the thing is, it took several days for them to come in for assistance. On top of that, I had to spend a lot of money on it.

Wrap-up Looking back, it was a terrible episode that I don't want to experience ever again.

*이거 쓰면 **AL**

저는 집에 있었던 큰 문제를 확실히 기억해요. 제 기억이 맞다면, 작년 여름은 엄청 더웠어요. 그런데 어느 날, 에어컨이 완전히 고장 났어요. 심지어 켜지지도 않았어요. 그래서 제가 할 수 있었던 건 집을 식히기 위해 선풍기 3대를 사용하는 것이었어요. 그러나 아무 효과가 없어서 에어컨을 고치기 위해 수리 서비스를 불러야 했어요. 그런데 문제는 수리 서비스가 도움을 주러 오기까지 며칠이 걸렸어요. 게다가, 거기에 돈도 많이 들었어요. 돌이켜보면, 다시는 겪고 싶지 않은 끔찍한 일화였어요.

🔍 주요 어휘

definitely 확실히   **sizzling hot** 엄청 더운   **turn on** (전원을) 켜다   **work** 효과가 있다   **come in** 오다   **assistance** 도움, 지원   **episode** 일화

 **① 집에서 가장 좋아하는 방**

Q I would like to now talk about where you live. What is your favorite room in the house, and what does it look like?
이제 당신이 살고 있는 곳에 대해 이야기하고 싶습니다. 집에서 가장 좋아하는 방은 어디이고, 어떻게 생겼나요?

💡 답변 아이디어 노트

집 소개	집에 대해 말해 주겠음
가장 좋아하는 방	방 세 개 있음, 가장 좋아하는 방은 거실
좋아하는 이유	가장 좋은 건 소파, TV 보면서 누워서 쉼 큰 창문도 있음, 방을 밝게 해 줌
마무리	거실이 최고의 장소

  실제답변 바로보기 ▶

Intro Okay, so I'll tell you about my place.

Body I live in an apartment. There are three rooms, and my favorite room is the living room. The best part is the sofa. I like to lie down and relax while watching TV. There are also big windows, and they make the room really bright.

Wrap-up So, the living room is the best place for me.

*** IM1 보장 답변**

좋아요, 그러면 제 집에 대해 말씀드릴게요. 저는 아파트에 살고 있어요. 방이 세 개 있는데 제가 가장 좋아하는 방은 거실이에요. 가장 좋은 점은 소파예요. 저는 TV를 보면서 누워서 쉬는 것을 좋아해요. 큰 창문도 있어서 방을 정말 밝게 만들어줘요. 그래서 거실은 제게 최고의 장소예요.

🔍 주요 어휘

place 집, 장소 **favorite** 가장 좋아하는 **while** ~하면서, ~하는 동안 **also** ~도, 또한 **window** 창문

🎧 4_10

Q I would like to now talk about where you live. What is your favorite room in the house, and what does it look like?

이제 당신이 살고 있는 곳에 대해 이야기하고 싶습니다. 집에서 가장 좋아하는 방은 어디이고, 어떻게 생겼나요?

💡 답변 아이디어 노트

집 소개	방이 세 개 있는 아파트 단지에 살고 있음
가장 좋아하는 방	가장 좋아하는 방은 거실
좋아하는 이유	집에서 가장 넓음 편안한 소파 있음, 따뜻한 조명으로 방을 직접 꾸밈
마무리	많은 기능 있어서 특별함

실제답변 바로보기 ▶

Intro I live in an apartment complex with three rooms.

Body Out of the three, the living room is definitely my favorite. First of all, it is the most spacious area in the house. It has a comfortable sofa in the middle, which is for relaxing and watching movies. Additionally, I myself have decorated the room with warm lighting, so it always feels cozy. Not to mention that the room includes a workstation because there is a little desk and a chair in the corner.

Wrap-up Overall, it's a room with many functions, and that's what makes it special.

* 이거 쓰면 AL

저는 방이 세 개 있는 아파트 단지에 살고 있어요. 세 개의 방 중에서, 거실은 확실히 가장 좋아하는 방이에요. 우선, 집에서 가장 넓은 공간이에요. 중앙에 편안한 소파가 있는데, 휴식과 영화를 보기 위해 중앙에 있어요. 게다가, 직접 따뜻한 조명으로 방을 꾸며서 항상 아늑한 느낌이 나요. 게다가 작은 책상과 의자가 구석에 있기 때문에 작업 공간으로도 쓸 수 있어요. 전반적으로, 많은 기능이 있는 방이라서 특별한 것 같아요.

🔍 주요 어휘

additionally 게다가 **decorate** ~을 꾸미다 **lighting** 조명 **include** ~을 포함하다 **workstation** 작업 공간 **function** 기능

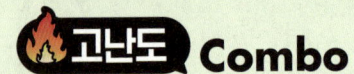 ❷ 어렸을 때 살았던 집/지금 집

🎧 4_11

Q Describe the house you grew up in. What are some major differences between that and your current home?
당신이 자라온 집을 묘사해 주세요. 그 집과 현재 당신의 집은 어떤 점이 크게 다른가요?

💡 답변 아이디어 노트

어릴 때 집 소개	어린 시절 집에 대해 말하겠음
과거 집 특징	침실 두 개의 작은 집, 가족과 함께 살았음 거실은 매우 단순했음
지금 집 특징	더 현대적, 편안함, 위치도 편리함
마무리	지금 집은 꽤 다름

 IM

실제답변 바로보기 ▶

Intro I will tell you about the house from my childhood.

Body It was a small house with two bedrooms. I lived with my family, and I shared a room with my brother. The living room was very simple. Compared to that, my current apartment is more modern. The biggest difference is that my current home is much more comfortable and conveniently located.

Wrap-up So, my current home is quite different from my old home.

＊ IM1 보장 답변

제 어린 시절의 집에 대해 말씀드릴게요. 두 개의 침실이 있는 작은 집이었어요. 저는 가족과 함께 살았고, 남동생과 방을 함께 썼어요. 거실은 매우 단순했어요. 그 집과 비교하면, 저의 현재 아파트는 더 현대적이에요. 가장 큰 차이는 지금 집이 훨씬 더 편안하고 위치도 편리하다는 거예요. 그래서 저의 지금 집은 옛날 집과 꽤 달라요.

🔍 주요 어휘

childhood 어린 시절　**compared to** ~와 비교하면　**difference** 차이(점)　**conveniently located** 위치가 편리한

Q Describe the house you grew up in. What are some major differences between that and your current home?
당신이 자라온 집을 묘사해 주세요. 그 집과 현재 당신의 집은 어떤 점이 크게 다른가요?

답변 아이디어 노트

어릴 때 집 소개	어린 시절 집과 꽤 다름
과거 집 특징	침실 두 개 있는 한국식 전통 주택 남동생과 방을 함께 써서 기억에 남음
지금 집 특징	현대적 시설이 갖춰진 아파트 단지임
마무리	각자 매력 있지만, 지금 집이 더 좋음

실제답변 바로보기 ▶

Intro The house from my childhood was quite different, and I'll describe it to you.

Body Back then, I lived in a small traditional Korean house with two bedrooms. It was memorable because I shared a room with my brother, and we used to play games together in the room. On the other hand, my current house is very different in many aspects. My current home is an apartment complex with modern facilities. What's really interesting is that both houses reflect different times of my life.

Wrap-up To sum up, each house has its own charm, but I just love my current home.

*이거 쓰면 AL

제 어린 시절 집은 꽤 달랐고, 그걸 설명해 드릴게요. 예전엔, 저는 침실이 두 개인 작은 한국식 전통 주택에 살았어요. 남동생과 방을 함께 쓰며, 방에서 함께 게임을 하곤 했기 때문에 기억에 남아요. 반면에, 지금 집은 많은 면에서 정말 달라요. 지금 저의 집은 현대적인 시설이 갖춰진 아파트 단지예요. 정말 흥미로운 점은 두 집 모두 제 인생의 여러 시기를 반영한다는 거예요. 정리하자면, 각 집은 나름의 매력이 있지만, 저는 지금 집을 좋아해요.

🔍 주요 어휘

back then 예전엔, 그땐 **traditional** 전통적인 **aspect** 면, 양상 **reflect** ~을 반영하다 **to sum up** 정리하자면 **charm** 매력

3 집에 준 변화

🎧 4_13

Q People often want to make a change at home, like buying new furniture or redecorating. Tell me about one change you have made to your home recently.

사람들은 종종 새로운 가구를 사거나 다시 꾸미는 것 같이 집에 변화를 주고 싶어 합니다. 최근에 당신이 집에 준 변화에 대해 말해 주세요.

💡 답변 아이디어 노트

집에 준 변화 소개	최근에 집에 변화를 줌
변화 설명	거실에 새 소파를 삼 예전 소파는 작고 불편했음
변화에 대한 내 생각	새 소파는 더 큼, TV를 편하게 볼 수 있음
마무리	새 소파가 정말 좋음

실제답변 바로보기 ▶

Intro I made a change at home recently.

Body I bought a new sofa for the living room. The old one was too small and uncomfortable. The new sofa is bigger, so I can lie down on it. Now, I can watch TV comfortably while relaxing. It was a really good choice.

Wrap-up So, I really like my new sofa.

* IM1 보장 답변

저는 최근에 집에 변화를 줬어요. 거실에 새 소파를 샀어요. 예전 소파는 너무 작고 불편했어요. 새 소파는 더 커서 제가 그 위에 누울 수 있어요. 이제는 쉬면서 TV를 편하게 볼 수 있습니다. 이건 정말 잘한 선택이었어요. 그래서 저는 새 소파가 정말 좋아요.

🔍 주요 어휘

make a change 변화를 주다　**recently** 최근에　**uncomfortable** 불편한　**comfortably** 편안하게　**choice** 선택

Q People often want to make a change at home, like buying new furniture or redecorating. Tell me about one change you have made to your home recently.

사람들은 종종 새로운 가구를 사거나 다시 꾸미는 것 같이 집에 변화를 주고 싶어 합니다. 최근에 당신이 집에 준 변화에 대해 말해 주세요.

답변 아이디어 노트

집에 준 변화 소개	최근에 몇 가지 변화를 줌
변화 설명	거실이 단조로워서 다시 꾸밈 새 소파 구매, 벽지를 밝은 색으로 바꿈
변화에 대한 내 생각	상쾌하고 편안한 느낌
마무리	작은 변화가 분위기를 확실히 바꿔 줌

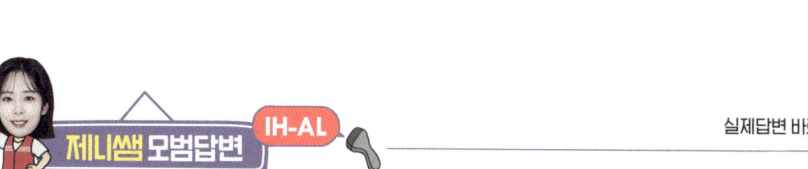

실제답변 바로보기 ▶

Intro Oh my god, how did you know? I've made a few changes at home recently.

Body Okay, I decided to redecorate my living room because it felt too dull. The first thing I did was buy a brand new sofa. It's much more comfortable and colorful, which totally improved the atmosphere. Then, I changed the wallpaper to a light pastel color, which makes the room even brighter. Whenever I enter the room now, it feels refreshing and relaxing.

Wrap-up These small changes have definitely changed the mood of the room.

* 이거 쓰면 AL

오, 어떻게 아셨어요? 저는 최근에 집에 몇 가지 변화를 줬어요. 좋아요, 너무 단조로운 느낌이 들어서 거실을 다시 꾸미기로 결정했어요. 가장 먼저 한 일은 새 소파를 사는 것이었어요. 새 소파는 훨씬 더 편안하고 다채로워서 분위기가 완전히 좋아졌어요. 그다음으로, 저는 벽지를 밝은 파스텔 색으로 바꿨는데, 방을 더 밝게 만들었어요. 지금은 방에 들어갈 때마다, 상쾌하고 편안한 느낌이 들어요. 이런 작은 변화들이 방의 분위기를 확실히 바꿨어요.

🔍 주요 어휘

redecorate ~을 다시 꾸미다 **colorful** 다채로운 **improve the atmosphere** 분위기가 좋아지다 **wallpaper** 벽지 **refreshing** 상쾌한

선택주제 02 쇼핑하기

- 쇼핑하기 문제는 일상에서 흔히 하는 활동이기 때문에 비교적 쉽게 답변 가능
- 대체로 우리나라 상점/쇼핑센터, 어렸을 때 쇼핑 추억, 어렸을 때 기억에 남는 상점/시장, 쇼핑 습관 등의 문제가 자주 출제
- 자가평가 난이도 5-5 이상을 선택한다면, 14-15번에 해당 주제의 고난도 문제도 함께 출제

문제 유형

🏅 최빈출 Combo

- You indicated in the survey that you go shopping. Tell me about the stores or shopping centers in your country. How would you describe these places?

  당신은 설문조사에서 쇼핑하러 간다고 언급했습니다. 당신의 나라에 있는 상점이나 쇼핑센터에 대해 말해 주세요. 그곳들을 어떻게 묘사할 수 있나요?

- Describe what you usually do on a typical shopping day. Tell me everything you do from the time you leave home until you get back.

  평소 쇼핑하는 날에 보통 무엇을 하는지 묘사해 주세요. 집을 떠날 때부터 돌아올 때까지 당신이 하는 모든 것을 말해 주세요.

- Tell me about your early shopping memories and how shopping became something you really enjoy.

  어릴 적 쇼핑 추억과 어떻게 쇼핑이 당신이 정말 즐기는 활동이 됐는지 말해 주세요.

🔥 고난도 Combo

- You indicated in the survey that you go shopping. I'd like to know about your shopping routine. Where do you usually go, and who do you go with?

  당신은 설문조사에서 쇼핑하러 간다고 언급했습니다. 당신의 평소 쇼핑 루틴에 대해 알고 싶습니다. 보통 어디로 가고, 누구와 함께 가나요?

- Think about your early shopping memories. Is there a shopping place you remember from when you were young? What did it look like, and how did you feel about it?

  어릴 적 쇼핑 추억에 대해 생각해 보세요. 어렸을 때 기억에 남는 쇼핑 장소가 있나요? 그곳은 어떤 모습이었고, 그때 어떤 기분이었나요?

- Shopping can lead to many unexpected moments. Tell me about one memorable shopping experience you've had, with details about what went on, who was involved, and how it all turned out.

  쇼핑은 많은 예상치 못한 순간들을 가져올 수 있습니다. 어떤 일이 있었는지, 누가 관련됐는지, 그리고 결국 어떻게 되었는지에 대해 기억에 남는 쇼핑 경험 한 가지를 자세히 말해 주세요.

필수 어휘 & 표현

🎧 4_16

쇼핑 장소

- [ ] **shopping center** 쇼핑센터
- [ ] **(shopping) mall** 쇼핑몰
- [ ] **supermarket** 슈퍼마켓
- [ ] **toy store** 장난감 가게
- [ ] **clothing store** 옷 가게
- [ ] **market** 시장

outlet mall 아울렛
shopping complex 쇼핑 복합시설
beauty store 화장품 가게
traditional market 전통 시장
online store 온라인 쇼핑몰

쇼핑 장소 특징

- [ ] **crowded** 붐비는
- [ ] **create a lively atmosphere** 활기찬 분위기를 만들다
- [ ] **a go-to place** 즐겨 찾는 장소
- [ ] **be full of** ~로 가득하다
- [ ] **nearby** 가까운, 근처에 있는
- [ ] **have everything from A to B** A부터 B까지 모든 것이 있다
- [ ] **hectic** 정신없는

bustling 북적이는
chaotic 혼잡스러운
peaceful 평화로운
trendy 유행하는
luxurious 고급스러운

쇼핑 활동

- [ ] **window shopping** 아이쇼핑
- [ ] **buy groceries** 식료품을 사다
- [ ] **change depending on the day** 날에 따라 달라지다
- [ ] **check out** ~을 둘러보다, 계산하다
- [ ] **new arrivals** 새로 들어온 상품
- [ ] **take 사람 to 장소** ~를 …로 데려가다
- [ ] **home goods** 생활용품
- [ ] **go shopping** 쇼핑하다
- [ ] **look for** ~을 찾다
- [ ] **browse** ~을 구경하다
- [ ] **clearance sale** 재고 정리 세일
- [ ] **decent** 괜찮은, 적절한

try on ~을 입어보다
look around 둘러보다
grab a bite 간단히 식사하다
stop by 들리다
visit 방문하다

쇼핑 관련 내 생각

- [ ] **make it relaxing** 편안하게 해주다
- [ ] **feel excited** 신이 나다
- [ ] **look forward to** ~을 기대하다
- [ ] **love the energy of** ~의 활기를 좋아하다
- [ ] **It was such a blast.** 정말 즐거웠어요.

 우리나라 상점/쇼핑센터

🎧 4_17

Q You indicated in the survey that you go shopping. Tell me about the stores or shopping centers in your country. How would you describe these places?
당신은 설문조사에서 쇼핑하러 간다고 언급했습니다. 당신의 나라에 있는 상점이나 쇼핑센터에 대해 말해 주세요. 그곳들을 어떻게 묘사할 수 있나요?

💡 답변 아이디어 노트

우리나라 상점/쇼핑센터 소개	큰 쇼핑센터가 많이 있음
특징 ①	여러 층, 다양한 상점 음식점/슈퍼마켓도 있음
특징 ②	주말에는 매우 붐빔, 주차도 어려움
마무리	여기까지임

 IM

실제답변 바로보기 ▶

Intro In my country, there are many big shopping centers.

Body They usually have many floors with various shops. There are also restaurants and supermarkets in the shopping center. On weekends, most shopping malls are very crowded. So, parking can sometimes be difficult.

Wrap-up That's about it for shopping malls in Korea.

* IM1 보장 답변

우리나라에는 큰 쇼핑센터가 많이 있어요. 보통 다양한 상점들과 함께 여러 층으로 되어 있어요. 쇼핑센터 안에는 음식점과 슈퍼마켓도 있습니다. 주말에는 대부분의 쇼핑몰들이 매우 붐벼요. 그래서 가끔 주차가 어려울 때도 있어요. 한국에 있는 쇼핑몰에 대한 건 여기까지예요.

🔍 주요 어휘

floor 층   various 다양한   on weekends 주말에는   parking 주차   difficult 어려운

Q You indicated in the survey that you go shopping. Tell me about the stores or shopping centers in your country. How would you describe these places?

당신은 설문조사에서 쇼핑하러 간다고 언급했습니다. 당신의 나라에 있는 상점이나 쇼핑센터에 대해 말해 주세요. 그곳들을 어떻게 묘사할 수 있나요?

 답변 아이디어 노트

우리나라 상점/쇼핑센터 소개	곳곳에 대형 쇼핑센터 많음
특징 ①	여러 층, 명확한 테마 있음, 영화관/어린이 놀이 공간도 있음
특징 ②	주말에 매우 붐빔, 활기찬 분위기 만듦
마무리	주말에 사람들이 즐겨 찾는 장소임

 IH-AL

실제답변 바로보기 ▶

Intro In my country, Korea, there are plenty of big shopping centers everywhere.

Body They usually consist of several floors, and each floor has a clear theme, like fashion or dining. What's really interesting is that many malls also have movie theaters and play zones for kids. These places get extremely busy on weekends, which creates a lively atmosphere. And the best part is that you can hang out with friends there.

Wrap-up So, shopping centers are a go-to place on weekends.

* 이거 쓰면 AL

우리나라, 한국에는 곳곳에 대형 쇼핑센터가 많이 있어요. 보통 여러 층으로 구성되어 있고, 각 층마다 패션이나 식사 같은 명확한 테마가 있습니다. 정말 흥미로운 점은 많은 쇼핑몰에 영화관과 어린이를 위한 놀이 공간도 있다는 거예요. 이러한 장소들은 주말에 매우 붐벼서, 활기찬 분위기를 만들어요. 그리고 가장 좋은 점은 그곳에서 친구들과 어울릴 수 있다는 거예요. 그래서 쇼핑센터는 주말에 사람들이 즐겨 찾는 장소예요.

 주요 어휘

plenty of 많은   **everywhere** 곳곳에   **consist of** ~로 구성되다   **clear** 명확한   **theme** 테마, 주제   **hang out with** ~와 어울리다, 놀다

2 쇼핑하러 가는 날 하는 일

🎧 4_19

Q Describe what you usually do on a typical shopping day. Tell me everything you do from the time you leave home until you get back.

평소 쇼핑하는 날에 보통 무엇을 하는지 묘사해 주세요. 집을 떠날 때부터 돌아올 때까지 당신이 하는 모든 것을 말해 주세요.

💡 **답변 아이디어 노트**

쇼핑 루틴 소개	단순한 쇼핑 루틴 있음
집을 떠날 때	집 나와 지하철 탐, 아이쇼핑으로 시작 카페 들름, 슈퍼마켓에서 식료품 삼
집에 돌아올 때	집에 돌아옴
마무리	그게 내 평소 루틴임

실제답변 바로가기 ▶

Intro <u>I have a simple routine for shopping</u>, and let me share it with you.

Body <u>First, I leave home and take the subway</u> to the shopping mall. I usually start by window shopping. <u>Then, I stop by a café</u> for coffee. <u>After that, I buy groceries at the supermarket.</u> Finally, I go back home.

Wrap-up That's my normal routine.

* **IM1 보장 답변**

저는 단순한 쇼핑 루틴이 있는데 이걸 말해볼게요. 먼저, 집을 나와 지하철을 타고 쇼핑몰에 가요. 보통 아이쇼핑으로 시작해요. 그다음엔 커피를 위해 카페에 들릅니다. 그 후, 슈퍼마켓에서 식료품을 사요. 마지막으로, 집에 돌아와요. 그게 제 평소 루틴이에요.

🔍 **주요 어휘**

leave home 집을 나오다 **take the subway** 지하철을 타다 **go back home** 집에 돌아오다 **normal** 평소의, 평범한

🎧 4_20

Q Describe what you usually do on a typical shopping day. Tell me everything you do from the time you leave home until you get back.

평소 쇼핑하는 날에 보통 무엇을 하는지 묘사해 주세요. 집을 떠날 때부터 돌아올 때까지 당신이 하는 모든 것을 말해 주세요.

💡 답변 아이디어 노트

쇼핑 루틴 소개	날에 따라 달라짐
집을 떠날 때	지하철 타는 것을 즐김, 옷 가게 둘러봄 멋진 카페에서 커피 마심
집에 돌아올 때	집에 가기 전, 항상 슈퍼마켓에 들름
마무리	그게 나의 보통 쇼핑하는 날임

 IH-AL

실제답변 바로보기 ▶

Intro My shopping routine changes depending on the day, but let me describe a typical day.

Body To start with, I usually enjoy taking the subway because it's way faster and cheaper, especially on weekends. Once I get to the mall, I check out some clothing stores, and try on some new arrivals. I just love window shopping. After that, I often grab a coffee at a nice café, which makes it more relaxing. Before heading home, I always stop by the supermarket for groceries.

Wrap-up That's how I usually spend my normal shopping day.

* 이거 쓰면 AL

제 쇼핑 루틴은 날에 따라 달라지지만, 일반적인 하루를 설명해 볼게요. 먼저, 저는 보통 지하철 타는 것을 즐기는데, 특히 주말에는 훨씬 더 빠르고 저렴하기 때문이에요. 쇼핑몰에 도착하면, 옷 가게들을 둘러보고, 새로 들어온 옷들을 입어 보기도 합니다. 저는 정말 아이쇼핑을 좋아해요. 그 후에는, 멋진 카페에서 종종 커피를 마시는데, 이게 더 편안하게 해 줘요. 집에 가기 전엔, 저는 항상 슈퍼마켓에 들러 식료품을 사요. 그게 제가 보통 쇼핑하는 날을 보내는 방법이에요.

🔍 주요 어휘

typical 일반적인, 전형적인 **to start with** 먼저 **way** (비교급 강조) 훨씬 **especially** 특히 **once** (일단) ~하면 **head home** 집에 가다

 ③ 어렸을 때 쇼핑 추억/쇼핑을 좋아하게 된 계기

🎧 4_21

Q Tell me about your early shopping memories and how shopping became something you really enjoy.
어릴 적 쇼핑 추억과 어떻게 쇼핑이 당신이 정말 즐기는 활동이 됐는지 말해 주세요.

💡 답변 아이디어 노트

어린 시절 쇼핑 추억 소개	부모님과 함께
추억 설명	7살 때 부모님과 함께 장난감 가게 감 작은 장난감 사 주심 - 인형
추억에 대한 내 생각	재미있는 가족 활동 항상 기대했음
마무리	그것 때문에 쇼핑 즐기기 시작함

 IM

실제답변 바로보기 ▶

Intro One of my earliest shopping memories is with my parents.

Body I remember going to a toy store with them when I was seven. I felt so excited at that time. My parents bought me a small toy. I think it was a little doll. It was a fun family activity. I always looked forward to it.

Wrap-up Because of that, I started to enjoy shopping.

* IM1 보장 답변

가장 어린 시절의 쇼핑 추억 중 하나는 부모님과 함께한 거예요. 제가 일곱 살이었을 때, 부모님과 함께 장난감 가게에 갔던 게 기억나요. 그때 정말 신이 났어요. 부모님은 저에게 작은 장난감 하나를 사 주셨어요. 아마 작은 인형이었을 거예요. 재미있는 가족 활동이었어요. 저는 항상 기대했어요. 그것 때문에, 저는 쇼핑을 즐기기 시작했어요.

🔍 주요 어휘

remember -ing ~했던 것이 기억나다   at that time 그때   fun 재미있는   family activity 가족 활동   start to do ~하기 시작하다

Q Tell me about your early shopping memories and how shopping became something you really enjoy.

어릴 적 쇼핑 추억과 어떻게 쇼핑이 당신이 정말 즐기는 활동이 됐는지 말해 주세요.

 답변 아이디어 노트

어린 시절 쇼핑 추억 소개	꽤 생생함
추억 설명	부모님이 엄청 큰 장난감 가게에 데려가곤 함 다채로운 장난감으로 가득했음
추억에 대한 내 생각	인형 사는 게 가장 좋았음 가족과 함께 웃고 이야기한 것도 기억함
마무리	덕분에 지금도 쇼핑을 진심으로 즐김

  실제답변 바로보기 ▶

Intro My earliest memory of shopping is actually quite vivid. Let me tell you about it.

Body When I was little, my parents used to take me to a huge toy store in the mall. I can still recall the place. The shelves were full of colorful toys. The best part was getting a doll to play with. I also remember laughing and chatting with my family while we were there. This experience had a lot of impact on me.

Wrap-up Thanks to those memories, shopping is something that I truly enjoy until now.

* 이거 쓰면 AL

가장 어릴 때 쇼핑했던 추억은 사실 꽤 생생해요. 그것에 대해 말씀드릴게요. 어렸을 때, 부모님은 저를 쇼핑몰에 있는 엄청 큰 장난감 가게에 데려가곤 하셨어요. 아직도 그곳이 기억나요. 선반들이 다채로운 장난감들로 가득했어요. 가장 좋은 점은 가지고 놀 인형을 사는 것이었어요. 그곳에 있는 동안 가족과 함께 웃고 이야기하던 것도 기억합니다. 이 경험은 제게 큰 영향을 줬어요. 그 추억들 덕분에, 지금도 쇼핑을 진심으로 즐겨요.

 **주요 어휘**

vivid 생생한　**recall** 기억하다, 회상하다　**chat with** ~와 이야기하다　**have impact on** ~에게 영향을 미치다　**truly** 진심으로

1 나의 쇼핑 습관

🎧 4_23

Q You indicated in the survey that you go shopping. I'd like to know about your shopping routine. Where do you usually go, and who do you go with?

당신은 설문조사에서 쇼핑하러 간다고 언급했습니다. 당신의 평소 쇼핑 루틴에 대해 알고 싶습니다. 보통 어디로 가고, 누구와 함께 가나요?

💡 **답변 아이디어 노트**

나의 쇼핑 루틴 소개	단순함
쇼핑 장소	가까운 쇼핑몰
같이 쇼핑하는 사람	친한 친구들, 함께 옷 사는 걸 좋아함 푸드 코트에서 점심/저녁도 먹음
마무리	이게 내 평소 쇼핑 루틴임

실제답변 바로보기 ▶

Intro My shopping routine is quite simple.

Body I usually go to a nearby shopping mall. Most of the time, I go with my close friends. We like to shop for clothes together because it makes it more enjoyable. Sometimes we also grab lunch or dinner at the food court.

Wrap-up That's my usual shopping routine.

IM1 보장 답변

제 쇼핑 루틴은 꽤 단순해요. 저는 보통 가까운 쇼핑몰에 갑니다. 대부분, 친한 친구들과 함께 가요. 우리는 함께 옷을 사는 것을 좋아하는데, 이게 더 즐겁기 때문이에요. 가끔 우리는 푸드 코트에서 점심이나 저녁을 먹기도 해요. 이게 저의 평소 쇼핑 루틴이에요.

🔍 **주요 어휘**

close 친한, 가까운 **like to do** ~하는 것을 좋아하다 **together** 함께 **enjoyable** 즐거운 **grab** ~을 먹다 **usual** 평소의

Q You indicated in the survey that you go shopping. I'd like to know about your shopping routine. Where do you usually go, and who do you go with?

당신은 설문조사에서 쇼핑하러 간다고 언급했습니다. 당신의 평소 쇼핑 루틴에 대해 알고 싶습니다. 보통 어디로 가고, 누구와 함께 가나요?

💡 답변 아이디어 노트

나의 쇼핑 루틴 소개	기본적이지만 실용적
쇼핑 장소	집 근처 큰 쇼핑몰 모든 것이 다 있음
같이 쇼핑하는 사람	친구들과 함께 감, 옷 입어보면서 의견도 나눔 가장 좋은 점은 유행하는 음식점에서 식사
마무리	이게 내 쇼핑 루틴, 나에게 꽤 의미 있음

실제답변 바로보기 ▶

Intro My shopping routine is quite basic, but it's practical for me.

Body I usually go to a large mall near my home, which has everything from clothing stores to home goods. I normally go with my friends, because shopping feels more exciting when we do it together. We often share opinions while trying on clothes. On top of that, the best part is when we wrap up the day with a nice meal at a trendy restaurant in the mall. It really helps keep our friendship strong.

Wrap-up That's my shopping routine, and as you can see, it's pretty meaningful to me.

* 이거 쓰면 AL

제 쇼핑 루틴은 꽤 기본적이지만 제게는 실용적이에요. 저는 보통 집 근처에 있는 큰 쇼핑몰에 가는데, 그곳에는 의류 매장부터 생활용품까지 모든 것이 있어요. 저는 보통 친구들과 함께 가는데, 같이 쇼핑하면 더 신나기 때문이에요. 우리는 옷을 입어보면서 의견도 자주 나눠요. 게다가, 가장 좋은 점은 쇼핑몰에 있는 유행하는 음식점에서 맛있는 식사로 하루를 마무리할 때에요. 그게 우리 우정을 강하게 유지하는 데 정말 도움이 돼요. 이게 제 쇼핑 루틴이고, 보시다시피 제게 꽤 의미 있어요.

🔍 주요 어휘

basic 기본적인 **practical** 실용적인 **wrap up the day with** ~로 하루를 마무리하다 **trendy** 유행하는 **friendship** 우정 **strong** 강한

 ② 어렸을 때 기억에 남는 상점/시장

🎧 4_25

Q Think about your early shopping memories. Is there a shopping place you remember from when you were young? What did it look like, and how did you feel about it?

어릴 적 쇼핑 추억에 대해 생각해 보세요. 어렸을 때 기억에 남는 쇼핑 장소가 있나요? 그곳은 어떤 모습이었고, 그때 어떤 기분이었나요?

💡 답변 아이디어 노트

기억나는 쇼핑 장소	시장 하나 기억남
쇼핑 장소 특징	크진 않았지만 여러 가게가 많이 있었음 옷/장난감/음식을 팔았음
쇼핑 장소에 대한 내 생각	항상 붐비고 시끄러웠음
마무리	여전히 그곳을 기억함

 IM

실제답변 바로보기 ▶

Intro Yes, I remember one market.

Body I used to go there with my family members. It was not that big, but it had many different types of stores. For example, they sold clothes, toys, and some nice food. We often had lunch there, and it was really delicious. The place was always crowded and noisy. But, as a kid, I thought it was really exciting.

Wrap-up I still remember that place clearly.

* IM1 보장 답변

네, 저는 시장 하나가 기억나요. 저는 가족들과 함께 그곳에 가곤 했어요. 그렇게 크지 않았지만, 여러 종류의 가게들이 많이 있었어요. 예를 들어 그곳은, 옷, 장난감, 그리고 맛있는 음식을 팔았어요. 우리는 거기서 종종 점심을 먹었는데, 정말 맛있었어요. 그곳은 항상 붐비고 시끄러웠어요. 하지만, 아이였던 저는 정말 신난다고 생각했어요. 저는 여전히 그곳을 선명하게 기억해요.

🔍 주요 어휘

sell ~을 팔다 **delicious** 맛있는 **noisy** 시끄러운 **kid** 아이, 어린이 **exciting** 신나는, 흥미로운 **clearly** 선명하게, 명확하게

4_26

Q Think about your early shopping memories. Is there a shopping place you remember from when you were young? What did it look like, and how did you feel about it?

어릴 적 쇼핑 추억에 대해 생각해 보세요. 어렸을 때 기억에 남는 쇼핑 장소가 있나요? 그곳은 어떤 모습이었고, 그때 어떤 기분이었나요?

답변 아이디어 노트

기억나는 쇼핑 장소	어릴 때 가던 시장 아직도 기억남
쇼핑 장소 특징	엄마가 토요일마다 데려감 화려하진 않지만, 작은 가게들로 가득
쇼핑 장소에 대한 내 생각	시끄럽고 정신없음, 그래도 그곳의 활기가 정말 좋았음 전통 한국 음식도 먹었고, 맛있어서 기억에 남음
마무리	엄마와 곧 가 볼 계획임

실제답변 바로보기 ▶

Intro Yes, I can still remember a market I used to go to.

Body My mom used to take me there every Saturday. It wasn't a fancy place, but it was still full of small stores selling everything from clothes to food. Even though it was noisy and hectic, I loved the energy of the place. It's memorable because I often had some traditional Korean food like kimbap, and it was just so delicious. Those visits showed me that shopping could be fun.

Wrap-up I'm planning on visiting that market sometime soon with my mom.

* 이거 쓰면 AL

네, 제가 가곤 했던 시장이 아직도 기억나요. 엄마가 토요일마다 저를 그곳에 데려가곤 했어요. 화려한 곳은 아니었지만, 옷부터 음식까지 모든 것을 파는 작은 가게들로 여전히 가득했어요. 시끄럽고 정신없었지만, 저는 그곳의 활기가 정말 좋았어요. 종종 김밥 같은 전통 한국 음식을 먹곤 했고, 정말 맛있었기 때문에 기억에 남아요. 그런 방문들은 제게 쇼핑이 재미있을 수 있다는 것을 보여줬어요. 저는 엄마와 함께 그 시장에 곧 가 볼 계획이에요.

주요 어휘

fancy 화려한 **even though** (비록) ~하지만 **traditional** 전통적인 **show A that** A에게 ~을 보여주다 **plan** 계획하다 **soon** 곧

 ❸ 내가 겪은 쇼핑 에피소드

Q Shopping can lead to many unexpected moments. Tell me about one memorable shopping experience you've had, with details about what went on, who was involved, and how it all turned out.

쇼핑은 많은 예상치 못한 순간들을 가져올 수 있습니다. 어떤 일이 있었는지, 누가 관련됐는지, 그리고 결국 어떻게 되었는지에 대해 기억에 남는 쇼핑 경험 한 가지를 자세히 말해 주세요.

💡 답변 아이디어 노트

기억에 남는 쇼핑 경험	친구와 함께였음
경험 설명	옷을 사러 쇼핑 가기로 함 큰 세일 행사 발견
결과	너무 신나서 계획보다 더 많이 삼 운이 좋았음
마무리	단순했지만 잊을 수 없는 경험이었음

 IM

 실제답변 바로보기 ▶

Intro One memorable experience was with my friend.

Body Last month, we decided to go shopping for clothes at a mall. We were looking for a T-shirt. Suddenly, we found a big sale. Prices were super low. We were so excited that we bought many more clothes than we planned. We felt very lucky that day.

Wrap-up It was a simple but unforgettable experience.

* IM1 보장 답변

기억에 남는 경험 하나는 제 친구와 함께한 거예요. 지난달, 우리는 쇼핑몰에 옷을 사러 쇼핑을 가기로 결정했어요. 우리는 티셔츠를 찾고 있었어요. 갑자기, 큰 세일 행사를 발견했어요. 가격이 엄청 낮았어요. 우리는 너무 신이 나서 계획했던 것보다 훨씬 더 많은 옷을 샀어요. 그날 정말 운이 좋다고 느꼈어요. 그건 단순했지만 잊을 수 없는 경험이었어요.

🔍 주요 어휘

decide to do ~ 하기로 결정하다 suddenly 갑자기 price 가격 low 낮은 than we planned 계획했던 것보다 lucky 운이 좋은

Q Shopping can lead to many unexpected moments. Tell me about one memorable shopping experience you've had, with details about what went on, who was involved, and how it all turned out.

쇼핑은 많은 예상치 못한 순간들을 가져올 수 있습니다. 어떤 일이 있었는지, 누가 관련됐는지, 그리고 결국 어떻게 되었는지에 대해 기억에 남는 쇼핑 경험 한 가지를 자세히 말해 주세요.

💡 답변 아이디어 노트

기억에 남는 쇼핑 경험	가장 친한 친구와 함께였음
경험 설명	여름 티셔츠 필요, 쇼핑몰에서 가볍게 구경하고 있었음 재고 정리 세일 발견
결과	바로 매장 들어가서 티셔츠 몇 벌 건짐 정말 즐거웠음
마무리	평범한 하루를 기억에 남는 하루로 바꿔줌

실제답변 바로보기 ▶

Intro The most memorable shopping experience was with my best friend.

Body We both needed a T-shirt for the coming summer, so we were casually browsing in a mall. At one shop, we unexpectedly found a massive clearance sale. We immediately went into the store and started looking for a decent T-shirt. I mean, how can you not? Everything was on clearance. Luckily, we grabbed some stylish T-shirts for ourselves. It was such a blast because everything went perfectly.

Wrap-up The experience turned an ordinary day into a truly memorable one.

* 이거 쓰면 AL

가장 기억에 남는 쇼핑 경험은 가장 친한 친구와 함께한 것이었어요. 우리는 둘 다 다가오는 여름을 위해 티셔츠가 필요해서 쇼핑몰에서 가볍게 구경하고 있었어요. 한 매장에서, 예상치 못하게 대규모 재고 정리 세일을 발견했어요. 바로 매장에 들어가 괜찮은 티셔츠를 찾기 시작했어요. 말하자면, 어떻게 그러지 않을 수 있겠어요? 모든 것이 재고 정리 세일 중이었는데요. 다행히, 우리는 스타일 좋은 티셔츠 몇 벌을 건졌어요. 모든 것이 완벽하게 흘러갔기 때문에 정말 즐거웠어요. 그 경험이 평범한 하루를 정말 기억에 남는 날로 바꿔줬어요.

🔍 주요 어휘

coming 다가오는 **casually** 가볍게, 편하게 **unexpectedly** 예상치 못하게 **massive** 대규모의 **go perfectly** 완벽하게 흘러가다

선택주제 03 TV/리얼리티쇼 시청하기

- TV/리얼리티쇼 시청하기 문제는 평소 즐겨 보는 프로그램 하나를 정해 그에 맞춘 답변을 준비
- 이 주제의 모든 Combo에서 1번 문제로 출제된 문제는 **좋아하는 TV 방송/영화**
- 자가평가 난이도 5-5 이상을 선택한다면, 14-15번에 **영상 시청 방식의 변화/트렌드, 과거/현재 리얼리티쇼 비교, 우리나라 사람들이 좋아하는 리얼리티쇼** 등의 고난도 문제 출제
- 고난도 Combo의 1번 문제는 최빈출 Combo에 출제된 세 문제 중에서 랜덤으로 출제

문제 유형

 4_29

 최빈출 Combo

- What types of TV shows or movies do you like to watch, and why?

  어떤 유형의 TV 방송이나 영화를 보기 좋아하고, 왜 좋아하나요?

- I'd like to hear about the last TV program or movie that you watched. What was it about, and what happened in the story? Tell me everything you remember.

  최근에 시청한 TV 프로그램이나 영화에 대해 듣고 싶습니다. 어떤 내용이었고, 이야기 속에서 무슨 일이 일어났나요? 기억나는 걸 모두 말해 주세요.

- Tell me about the time when you first became interested in watching TV or movies. How has your interest grown or changed over time?

  TV나 영화를 시청하는데 처음 관심을 갖게 된 때에 대해 말해 주세요. 시간이 지나면서 당신의 관심이 어떻게 커지거나 변했나요?

고난도 Combo

- What's your typical routine for watching TV shows or movies? When and where do you watch them, and who do you usually watch with?

  TV 방송이나 영화를 시청하는 평소 루틴은 무엇인가요? 언제, 어디에서 보고, 보통 누구와 함께 보나요?

- TV shows have certainly changed compared to the past. Can you tell me a TV show you used to watch when you were young? What types of shows did you enjoy back then, and how are they different from the ones that are popular today?

  TV 방송은 과거와 비교했을 때 확실히 변해 왔습니다. 어렸을 때 보던 TV 방송에 대해 말해 줄 수 있나요? 그땐 어떤 유형의 방송을 즐겼고, 오늘날 인기 있는 방송과는 어떻게 다른가요?

필수 어휘 & 표현

🎧 4_30

TV 방송/영화 종류

- ☐ romantic comedy 로맨틱 코미디
- ☐ horror movie 공포 영화
- ☐ crime movie 범죄 영화
- ☐ animated movie 애니메이션 영화
- ☐ cartoon 만화
- ☐ drama 드라마
- ☐ documentary 다큐멘터리
- ☐ action movie 액션 영화

news 뉴스
sitcom 시트콤
reality shows 리얼리티 프로그램
talk shows 토크쇼
variety shows 예능 프로그램
travel shows 여행 프로그램

TV 방송/영화 특징

- ☐ simple 단순한
- ☐ scary 무서운
- ☐ have well-written plots 탄탄한 줄거리를 가지고 있다
- ☐ exciting action scene 흥미진진한 액션 장면
- ☐ visual effects 시각 효과
- ☐ catchy 기억하기 쉬운
- ☐ realistic 현실적인
- ☐ advanced 발전된

좋아하는 이유

- ☐ fun to watch 보는 게 재밌는
- ☐ relieve my stress 스트레스를 해소하다
- ☐ relatable character 공감할 수 있는 캐릭터
- ☐ get absorbed in the story 이야기 속에 몰입하다
- ☐ blow A away A를 놀라게 하다
- ☐ There is a clear message about ~에 대한 분명한 메시지가 있다
- ☐ meaningful 의미 있는
- ☐ my preference 나의 취향, 선호도
- ☐ easy to follow (줄거리 등이) 따라가기 쉬운
- ☐ reflect on my life 내 삶을 되돌아보다

learn something new 새로운 것을 배우다
escape from reality 현실에서 잠시 벗어나다
make A emotional A의 마음을 움직이다
spend quality time with ~와 뜻깊은 시간을 보내다
entertaining 재미있는
give A comfort A에게 편안함을 주다

'좋아하다' 표현

- ☐ enjoy watching 보는 것을 즐기다
- ☐ prefer watching 보는 것을 선호하다
- ☐ be/get into ~에 빠져 있다
- ☐ especially love 특히 ~을 정말 좋아하다
- ☐ be fascinated by ~에 매료되다
- ☐ become interested in ~에 관심을 가지다

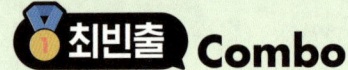 ❶ 좋아하는 TV 방송/영화

🎧 4_31

Q What types of TV shows or movies do you like to watch, and why?
어떤 유형의 TV 방송이나 영화를 보기 좋아하고, 왜 좋아하나요?

💡 답변 아이디어 노트

좋아하는 TV 방송/영화 소개	로맨틱 코미디
좋아하는 이유	긴 하루 후에 보기에 재밌음 이야기는 단순하지만 많이 웃게 함
좋아하는 TV 방송/영화 추가 설명	공포 영화도 선호함 무섭지만 스트레스 해소해 줌
마무리	그게 내가 가장 좋아하는 영화 종류임

Intro   There are many types, but I usually enjoy watching romantic comedies.

Body   They are super fun to watch after a long day. The stories tend to be simple, but they make me laugh a lot. On the other hand, I sometimes prefer watching horror movies, too. Of course, they can be quite scary, but they relieve my stress.

Wrap-up Those are my favorite types of movies.

 실제답변 바로보기 ▶

* IM1 보장 답변

많은 종류가 있지만, 저는 보통 로맨틱 코미디를 보는 것을 즐겨요. 로맨틱 코미디는 긴 하루 후에 보기에 매우 재미있어요. 이야기는 대체로 단순하지만, 많이 웃게 해 줍니다. 반면에, 가끔은 공포 영화를 보는 것을 선호해요. 물론, 꽤 무서울 수 있지만 공포 영화는 스트레스를 해소해 줘요. 그것들이 제가 가장 좋아하는 영화 종류예요.

🔍 주요 어휘

type 종류, 유형 **long day** 긴 하루 **tend to do** 대체로 ~하다, ~하는 경향이 있다 **laugh** 웃다 **on the other hand** 반면에

🎧 4_32

Q What types of TV shows or movies do you like to watch, and why?
어떤 유형의 TV 방송이나 영화를 보기 좋아하고, 왜 좋아하나요?

💡 답변 아이디어 노트

좋아하는 TV 방송/영화 소개	로맨틱 코미디에 빠져 있음
좋아하는 이유	공감할 수 있는 캐릭터 실제 생활에서 만날 수 있고, 그 속에서 나 자신을 보기도 함
좋아하는 TV 방송/영화 추가 설명	범죄 영화도 좋아함 서스펜스와 탄탄한 줄거리 - 잊을 수 없음
마무리	로맨틱 코미디와 범죄 영화가 가장 좋아하는 장르임

실제답변 바로가기 ▶

Intro I know that there are various genres, but I'm totally into romantic comedies.

Body I've enjoyed them since I was young. The best part is the relatable characters. They're usually people you can meet in real life, and sometimes I even see myself in them. That makes it so easy to get absorbed in the story. On top of that, I also love crime movies, because they usually have well-written plots with lots of suspense, which makes them unforgettable.

Wrap-up So, if you ask me, I would say romantic comedies and crime movies are definitely my favorite.

* 이거 쓰면 AL

다양한 장르가 있다는 것을 알고 있지만, 저는 로맨틱 코미디에 완전히 빠져 있어요. 저는 어릴 때부터 로맨틱 코미디를 즐겼어요. 가장 좋은 점은 공감할 수 있는 캐릭터예요. 그들은 보통 실제 생활에서 만날 수 있는 사람들이고, 때때로 그 속에서 제 자신을 보기도 합니다. 그게 이야기 속으로 쉽게 몰입하게 해요. 게다가, 저는 범죄 영화도 좋아하는데, 보통 서스펜스가 많고 탄탄한 줄거리가 있어서, 잊을 수 없게 만들기 때문이에요. 그래서 제게 물어보신다면, 로맨틱 코미디와 범죄 영화가 가장 좋아하는 영화 장르라고 확실히 말할 수 있어요.

🔍 주요 어휘

genre 장르 **totally** 완전히 **since** ~ 때부터, ~ 이래로 **see oneself in A** A 속에서 ~ 자신을 보다 **definitely** 확실히

 ❷ 기억에 남는 TV 방송/영화

🎧 4_33

Q I'd like to hear about the last TV program or movie that you watched. What was it about, and what happened in the story? Tell me everything you remember.
최근에 시청한 TV 프로그램이나 영화에 대해 듣고 싶습니다. 어떤 내용이었고, 이야기 속에서 무슨 일이 일어났나요? 기억나는 걸 모두 말해 주세요.

💡 답변 아이디어 노트

최근에 본 TV 프로그램/영화	케이팝 데몬 헌터스
TV 프로그램/영화 내용	케이팝 아이돌 애니메이션 영화
기억에 남는 이유	흥미진진한 액션 장면, 놀라운 시각 효과 특히 이야기와 음악이 좋음
마무리	영화를 즐겼고 다시 보고 싶음

 IM

실제답변 바로보기 ▶

Intro It was K-pop Demon Hunters.

Body It's an animated movie about K-pop idols. They have magical powers and fight demons. I remember many exciting action scenes with amazing visuals. In the end, the main characters save the city. I especially loved the story and the music. The songs are so catchy that I sing them every day.

Wrap-up I really enjoyed this movie and want to watch it again soon.

✱ IM1 보장 답변

그건 <케이팝 데몬 헌터스>예요. 이 영화는 케이팝 아이돌에 관한 애니메이션 영화입니다. 그들은 마법의 힘을 가지고 악마들과 싸워요. 놀라운 시각 효과와 함께 많은 흥미진진한 액션 장면들이 기억나요. 마지막에는, 주인공들이 도시를 구해요. 저는 이야기와 음악을 특히 좋아했어요. 그 음악은 너무 기억하기 쉬워서 매일 노래를 불렀어요. 저는 이 영화를 정말 즐겼고 곧 다시 보고 싶어요.

🔍 주요 어휘

magical 마법의 **fight** 싸우다 **demon** 악마 **amazing** 놀라운 **in the end** 마지막에는 **save** ~을 구하다 **sing** 노래 부르다

Q I'd like to hear about the last TV program or movie that you watched. What was it about, and what happened in the story? Tell me everything you remember.

최근에 시청한 TV 프로그램이나 영화에 대해 듣고 싶습니다. 어떤 내용이었고, 이야기 속에서 무슨 일이 일어났나요? 기억나는 걸 모두 말해 주세요.

💡 답변 아이디어 노트

최근에 본 TV 프로그램/영화	케이팝 데몬 헌터스
TV 프로그램/영화 내용	악마를 사냥하는 케이팝 걸그룹 마법의 힘 사용함 - 설정이 나를 놀라게 함
기억에 남는 이유	기억하기 쉬운 음악과 공연 팀 워크의 중요성 - 더 의미 있음
마무리	볼 때 즐거웠고, 다른 사람에게도 추천하고 싶음

실제답변 바로보기 ▶

Intro The most recent movie I saw was K-pop Demon Hunters.

Body The plot is about a K-pop girl group that hunts demons after their concerts. They use their magical powers to defeat the demons, and this setting totally blew me away. Additionally, one thing that stood out is the catchy music and performances. There was a clear message about the importance of teamwork, which made the story more meaningful.

Wrap-up Overall, it was such a blast to watch, and I would absolutely recommend it to others.

* 이거 쓰면 AL

제가 가장 최근에 본 영화는 <케이팝 데몬 헌터스>예요. 줄거리는 콘서트 후 악마를 사냥하는 케이팝 걸그룹에 관한 것이에요. 그들은 마법의 힘으로 악마들을 물리치는 데, 이 설정이 저를 완전히 놀라게 했어요. 게다가, 눈에 띄었던 한 가지는 기억하기 쉬운 음악과 공연이에요. 팀 워크의 중요성에 대한 분명한 메시지가 있었고, 이게 이야기를 더 의미 있게 만들었어요. 전반적으로, 볼 때 매우 즐거웠고, 다른 사람들에게도 꼭 추천하고 싶어요.

🔍 주요 어휘

recent 최근의　**plot** 줄거리　**defeat** ~을 물리치다　**setting** 설정　**importance** 중요성　**recommend A to B** A를 B에게 추천하다

3 TV 방송/영화에 처음 관심 갖게 된 계기/취향 변화

🎧 4_35

Q Tell me about the time when you first became interested in watching TV or movies. How has your interest grown or changed over time?

TV나 영화를 시청하는데 처음 관심을 갖게 된 때에 대해 말해 주세요. 시간이 지나면서 당신의 관심이 어떻게 커지거나 변했나요?

💡 답변 아이디어 노트

관심을 갖게 된 때	초등학교
과거의 관심	거의 매일 만화 봤음 더 나이 들면서 코미디와 로맨틱 영화 좋아짐
지금의 관심	드라마/다큐멘터리 같은 진지한 영화 즐김 현재 취향 달라짐
마무리	그게 다임

실제답변 바로보기 ▶

Intro I first became interested when I was in elementary school.

Body Back then, I watched cartoons almost every day. I enjoyed the colorful characters and simple stories. As I grew older, I started to like comedies and romantic movies. Now, I enjoy more serious movies, like dramas and documentaries. So, my taste is different now.

Wrap-up Yeah, that's what happened.

* IM1 보장 답변

제가 처음 관심을 가지게 된 것은 초등학교 때예요. 그때는 거의 매일 만화를 봤어요. 저는 다채로운 캐릭터와 단순한 이야기를 즐겼어요. 더 나이가 들면서, 코미디와 로맨틱 영화를 좋아하기 시작했어요. 지금은 드라마나 다큐멘터리 같은 더 진지한 영화를 즐겨요. 그래서 현재 제 취향은 달라졌어요. 네, 그게 다예요.

🔍 주요 어휘

elementary school 초등학교 almost 거의 colorful 다채로운 grow older 더 나이가 들다 start to do ~하는 것을 시작하다 serious 진지한

Q Tell me about the time when you first became interested in watching TV or movies. How has your interest grown or changed over time?

TV나 영화를 시청하는데 처음 관심을 갖게 된 때에 대해 말해 주세요. 시간이 지나면서 당신의 관심이 어떻게 커지거나 변했나요?

답변 아이디어 노트

관심을 갖게 된 때	초등학교 때부터 영화에 빠져 있었음
과거의 관심	애니메이션 좋아했음 10대에는 액션 영화에 빠짐
지금의 관심	최근에 취향 변화 - 로맨틱 코미디 선호 삶을 되돌아보게 하는 동시에 즐거움
마무리	취향이 많이 바뀜

 실제답변 바로보기 ▶

 Intro I've been into movies since I was in elementary school, but my taste has definitely changed over time.

 Body At first, I used to love animated shows because they were funny and easy to follow. I was a little kid, so that makes sense, right? Then in my teenage years, I got into action movies because they have lots of exciting scenes. And recently, there has been a huge change in my preferences. I prefer romantic comedies because they make me reflect on my life and are fun at the same time.

Wrap-up So, I'd have to say my taste has changed a lot.

*이거 쓰면 AL

저는 초등학교 때부터 영화에 빠져 있었는데, 제 취향은 확실히 시간이 지나면서 변했어요. 처음엔 애니메이션을 좋아하곤 했는데, 재미있고 따라가기 쉬웠기 때문이에요. 제가 어린아이였으니, 그럴 만하죠? 그다음 10대 땐, 흥미진진한 장면이 많아서 액션 영화에 빠졌어요. 그리고 최근에, 제 취향에 큰 변화가 있었어요. 저는 로맨틱 코미디를 선호하는데, 제 삶을 되돌아보게 하는 동시에 즐거움을 주기 때문이에요. 그래서 제 생각에 제 취향은 많이 바뀌어 왔어요.

🔍 주요 어휘

over time 시간이 지나면서　**make sense** 그럴 만하다　**teenage** 10대　**recently** 최근에　**huge** 큰　**at the same time** 동시에

 **TV 방송/시청 습관**

Q What's your typical routine for watching TV shows or movies? When and where do you watch them, and who do you usually watch with?
TV 방송이나 영화를 시청하는 평소 루틴은 무엇인가요? 언제, 어디에서 보고, 보통 누구와 함께 보나요?

💡 답변 아이디어 노트

TV 방송/영화 시청 루틴	정해진 루틴 있음
평소 루틴	자기 전에 밤에 시청함, 가족과 함께 거실에서 봄
다른 루틴	주중 - 코미디 쇼 같이 짧은 프로그램 주말 - 가족과 함께 영화
마무리	이게 내 평소 루틴

실제답변 바로보기 ▶

Intro Oh, yes. I do **have a fixed routine for that**.

Body **I usually watch TV shows at night** before bed. I watch them in my living room with my family. **During the week, I normally watch short programs** like comedy shows. **On weekends, we sometimes watch movies together.** It feels super relaxing.

Wrap-up **That's about it** for my usual routine.

* **IM1 보장 답변**

아, 네. 저는 TV 방송 시청에 대한 정해진 루틴이 있어요. 저는 보통 밤에 자기 전에 TV 방송을 봅니다. 거실에서 가족과 함께 TV 방송을 봐요. 주중에는 보통 코미디 쇼와 같은 짧은 프로그램을 봐요. 주말에는 때때로 가족과 함께 영화를 봅니다. 정말 편안한 느낌이 들어요. 이게 저의 평소 루틴이에요.

🔍 주요 어휘

fixed 정해진, 고정된　**at night** 밤에　**before bed** 자기 전에　**during** ~ 중에, ~ 동안에　**normally** 보통　**relaxing** 편안한　**usual** 평소의

Q What's your typical routine for watching TV shows or movies? When and where do you watch them, and who do you usually watch with?

TV 방송이나 영화를 시청하는 평소 루틴은 무엇인가요? 언제, 어디에서 보고, 보통 누구와 함께 보나요?

💡 답변 아이디어 노트

TV 방송/영화 시청 루틴	정해진 루틴 있지만, 유연하게 유지하는 것도 좋아함
평소 루틴	핸드폰으로 짧은 방송 시청
다른 루틴	저녁 – 가족과 함께 긴 TV 방송 시청 친구들과 영화의 밤
마무리	TV 시청은 내 생활 방식에서 중요한 부분임

실제답변 바로보기 ▶

Intro   Oh, yes. I do have a pretty **set routine** for watching shows, but I also like to **keep it flexible**.

Body   On most days, I usually watch a short episode on my phone while commuting because I just don't have enough time on weekdays. However, in the evenings, when **I'm in the mood for** it, I try to watch longer shows with my family. The main reason is it's the only time I can **spend quality time with** them. Also, I would **invite friends over** for **a movie night**, which is always memorable.

Wrap-up   As you can see, watching TV is an important part of my lifestyle.

* 이거 쓰면 AL

오, 네. 저는 TV 방송을 보는 데 꽤 정해진 루틴이 있지만, 유연하게 유지하는 것도 좋아해요. 대부분의 날에는 보통 출퇴근 중에 핸드폰으로 짧은 방송을 보는데, 평일에는 충분한 시간이 없기 때문이에요. 하지만 저녁에는 기분이 내킬 때 가족과 함께 더 긴 TV 방송을 보려고 해요. 주된 이유는 가족들과 뜻깊은 시간을 보낼 수 있는 유일한 시간이기 때문이에요. 또, 친구들을 초대해서 영화의 밤을 하기도 하는데, 이건 항상 기억에 남아요. 보시다시피, TV를 시청하는 것은 제 생활 방식에서 중요한 부분이에요.

🔍 주요 어휘

set 정해진   **keep A flexible** A를 유연하게 유지하다   **commute** 출퇴근하다   **enough** 충분한   **be in mood for** ~을 할 기분이 내키다

 ③ TV 방송 프로그램의 과거/현재

🎧 4_39

Q TV shows have certainly changed compared to the past. Can you tell me a TV show you used to watch when you were young? What types of shows did you enjoy back then, and how are they different from the ones that are popular today?

TV 방송은 과거와 비교했을 때 확실히 변해 왔습니다. 어렸을 때 보던 TV 방송에 대해 말해 줄 수 있나요? 그땐 어떤 유형의 방송을 즐겼고, 오늘날 인기 있는 방송과는 어떻게 다른가요?

💡 답변 아이디어 노트

어릴 때 보던 TV 방송	어릴 때 만화를 많이 봄
과거 TV 방송의 특징	특히 세일러문을 좋아했음 이야기가 짧고 이해하기 쉬움
요즘 TV 방송과 비교	현실적이지 않았음
마무리	그게 큰 차이임

Intro When I was young, I watched a lot of cartoon shows.

Body I especially loved Sailor Moon. It was simple and funny, with cute characters. I used to watch it with my friends after school. The stories were super short and easy to understand. Compared to today, the shows were not very realistic back then.

Wrap-up I guess that can be a big difference in TV shows nowadays.

* IM1 보장 답변

제가 어렸을 때, 많은 만화를 봤어요. 특히 <세일러문>을 좋아했어요. 단순하고 귀여운 캐릭터들이 있어서 재미있었어요. 저는 방과 후에 친구들과 함께 보곤 했어요. 이야기는 정말 짧고 이해하기 쉬웠어요. 요즘 방송과 비교하면, 그때의 만화들은 그렇게 현실적이지 않았어요. 이게 현재 TV 방송에서의 큰 차이가 될 수 있다고 생각해요.

🔍 주요 어휘

cute 귀여운 **after school** 방과 후에 **short** 짧은 **understand** 이해하다 **compared to** ~와 비교하면 **difference** 차이(점)

Q TV shows have certainly changed compared to the past. Can you tell me a TV show you used to watch when you were young? What types of shows did you enjoy back then, and how are they different from the ones that are popular today?

TV 방송은 과거와 비교했을 때 확실히 변해 왔습니다. 어렸을 때 보던 TV 방송에 대해 말해 줄 수 있나요? 그땐 어떤 유형의 방송을 즐겼고, 오늘날 인기 있는 방송과는 어떻게 다른가요?

답변 아이디어 노트

어릴 때 보던 TV 방송	만화를 보는 것을 좋아했음
과거 TV 방송의 특징	다채로운 캐릭터/흥미진진한 액션 장면 특히 좋아한 건 세일러문
요즘 TV 방송과 비교	극적인 변화를 겪음. 요즘 만화는 현실적 시각 효과 퀄리티가 눈에 띔
마무리	더 발전된 느낌임

실제답변 바로보기 ▶

Intro Back in the day, I used to love watching a lot of cartoon shows.

Body I was always fascinated by the colorful characters and exciting action scenes. One TV show I especially loved was Sailor Moon. I guess the main reason is that it featured a catchy song and many magical characters. With the development of technology, I'd have to say TV shows have gone through dramatic changes. Shows today are just so realistic. One thing that stands out is the quality of their visual effects.

Wrap-up So overall, TV shows today feel much more advanced.

* 이거 쓰면 AL

예전엔 많은 만화를 보는 것을 정말 좋아하곤 했어요. 항상 다채로운 캐릭터와 흥미진진한 액션 장면에 매료됐어요. 제가 특히 좋아했던 TV 방송 중 하나는 <세일러문>이었어요. 아마도 기억하기 쉬운 노래와 많은 마법 캐릭터들의 특징을 가진 게 주된 이유인 것 같아요. 기술의 발전으로, TV 방송은 극적인 변화들을 겪었다고 할 수 있어요. 요즘 만화는 정말 현실적이에요. 눈에 띄는 한 가지는 시각 효과의 퀄리티예요. 그래서 전반적으로, 오늘날의 TV 방송은 훨씬 더 발전된 느낌이에요.

주요 어휘

feature ~을 특징으로 가지다　**development** 발전　**technology** 기술　**go through** ~을 겪다　**dramatic** 극적인　**quality** 퀄리티, 품질

선택주제 04 영화 보기

- 영화 보기 문제는 앞서 학습한 TV/리얼리티쇼 시청하기와 함께 '보기' 카테고리로 묶어서 답변 가능
- 기출 Combo의 종류가 많지 않아 출제되는 Combo 구성이 비교적 일정하므로 해당 주제를 선택하는 것을 추천
- 필수로 준비해야 하는 문제는 가장 좋아하는 영화 장르와 최근 영화관에서 영화 보기 전후로 했던 일
- 자가평가 난이도 5-5 이상을 선택한다면, 14-15번에 영화의 과거/현재 변화, 친구들과 이야기하는 영화 관련 주제 등의 고난도 문제도 출제
- 고난도 Combo의 1-2번 문제는 최빈출 Combo에 출제된 세 문제 중에서 랜덤으로 출제

문제 유형

🥇 최빈출 Combo

- You indicated in the survey that you go to the movies. What kind of movies do you enjoy watching?

  당신은 설문조사에서 영화를 보러 간다고 언급했습니다. 어떤 종류의 영화를 보는 것을 즐기나요?

- Tell me about the last time you went to see a movie. What was your day like? What did you do before the movie, and what did you do after?

  가장 최근에 영화를 보러 갔던 때에 대해 말해 주세요. 그날 하루는 어땠나요? 영화를 보기 전에는 무엇을 했고, 본 뒤에는 무엇을 했나요?

- I would like to know about a memorable movie you watched. What was the story about? What made it special? Would you recommend it to your friends?

  당신이 본 기억에 남는 영화에 대해 알고 싶습니다. 어떤 내용이었나요? 무엇이 그 영화를 특별하게 만들었나요? 그 영화를 친구들에게 추천 하고 싶나요?

🔥 고난도 Combo

- Who is one of your favorite movie actors or actresses? Tell me a story you heard about them in the news. Describe who they are, what happened, and why movie fans found it interesting.

  가장 좋아하는 영화배우나 여배우는 누구인가요? 그 배우에 대해 뉴스에서 들은 이야기를 해 주세요. 그 사람이 누구인지, 무슨 일이 있었는지, 그리고 왜 영화 팬들이 흥미롭게 생각했는지도 묘사해 주세요.

필수 어휘 & 표현

🎧 4_42

'영화 보기' 표현

- ☐ go to the movies 영화 보러 가다
- ☐ go see a movie 영화 보러 가다
- ☐ watch the movie 영화 보다
- ☐ rewatch 다시 보다

영화 세부 설명

- ☐ intense fight scenes 강렬한 전투 장면
- ☐ lighthearted story 가벼운 이야기
- ☐ happy ending 행복한 결말
- ☐ amazing character 멋진 등장인물
- ☐ acting/performance 연기
- ☐ play the role perfectly 역할을 완벽하게 연기하다
- ☐ actor/actress 배우
- ☐ be famous for ~로 유명하다

➕
- predictable 예상 가능한, 뻔한
- unexpected twist 예상치 못한 반전
- keep me on the edge of my seat 손에 땀을 쥐게 만들다
- storyline 전개
- special effects 특수효과
- perfect cast 완벽한 캐스팅
- soundtrack OST

영화/배우를 좋아하는 이유

- ☐ full of energy 에너지가 넘치는
- ☐ relieve my stress 스트레스를 완화하다
- ☐ thrilling 스릴 있는
- ☐ have one's own charm 나름의 매력이 있다
- ☐ give A a warm feeling A에게 따뜻한 느낌을 주다
- ☐ give A goosebumps A를 소름 돋게 하다
- ☐ hit movie 히트 영화
- ☐ respect/admire 존경하다
- ☐ I'm a huge fan of ~의 열렬한 팬이다
- ☐ outstanding 뛰어난
- ☐ motivate 동기를 부여하다
- ☐ all-time favorite actor 역대 최고의 배우

➕
- I'm a big fan of ~의 큰 팬이다
- I'm a passionate fan of ~의 열정적인 팬이다
- I'm a loyal fan of ~의 변함없는 팬이다

영화 전후로 하는 일

- ☐ have dinner 저녁 먹다
- ☐ go to a café 카페에 가다
- ☐ chat about the story 줄거리에 대해 이야기하다
- ☐ spend the day with ~와 하루를 보내다
- ☐ go shopping 쇼핑 가다
- ☐ grab dessert 디저트를 먹다

 **1 가장 좋아하는 영화 장르**

🎧 4_43

Q You indicated in the survey that you go to the movies. What kind of movies do you enjoy watching?
당신은 설문조사에서 영화를 보러 간다고 언급했습니다. 어떤 종류의 영화를 보는 것을 즐기나요?

💡 답변 아이디어 노트

좋아하는 영화 종류	몇 개 있음
영화 설명	액션 영화 좋아함 흥미진진, 에너지 넘침, 이야기가 단순함
좋아하는 영화 추가 설명	로맨틱 코미디 보는 것도 즐김 둘은 매우 다르지만, 둘 다 재미있음
마무리	모든 종류의 영화가 내 스트레스를 완화해 줌

  실제답변 바로보기 ▶

Intro I actually have a few.

Body First of all, I love action movies. They are just very exciting and full of energy. The best part is the simple stories. Also, I enjoy watching romantic comedies. Of course, they are very different, but they are both very entertaining.

Wrap-up Overall, all types of movies relieve my stress.

* IM1 보장 답변

사실 제가 좋아하는 영화 종류는 몇 가지 있어요. 먼저, 액션 영화를 좋아합니다. 그 영화들은 그냥 정말 흥미진진하고 에너지가 넘쳐요. 가장 좋은 점은 이야기가 단순하다는 거예요. 또, 로맨틱 코미디를 보는 것도 즐겨요. 물론, 두 장르는 매우 다르지만 둘 다 재미있어요. 전반적으로, 모든 종류의 영화가 제 스트레스를 완화해줘요.

🔍 주요 어휘

actually 사실 **different** 다른 **both** 둘 다 **entertaining** 재미있는 **overall** 전반적으로 **type** 종류, 유형

Q You indicated in the survey that you go to the movies. What kind of movies do you enjoy watching?
당신은 설문조사에서 영화를 보러 간다고 언급했습니다. 어떤 종류의 영화를 보는 것을 즐기나요?

💡 답변 아이디어 노트

좋아하는 영화 종류	영화에 관해서라면 할 말 많음 액션 영화에 빠져 있음
영화 설명	강렬한 전투 장면, 스릴 있는 음악도 특별함
좋아하는 영화 추가 설명	로맨틱 코미디 보는 것도 좋음 나름의 매력 있음, 가벼운 이야기/행복한 결말
마무리	영화에 푹 빠져 있음

 IH-AL

실제답변 바로가기 ▶

Intro When it comes to movies, I always have a lot to say.

Body First of all, I'm totally into action films. They are full of energy and intense fight scenes. There's something special about the thrilling music, too. On the other hand, I also love watching romantic comedies. They also have their own charm. Of course, they are all about lighthearted stories and happy endings, which give me a warm feeling.

Wrap-up As you can see, I'm just so into movies. What about you? Do you have any favorites?

* 이거 쓰면 AL

영화에 관해서라면, 저는 항상 할 말이 많아요. 먼저, 저는 액션 영화에 완전히 빠져 있어요. 액션 영화는 에너지가 넘치고, 강렬한 전투 장면이 있어요. 스릴 있는 음악도 특별한 무엇인가가 있어요. 한편, 저는 로맨틱 코미디를 보는 것도 좋아해요. 로맨틱 코미디 역시 나름의 매력이 있습니다. 물론, 가벼운 이야기와 행복한 결말이 핵심이어서, 제게 따뜻한 느낌을 줘요. 보시다시피, 저는 영화에 정말 푹 빠져 있어요. 당신은 어떤가요? 좋아하는 영화가 있나요?

 주요 어휘

when it comes to ~에 관해서라면   **have a lot to say** 할 말이 많다   **be into** ~에 빠져 있다   **What about you?** 당신은 어떤가요?

 ❷ 최근 영화관 가서 영화 보기 전후로 했던 일

 4_45

Q Tell me about the last time you went to see a movie. What was your day like? What did you do before the movie, and what did you do after?

가장 최근에 영화를 보러 갔던 때에 대해 말해 주세요. 그날 하루는 어땠나요? 영화를 보기 전에는 무엇을 했고, 본 뒤에는 무엇을 했나요?

💡 답변 아이디어 노트

최근 영화 보러 간 날	지난달
영화 보기 전	친한 친구와 함께 감 근처 식당에서 저녁 먹음
영화 본 후	카페에 가서 이야기함
마무리	하루 종일 기억에 남았음

실제답변 바로보기 ▶

Intro The last time I went to the movies was last month.

Body I went with my close friend on a weekend. Before the movie, we had dinner at a nearby restaurant. Then, we watched the movie. It was super fun! After that, we went to a café to chat about the story. The whole day felt very relaxing.

Wrap-up It was such a memorable day for me.

* IM1 보장 답변

제가 최근에 영화를 보러 간 건 지난달이에요. 주말에 친한 친구와 함께 갔어요. 영화를 보기 전에 근처 식당에서 저녁을 먹었어요. 그리고 나서 영화를 봤어요. 정말 재미있었어요! 그 후, 우리는 카페에 가서 줄거리에 대해 이야기했어요. 하루 종일 매우 편안한 느낌이었어요. 제게는 하루 종일 정말 기억에 남았어요.

🔍 주요 어휘

last 최근의, 마지막의 **close** 친한, 가까운 **before** ~ 전에 **nearby** 근처의 **after** ~ 후에 **whole day** 하루 종일

Q Tell me about the last time you went to see a movie. What was your day like? What did you do before the movie, and what did you do after?
가장 최근에 영화를 보러 갔던 때에 대해 말해 주세요. 그날 하루는 어땠나요? 영화를 보기 전에는 무엇을 했고, 본 뒤에는 무엇을 했나요?

답변 아이디어 노트

최근 영화 보러 간 날	지난달, 꽤 바쁜 하루였음
영화 보기 전	친한 친구와 함께 하루 보냄 쇼핑몰에 갔음, 영화에 집중할 수 있게 뭐라도 먹었음
영화 본 후	디저트 먹으면서, 가장 좋아하는 장면에 대해 몇 시간 동안 이야기함
마무리	기억에 남는 날이었음

실제답변 바로보기 ▶

Intro The last time I went to the movies was last month, and it turned out to be a pretty busy day.

Body I spent the day with my close friend. Before the movie, we went shopping at the mall, which was fun in itself. Then, we made sure to have something to eat so that we could focus on the movie. The highlight of my day was clearly watching the movie, and it made the whole outing feel super special. Afterward, we grabbed dessert and chatted for hours about our favorite scenes.

Wrap-up Without a doubt, that day turned out to be a memorable one.

* 이거 쓰면 **AL**

제가 최근에 영화를 보러 간 건 지난달이었고, 꽤 바쁜 하루였어요. 저는 친한 친구와 함께 하루를 보냈어요. 영화를 보기 전에, 쇼핑몰에 쇼핑을 하러 갔는데, 그것 자체도 재미있었어요. 그런 다음, 영화에 집중할 수 있도록 뭐라도 꼭 먹었어요. 그날의 하이라이트는 분명히 영화를 보는 것이었고, 이게 외출 전체를 특별하게 느껴지게 했어요. 이후에는, 우리는 디저트를 먹으면서, 가장 좋아하는 장면에 대해 몇 시간 동안 이야기했어요. 의심할 여지없이, 그날은 기억에 남는 날이었어요.

🔍 주요 어휘

in itself 그것 자체도, 그 자체로   **focus on** ~에 집중하다   **outing** 외출, 나들이   **without a doubt** 의심할 여지없이

 기억에 남는 영화/이유

 4_47

Q I would like to know about a memorable movie you watched. What was the story about? What made it special? Would you recommend it to your friends?
당신이 본 기억에 남는 영화에 대해 알고 싶습니다. 어떤 내용이었나요? 무엇이 그 영화를 특별하게 만들었나요? 그 영화를 친구들에게 추천하고 싶나요?

답변 아이디어 노트

기억에 남는 영화	악마는 프라다를 입는다
기억에 남는 이유	멋진 등장인물, 패션에 대한 재밌는 이야기
영화가 특별한 이유	연기가 정말 훌륭했음, 배우들이 맡은 역할을 완벽하게 연기함
마무리	영화를 추천하고 싶음

  실제답변 바로보기 ▶

Intro One memorable movie was The Devil Wears Prada.

Body It has amazing characters and a fun story about fashion. The main reason it was memorable is that the acting was really strong. The actors played the roles perfectly. I watched it with my friends, and we all laughed a lot.

Wrap-up I'd love to recommend it to you!

* IM1 보장 답변

기억에 남는 영화 하나는 <악마는 프라다를 입는다>예요. 영화에는 멋진 등장인물과 패션에 관한 재밌는 이야기가 있어요. 기억에 남는 주된 이유는 연기가 정말 훌륭했기 때문이에요. 배우들이 맡은 역할을 완벽하게 연기했어요. 저는 친구들과 함께 봤고, 모두 많이 웃었어요. 당신에게 그 영화를 추천하고 싶어요!

🔍 주요 어휘

character 등장인물 strong (연기가) 훌륭한, 우수한 laugh 웃다 would love to do ~하고 싶다 recommend A to B A를 B에게 추천하다

Q I would like to know about a memorable movie you watched. What was the story about? What made it special? Would you recommend it to your friends?

당신이 본 기억에 남는 영화에 대해 알고 싶습니다. 어떤 내용이었나요? 무엇이 그 영화를 특별하게 만들었나요? 그 영화를 친구들에게 추천하고 싶나요?

답변 아이디어 노트

기억에 남는 영화	악마는 프라다를 입는다
기억에 남는 이유	패션뿐만 아니라 개인 성장에 관한 이야기 등장인물에 공감
영화가 특별한 이유	주연 배우들의 연기가 소름 돋음 시간 있을 때마다, 다시 보려고 함
마무리	영화를 강력하게 추천함

 IH-AL  실제답변 바로보기 ▶

Intro One of the most memorable movies I've ever watched was The Devil Wears Prada.

Body The thing is that it's not just about fashion, but also about personal growth. It feels super real because the characters are so relatable. The best part was when the main character rushed to buy a coffee for her boss. That just looked like me at work! Not to mention that the main actors' performances gave me goosebumps. Whenever I have free time, I try to rewatch some scenes just for fun.

Wrap-up I'd highly recommend it to you!

* 이거 쓰면 AL

제가 이제껏 본 영화 중 가장 기억에 남는 영화 중 하나는 <악마는 프라다를 입는다>예요. 중요한 것은 이 영화가 단순히 패션에 관한 것만이 아니라, 개인의 성장에 관한 것이기도 하다는 점이에요. 등장인물들에 아주 공감할 수 있어서 매우 현실적으로 느껴져요. 가장 최고였던 점은 주인공이 상사를 위해 커피를 사러 급하게 달려갈 때였어요. 그게 마치 직장에서의 제 모습과 같았어요! 게다가 주연 배우들의 연기는 저를 소름 돋게 했어요. 저는 시간이 있을 때마다, 재미로 몇몇 장면을 다시 보려고 해요. 당신에게 그 영화를 강력하게 추천해요!

주요 어휘

ever 이제껏 **personal** 개인의 **growth** 성장 **relatable** 공감할 수 있는 **rush** 급하게 달려가다 **boss** 상사 **just for fun** 재미로

 ❸ 좋아하는 영화배우에 대한 최근 뉴스

Q Who is one of your favorite movie actors or actresses? Tell me a story you heard about them in the news. Describe who they are, what happened, and why movie fans found it interesting.

가장 좋아하는 영화배우나 여배우는 누구인가요? 그 배우에 대해 뉴스에서 들은 이야기를 해 주세요. 그 사람이 누구인지, 무슨 일이 있었는지, 그리고 왜 영화 팬들이 흥미롭게 생각했는지도 묘사해 주세요.

💡 답변 아이디어 노트

가장 좋아하는 영화배우	레오나르도 디카프리오
인물 설명	많은 히트 영화에서 연기함
뉴스 내용	환경을 위해 많은 돈 기부했음 팬들도 환경 문제에 관심을 가지게 만듦
마무리	그 이유로 레오나르도 디카프리오를 가장 좋아함

실제답변 바로보기 ▶

Intro One of my favorite actors is Leonardo DiCaprio.

Body He is famous for acting in many hit movies, like Titanic. I remember seeing on the news that he donated a lot of money for the environment. This made me respect him as a person. It also made his movie fans more interested in environmental issues.

Wrap-up That's why DiCaprio is definitely my favorite actor.

* IM1 보장 답변

제가 가장 좋아하는 배우 중 한 명은 레오나르도 디카프리오예요. 그는 <타이타닉>과 같은 많은 히트 영화에서 연기한 것으로 유명해요. 그가 환경을 위해 많은 돈을 기부했다는 뉴스를 본 게 기억나요. 이게 제가 그를 사람으로서 존경하게 만들었어요. 또한 그의 영화 팬들도 환경 문제에 더 관심을 가지게 만들었어요. 그게 디카프리오가 분명히 제가 가장 좋아하는 배우인 이유예요.

🔍 주요 어휘

act 연기하다 donate ~을 기부하다 environment 환경 as ~로서 interested in ~에 관심을 가지는 environmental 환경의 issue 문제

Q Who is one of your favorite movie actors or actresses? Tell me a story you heard about them in the news. Describe who they are, what happened, and why movie fans found it interesting.

가장 좋아하는 영화배우나 여배우는 누구인가요? 그 배우에 대해 뉴스에서 들은 이야기를 해 주세요. 그 사람이 누구인지, 무슨 일이 있었는지, 그리고 왜 영화 팬들이 흥미롭게 생각했는지도 묘사해 주세요.

답변 아이디어 노트

가장 좋아하는 영화배우	레오나르도 디카프리오
인물 설명	뛰어난 배우
뉴스 내용	환경 보호를 위해 수백만 달러 기부, 많은 사람들에게 동기 부여 책임감 있는 사람임을 증명
마무리	그래서 존경하고 역대 최고 배우라고 생각함

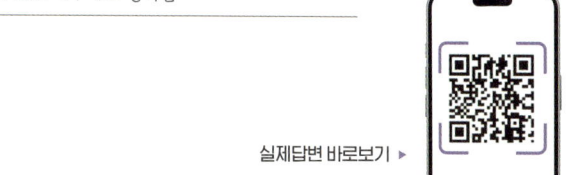

실제답변 바로보기 ▶

Intro There are many actors I admire, but I'm a huge fan of Leonardo DiCaprio.

Body The main reason is that he is an outstanding actor. On top of that, I read that he donated millions of dollars to protect the environment, which motivated many people. One thing that stands out is his consistency. It is memorable because it definitely proves that he is a responsible person.

Wrap-up That's why I really admire DiCaprio and consider him my all-time favorite actor.

* 이거 쓰면 AL

제가 존경하는 배우들이 많지만, 저는 레오나르도 디카프리오의 열렬한 팬이에요. 주된 이유는 그가 뛰어난 배우이기 때문이에요. 게다가, 저는 그가 환경을 보호하기 위해 수백만 달러를 기부했다는 것을 읽었는데, 이게 많은 사람들에게 동기를 부여했어요. 눈에 띄는 한 가지는 그의 일관성이에요. 이것은 그가 책임감 있는 사람임을 분명히 증명하기 때문에 기억에 남아요. 그래서 저는 디카프리오를 정말 존경하고, 그를 역대 최고의 배우로 생각해요.

🔍 주요 어휘

protect ~을 보호하다　consistency 일관성　prove that ~임을 증명하다　responsible 책임감 있는　consider A B A를 B로 생각하다

선택주제 05 음악 감상하기

- 음악 감상하기 문제는 일상에서 흔한 취미이므로 비교적 쉽게 답변 준비 가능
- 기출 Combo의 종류가 적고, 이 주제를 설문조사에서 선택했을 때 출제될 확률이 높으므로 해당 주제를 선택하는 것을 적극 추천
- 자가평가 난이도 5-5 이상을 선택한다면, 14-15번에 **두 가지 다른 장르의 음악 비교, 요즘 관심 있는 새로운 음악 기기** 등의 고난도 문제 출제
- 고난도 Combo의 1-2번 문제는 최빈출 Combo에 출제된 세 문제 중에서 랜덤으로 출제

문제 유형

 최빈출 Combo

- You indicated in the survey that you listen to music. What kinds of music do you usually listen to, and who are your favorite musicians or composers?

  당신은 설문조사에 음악을 듣는다고 언급했습니다. 보통 어떤 음악을 듣고, 가장 좋아하는 가수나 작곡가는 누구인가요?

- When and where do you listen to music? Do you listen to music on the radio or go to concerts? What are some ways you enjoy listening to music in your daily life?

  언제, 어디에서 음악을 듣나요? 음악을 라디오로 듣나요, 아니면 콘서트에 가나요? 일상생활에서 음악을 듣는 것을 즐기는 방법은 무엇인가요?

- Can you tell me when you first became interested in music? What kind of songs did you like first, and how has your interest in music changed over the years?

  음악에 처음 관심을 가지게 된 때에 대해 말해 줄 수 있나요? 처음에는 어떤 종류의 노래를 좋아했고, 시간이 지나면서 음악에 대한 관심이 어떻게 변해 왔나요?

고난도 Combo

- Can you tell me about a time when you heard live music? When and where was it? Who did you go with? What happened? And what made that experience so special or unforgettable?

  라이브 음악을 들었던 때에 대해 말해 줄 수 있나요? 언제, 어디였나요? 누구와 함께 갔나요? 무슨 일이 있었나요? 그리고 무엇이 그 경험을 특별하거나 잊을 수 없게 만들었나요?

필수 어휘 & 표현 🎧 4_52

음악 장르
- [ ] pop music 팝 음악
- [ ] hip hop 힙합
- [ ] jazz 재즈
- [ ] indie music 인디 음악
- rock 락
- dance 댄스
- EDM 일렉 음악
- classical 클래식
- Latin 라틴
- K-pop 케이팝
- country 컨트리

음악 특징
- [ ] catchy 기억하기 쉬운
- [ ] touching/moving 감동적인
- [ ] relatable 공감할 수 있는
- [ ] motivated 동기부여가 되는
- [ ] energized 활기찬

음악 요소
- [ ] lyrics 가사
- [ ] vocal 가창력
- [ ] playlist 플레이리스트, 재생 목록
- [ ] title of the song 노래 제목
- melody 멜로디
- rhythm 리듬
- beat 비트
- harmony 화음
- tempo (음악의) 빠르기
- tone 음색
- chorus 후렴구

음악을 듣는 방법
- [ ] go to concerts 콘서트에 가다
- [ ] use music applications 음악 앱을 이용하다
- [ ] when I'm commuting 출퇴근할 때
- [ ] on my phone 휴대폰으로
- [ ] on the radio 라디오에서
- [ ] live concert 라이브 콘서트
- listen with earphones 이어폰으로 듣다
- listen through speakers 스피커로 듣다
- listen on TV TV에서 듣다
- listen from YouTube 유튜브에서 듣다

음악을 좋아하는 이유
- [ ] cheer A up A를 기분 좋게 만들어 주다
- [ ] sing along (노래를) 따라 부르다
- [ ] my daily routine 나의 일상 루틴
- [ ] love the inspiration 영감을 좋아하다
- [ ] best companion 가장 좋은 동반자
- [ ] be there at every stage of my life 내 삶의 모든 단계에 있다
- [ ] relieve my stress 스트레스를 풀어주다

선택주제 05 음악 감상하기

 **① 좋아하는 음악 장르/가수**

🎧 4_53

Q You indicated in the survey that you listen to music. What kinds of music do you usually listen to, and who are your favorite musicians or composers?

당신은 설문조사에서 음악을 듣는다고 언급했습니다. 보통 어떤 음악을 듣고, 가장 좋아하는 가수나 작곡가는 누구인가요?

💡 답변 아이디어 노트

좋아하는 음악	팝 음악
음악의 특징	기억하기 쉬운 멜로디, 단순한 가사
좋아하는 이유	늘 기분 좋게 만들어 줌 가장 좋아하는 가수는 테일러 스위프트/아델
마무리	가장 좋아하는 음악은 팝 음악임

실제답변 바로가기 ▶

Intro I usually listen to pop music.

Body It has catchy melodies and simple lyrics, so I can say they are really easy to listen to. The main reason I like it is that it always cheers me up. My favorite musicians are Taylor Swift and Adele. They all have amazing vocals and their songs are touching.

Wrap-up Overall, my favorite music is pop music.

★ IM1 보장 답변

저는 보통 팝 음악을 들어요. 팝 음악은 기억하기 쉬운 멜로디와 단순한 가사를 가지고 있어서 듣기가 정말 쉬워요. 제가 팝을 좋아하는 가장 주된 이유는 늘 저를 기분 좋게 만들어 주기 때문이에요. 제가 가장 좋아하는 가수는 테일러 스위프트와 아델이에요. 모두 뛰어난 가창력을 가지고 있고, 그들의 노래는 감동적이에요. 전반적으로, 제가 가장 좋아하는 음악은 팝 음악이에요.

🔍 주요 어휘

listen to ~을 듣다   simple 단순한   easy 쉬운   musician 가수   amazing 뛰어난

Q You indicated in the survey that you listen to music. What kinds of music do you usually listen to, and who are your favorite musicians or composers?

당신은 설문조사에서 음악을 듣는다고 언급했습니다. 보통 어떤 음악을 듣고, 가장 좋아하는 가수나 작곡가는 누구인가요?

💡 답변 아이디어 노트

좋아하는 음악	팝
음악의 특징	기억하기 쉬운 멜로디 - 따라 부르게 만듦
좋아하는 이유	가사도 이해하기 쉽고, 공감할 수 있음 힙합 듣는 것도 좋아함
마무리	지금은 여기까지 하겠음

실제답변 바로보기 ▶

Intro When it comes to music, I'd have to say pop is my go-to genre.

Body I know that it has many aspects to it, but I love the catchy melodies. It makes you want to sing along. They are super easy to understand and so relatable, making the songs more moving. On top of that, I also love listening to hip hop when I'm in the mood for it. There's something special about both of these genres.

Wrap-up I could tell you much more, but that's about it for now.

＊이거 쓰면 AL

음악에 대해서 말하자면, 제가 자주 듣는 장르는 팝이라고 말할 수 있어요. 팝에는 여러 가지 측면이 있다는 것을 알지만, 저는 기억하기 쉬운 멜로디를 좋아해요. 이게 노래를 따라 부르게 만들어요. 가사도 이해하기 매우 쉽고 공감할 수 있어서, 노래를 더욱 감동적으로 만들어 줘요. 게다가, 음악을 들을 기분일 때는 힙합을 듣는 것도 좋아해요. 두 장르 모두 특별한 무엇인가가 있어요. 더 많은 이야기를 할 수도 있겠지만, 지금은 여기까지 할게요.

🔍 주요 어휘

go-to 자주 듣는 **aspect** 측면, 면 **sing along** 따라 부르다 **be in the mood for** ~할 기분이다 **both** 둘 다 **genre** 장르 **for now** 지금은

2 음악 감상하는 장소/시간

🎧 4_55

Q When and where do you listen to music? Do you listen to music on the radio or go to concerts? What are some ways you enjoy listening to music in your daily life?
언제, 어디에서 음악을 듣나요? 음악을 라디오로 듣나요, 아니면 콘서트에 가나요? 일상생활에서 음악을 듣는 것을 즐기는 방법은 무엇인가요?

💡 답변 아이디어 노트

음악 듣는 시간	항상 들음
일상에서 음악 듣는 시간	시간 있을 때마다 출퇴근 때
음악 듣는 장소	콘서트 가고 싶지만, 시간/돈 X 휴대폰 음악 앱 이용
마무리	음악은 내 일상 루틴의 한 부분임

실제답변 바로보기 ▶

Intro Actually, I listen to music all the time.

Body Whenever I have free time, I usually start listening to my favorite music from my playlist. I try to listen to it when I'm commuting. I really want to go to concerts, but I don't have much time and money. So, I tend to use music applications on my phone.

Wrap-up As you can see, music is just a part of my daily routine.

＊ IM1 보장 답변

사실, 저는 항상 음악을 들어요. 시간이 있을 때마다, 보통은 제 플레이리스트에서 가장 좋아하는 음악을 듣기 시작해요. 저는 출퇴근할 때 음악을 들으려고 해요. 콘서트에 정말 가고 싶지만, 시간과 돈이 많지 않아요. 그래서 휴대폰으로 음악 앱을 이용하는 편이에요. 보시다시피, 음악은 그냥 제 일상 루틴의 한 부분이에요.

🔍 주요 어휘

all the time 항상   whenever I have free time 시간이 있을 때마다   try to do ~하려고 하다   tend to do ~하는 편이다

Q When and where do you listen to music? Do you listen to music on the radio or go to concerts? What are some ways you enjoy listening to music in your daily life?
언제, 어디에서 음악을 듣나요? 음악을 라디오로 듣나요, 아니면 콘서트에 가나요? 일상생활에서 음악을 듣는 것을 즐기는 방법은 무엇인가요?

💡 답변 아이디어 노트

음악 듣는 시간	내 일상 어디에나 음악 있음
일상에서 음악 듣는 시간	출퇴근, 운동할 때
음악 듣는 장소	콘서트 가려고 하지만, 자주 갈 수 있는 여유 X 휴대폰에서 유튜브 뮤직 같은 음악 앱 사용
마무리	내 인생의 가장 좋은 동반자 중 하나임

 IH-AL

 실제답변 바로보기 ▶

Intro Music is basically everywhere in my daily life.

Body I make it a habit to listen to music while commuting or exercising because it makes me feel super motivated and energized. I try to go to concerts if I can, but I can't afford to go often. You know, tickets for concerts can get really expensive. So, I guess I usually use music applications, like YouTube Music on my phone whenever I need some music. Either way, I just love the inspiration I get from listening to it.

Wrap-up Without a doubt, music is one of the best companions in my life.

* 이거 쓰면 AL

음악은 기본적으로 제 일상 어디에나 있어요. 저는 출퇴근하거나 운동할 때 음악을 듣는 습관이 있는데, 그게 저를 매우 의욕적이고 활기찬 느낌이 들게 만들어 줘요. 가능하다면 콘서트에 가려고 하지만, 자주 갈 수 있는 여유는 없어요. 아시다시피, 콘서트 티켓은 정말 비싸요. 그래서 보통 음악이 필요할 때마다 휴대폰에서 유튜브 뮤직 같은 음악 앱을 사용해요. 어느 쪽이든, 저는 음악을 들으며 얻는 영감이 정말 좋아요. 의심할 여지없이, 음악은 제 인생에서 가장 좋은 동반자 중 하나예요.

🔍 주요 어휘

basically 기본적으로   **exercise** 운동하다   **afford to do** ~할 여유가 있다   **expensive** 비싼   **without a doubt** 의심할 여지없이

 **③ 음악을 처음 좋아하게 된 계기/취향 변화**

🎧 4_57

Q Can you tell me when you first became interested in music? What kind of songs did you like first, and how has your interest in music changed over the years?

음악에 처음 관심을 가지게 된 때에 대해 말해 줄 수 있나요? 처음에는 어떤 종류의 노래를 좋아했고, 시간이 지나면서 음악에 대한 관심이 어떻게 변해 왔나요?

💡 답변 아이디어 노트

처음 관심을 가진 때	어릴 때 처음 관심 가짐
관심 가지게 된 음악 종류	라디오로 팝송 들음 제목은 기억 안 나지만 좋았음
음악에 대한 관심 변화	취향 변함, 지금은 다른 장르 들음
마무리	여전히 음악 듣는 것 좋아함

실제답변 바로보기 ▶

Intro I first became interested in music when I was young.

Body At that time, I used to listen to pop songs on the radio. I can't really remember the title of this one song, but it was really good. I listened to it every day. Over the years, my taste has changed, and now I tend to listen to different genres.

Wrap-up But still, I love listening to music.

* IM1 보장 답변

저는 어렸을 때 처음으로 음악에 관심을 갖게 됐어요. 그 당시, 저는 라디오에서 나오는 팝송을 듣곤 했어요. 이 한 곡의 노래 제목이 정확히 기억나지 않지만, 정말 좋았어요. 저는 그 노래를 매일 들었어요. 시간이 흐르면서 제 취향은 변했고, 지금은 다른 장르를 듣는 편이에요. 하지만 여전히, 저는 음악 듣는 것을 정말 좋아해요.

🔍 주요 어휘

at that time 그 당시 taste 취향 change 변하다 different 다른 love -ing ~하는 것을 정말 좋아하다

Q Can you tell me when you first became interested in music? What kind of songs did you like first, and how has your interest in music changed over the years?

음악에 처음 관심을 가지게 된 때에 대해 말해 줄 수 있나요? 처음에는 어떤 종류의 노래를 좋아했고, 시간이 지나면서 음악에 대한 관심이 어떻게 변해 왔나요?

답변 아이디어 노트

처음 관심을 가진 때	7살
관심 가지게 된 음악 종류	팝송 - 에너지 넘치게 함 라디오로 들음, 따라 부름
음악에 대한 관심 변화	재즈/인디 장르를 즐기기 시작 그래도 음악은 내 인생의 모든 단계에 함께 함
마무리	음악에 대한 사랑은 절대 멈추지 않음

실제답변 바로보기 ▶

Intro I first became interested in music when I was seven years old, if I remember correctly.

Body I used to be obsessed with pop songs because they made me feel super energized. Back then, there were no music applications, so I listened to songs on the radio. But I would always sing along whenever I had time. The thing is that, as I got older, I started enjoying more diverse genres like jazz and indie music. But as you can see, music has always been there at every stage of my life.

Wrap-up My love for music never stops.

* 이거 쓰면 AL

제가 맞게 기억한다면, 7살 때 처음 음악에 관심을 갖게 됐어요. 저는 팝송에 완전히 빠져 있었는데, 그것들이 저를 굉장히 에너지 넘치게 만들었기 때문이에요. 그때는, 음악 앱이 없어서 라디오로 노래를 들었어요. 하지만 시간이 있을 때마다 늘 노래를 따라 부르곤 했어요. 중요한 점은 제가 나이가 들면서, 재즈나 인디 음악 같은 다양한 장르를 즐기기 시작했다는 거예요. 하지만 보시다시피, 음악은 제 인생의 모든 단계에 늘 함께 해왔어요. 저의 음악에 대한 사랑은 절대 멈추지 않아요.

주요 어휘

correctly 맞게, 올바르게 **be obsessed with** ~에 완전히 빠져 있다 **get older** 나이가 들다 **diverse** 다양한 **never** 절대 **stop** 멈추다

 ③ 라이브 음악을 들었던 경험

🎧 4_59

Q Can you tell me about a time when you heard live music? When and where was it? Who did you go with? What happened? And what made that experience so special or unforgettable?
라이브 음악을 들었던 때에 대해 말해 줄 수 있나요? 언제, 어디였나요? 누구와 함께 갔나요? 무슨 일이 있었나요? 그리고 무엇이 그 경험을 특별하거나 잊을 수 없게 만들었나요?

💡 **답변 아이디어 노트**

라이브 음악 들은 장소	내가 사는 도시에서 작은 라이브 콘서트 감
함께 한 사람/시간	가장 친한 친구, 주말
경험이 특별한 이유	밴드가 내가 가장 좋아하는 노래를 연주함 관중들도 함께 노래, 음악이 내 스트레스를 풀어줌
마무리	정말 잊을 수 없는 날이었음

  실제답변 바로보기 ▶

Intro I once went to a small live concert in my city.

Body I went there with my best friend on a weekend. <mark>It was so memorable because the band played my favorite songs.</mark> The crowd was singing along together. <mark>The main reason I enjoyed it is that the music relieved my stress.</mark> It made the whole experience very exciting.

Wrap-up That day was truly unforgettable.

* IM1 보장 답변

저는 한 번 제가 사는 도시에서 작은 라이브 콘서트에 갔어요. 주말에 가장 친한 친구와 함께 갔어요. 밴드가 제가 가장 좋아하는 노래들을 연주했기 때문에 매우 기억에 남았어요. 관중들이 함께 노래를 부르고 있었어요. 제가 라이브 콘서트를 즐겼던 주된 이유는 음악이 제 스트레스를 풀어줬기 때문이에요. 그게 그 경험 전체를 매우 신나게 만들었어요. 그날은 정말 잊을 수 없었어요.

🔍 **주요 어휘**

once 한 번, 한 때   crowd 관중   together 함께   whole 전체의   experience 경험   truly 정말, 진실로

Q Can you tell me about a time when you heard live music? When and where was it? Who did you go with? What happened? And what made that experience so special or unforgettable?
라이브 음악을 들었던 때에 대해 말해 줄 수 있나요? 언제, 어디였나요? 누구와 함께 갔나요? 무슨 일이 있었나요? 그리고 무엇이 그 경험을 특별하거나 잊을 수 없게 만들었나요?

💡 답변 아이디어 노트

라이브 음악 들은 장소	작년, 내가 사는 도시
함께 한 사람/시간	콜드플레이 콘서트, 가장 친한 친구와 감
경험이 특별한 이유	마지막 노래가 하이라이트였음 밴드와 함께 노래, 다채로운 조명 - 음악의 힘은 특별함
마무리	잊을 수 없었음

실제답변 바로보기 ▶

Intro I went to a live concert in my city last year, and I still remember the day clearly.

Body It was a Coldplay concert, and I went there with my best friend. I just love Coldplay so much that I try to attend all of their concerts. The highlight of that night was the last song. During the song, all the people in the crowd were singing along with the band, and the colorful lights made it even more exciting. There's something special about the power of music.

Wrap-up That night was definitely unforgettable.

* 이거 쓰면 **AL**

저는 작년에 제가 사는 도시에서 열린 라이브 콘서트에 갔는데, 아직도 그날을 분명히 기억해요. 그건 콜드플레이 콘서트였고, 저는 가장 친한 친구와 함께 그곳에 갔어요. 저는 콜드플레이를 너무 좋아해서 모든 콘서트에 참석하려고 노력해요. 그날 밤의 하이라이트는 마지막 노래였어요. 그 노래가 연주되는 동안, 관중 모두가 밴드와 함께 노래를 불렀고, 다채로운 조명이 그 순간을 더욱 신나게 만들었어요. 음악의 힘에는 특별한 무엇인가가 있어요. 그날 밤은 정말로 잊을 수 없었어요.

🔍 주요 어휘

clearly 분명히, 명확히 **try to do** ~하려고 노력하다 **attend** ~에 참석하다 **during** ~ 동안 **light** 조명 **power of music** 음악의 힘

선택주제 06 국내여행/해외여행

- 국내여행/해외여행 문제는 하나의 모범답변 틀만 준비하면 여행 장소만 바꿔서 다양한 문제에 답변 가능
- 가장 자주 출제되는 필수 Combo 문제는 **좋아하는 국내여행 장소**
- 자가평가 난이도 5-5 이상을 선택한다면, 14-15번에 **여행이 더 어려워진 이유, 사람들의 여행 관련 우려, 과거/현재 해외여행 비교, 해외 여행객들의 관심사** 등의 고난도 문제 출제

문제 유형

 최빈출 Combo

- You indicated in the survey that you travel domestically. Where do you like to go when you travel? Why do you like going to those places?

  당신은 설문조사에서 국내로 여행을 한다고 언급했습니다. 여행을 갈 때 어디로 가는 것을 좋아하나요? 왜 그 장소에 가는 것을 좋아하나요?

- What kinds of things do you usually do to get ready before going on a trip? Tell me about every step you take before traveling.

  여행을 가기 전에 보통 어떤 것들을 준비하나요? 여행 전 당신이 하는 모든 단계에 대해 말해 주세요.

- Travel often brings memorable and unexpected moments. Can you tell me one travel experience that was unforgettable? Begin your story with details - where you were, what happened, and who you were with. Then tell me why this trip was so unforgettable.

  여행은 종종 기억에 남고 예상치 못한 순간들을 가져옵니다. 잊지 못할 여행 경험 한 가지를 말해 줄 수 있나요? 어디에 있었는지, 무슨 일이 있었는지, 그리고 누구와 함께 있었는지에 대해 자세한 이야기를 시작해 주세요. 그리고 왜 그 여행이 잊을 수 없는 것인지 말해 주세요.

고난도 Combo

- Where do most people from your country go when they travel overseas? Tell me about one popular destination.

  당신의 나라 사람들은 해외여행을 갈 때 대부분 어디로 가나요? 인기 있는 여행지 한 곳에 대해 말해 주세요.

- What do people usually do when they travel to a different country? Where do they like to visit, and what do they do there?

  사람들이 다른 나라로 여행을 가면 보통 무엇을 하나요? 어디를 방문하기를 좋아하고, 그곳에서 무엇을 하나요?

- Tell me about a country you traveled to when you were a child. What was it like there? Was there anything memorable or special about that place?

  당신이 어렸을 때 여행 갔던 나라에 대해 말해 주세요. 그곳은 어땠나요? 그 장소에서 기억에 남거나 특별한 것이 있었나요?

필수 어휘 & 표현

'여행 가다' 표현
- travel to ~로 여행 가다
- love traveling to ~로 여행 가는 것을 정말 좋아하다
- head to ~로 향하다
- get ready for a trip 여행을 준비하다
- visit 방문하다
- travel abroad/overseas 해외 여행하다

여행 장소 특징
- beautiful beach 아름다운 해변
- fresh seafood 신선한 해산물
- have hiking trails 등산로가 있다
- perfect place to relax 휴식을 취하기에 완벽한 장소
- crowded 붐비는
- be packed with ~로 차 있다
- friendly 친절한
- close by (거리가) 가까운
- affordable (비용이) 저렴한
- sightseeing 관광
- familiar 친숙한, 익숙한
- famous/well-known 유명한

여행 준비 단계
- book ~을 예약하다
- plan ~을 계획하다
- check the weather forecast 날씨 예보를 확인하다
- pack my bags 짐을 싸다
- make a checklist 체크리스트를 만들다
- research the destination 목적지를 조사하다

flight 항공편
accommodation 숙소
transportation 교통
activity 활동
dining 식사

여행에 대한 내 생각
- challenging 도전적인
- refreshed 상쾌한
- be worth a visit 방문할 만한 가치가 충분하다
- go back there 그곳을 다시 방문하다
- a thing to look out for 놓치면 안 되는 것
- learn more about ~에 대해 더 배우다

disappointed 실망한
exhausted 지친
terrible, awful 끔찍한
regretful 후회스러운
upset 속상한
annoyed 짜증난

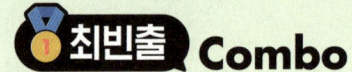 ① 좋아하는 국내여행 장소

🎧 4_63

Q You indicated in the survey that you travel domestically. Where do you like to go when you travel? Why do you like going to those places?
당신은 설문조사에서 국내로 여행을 한다고 언급했습니다. 여행을 갈 때 어디로 가는 것을 좋아하나요? 왜 그 장소에 가는 것을 좋아하나요?

💡 답변 아이디어 노트

좋아하는 국내여행 장소	한국, 제주도
여행 장소 특징	멋진 특징들이 많음 아름다운 해변/신선한 해산물 있음
좋아하는 이유	여행할 때 음식 매우 중요함 등산로도 많음
마무리	제주도 여행 가는 것 좋음

 IM

실제답변 바로보기 ▶

Intro I usually travel to Jeju Island in Korea.

Body There are many amazing features I can share with you. It has beautiful beaches and fresh seafood. When traveling, food is really important for me. Also, it has many hiking trails. They are very challenging but fun.

Wrap-up So, I love traveling to Jeju Island.

* IM1 보장 답변

저는 보통 한국에 있는 제주도로 여행을 가요. 당신과 나눌 수 있는 멋진 특징들이 많이 있어요. 그곳에는 아름다운 해변과 신선한 해산물이 있어요. 여행할 때, 저에겐 음식이 정말 중요해요. 또한, 등산로도 많이 있어요. 그 길들은 꽤 도전적이지만 재밌어요. 그래서, 저는 제주도로 여행가는 걸 정말 좋아합니다.

🔍 주요 어휘

amazing 멋진, 훌륭한   feature 특징   share ~을 나누다   when ~할 때   important 중요한   fun 재미있는

Q You indicated in the survey that you travel domestically. Where do you like to go when you travel? Why do you like going to those places?

당신은 설문조사에서 국내로 여행을 한다고 언급했습니다. 여행을 갈 때 어디로 가는 것을 좋아하나요? 왜 그 장소에 가는 것을 좋아하나요?

답변 아이디어 노트

좋아하는 국내여행 장소	한국, 제주도
여행 장소 특징	휴식하기에 완벽함, 상쾌한 기분이 들게 함
좋아하는 이유	음식도 훌륭 - 회, 돼지고기 바비큐 해안 도로를 따라 운전할 수 있음
마무리	계속해서 가는 거 정말 좋아함

실제답변 바로보기 ▶

Intro I love traveling, so whenever I have free time, I usually head to Jeju Island in Korea.

Body It's the perfect place to relax, and that's what I like most about it. It makes me feel super refreshed, especially after a busy week. Besides that, the food there is so amazing. They have the best sashimi and famous pork barbeque. One thing that especially stands out is the fact that you can drive along the coastal roads.

Wrap-up That's why I absolutely love going there again and again.

* 이거 쓰면 AL

저는 여행을 정말 좋아해서, 시간이 날 때마다 보통 한국에 있는 제주도로 향해요. 제주도는 휴식을 취하기에 완벽한 장소이고, 이게 제가 가장 좋아하는 점이에요. 특히 바쁜 한 주를 보낸 후라면, 매우 상쾌한 기분이 들게 해요. 뿐만 아니라, 그곳의 음식도 정말 훌륭합니다. 최고의 회와 유명한 돼지고기 바비큐가 있어요. 특히 기억에 남는 하나는 해안 도로를 따라 하는 운전할 수 있다는 거예요. 그래서 저는 그곳을 계속해서 가는 것을 정말 좋아해요.

주요 어휘

especially 특히 **besides that** 뿐만 아니라 **drive along** ~을 따라 운전하다 **coastal road** 해안 도로 **again and again** 반복해서

 ② 여행 가기 전 하는 준비

🎧 4_65

Q What kinds of things do you usually do to get ready before going on a trip? Tell me about every step you take before traveling.

여행을 가기 전에 보통 어떤 것들을 준비하나요? 여행 전 당신이 하는 모든 단계에 대해 말해 주세요.

💡 답변 아이디어 노트

여행 전 하는 단계 소개	몇 단계 따름
단계 ①	온라인으로 항공권/호텔 예약함 날씨 예보 확인 – 비가 오는 것을 원하지 않음
단계 ②	짐을 챙김 – 옷/필수품 여행 체크리스트 만듦
마무리	이게 내 평소 루틴

  실제답변 바로보기 ▶

Intro There are some steps that I follow.

Body First, I book tickets and hotels online. That way, I can plan my trip easily. Next, I check the weather forecast. I don't want rain during the trip. Then, I pack my bags, including clothes and necessities. Finally, I always try to make a checklist for my trip.

Wrap-up That is the usual routine I follow.

⁎ IM1 보장 답변

저는 몇 가지 단계를 따릅니다. 먼저, 온라인으로 항공권과 호텔을 예약해요. 이렇게 하면 여행을 쉽게 계획할 수 있어요. 다음으로, 날씨 예보를 확인해요. 저는 여행 중 비가 오는 것은 원하지 않아요. 그다음에는, 옷과 필수품을 포함해 짐을 챙겨요. 마지막으로, 항상 여행을 위한 체크리스트를 만들려고 합니다. 이게 제가 따르는 평소 루틴이에요.

🔍 주요 어휘

step 단계 **follow** ~을 따르다 **online** 온라인으로 **easily** 쉽게 **including** ~을 포함해 **necessities** 필수품 **finally** 마지막으로, 마침내

🎧 4_66

Q What kinds of things do you usually do to get ready before going on a trip? Tell me about every step you take before traveling.

여행을 가기 전에 보통 어떤 것들을 준비하나요? 여행 전 당신이 하는 모든 단계에 대해 말해 주세요.

💡 답변 아이디어 노트

여행 전 하는 단계 소개	여행 준비 단계는 꽤 간단함
단계 ①	모든 것 꼭 미리 예약함 목적지에 대해 최대한 많이 조사함
단계 ②	옷/다른 필수품 포함해서 짐 챙기기 – 매우 중요함
마무리	준비 단계 자체도 흥미로운 부분임

 **IH-AL**

실제답변 바로보기 ▶

Intro The steps I follow for getting ready for a trip are quite simple.

Body First, I make sure to book everything in advance, like flights and accommodations. Then, I try to research the destination as much as I can. That way, I can plan my trip in detail. Also, it makes me feel more confident and relaxed. The next thing I do is pack my bags, including my clothes and other necessities. This is an important step because I don't want to forget anything necessary.

Wrap-up For me, even the preparation stage is also an exciting part of my travel experience.

* 이거 쓰면 **AL**

제가 여행 준비를 할 때 따르는 단계는 꽤 간단해요. 먼저, 항공권과 숙소 같은 모든 것을 꼭 미리 예약해요. 그런 다음, 가능한 한 목적지에 대해 최대한 많이 조사해요. 이렇게 하면, 여행을 세부적으로 계획할 수 있어요. 또한, 이렇게 하면 보다 자신감이 생기고 편안한 기분이 듭니다. 그다음으로 하는 것은 옷과 다른 필수품을 포함하여 짐을 챙기는 거예요. 이 단계는 매우 중요한데, 필요한 어떤 것이라도 잊지 않고 싶기 때문이에요. 제겐, 심지어 준비 단계 자체도 여행 경험에서 흥미로운 부분이에요.

🔍 주요 어휘

in advance 미리 **confident** 자신감 있는 **forget** ~을 잊다 **necessary** 필요한, 필수적인 **preparation** 준비 **stage** 단계

 ③ 국내여행 중 잊을 수 없는 에피소드

Q Travel often brings memorable and unexpected moments. Can you tell me one travel experience that was unforgettable? Begin your story with details - where you were, what happened, and who you were with. Then tell me why this trip was so unforgettable.

여행은 종종 기억에 남고 예상치 못한 순간들을 가져옵니다. 잊지 못할 여행 경험 한 가지를 말해 줄 수 있나요? 어디에 있었는지, 무슨 일이 있었는지, 그리고 누구와 함께 있었는지에 대해 자세한 이야기를 시작해 주세요. 그리고 왜 그 여행이 잊을 수 없는 것인지 말해 주세요.

💡 답변 아이디어 노트

잊을 수 없는 여행 경험	하나 있음
여행 소개	부산 여행, 가족과 함께
잊을 수 없었던 이유	해변/신선한 해산물 즐겼음 해변이 엄청 붐볐지만 신났음
마무리	그 여행은 기억에 남음

Intro I have one unforgettable experience.

Body It was when I traveled to Busan with my family during summer vacation. We enjoyed the beach and fresh seafood. One thing I clearly remember is how crowded but exciting the beach was. It was Haeundae Beach. I remember us laughing and having a lot of fun together.

Wrap-up Overall, that trip was really memorable.

* IM1 보장 답변

제겐 잊을 수 없는 경험이 하나 있어요. 여름 방학 동안 가족과 함께 부산으로 여행을 갔을 때였어요. 우리는 해변과 신선한 해산물을 즐겼어요. 분명히 기억하는 하나는 해변이 엄청 붐비긴 했지만 신났다는 거예요. 그곳은 해운대 해수욕장이었어요. 우리가 함께 웃고 많은 즐거운 시간을 보냈던 것이 기억납니다. 전반적으로, 그 여행은 정말 기억에 남았어요.

🔍 주요 어휘

during ~ 동안, ~ 중에   vacation 방학, 휴가   clearly 분명히, 명확히   laugh 웃다   have fun 즐거운 시간을 보내다

Q Travel often brings memorable and unexpected moments. Can you tell me one travel experience that was unforgettable? Begin your story with details - where you were, what happened, and who you were with. Then tell me why this trip was so unforgettable.

여행은 종종 기억에 남고 예상치 못한 순간들을 가져옵니다. 잊지 못할 여행 경험 한 가지를 말해 줄 수 있나요? 어디에 있었는지, 무슨 일이 있었는지, 그리고 누구와 함께 있었는지에 대해 자세한 이야기를 시작해 주세요. 그리고 왜 그 여행이 잊을 수 없는 것인지 말해 주세요.

💡 답변 아이디어 노트

잊을 수 없는 여행 경험	부산으로 갔을 때
여행 소개	가족과 함께한 여행, 해운대 해수욕장 방문이 하이라이트였음 날씨 완벽, 사람들로 가득 찼지만 방문할 가치 충분했음
잊을 수 없었던 이유	따뜻하게 환영해 준 친절한 현지인들 밤에 크루즈 타고 근사한 저녁도 먹음
마무리	언젠가 다시 방문하고 싶음

실제답변 바로보기 ▶

Intro I have traveled to so many places, but one unforgettable trip that comes to mind is when I went to Busan.

Body It was a family trip during summer vacation. The highlight was definitely visiting Haeundae Beach. The weather was perfect, and the area was packed with people, but it was still worth a visit. The best part was the friendly locals that made us feel very welcome. On top of that, we even took a cruise at night and had a fancy dinner there. The trip turned out to be one of the best family trips I've ever had.

Wrap-up I'd love to go back there someday.

* 이거 쓰면 AL

저는 많은 곳을 여행했지만, 떠오르는 잊을 수 없는 여행 중 하나는 부산으로 갔을 때에요. 여름 방학 동안 가족과 함께한 여행이었어요. 하이라이트는 단연 해운대 해수욕장을 방문한 것이에요. 날씨가 완벽했고, 그 지역은 사람들로 가득 찼지만 방문할 만한 가치가 충분했습니다. 가장 좋은 점은 저희를 따뜻하게 환영해 준 친절한 현지인들이었어요. 게다가, 심지어 밤에는 크루즈를 타고 근사한 저녁도 먹었어요. 이 여행은 제가 경험한 최고의 가족 여행 중 하나였어요. 언젠가 다시 그곳을 방문하고 싶어요.

🔍 주요 어휘

come to mind (기억이) 떠오르다 **local** n. 현지인 **feel welcome** 따뜻하게 환영하다 **take a cruise** 크루즈를 타다 **fancy** 근사한

 **① 우리나라 관광객들이 주로 가는 해외 여행지**

🎧 4_69

Q Where do most people from your country go when they travel overseas? Tell me about one popular destination.

당신의 나라 사람들은 해외여행을 갈 때 대부분 어디로 가나요? 인기 있는 여행지 한 곳에 대해 말해 주세요.

💡 답변 아이디어 노트

우리나라 사람들이 가는 해외 여행지	일본
이유 ①	가깝기 때문임 짧은 비행시간, 비용 저렴
이유 ②	일본 음식 먹는 것을 즐김 쇼핑/관광하는 것도 좋아함
마무리	일본은 한국인들에게 인기 있는 여행지임

실제답변 바로보기 ▶

Intro Many people from Korea usually travel to Japan.

Body The main reason is that it is very close by. So, the flight is short, and the cost is affordable. In addition, many Koreans enjoy eating Japanese food such as sushi. They also like to do some shopping and sightseeing there.

Wrap-up So, Japan is a popular destination for Koreans.

＊ IM1 보장 답변

많은 한국 사람들은 보통 일본으로 여행을 가요. 주된 이유는 매우 가깝기 때문이에요. 그래서, 비행시간이 짧고 비용도 저렴합니다. 게다가, 많은 한국인들은 초밥과 같은 일본 음식을 먹는 것을 즐겨요. 그곳에서 쇼핑과 관광을 하는 것도 좋아합니다. 그래서, 일본은 한국인들에게 인기 있는 여행지예요.

🔍 **주요 어휘**

short 짧은 **cost** 비용 **in addition** 게다가 **such as** ~와 같은 **popular** 인기 있는 **destination** 여행지, 목적지

Q Where do most people from your country go when they travel overseas? Tell me about one popular destination.

당신의 나라 사람들은 해외여행을 갈 때 대부분 어디로 가나요? 인기 있는 여행지 한 곳에 대해 말해 주세요.

 답변 아이디어 노트

우리나라 사람들이 가는 해외 여행지	일본
이유 ①	지리적으로 가깝고, 문화적으로 친숙 저렴한 비용, 짧은 비행 – 여행이 아주 편리함
이유 ②	음식도 정말 끝내줌 – 라멘/초밥 멋진 박물관과 상점도 놓치면 안 됨
마무리	일본은 많은 한국인에게 편리하고 널리 사랑받는 여행지임

실제답변 바로보기 ▶

Intro People in my country enjoy traveling abroad, and Japan is definitely one of the most popular destinations.

Body The main reason is that it is geographically close and culturally familiar, which makes traveling there really easy. With the affordable cost and short flight, the travel becomes super convenient. Not to mention that the food there is out of this world. For example, they have such good ramen and sushi. Cool museums and shops are also something to look out for.

Wrap-up That's why Japan is a convenient and widely loved travel spot for many Koreans.

* 이거 쓰면 **AL**

우리나라의 사람들은 해외 여행하는 것을 즐기고, 일본은 확실히 가장 인기 있는 여행지 중 하나예요. 주된 이유는 지리적으로 가깝고 문화적으로 친숙해서, 그곳을 여행하는 것을 매우 쉽게 만들어요. 저렴한 비용과 짧은 비행으로, 여행이 아주 편리해요. 게다가, 음식도 정말 끝내줍니다. 예를 들어, 맛있는 라멘과 초밥이 있습니다. 멋진 박물관과 상점도 놓치면 안 되는 거예요. 이런 이유로 일본은 많은 한국인에게 편리하고 널리 사랑받는 여행지입니다.

🔍 주요 어휘

geographically 지리적으로 **culturally** 문화적으로 **be out of this world** 정말 끝내주다, 환상적이다 **widely loved** 널리 사랑받는

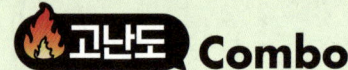

2 우리나라 관광객들이 해외 여행지에서 하는 일

🎧 4_71

Q What do people usually do when they travel to a different country? Where do they like to visit, and what do they do there?

사람들이 다른 나라로 여행을 가면 보통 무엇을 하나요? 어디를 방문하기를 좋아하고, 그곳에서 무엇을 하나요?

💡 답변 아이디어 노트

해외 여행가면 하는 일	사람들이 하는 것 많음
방문하는 장소	유명 관광지 사진도 찍음
추가적으로 하는 일	쇼핑/현지 음식 맛보기
마무리	이게 전부임

실제답변 바로보기 ▶

Intro Of course, there are many things people do.

Body First, they visit famous tourist spots. Many people take photos, maybe to upload on social media. Or maybe they want to remember the moment. Also, as I mentioned earlier, they enjoy shopping and trying local food.

Wrap-up That's about it for overseas trip.

※ IM1 보장 답변

물론, 사람들이 하는 것은 많이 있어요. 먼저, 유명 관광지를 방문해요. 많은 사람들이 사진을 찍는데, 아마 소셜 미디어에 올리려고 하는 걸 수도 있어요. 아니면 그 순간을 기억하고 싶을 수도 있습니다. 또한, 앞서 말했듯이, 쇼핑과 현지 음식을 맛보는 것을 즐기기도 해요. 해외여행에 관해서는 이게 전부예요.

🔍 주요 어휘

tourist spot 관광지　**take a photo** 사진을 찍다　**upload** 올리다, 게시하다　**moment** 순간　**mention** 말하다, 언급하다　**local** a. 현지의

Q What do people usually do when they travel to a different country? Where do they like to visit, and what do they do there?

사람들이 다른 나라로 여행을 가면 보통 무엇을 하나요? 어디를 방문하기를 좋아하고, 그곳에서 무엇을 하나요?

💡 답변 아이디어 노트

해외 여행가면 하는 일	보통 많은 것들을 함
방문하는 장소	유명 관광지 방문 - 현지 문화에 대해 더 배울 수 있음 이런 장소에서 사진 찍는 것도 봄 - 나도 사진 찍음
추가적으로 하는 일	현지 음식 즐김, 기념품 쇼핑하는 것도 좋아함
마무리	여행은 항상 특별하게 느껴짐

 IH-AL

실제답변 바로보기 ▶

Intro When people travel overseas, there are many things they usually do, and let me give you some examples.

Body One thing is visiting famous tourist spots such as museums or historical buildings. This lets you learn more about the local culture. Also, I've seen a lot of people taking photos at these sites. I mean, I myself take pictures too to upload on social media. Additionally, as I mentioned earlier, people love enjoying the local food and shopping for some souvenirs.

Wrap-up That's why traveling always feels so special.

* 이거 쓰면 AL

사람들이 해외여행을 할 때 보통 많은 것들을 하는데, 몇 가지 예를 들어 볼게요. 한 가지는 박물관이나 역사적인 건물과 같은 유명 관광지를 방문하는 것입니다. 이를 통해 현지 문화에 대해 더 배울 수 있어요. 또한, 많은 사람들이 이런 장소에서 사진을 찍는 것도 봤어요. 그러니까 저 역시 소셜 미디어에 올리기 위해 사진을 찍어요. 게다가, 앞서 말했듯이, 사람들은 현지 음식을 즐기거나 기념품을 쇼핑하는 것도 좋아합니다. 이런 이유로 여행은 항상 특별하게 느껴져요.

🔍 주요 어휘

example 예, 예시 museum 박물관 historical 역사적인 culture 문화 site 장소 take a picture 사진을 찍다 souvenir 기념품

 ③ 어렸을 때 갔던 외국 국가

🎧 4_73

Q Tell me about a country you traveled to when you were a child. What was it like there? Was there anything memorable or special about that place?

당신이 어렸을 때 여행 갔던 나라에 대해 말해 주세요. 그곳은 어땠나요? 그 장소에서 기억에 남거나 특별한 것이 있었나요?

💡 답변 아이디어 노트

어렸을 때 여행 갔던 나라	일본
여행지 설명	역사적 장소가 많이 있음, 첫 해외여행이었음
여행지에 대한 내 생각	진짜 일본 음식이 맛있었음 유명 관광지에서 사진도 많이 찍음
마무리	특별하고 잊을 수 없음

 실제답변 바로보기 ▶

Intro When I was a child, I traveled to Japan with my family.

Body There were many historical places. I remember the place clearly because it was my first time traveling abroad. We tried real Japanese food, and it was so delicious. We took many photos at famous tourist spots, and I still have them in a photo album.

Wrap-up That trip was special and unforgettable.

*** IM1 보장 답변**

제가 어렸을 때, 가족과 함께 일본으로 여행을 간 적이 있어요. 역사적인 장소가 많이 있었어요. 해외여행이 처음이기 때문에, 그곳이 아직도 분명하게 기억납니다. 진짜 일본 음식을 맛보기도 했는데 정말 맛있었어요. 우리는 유명 관광지에서 사진도 많이 찍었고, 그 사진들은 아직도 사진첩에 있습니다. 그 여행은 특별하고 잊을 수 없어요.

🔍 주요 어휘

be my first time -ing ~하는 것이 처음이다   try ~을 맛보다   real 진짜의   delicious 맛있는   photo album 사진첩

Q Tell me about a country you traveled to when you were a child. What was it like there? Was there anything memorable or special about that place?

당신이 어렸을 때 여행 갔던 나라에 대해 말해 주세요. 그곳은 어땠나요? 그 장소에서 기억에 남거나 특별한 것이 있었나요?

💡 답변 아이디어 노트

어렸을 때 여행 갔던 나라	일본 오키나와
여행지 설명	휴양지 분위기로 유명, 많은 사람들이 가족 여행으로 방문함 해외여행이 처음이어서 분명하게 기억남
여행지에 대한 내 생각	현지 음식 - 익숙한 맛 사람들도 친절 - 언젠가 다시 가고 싶음
마무리	여전히 특별하고 잊을 수 없음

 IH-AL

실제답변 바로보기 ▶

Intro When I was a child, I traveled to Okinawa, Japan with my family.

Body It's well-known for its holiday vibe, and many people go there for family trips. It was my very first time traveling abroad, so I remember everything clearly. We enjoyed many water activities such as snorkeling. The water was crystal clear. There's something special about the authentic food because it was surprisingly familiar in taste. The people were super friendly and welcoming, which made me want to visit again someday.

Wrap-up That's why that trip still feels so special and unforgettable for me.

* 이거 쓰면 **AL**

제가 어렸을 때, 가족과 함께 일본 오키나와로 여행을 간 적이 있어요. 그곳은 휴양지 분위기로 유명하고, 많은 사람들이 그곳을 가족 여행으로 방문합니다. 해외여행이 처음이어서 아직도 모든 것이 분명하게 기억나요. 우리는 스노클링과 같은 다양한 수상 활동을 즐겼어요. 바닷물은 수정처럼 맑았습니다. 현지 음식은 놀랍게도 익숙한 맛이라서 특별한 무엇인가가 있었어요. 사람들은 정말 친절하고 환영해 줘서, 언젠가 다시 가고 싶은 마음이 들었어요. 그래서 그 여행은 여전히 제게 특별하고 잊을 수 없어요.

🔍 주요 어휘

holiday 휴양지, 휴일　**vibe** 분위기　**water activity** 수상 활동　**authentic** 현지의, 진짜의　**surprisingly** 놀랍게도　**welcoming** 환영하는

 # 집에서 보내는 휴가

- 집에서 보내는 휴가 문제는 앞서 배운 집(거주지) 모범답변을 활용해서 답변 가능
- 기출 Combo의 종류가 많지 않아 출제되는 Combo 구성이 비교적 일정하므로 설문조사에서 해당 주제를 선택하는 것을 추천
- 자가평가 난이도 5-5 이상을 선택한다면, 14-15번에 과거/현재 사람들의 휴가를 보내는 방법 비교, 휴가가 중요한 이유 등의 고난도 문제 출제
- 고난도 Combo의 1번과 3번 문제는 최빈출 Combo에 출제된 세 문제 중에서 랜덤으로 출제

문제 유형

🥇 최빈출 Combo

- You indicated in the survey that you stay at home for vacations. Who would you most like to see or spend that time with?

  당신은 설문조사에서 집에서 휴가를 보낸다고 언급했습니다. 가장 보고 싶거나 그 시간을 함께 보내고 싶은 사람은 누구인가요?

- Can you tell me some details about how you spent your recent vacation at home? Starting from day one to the end, tell me who you saw and what you did.

  최근 집에서 보낸 휴가가 어땠는지 자세히 말해 줄 수 있나요? 첫날부터 마지막날까지, 누구를 만났고, 무엇을 했는지 말해 주세요.

- Could you tell me a surprising, unexpected, or impressive experience you had while spending a vacation at home? Give me all the details — what happened? Who was involved? And why do you still remember it?

  집에서 휴가를 보내는 동안 겪었던 놀랍거나, 예상치 못했거나 인상적이었던 경험에 대해 말해 줄 수 있나요? 무슨 일이 있었고, 누가 관련됐으며, 그리고 왜 아직도 기억하는지에 대해 자세히 얘기해 주세요.

🔥 고난도 Combo

- What would you like to do with the people you meet while on vacation? Where do you want to go, and what kinds of things do you want to see?

  휴가 동안 만나는 사람들과 함께 무엇을 하고 싶나요? 어디에 가고 싶고, 무엇을 보고 싶나요?

필수 어휘 & 표현

🎧 4_76

휴가 때 만나고 싶은 사람

- ☐ family 가족
- ☐ close friend 친한 친구
- ☐ loved one 사랑하는 사람 ┅┅┅┅┅┅┅ ➕ friend 친구
- ☐ old friend 오랜 친구

  parents 부모님
  girlfriend 여자친구
  boyfriend 남자친구
  siblings 형제자매
  colleague 직장 동료
  classmate 동창

휴가 때 하는 일

- ☐ stay home 집에 있다
- ☐ have meals 식사를 하다
- ☐ watch movies 영화를 보다
- ☐ spend time chatting 이야기하면서 시간을 보내다 ┅┅ ➕ have a conversation 대화하다
- ☐ catch up 근황을 이야기하다

  talk 이야기하다
  have a chat 이야기하다

- ☐ gather for ~을 위해 모이다
- ☐ cook 요리하다
- ☐ clean a room 방을 청소하다
- ☐ organize ~을 정리하다
- ☐ come over 놀러 오다
- ☐ focus on ~에 집중하다
- ☐ binge-watch 몰아보다
- ☐ show up 찾아오다, 나타나다
- ☐ play games 게임하다
- ☐ stay up late 늦게까지 시간을 보내다
- ☐ do many activities 많은 활동을 하다
- ☐ visit a restaurant 식당에 방문하다
- ☐ explore a new café 새로운 카페를 탐방하다

집에서 보내는 휴가에 대한 내 생각

- ☐ feel closer and connected 더 가깝고 연결된 느낌이 나다
- ☐ give A a sense of warmth and belonging A에게 따뜻함과 소속감을 주다
- ☐ surprising experience 놀라운 경험
- ☐ feel like the old times 예전 시절로 돌아간 듯한 느낌이다
- ☐ unexpected 예상치 못한
- ☐ ordinary 평범한
- ☐ special 특별한

① 집에서 보내는 휴가 중 만나고 싶은 사람

🎧 4_77

Q You indicated in the survey that you stay at home for vacations. Who would you most like to see or spend that time with?

당신은 설문조사에서 집에서 휴가를 보낸다고 언급했습니다. 가장 보고 싶거나 그 시간을 함께 보내고 싶은 사람은 누구인가요?

💡 **답변 아이디어 노트**

집에서의 휴가 때 보고 싶은 사람	가족
이유	바쁜 시즌에는 자주 못 만남
휴가 때 하는 일	집에서 함께 식사, 영화 보기 오랜 시간 이야기하기
마무리	가족과 함께 시간 보내는 것 정말 좋아함

실제답변 바로보기 ▶

Intro I usually spend time with my family when I stay home on vacation.

Body This is mainly because I don't see them often during my busy season. So, we have meals together at home or try to watch movies. This time is really special because it makes us feel closer and more connected. We sometimes spend a lot of time chatting. By doing so, we can catch up with each other.

Wrap-up I love spending time with my family.

＊ IM1 보장 답변

휴가 중에 집에 있을 때는 보통 가족과 시간을 보내요. 주로 바쁜 시즌에는 자주 만나지 못하기 때문이에요. 그래서, 집에서 함께 식사를 하거나 영화를 보려고 합니다. 이 시간이 우리를 더 가깝게 하고 연결된 느낌을 들게 해 주기 때문에 정말 특별해요. 가끔은 오랜 시간 이야기하며 시간을 보내기도 합니다. 그러다 보면, 서로의 근황도 이야기할 수 있어요. 저는 가족과 함께 시간을 보내는 것을 정말 좋아해요.

🔍 **주요 어휘**

on vacation 휴가 중에 **This is mainly because** 주로 ~하기 때문이다 **busy** 바쁜 **by -ing** ~하면서, ~함으로써 **each other** 서로

🎧 4_78

Q You indicated in the survey that you stay at home for vacations. Who would you most like to see or spend that time with?

당신은 설문조사에서 집에서 휴가를 보낸다고 언급했습니다. 가장 보고 싶거나 그 시간을 함께 보내고 싶은 사람은 누구인가요?

💡 답변 아이디어 노트

집에서의 휴가 때 보고 싶은 사람	친한 친구/가족과 시간을 보내려고 함
이유	일할 때 시간을 함께 보낼 수 없음, 이런 시간은 정말 중요함
휴가 때 하는 일	요즘 어떻게 지내는지에 대해 긴 대화를 나눔 함께 요리한 음식을 위해 모임
마무리	이게 사랑하는 사람들과 시간 보내는 것을 좋아하는 이유임

실제답변 바로보기 ▶

Intro Whenever I have free time at home, I try to spend time with close friends or family.

Body I don't get to spend time with them when I'm working, so this quality time is really important for me. I'd have to say it makes me feel super relaxed and comfortable. We usually have long conversations about how we are doing. Or we would gather for a nice meal that we cooked together. Moments like these give me a real sense of warmth and belonging.

Wrap-up That's why I love spending time with loved ones.

* 이거 쓰면 AL

제가 집에서 시간이 있을 때면, 친한 친구나 가족과 시간을 보내려고 해요. 일할 때 시간을 함께 보낼 수 없기 때문에, 이런 뜻깊은 시간은 제게 정말 중요합니다. 이런 시간은 정말 편안하고 안락한 느낌이 들게 한다고 말할 수 있어요. 보통 요즘 어떻게 지내는지에 대해 긴 대화를 나눕니다. 또는 함께 요리한 맛있는 음식을 위해 모이기도 합니다. 이런 순간들이 제게 따뜻함과 소속감을 줘요. 이게 제가 사랑하는 사람들과 시간을 보내는 것을 정말 좋아하는 이유예요.

🔍 주요 어휘

get to do ~할 수 있다, ~할 기회를 가지다   **quality time** 뜻깊은 시간   **comfortable** 안락한, 평안한   **moment** 순간

 **② 지난 휴가 때 했던 일**

Q Can you tell me some details about how you spent your recent vacation at home? Starting from day one to the end, tell me who you saw and what you did.

최근 집에서 보낸 휴가가 어땠는지 자세히 말해 줄 수 있나요? 첫날부터 마지막 날까지, 누구를 만났고, 무엇을 했는지 말해 주세요.

💡 답변 아이디어 노트

지난 휴가 소개	꽤 단순했음
1-2일 차	방 청소, 책들을 정리함 건강식을 요리함
마지막 날	TV 시리즈 몇 시간 동안 시청함 친구들 몇 명 놀러 옴
마무리	그게 내 집에서 보낸 3일간의 휴가였음

실제답변 바로보기 ▶

Intro My last vacation was pretty simple.

Body On the first day, I cleaned my room and organized my books. Nothing special. The next day, I cooked some healthy meals for myself because I love cooking. Later, I watched a TV series for hours. It couldn't feel any more relaxing. On the last day, some friends came over.

Wrap-up That was my three-day vacation at home.

* IM1 보장 답변

제 지난 휴가는 꽤 단순했어요. 첫째 날에는, 방을 청소하고 책들을 정리했습니다. 특별한 건 없었어요. 다음 날에는, 제가 요리하는 것을 좋아하기 때문에 저를 위해 건강식을 요리했습니다. 그 후에는, TV 시리즈를 몇 시간 동안 시청했어요. 이보다 더 편안할 수는 없었어요. 마지막 날에는, 친구들 몇 명이 놀러 왔습니다. 그게 제가 집에서 보낸 3일간의 휴가였어요.

🔍 주요 어휘

last 지난, 마지막의 **Nothing special.** 특별한 건 없다. **healthy** 건강한 **later** 그 후에는 **It couldn't feel any more** 이보다 더 ~할 수는 없다

Q Can you tell me some details about how you spent your recent vacation at home? Starting from day one to the end, tell me who you saw and what you did.
최근 집에서 보낸 휴가가 어땠는지 자세히 말해 줄 수 있나요? 첫날부터 마지막 날까지, 누구를 만났고, 무엇을 했는지 말해 주세요.

💡 답변 아이디어 노트

지난 휴가 소개	꽤 단순하지만 놀랍게도 즐거웠음
1-2일 차	집을 청소하는데 집중 - 방 청소, 책장에 있는 책들 정리 건강식 요리법 시도함
마지막 날	TV 시리즈 몇 시간 동안 몰아 봄 친구 몇 명 초대, 미니 바비큐 먹음
마무리	오랜만의 최고의 휴가였음

실제답변 바로보기 ▶

Intro My recent vacation was pretty simple but surprisingly enjoyable.

Body On the first day, I focused on cleaning the house because I couldn't do it during the week. So, I cleaned my room and organized the books on my shelves. The next day, I tried to cook some new healthy recipes for myself. Later that day, I binge-watched a TV series for hours. It couldn't have felt more relaxing. On the last day, I invited a couple of friends over for a small gathering. We had a mini barbecue at my place.

Wrap-up That three-day vacation was the best one in a while.

* 이거 쓰면 AL

제 최근 휴가는 꽤 단순했지만 놀랍게도 즐거웠어요. 첫째 날에는, 주중에는 할 수 없기 때문에 집을 청소하는데 집중했습니다. 그래서, 방을 청소하고 책장에 있는 책들을 정리했어요. 다음 날에는, 저를 위해 새로운 건강식 요리법을 새로 시도했어요. 그 후에는, TV 시리즈를 몇 시간 동안 몰아서 봤어요. 이보다 더 편안할 수는 없었어요. 마지막 날에는, 작은 모임을 위해 친구 몇 명을 초대했습니다. 저희 집에서 미니 바비큐를 먹었어요. 이 3일간의 휴가는 오랜만에 최고의 휴가였어요.

🔍 주요 어휘

surprisingly 놀랍게도 **shelf** 책장 **invite A over** A를 초대하다 **gathering** 모임 **in a while** 오랜만에

 ③ 집에서 보내는 휴가 중 기억에 남는 경험

 4_81

Q Could you tell me a surprising, unexpected, or impressive experience you had while spending a vacation at home? Give me all the details — what happened? Who was involved? And why do you still remember it?
집에서 휴가를 보내는 동안 겪었던 놀랍거나, 예상치 못했거나 인상적이었던 경험에 대해 말해 줄 수 있나요? 무슨 일이 있었고, 누가 관련됐으며, 그리고 왜 아직도 기억하는지에 대해 자세히 얘기해 주세요.

💡 답변 아이디어 노트

휴가 때 기억에 남는 경험	놀라운 경험한 적 있음
경험 설명	오랜 친구가 말도 없이 집에 왔음 집에서 몇 시간 동안 수다 떪
아직도 기억하는 이유	예전 시절로 돌아간 것 같은 느낌이었음
마무리	완전히 예상치 못함, 기억에 남음

 실제답변 바로가기 ▶

Intro I had a surprising experience, and let me share it with you.

Body One day, my old friend visited my place without telling me first. I hadn't seen her for many years, so it was so surprising. We talked for hours at home, catching up with each other. It felt like the old times.

Wrap-up The visit was totally unexpected and memorable.

* IM1 보장 답변

저는 놀라운 경험을 한 적이 있는데, 그 이야기를 나눠볼게요. 어느 날, 오랜 친구가 미리 말도 없이 제 집에 왔어요. 몇 년 동안 만나지 못했던 친구라 정말 놀랐어요. 집에서 몇 시간 동안 수다를 떨며 근황을 얘기했어요. 마치 예전 시절로 돌아간 듯한 느낌이었어요. 그 방문은 완전히 예상치 못했고 기억에 남았어요.

🔍 주요 어휘

one day 어느 날 **place** 집, 장소 **without telling me first** 미리 말도 없이 **for many years** 몇 년 동안 **totally** 완전히, 전적으로

Q Could you tell me a surprising, unexpected, or impressive experience you had while spending a vacation at home? Give me all the details — what happened? Who was involved? And why do you still remember it?

집에서 휴가를 보내는 동안 겪었던 놀랍거나, 예상치 못했거나 인상적이었던 경험에 대해 말해 줄 수 있나요? 무슨 일이 있었고, 누가 관련됐으며, 그리고 왜 아직도 기억하는지에 대해 자세히 얘기해 주세요.

답변 아이디어 노트

휴가 때 기억에 남는 경험	나누고 싶은 놀라운 경험 있음
경험 설명	혼자 휴가를 즐기는 중에 오랜 친구가 갑자기 찾아옴 몇 시간 동안 요즘 어떻게 지내는지 이야기함 함께 저녁 요리, 게임, 늦게까지 웃으며 시간 보냄
아직도 기억하는 이유	친구 덕분에, 평범한 휴가가 특별해짐
마무리	아직도 선명하게 기억하고 있음

 **IH-AL**

 실제답변 바로가기 ▶

Intro Yes, I have a surprising experience that I'd like to share with you.

Body I was enjoying my vacation at home alone. But one day, my old friend showed up *out of the blue*. She didn't call me or text me *in advance*, so it was totally unexpected. Of course, we talked for hours to catch up on how we were doing. We even cooked dinner together, played some games, and *stayed up late* talking and laughing. Thanks to my friend, my ordinary vacation *suddenly* became super special.

Wrap-up That's why I still remember that day so clearly.

* 이거 쓰면 AL

네, 저는 나누고 싶은 정말 놀라운 경험이 있어요. 혼자 집에서 휴가를 즐기고 있었어요. 그런데 어느 날, 오랜 친구가 갑자기 찾아왔어요. 미리 전화나 메시지를 보내지 않아서 완전히 예상치 못한 일이었어요. 물론, 우리는 몇 시간 동안 요즘 어떻게 지내는지 이야기를 했어요. 함께 저녁을 요리하고, 게임도 하고, 늦게까지 웃으며 시간을 보냈습니다. 친구 덕분에, 평범한 휴가가 갑자기 특별해졌어요. 그래서 저는 그날을 아직도 아주 선명하게 기억하고 있어요.

주요 어휘

alone 혼자 **out of the blue** 갑자기 **text** 메시지를 보내다 **in advance** 미리 **thanks to ~** 덕분에 **suddenly** 갑자기

 **2 휴가 때 만나고 싶은 사람/하고 싶은 일**

🎧 4_83

Q What would you like to do with the people you meet while on vacation? Where do you want to go, and what kinds of things do you want to see?

휴가 동안 만나는 사람들과 함께 무엇을 하고 싶나요? 어디에 가고 싶고, 무엇을 보고 싶나요?

💡 답변 아이디어 노트

휴가 때 하고 싶은 일	많은 활동을 하고 싶음
하고 싶은 일 설명	함께 식사하기 - 맛있는 음식 먹으며 이야기 나눌 수 있음
추가적으로 하고 싶은 일	동네 새로운 카페 방문하고 싶음
마무리	이런 것들 하고 싶음

 IM

실제답변 바로가기 ▶

Intro I'd love to do many activities.

Body I want to have meals together. This is because we can have a chat while having nice food. Also, I'd love to go to new cafés in the town. You know, there are many cafés in my country, Korea. So, I always like to try them with my friends.

Wrap-up I want to do these kinds of things.

* IM1 보장 답변

저는 많은 활동을 하고 싶어요. 함께 식사를 하고 싶습니다. 맛있는 음식을 먹으며 이야기를 나눌 수 있기 때문이에요. 또한, 동네에 새로 생긴 카페도 방문하고 싶어요. 아시다시피, 우리나라 한국에는 카페가 정말 많아요. 그래서, 친구들과 함께 새로운 카페를 가보는 것을 언제나 좋아합니다. 저는 이런 것들을 하고 싶어요.

🔍 주요 어휘

would love to do ~하고 싶다 while ~하면서, ~하는 동안 town 동네, 도시 try ~을 해 보다, 시도하다

🎧 4_84

Q What would you like to do with the people you meet while on vacation? Where do you want to go, and what kinds of things do you want to see?
휴가 동안 만나는 사람들과 함께 무엇을 하고 싶나요? 어디에 가고 싶고, 무엇을 보고 싶나요?

💡 답변 아이디어 노트

휴가 때 하고 싶은 일	사람들과 여러 활동하고 싶음
하고 싶은 일 설명	맛있는 식사하기가 가장 먼저 동네 인기 있는 식당 방문하려고 함 - 미리 예약 필수
추가적으로 하고 싶은 일	동네 새로운 카페 탐방하기 - 한국엔 카페가 정말 많음 영화관에서 새로 개봉한 영화 보기
마무리	이야기만 해도 벌써 신남

실제답변 바로보기 ▶

Intro I'd love to try different activities with people I meet on vacation.

Body Of course, having nice meals together would be the first thing. So, I always make sure to visit some of the best restaurants in town. Making reservations in advance is a must. Additionally, I'd love to explore any new cafés in town. My go-to cafés are usually the cozy ones. And you know, my country has just so many cafés everywhere. I always want to check them out. Another thing I'd enjoy is watching a newly released movie at a movie theater.

Wrap-up Just talking about it already makes me feel so excited.

* 이거 쓰면 AL

저는 휴가 때 만나는 사람들과 여러 활동을 해보고 싶어요. 물론, 맛있는 식사를 함께 하는 게 가장 먼저예요. 그래서, 저는 항상 동네에서 가장 인기 있는 식당들을 중 몇 곳을 방문하려고 해요. 미리 예약하는 것은 필수입니다. 또, 동네에 새로 생긴 카페를 탐방하고 싶어요. 제가 자주 가는 카페는 보통 아늑한 곳입니다. 아시다시피, 우리나라는 곳곳에 카페가 정말 많아요. 그래서 항상 새로운 카페를 찾아가 보고 싶어요. 제가 즐기고 싶은 또 다른 것은 영화관에서 새로 개봉한 영화를 보는 거예요. 이런 것들에 대해 이야기만 해도 벌써 너무 신이 나요.

🔍 주요 어휘

make a reservation 예약하다   must n. 필수   cozy 아늑한   check A out A를 찾아가다   newly released 새로 개봉한

돌발주제

- **01** 음식점
- **02** 인터넷
- **03** 재활용
- **04** 건강
- **05** 지형
- **06** 가족/친구
- **07** 패션
- **08** 휴대폰
- **09** 산업

최빈출 음식점 기출 Combo

Combo 1
1. 동네에서 가장 좋아하는 음식점 **필수**
2. 가장 좋아하는 음식/음식점
3. 가장 좋아하는 외국 음식점

Combo 2
1. 동네에서 가장 좋아하는 음식점
2. 가장 좋아하는 외국 음식점
3. 최근 외국 음식점 경험

Combo 3
1. 우리나라의 보편적인 음식점
2. 어렸을 때 갔던 음식점 **필수**
3. 음식점 이용 순서 **필수**

Combo 4
1. 우리나라의 보편적인 음식점
2. 어렸을 때 갔던 음식점
3. 최근 음식점 경험

Combo 5
1. 좋아하는 포장 음식/배달 음식점 **고난도**
2. 최근 포장 음식/배달 음식점 경험 **고난도**
3. 포장 음식/배달 음식점을 통한 특별 행사 준비 경험

Combo 6
1. 좋아하는 포장 음식/배달 음식점
2. 선호하는 음식 포장/배달 방법 **고난도**
3. 최근 포장 음식/배달 음식점 경험

Combo 7
1. 직장인들의 평일 식사 해결 방법
2. 새 식료품점을 찾은 방법
3. 식사 중 예상치 못한 에피소드

Combo 8
1. 직장인들의 평일 식사 해결 방법
2. 평일 저녁 식사 방법
3. 새 식료품점을 찾은 방법

Combo 9 **고난도**
14. 음식점의 건강식 트렌드 변화
15. 체인/지역 음식점의 고객 경험 비교

Combo 10 **고난도**
14. 사람들이 음식점에 대해 언급하는 요소
15. 음식점의 최근 변화

최빈출 인터넷 기출 Combo

🧺 Combo 1
① 사람들이 인터넷에서 하는 일
② 인터넷에서 하는 일 (필수)
③ 초창기 인터넷 서핑 경험 (필수)

🧺 Combo 2
① 인터넷에서 하는 일
② 초창기 인터넷 서핑 경험
③ 리서치 프로젝트에 인터넷을 활용한 방법 (고난도)

🧺 Combo 3
① 인터넷에서 하는 일
② 초창기 인터넷 서핑 경험
③ 인터넷 서핑 중 기억에 남는 게시물 (필수)

🧺 Combo 4
① 인터넷에서 주로 보는 동영상
② 반복적으로 인터넷에서 하는 일 (고난도)
③ 인터넷에서 기억에 남는 동영상

🧺 Combo 5
① 인터넷에서 주로 보는 동영상
② 인터넷에서 기억에 남는 동영상
③ 인터넷으로 어제 했던 일

🧺 Combo 6
① 인터넷에서 하는 일
② 가장 좋아하는 웹사이트/이유 (고난도)
③ 초창기 인터넷 서핑 경험

🧺 Combo 7 (고난도)
⑭ 인터넷 관련 문제점/우려
⑮ 연령별 인터넷 이용 차이점

🧺 Combo 8 (고난도)
⑭ 초창기/현재의 인터넷 서핑 비교
⑮ 인터넷 관련 문제점/우려

최빈출 재활용 기출 Combo

🧺 Combo 1
1. 우리나라의 재활용 현황 (고난도)
2. 재활용하는 물건들 (필수)
3. 재활용 관련 기억에 남는 에피소드 (고난도)

🧺 Combo 2
1. 우리나라의 재활용 현황
2. 재활용하는 물건들
3. 어렸을 때 했던 재활용 방법 (필수)

🧺 Combo 3
1. 재활용하는 물건들
2. 어렸을 때 했던 재활용 방법
3. 재활용 관련 문제 발생 경험 (필수)

🧺 Combo 4
1. 재활용하는 물건들
2. 집에서 재활용하는 방법 (고난도)
3. 재활용 관련 문제 발생 경험

🧺 Combo 5
1. 집에서 재활용하는 방법
2. 어렸을 때 했던 재활용 방법
3. 재활용 관련 기억에 남는 에피소드

🧺 Combo 6 (고난도)
14. 과거/현재의 재활용 수거 방법 변화
15. 재활용/환경 관련 뉴스 내용

🧺 Combo 7 (고난도)
14. 과거/현재의 재활용에 대한 대중 인식 변화
15. 재활용/환경 관련 뉴스 내용

최빈출 건강 기출 Combo

🧺 Combo 1
① 건강한 사람들이 먹는 음식 ⊕필수
② 건강을 위해 평상시에 하는 일
③ 건강에 대한 인식, 과거/현재 운동법 ⊕필수

🧺 Combo 2
① 건강한 사람들이 먹는 음식
② 건강에 대한 인식, 과거/현재 운동법
③ 건강을 위해 했던 일 ⊕필수

🧺 Combo 3
① 건강식품을 파는 동네 식료품점 🔵고난도
② 건강한 사람들의 식습관 🔵고난도
③ 건강에 대한 인식, 과거/현재 운동법

🧺 Combo 4
① 건강식품을 파는 동네 식료품점
② 과거/현재의 건강한 사람들의 식습관 변화
③ 건강 유지를 위해 새롭게 배웠던 경험

🧺 Combo 5
① 본인이 아는 건강한 사람 습관
② 건강을 위해 새로운 것을 시도한 경험 🔵고난도
③ 건강을 위해 했던 일

🧺 Combo 6 🔵고난도
⑭ 과거/현재의 건강에 대한 세대 간 인식 비교
⑮ 최근에 본 건강 관련 뉴스 내용

🧺 Combo 7 🔵고난도
⑭ 과거/현재 사람들의 건강 유지 방법 비교
⑮ 최근 발생한 건강 관련 사건

최빈출 지형 기출 Combo

🛒 Combo 1
1. 이웃 국가의 특징/성향/전통 〔고난도〕
2. 어렸을 때 좋아했던 우리나라 장소 〔고난도〕
3. 우리나라가 지난 10년간 겪은 변화 중 하나 〔고난도〕

🛒 Combo 2
1. 우리나라의 지형적 특징 〔필수〕
2. 우리나라 사람들의 보편적 야외 활동 〔필수〕
3. 어렸을 때 갔던 지형 관련 특별한 추억

🛒 Combo 3
1. 우리나라의 지형적 특징
2. 어렸을 때 좋아했던 우리나라 장소
3. 지형 관련 국내 장소 추억 〔필수〕

🛒 Combo 4
1. 이웃 국가의 특징/성향/전통
2. 우리나라 사람들이 시간이 날 때 하는 활동
3. 지형 관련 국내 장소 추억

🛒 Combo 5 〔고난도〕
14. 우리나라와 지리적으로 근접한 국가 변화
15. 최신 이웃 국가 관련 뉴스

🛒 Combo 6 〔고난도〕
14. 우리나라와 다른 국가와의 관계/관계 변화
15. 우리나라와 이웃 국가와의 역사적 사건/여파

최빈출 가족/친구 기출 Combo

Combo 1
1. 자주 보는 가족/친구 `필수`
2. 가족/친구를 만나면 주로 하는 일 `필수`
3. 가족/친구와 최근 했던 일 `필수`

Combo 2
1. 자주 보는 가족/친구
2. 가족/친구와 최근 했던 일
3. 가족/친구와 보냈던 특별한 행사/휴일

Combo 3
1. 자주 보는 가족/친구
2. 가족/친구와 최근 했던 일
3. 최근 가족/친구 방문 경험 `고난도`

Combo 4
1. 가족/친구를 만나면 주로 하는 일
2. 어렸을 때 가족/친구 집에 방문했던 경험 `고난도`
3. 최근 가족/친구 방문 경험

Combo 5
1. 방문하고 싶은 가족/친구
2. 가족/친구를 만나면 주로 하는 일
3. 어렸을 때 가족/친구 집에 방문했던 경험

Combo 6 `고난도`
14. 가족/친구 중 2명 비교
15. 가족/친구 만날 때 하는 대화 주제

최빈출 패션 기출 Combo

🧺 Combo 1
① 우리나라 사람들의 패션 (필수)
② 좋아하는 옷/패션 스타일 (필수)
③ 어렸을 때/지금 유행하는 패션 (필수)

🧺 Combo 2
① 우리나라 사람들의 패션
② 어렸을 때/지금 유행하는 패션
③ 최근 옷 구매 경험/겪은 문제 (고난도)

🧺 Combo 3
① 우리나라 사람들의 패션
② 평소 옷 사러 갈 때 하는 일
③ 최근 옷 구매 경험/겪은 문제

🧺 Combo 4
① 우리나라 사람들의 패션
② 평소 옷 사러 갈 때 하는 일
③ 어렸을 때/지금 유행하는 패션

최빈출 휴대폰 기출 Combo

Combo 1
1. 가장 좋아하는 휴대폰 기능 (필수)
2. 전화 통화 외 휴대폰 사용 방법
3. 첫/지금 휴대폰 비교 (필수)

Combo 2
1. 가장 좋아하는 휴대폰 기능
2. 첫/지금 휴대폰 비교
3. 휴대폰 사용 중 겪었던 문제 (필수)

Combo 3
1. 친구들과의 전화 통화 주제 (고난도)
2. 전화 통화 습관 (고난도)
3. 기억에 남는 전화 통화 (고난도)

Combo 4
1. 친구들과의 전화 통화 주제
2. 전화 통화 습관
3. 현재 휴대폰 기종 선택 이유

Combo 5 (고난도)
14. 5년 전/지금의 휴대폰 이용 방식 비교
15. 젊은 사람들의 휴대폰 과다사용 부작용

Combo 6 (고난도)
14. 과거/현재 휴대폰을 통한 정보 검색 비교
15. 휴대폰으로 검색한 국내외 이슈

Combo 7 (고난도)
14. 과거/현재 휴대폰 비교/소통 방법에 미친 변화
15. 휴대폰 사용 관련 문제점/우려

Combo 8 (고난도)
14. 5년 전/지금의 휴대폰 이용 방식 비교
15. 젊은 사람들이 대면 대화를 선호하지 않는 이유

최빈출 산업 기출 Combo

🧺 Combo 1
1. 우리나라에서 유명한 산업 ✪필수
2. 이 산업에서 유명한 기업/성장 과정 ✪필수
3. 언급한 기업의 성공 과정/난관 극복 ✪필수

🧺 Combo 2
1. 우리나라에서 유명한 산업
2. 이 산업에서 유명한 기업/성장 과정
3. 이 산업의 혜택/우리 삶에 주는 도움

🧺 Combo 3
1. 요즘 젊은 사람들이 들어가고 싶은 기업 〔고난도〕
2. 근로자에게 매력적인 산업 〔고난도〕
3. 커리어를 위해 한 노력 〔고난도〕

🧺 Combo 4
1. 요즘 젊은 사람들이 들어가고 싶은 기업
2. 커리어를 위해 한 노력
3. 근로자에게 매력적인 산업

🧺 Combo 5 〔고난도〕
14. 관심 있는 업계 최근 근황/3년 전과 비교
15. 해당 업계에서 기대에 못 미친 상품/서비스

🧺 Combo 6 〔고난도〕
14. 사람들이 커리어를 위해 하는 노력/5년 전과 비교
15. 사람들이 관심 있는 산업

돌발주제 01 음식점

- 음식점 문제 모범답변은 포장 음식/배달 음식 문제에도 함께 활용할 수 있는 패스트푸드 같은 음식점을 고르는 것을 추천
- 주로 가장 좋아하는 음식점/포장 음식&배달 음식점, 최근 음식점 경험, 우리나라의 보편적인 음식점 등이 많이 출제되며, 최근에는 직장인들의 식사 해결 방법이나 새 식료품점을 찾은 방법 등의 문제도 출제되는 추세
- 자가평가 난이도 5-5 이상을 선택한다면, 14-15번에 해당 주제의 고난도 문제 출제

문제 유형

🏅 최빈출 Combo

- I'd like to hear about one of your favorite restaurants near your house. What kind of food do they serve, how much does it usually cost, and how often do you go there? Tell me as many details as you can about this place.

  당신의 집 근처에서 가장 좋아하는 식당 중 한 곳에 대해 듣고 싶습니다. 어떤 음식을 제공하며, 보통 가격은 얼마 정도인지, 그리고 그곳에 얼마나 자주 가나요? 이 장소에 대해 가능한 한 자세히 말해 주세요.

- Describe a restaurant you used to visit when you were young. What was it like, and how is it different from the place you go to now?

  어렸을 때 방문하던 음식점에 대해 묘사해 주세요. 그곳은 어땠고, 지금 가는 음식점과는 어떻게 다른가요?

- Tell me about what you usually do when you eat at a restaurant. What do you do first, second, etc.? Take me through a typical restaurant visit.

  음식점에서 식사할 때 보통 무엇을 하는지 말해 주세요. 가장 먼저 무엇을 하고, 그다음에는 무엇을 하나요? 전형적인 음식점 방문 과정을 설명해 주세요.

🔥 고난도 Combo

- I'd like to hear about the takeout or delivery restaurant that you like the most.

  당신이 가장 좋아하는 포장 음식이나 배달 음식점에 대해 듣고 싶습니다.

- Can you describe your favorite routine when you get takeout or delivery? Do you usually place your order in person, by phone, or online? Do you like to pick it up yourself, or do you prefer delivery? What kinds of food do you order in this way?

  포장 음식이나 배달을 받을 때 가장 좋아하는 루틴을 묘사해 줄 수 있나요? 보통 직접 주문하나요, 전화로 주문하나요, 아니면 온라인으로 주문하나요? 직접 가지러 가는 것을 좋아하나요, 아니면 배달을 선호하나요? 이 방식으로 주로 어떤 음식을 주문하나요?

- Think about the last time you ordered food for takeout or delivery. When was it, and what food did you order? Were you happy with the food? I'd like to know all the details about that experience.

  최근에 포장 음식이나 배달 음식을 주문했던 때를 생각해 보세요. 언제였고, 어떤 음식을 주문했나요? 그 음식에 만족했나요? 그 경험에 대해 자세히 알고 싶습니다.

필수 어휘 & 표현

🎧 5_2

음식점 종류

- ☐ Korean barbeque place 한국식 바비큐 식당
- ☐ traditional Korean restaurant 전통 한식당
- ☐ delivery restaurant 배달 음식점
- ☐ Italian place 이탈리안 음식점

➕ Chinese food 중식
Japanese food 일식
Western food 양식
Mexican food 멕시칸 음식
Thai food 태국 음식
Vietnamese food 베트남 음식

음식점 특징

- ☐ have the best food 제일 맛있는 음식이 있다
- ☐ expensive 비싼
- ☐ friendly 친절한
- ☐ go there three times a week 일주일에 세 번은 그곳에 가다
- ☐ close to my home 집에서 가까운
- ☐ serve tasty dishes 맛있는 음식을 제공하다
- ☐ warm, cozy atmosphere 따뜻하고 아늑한 분위기
- ☐ down-to-earth 단순한, 현실적인
- ☐ have various menu options 다양한 메뉴가 있다
- ☐ be delivered right to my door 집 앞까지 바로 배달되다
- ☐ specialize in ~을 전문으로 하다
- ☐ The portions were large. 양이 많았다.

➕ once a month 한 달에 한 번
two times/twice a month 한 달에 두 번
four times a year 일 년에 네 번

음식점 관련 활동

- ☐ look at/go over the menu 메뉴를 보다
- ☐ decide what to order 무엇을 주문할지 결정하다
- ☐ ask A for menu recommendations 메뉴 추천을 위해 A에게 물어보다
- ☐ enjoy the food 음식을 즐기다
- ☐ take pictures of ~의 사진을 찍다
- ☐ pay the bill 계산하다
- ☐ end with dessert/coffee 디저트/커피로 마무리하다
- ☐ be done with my meal 식사를 끝내다
- ☐ open a delivery application 배달 앱을 열다
- ☐ go out for a takeout 포장 음식을 가지러 나가다
- ☐ get delivery food 배달 음식을 받다

➕ place my order 주문하다
pay online 온라인으로 결제하다
make a delivery order 배달 주문을 하다
order something to eat 먹을 것을 주문하다

음식점에 대한 내 생각

- ☐ become my go-to spot 자주 가는 장소가 되다
- ☐ have good memories of ~에 대한 좋은 추억이 있다
- ☐ never disappoint 절대 실망시키지 않다
- ☐ It was worth the price. 값어치를 했어요.

 **① 동네에서 가장 좋아하는 음식점**

🎧 5.3

Q I'd like to hear about one of your favorite restaurants near your house. What kind of food do they serve, how much does it usually cost, and how often do you go there? Tell me as many details as you can about this place.

당신의 집 근처에서 가장 좋아하는 식당 중 한 곳에 대해 듣고 싶습니다. 어떤 음식을 제공하며, 보통 가격은 얼마 정도인지, 그리고 그곳에 얼마나 자주 가나요? 이 장소에 대해 가능한 한 자세히 말해 주세요.

💡 답변 아이디어 노트

좋아하는 음식점	집 근처 가장 좋아하는 음식점에 대해 말해보겠음
음식점 설명	한국식 바비큐 식당, 동네에서 제일 맛있는 음식 있음 가격도 너무 비싸지 X
음식점 추가 설명	직원들 매우 친절, 서비스 정말 빠름
마무리	자주 가는 장소가 됨

 **IM**

실제답변 바로보기 ▶

Intro Let me talk about my favorite restaurant near my home.

Body It's a Korean barbeque place. They have the best food in town. Their prices are not too expensive, so I go there very often with friends. The staff is super friendly, and the service is really quick. Everything is perfect at this place.

Wrap-up So, this has become my go-to spot.

* IM1 보장 답변

우리 집 근처에 있는 제가 가장 좋아하는 음식점에 대해 말해 볼게요. 그곳은 한국식 바비큐 식당이에요. 동네에서 제일 맛있는 음식이 있어요. 가격도 너무 비싸지 않아서, 친구들과 자주 갑니다. 직원들도 매우 친절하고, 서비스도 정말 빨라요. 이곳은 모든 게 완벽해요. 그래서 이곳은 제가 자주 가는 장소가 됐어요.

🔍 주요 어휘

town 동네, 마을 **price** 가격 **go A** A에 가다 **often** A에 자주 가다 **staff** 직원 **quick** 빠른 **perfect** 완벽한

Q I'd like to hear about one of your favorite restaurants near your house. What kind of food do they serve, how much does it usually cost, and how often do you go there? Tell me as many details as you can about this place.

당신의 집 근처에서 가장 좋아하는 식당 중 한 곳에 대해 듣고 싶습니다. 어떤 음식을 제공하며, 보통 가격은 얼마 정도인지, 그리고 그곳에 얼마나 자주 가나요? 이 장소에 대해 가능한 한 자세히 말해 주세요.

답변 아이디어 노트

좋아하는 음식점	정말 좋아하는 음식점 하나 말하겠음
음식점 설명	한국식 바비큐 식당 고기 품질 훌륭. 가장 맛있는 반찬 제공함
음식점 추가 설명	직원들 정말 친절, 우리를 위해 고기도 구워 줌
마무리	내가 자주 가는 장소가 됨

 IH-AL

실제답변 바로보기 ▶

Intro Let me tell you about a restaurant that I truly love.

Body It's a Korean barbeque place, and their meat quality is absolutely amazing. They also serve the best side dishes. I'd have to say I go there at least three times a week. One thing that stands out is the staff. They are super friendly and even grill the meat for us. It makes the whole dining experience much more convenient.

Wrap-up So overall, this restaurant has become my go-to spot.

* 이거 쓰면 AL

제가 정말 좋아하는 음식점 하나를 말해 볼게요. 한국식 바비큐 식당인데, 고기 품질이 정말 훌륭해요. 가장 맛있는 반찬들도 제공해요. 일주일에 최소 세 번은 간다고 말할 수 있어요. 눈에 띄는 한 가지는 직원들이에요. 직원들이 정말 친절하고, 심지어 우리를 위해 고기도 구워줘요. 이게 전체적인 식사 경험을 훨씬 더 편하게 해 줘요. 그래서 전반적으로, 이 음식점은 제가 자주 가는 장소가 됐어요.

🔍 주요 어휘

truly 정말, 진정으로 **serve** ~을 제공하다 **side dish** 반찬 **at least** 최소(한), 적어도 **grill** ~을 굽다 **whole** 전체적인 **dining** 식사

 어렸을 때 갔던 음식점

🎧 5_5

Q Describe a restaurant you used to visit when you were young. What was it like, and how is it different from the place you go to now?

어렸을 때 방문하던 음식점에 대해 묘사해 주세요. 그곳은 어땠고, 지금 가는 음식점과는 어떻게 다른가요?

💡 답변 아이디어 노트

어렸을 때 갔던 음식점	어릴 적 가던 음식점 하나 있음
음식점 세부 설명	작은 전통 한식당 매 주말마다 가곤 했음, 맛있는 음식 제공해서 기억에 남음
지금 가는 식당과 비교	꽤 작고, 편한 곳이었음
마무리	여전히 그곳에 대한 좋은 추억 있음

  실제답변 바로보기 ▶

Intro There is a restaurant from my childhood.

Body It was a small traditional Korean restaurant. We used to go there every weekend because it was very close to my home. It was memorable because they served tasty dishes like kimchi noodles. Compared to restaurants now, it was quite small and casual.

Wrap-up Still, I have good memories of that place.

* IM1 보장 답변

제가 어릴 적 가던 음식점이 하나 있어요. 작은 전통 한식당이었어요. 집에서 아주 가까웠기 때문에 매 주말마다 가곤 했어요. 그곳에서 김치국수 같은 맛있는 음식을 제공했기 때문에 기억에 남아요. 지금의 음식점들과 비교하면, 꽤 작고 편한 곳이었어요. 여전히 저는 그곳에 대한 좋은 추억이 있어요.

 주요 어휘

memorable 기억에 남는   **compared to** ~와 비교하면   **small** 작은   **casual** 편한, 캐주얼한

Q Describe a restaurant you used to visit when you were young. What was it like, and how is it different from the place you go to now?

어렸을 때 방문하던 음식점에 대해 묘사해 주세요. 그곳은 어땠고, 지금 가는 음식점과는 어떻게 다른가요?

답변 아이디어 노트

어렸을 때 갔던 음식점	선명하게 떠오르는 음식점 하나 있음
음식점 세부 설명	아주 작은 전통 한식집 가장 좋았던 점은 대표 요리: 매운 김치국수 따뜻/아늑한 분위기
지금 가는 식당과 비교	정말 편하고 단순한 느낌임
마무리	내 기억 속 1순위가 될 거임

실제답변 바로보기 ▶

Intro There is one restaurant from my childhood that clearly *comes to mind*.

Body It was a tiny traditional Korean restaurant that *served tasty dishes*. *The best part was* definitely their signature dish, spicy kimchi noodles. *What I remember the most is* the warm, cozy *atmosphere*, and that's what made us go there every weekend. Compared to fancy restaurants these days, that place felt super casual and *down-to-earth*.

Wrap-up That restaurant will always *be my number one place* in my memories.

이거 쓰면 AL

선명하게 떠오르는 어린 시절의 음식점이 하나 있어요. 맛있는 음식을 제공하던 아주 작은 전통 한식집이었어요. 가장 좋았던 점은 단연코 그곳의 대표 요리인 매운 김치국수였어요. 제일 기억에 남는 것은 따뜻하고 아늑한 분위기였는데, 바로 그게 우리 가족을 매주 그곳에 가게 했어요. 요즘의 화려한 음식점과 비교하면, 그곳은 정말 편하고 단순한 느낌이었어요. 그 음식점은 제 기억 속에서 항상 1순위가 될 거예요.

🔍 주요 어휘

tiny 아주 작은 **signature dish** 대표 음식 **spicy** 매운 **fancy** 화려한 **be my number one place** 1순위이다

 ③ 음식점 이용 순서

Q Tell me about what you usually do when you eat at a restaurant. What do you do first, second, etc.? Take me through a typical restaurant visit.
음식점에서 식사할 때 보통 무엇을 하는지 말해 주세요. 가장 먼저 무엇을 하고, 그다음에는 무엇을 하나요? 전형적인 음식점 방문 과정을 설명해 주세요.

답변 아이디어 노트

음식점에서의 평소 루틴	음식점에서의 내 평소 루틴 말하겠음
가장 먼저 하는 일	메뉴를 보고, 주문 결정함 결정을 못할 것 같으면 직원에게 이야기함
그다음에 하는 일	음식이 준비되면 즐김 계산하고 나옴
마무리	단순하지만 그게 내 루틴임

Intro I'll tell you my usual routine at a restaurant.

Body First, I look at the menu and decide what to order. Then, I usually talk to the staff if I can't decide. I think it's a good idea to ask them for menu recommendations. Once my dishes are ready, I enjoy the food and sometimes take pictures of it. Finally, I pay the bill and leave.

Wrap-up I know it's simple, but that's it.

* IM1 보장 답변

음식점에서의 제 평소 루틴을 말할게요. 먼저, 메뉴를 보고 무엇을 주문할지 결정해요. 그다음, 결정하지 못할 것 같다면, 보통 직원에게 이야기하기도 해요. 메뉴 추천을 위해 직원에게 물어보는 건 좋은 생각인 것 같아요. 음식이 준비되면, 음식을 즐기고 가끔 사진을 찍기도 해요. 마지막으로 계산을 하고 나와요. 단순하지만, 그게 제 루틴이에요.

🔍 주요 어휘

It's a good idea to do ~하는 것은 좋은 생각이다 **ready** 준비된 **finally** 마지막으로, 마침내 **leave** 나오다, 떠나다

Q Tell me about what you usually do when you eat at a restaurant. What do you do first, second, etc.? Take me through a typical restaurant visit.

음식점에서 식사할 때 보통 무엇을 하는지 말해 주세요. 가장 먼저 무엇을 하고, 그다음에는 무엇을 하나요? 전형적인 음식점 방문 과정을 설명해 주세요.

💡 답변 아이디어 노트

음식점에서의 평소 루틴	내 평소 루틴이 어떤지 말하겠음
가장 먼저 하는 일	이용 가능한 자리 있는지 확인, 메뉴 꼼꼼히 보기 음식 나오면 사진 찍기
그다음에 하는 일	식사 후, 디저트/커피로 꼭 마무리함 계산하고 나옴
마무리	이게 음식점에서 기본적으로 하는 평소 루틴임

  실제답변 바로보기 ▶

Intro I'll tell you what my usual routine at a restaurant looks like.

Body To begin with, I check if there is a table available. Then, I usually go over the menu carefully and sometimes ask the staff for some recommendations. When the food arrives, I usually take pictures because I love sharing them online. After the meal, I make sure to end with dessert or coffee, which makes the whole dining experience satisfying. Once I'm done with my meal, I pay for my bill and head out.

Wrap-up That's basically my usual routine at a restaurant from start to finish.

* 이거 쓰면 **AL**

음식점에서 제 평소 루틴이 어떤지 말씀드릴게요. 먼저, 이용 가능한 자리가 있는지 확인해요. 그런 다음, 메뉴를 꼼꼼히 보고 가끔 직원에게 추천 메뉴를 물어보기도 해요. 음식이 나오면 보통 사진을 찍는데, 제가 온라인에 사진들을 공유하는 걸 정말 좋아하기 때문이에요. 식사 후에, 꼭 디저트나 커피로 마무리하려고 하는데, 이게 전체적인 식사 경험을 만족스럽게 만들어줘요. 식사가 끝나면 계산을 하고 나와요. 이게 제가 음식점에서 기본적으로 하는 평소 루틴의 처음부터 끝이에요.

🔍 주요 어휘

available 이용 가능한 **carefully** 꼼꼼히, 신중하게 **make sure to do** 꼭 ~하려고 하다 **head out** 나오다, 떠나다 **pay for my bill** 계산하다

Q I'd like to hear about the takeout or delivery restaurant that you like the most.
당신이 가장 좋아하는 포장 음식이나 배달 음식점에 대해 듣고 싶습니다.

 답변 아이디어 노트

좋아하는 포장 음식/배달 음식점	가장 좋아하는 배달 음식점에 대해 말하겠음
배달 음식점 소개	피자 가게, 가격이 비싸지 않아서 자주 주문함 음식 신선함, 다양한 메뉴 있음
가장 좋은 점	집 앞까지 바로 배달됨, 배달 정말 빠름
마무리	이곳이 내가 가장 좋아하는 곳임

실제답변 바로보기 ▶

Intro   I'll tell you about my favorite delivery restaurant.

Body   It's a pizza place that makes tasty food. The price is not expensive, so I order from there often. It has fresh food and various menu options. The best part is that it's delivered right to my door. Oh, plus, the delivery is really fast, so the food stays hot.

Wrap-up   So, this place is my favorite.

* IM1 보장 답변

제가 가장 좋아하는 배달 음식점에 대해 말씀드릴게요. 그곳은 맛있는 음식을 만드는 피자 가게예요. 가격이 비싸지 않아서, 자주 주문해요. 음식이 신선하고, 다양한 메뉴가 있어요. 가장 좋은 점은 집 앞까지 바로 배달이 된다는 거예요. 아, 게다가 배달도 정말 빨라서 음식이 따뜻하게 유지돼요. 그래서 이곳이 제가 가장 좋아하는 곳이에요.

 주요 어휘

tasty 맛있는   **order** ~을 주문하다   **fresh** 신선한   **fast** 빠른   **stay hot** 따뜻하게 유지되다

🎧 5_10

Q I'd like to hear about the takeout or delivery restaurant that you like the most.
당신이 가장 좋아하는 포장 음식이나 배달 음식점에 대해 듣고 싶습니다.

💡 답변 아이디어 노트

좋아하는 포장 음식/배달 음식점	동네 배달 음식점 하나 있음, 내가 가장 좋아하는 곳임
배달 음식점 소개	피자 전문 이탈리안 음식점 다양하고 신선한 토핑, 맛 절대 실망시키지 않음, 가격도 꽤 적당
가장 좋은 점	배달이 굉장히 빠름 - 20분이면 도착
마무리	이 피자 가게 정말 좋아함, 누구에게든 자신 있게 추천할 수 있음

실제답변 바로가기 ▶

Intro There is a delivery restaurant in my town, and it's my favorite spot.

Body It's an Italian place that **specializes in** pizzas. They always make pizzas with a variety of fresh toppings, and the flavors **never disappoint**. **When it comes to** the price, **I'd have to say** it's pretty affordable compared to other delivery options, so it feels like a good deal. **One thing that stands out is that** their delivery is super fast, usually arriving in just about 20 minutes. This is extremely important for delivery restaurants, I think.

Wrap-up I love this pizza place, and I'd **confidently recommend** it to anyone.

* 이거 쓰면 AL

우리 동네에 배달 음식점이 하나 있는데, 제가 가장 좋아하는 곳이에요. 이곳은 피자를 전문으로 하는 이탈리안 음식점이에요. 항상 다양하고 신선한 토핑으로 피자를 만들어서, 그 맛은 절대 실망시키지 않아요. 가격에 관해서도, 다른 배달 음식점들과 비교했을 때 꽤 적당하다고 할 수 있어서 좋은 선택이라는 느낌이 들어요. 눈에 띄는 한 가지는 배달이 굉장히 빠르다는 건데, 보통 20분이면 도착해요. 배달 음식점에서는 이런 점이 정말 중요하다고 생각해요. 저는 이 피자 가게를 정말 좋아하고 누구에게나 자신 있게 추천할 수 있어요.

🔍 주요 어휘

a variety of 다양한 **topping** 토핑, 재료 **flavor** 맛 **affordable** (가격이) 적당한 **confidently** 자신 있게

2 선호하는 음식 포장/배달 방법

🎧 5_11

Q Can you describe your favorite routine when you get takeout or delivery? Do you usually place your order in person, by phone, or online? Do you like to pick it up yourself, or do you prefer delivery? What kinds of food do you order in this way?

포장 음식이나 배달을 받을 때 가장 좋아하는 루틴을 묘사해 줄 수 있나요? 보통 직접 주문하나요, 전화로 주문하나요, 아니면 온라인으로 주문하나요? 직접 가지러 가는 것을 좋아하나요, 아니면 배달을 선호하나요? 이 방식으로 주로 어떤 음식을 주문하나요?

💡 답변 아이디어 노트

좋아하는 음식 포장/배달 루틴	내 루틴에 대해 조금 말하겠음
배달 방법	배달 앱 열기, 메뉴 확인하고 주문, 온라인 결제 포장 음식 가지러 나가고 싶지 X
배달시키는 음식	가장 좋아하는 음식점에서 치킨/피자 주문
마무리	이게 내 평소 루틴임

실제답변 바로보기 ▶

Intro Okay, I'll tell you a little bit about my routine.

Body First, I open a delivery application on my phone. Then, I check the menu and place my order. I usually pay online because it's super easy and convenient. I don't want to go out for a takeout. Most of the time, I order chicken or pizza from my favorite restaurants.

Wrap-up That's my usual routine for it.

*IM1 보장 답변

좋아요, 제 루틴에 대해 조금 말씀드릴게요. 먼저, 휴대폰으로 배달 앱을 열어요. 그리고, 메뉴를 확인하고 주문을 해요. 저는 보통 온라인으로 결제하는데, 이게 아주 쉽고 편리하기 때문이에요. 저는 포장 음식을 가지러 나가고 싶지 않아요. 대부분, 제가 가장 좋아하는 음식점에서 치킨이나 피자를 주문해요. 이게 제 평소 루틴이에요.

🔍 주요 어휘

on my phone 휴대폰으로 **check** ~을 확인하다 **place my order** 주문을 하다 **pay online** 온라인으로 결제하다 **convenient** 편리한

🎧 5_12

Q Can you describe your favorite routine when you get takeout or delivery? Do you usually place your order in person, by phone, or online? Do you like to pick it up yourself, or do you prefer delivery? What kinds of food do you order in this way?

포장 음식이나 배달을 받을 때 가장 좋아하는 루틴을 묘사해 줄 수 있나요? 보통 직접 주문하나요, 전화로 주문하나요, 아니면 온라인으로 주문하나요? 직접 가지러 가는 것을 좋아하나요, 아니면 배달을 선호하나요? 이 방식으로 주로 어떤 음식을 주문하나요?

💡 답변 아이디어 노트

좋아하는 음식 포장/배달 루틴	배달 음식 받는 루틴에 대해 조금 말해 보겠음
배달 방법	배달 앱을 열고 여러 가지 선택지들을 살핌 기분에 따라 음식점 고르고 온라인으로 주문 - 가장 간단/빠른 방법
배달시키는 음식	편한 음식 - 치킨/피자 절대 실망시키지 않음
마무리	이게 내가 배달 음식을 받는 일반적인 방식임

 IH-AL

 실제답변 바로보기 ▶

Intro Okay, you want to know my routine for getting delivery food? I'll tell you a little bit about it.

Body First, I usually open a delivery application on my phone and browse through the options. Depending on my mood that day, I choose a restaurant to order from. Once I decide, I place my order online because it's the simplest and quickest way. The best part of delivery food is that I can relax at home while waiting. That's a precious time for me. Most of the time, I go for comfort foods like chicken or pizza, and they never disappoint.

Wrap-up So, that's my typical way of getting delivery food.

* 이거 쓰면 **AL**

좋아요, 제가 배달 음식을 받는 루틴을 알고 싶으시군요? 이 부분에 대해 조금 말해 볼게요. 먼저, 보통 휴대폰에서 배달 앱을 열고 여러 가지 선택지들을 살펴봐요. 그날 제 기분에 따라 주문할 음식점을 골라요. 일단 결정하면, 온라인으로 주문을 하는데 이게 가장 간단하고 빠른 방법이기 때문이에요. 배달 음식의 가장 좋은 점은 기다리는 동안 집에서 쉴 수 있다는 거예요. 제게는 그 시간이 소중해요. 대부분, 치킨이나 피자 같은 편한 음식들을 고르는데, 이 음식들은 절대 실망시키지 않아요. 그래서 이게 제가 배달 음식을 받는 일반적인 방식이에요.

🔍 주요 어휘

browse through ~을 살펴보다 **depending on** ~에 따라 **mood** 기분 **precious** 소중한 **go for** ~을 고르다, ~로 가다

 ③ 최근 포장 음식/배달 음식점 경험

🎧 5_13

Q Think about the last time you ordered food for takeout or delivery. When was it, and what food did you order? Were you happy with the food? I'd like to know all the details about that experience.

최근에 포장 음식이나 배달 음식을 주문했던 때를 생각해 보세요. 언제였고, 어떤 음식을 주문했나요? 그 음식에 만족했나요? 그 경험에 대해 자세히 알고 싶습니다.

💡 답변 아이디어 노트

최근 포장/배달 음식 주문	최근에 있었던 일 기억남
주문 시기/메뉴	지난 주말, 치킨 시킴
만족도	양이 많아서 맛있게 먹을 수 있었음, 가격도 아주 저렴해서 기억에 남음
마무리	정말 행복했음

 IM

 실제답변 바로보기 ▶

Intro I remember the last time that happened.

Body It was last weekend, and I ordered fried chicken. I wanted to have a nice meal with my family, so I made a delivery order. We really enjoyed it because the portions were large. It was memorable because the price was so cheap, too!

Wrap-up So, I was very happy with the experience.

∗ IM1 보장 답변

최근에 있었던 일이 기억나요. 지난 주말이었는데, 치킨을 시켰어요. 가족과 함께 맛있는 식사를 하고 싶어서 배달 주문을 했어요. 양이 많아서 정말 맛있게 먹을 수 있었어요. 가격도 아주 저렴했기 때문에 기억에 남아요! 그래서 그 경험은 정말 행복했어요.

🔍 주요 어휘

have a nice meal with ~와 함께 맛있는 식사를 하다 **make a delivery order** 배달 주문을 하다 **cheap** 저렴한

🎧 5_14

Q Think about the last time you ordered food for takeout or delivery. When was it, and what food did you order? Were you happy with the food? I'd like to know all the details about that experience.

최근에 포장 음식이나 배달 음식을 주문했던 때를 생각해 보세요. 언제였고, 어떤 음식을 주문했나요? 그 음식에 만족했나요? 그 경험에 대해 자세히 알고 싶습니다.

💡 **답변 아이디어 노트**

최근 포장/배달 음식 주문	최근에 배달 음식을 주문했던 때 기억함
주문 시기/메뉴	지난 주말, 저녁으로 치킨 시킴
만족도	배달이 아주 빠름, 음식이 신선/바삭했던 게 인상 깊게 함 확실히 값어치 함
마무리	평범한 밤을 특별하고 기억에 남는 밤으로 바꿔줌

실제답변 바로보기 ▶

Intro I clearly remember the last time I ordered delivery food.

Body It was just last weekend. That day, I gathered with my family to enjoy a nice meal together. We decided to go with fried chicken for dinner. It was memorable because the delivery was super quick. What really impressed me was how fresh and crispy the food was. We all agreed it was absolutely delicious. It was definitely worth the price.

Wrap-up So overall, it turned an ordinary night into a special and memorable one.

✽ 이거 쓰면 **AL**

최근에 배달 음식을 주문했던 때를 선명하게 기억해요. 바로 지난 주말이었어요. 그날, 가족과 맛있는 식사를 즐기기 위해 모였어요. 저녁으로 치킨을 시키기로 결정했어요. 배달이 아주 빨랐기 때문에 기억에 남아요. 음식이 신선하고 바삭했던 게 저를 정말 인상 깊게 했어요. 치킨이 정말 맛있다고 모두 동의했어요. 확실히 값어치를 했어요. 그래서 전반적으로, 그게 평범한 밤을 특별하고 기억에 남는 밤으로 바꿔줬어요.

🔍 **주요 어휘**

impress ~을 인상 깊게 하다　**crispy** 바삭한　**agree** ~에 동의하다　**turn A into B** A를 B로 바꾸다　**ordinary** 평범한

돌발주제 02 인터넷

- 인터넷 문제는 최근 자주 출제되고 있으며, 관련 단어들이 어려운 편이므로 난이도가 다소 높은 주제에 속함
- 인터넷에서 하는 일, 초창기 인터넷 서핑 경험, 기억에 남는 게시물/동영상 등의 문제가 자주 출제
- 자가평가 난이도 5-5 이상을 선택한다면, 14-15번에 인터넷 관련 문제점/우려, 연령별 인터넷 이용 차이점, 초창기/현재의 인터넷 서핑 비교 등의 고난도 문제 출제

문제 유형

🏅 최빈출 Combo

- What do you usually do when you surf the internet? What websites do you visit most often? Do you watch videos, shop online, or read the news? Tell me about the things you usually look for on the internet.

  보통 인터넷을 서핑할 때 무엇을 하나요? 가장 자주 방문하는 웹사이트는 무엇인가요? 영상을 보거나, 온라인 쇼핑을 하거나, 뉴스를 읽나요? 당신이 보통 인터넷에서 찾는 것들에 대해 말해 주세요.

- When was the first time you started using the internet? Describe your first experience in detail. What did you think about it at that moment? What do you still remember from that time?

  인터넷을 처음 사용하기 시작했을 때가 언제인가요? 당신의 처음 경험을 자세히 묘사해 주세요. 그때 어떤 생각이 들었나요? 그때부터 지금까지 기억하는 것은 무엇인가요?

- Describe something that you found memorable online. It could have been surprising, unusual, funny, or meaningful. What did you notice about it? Why was it special?

  온라인에서 기억에 남는 것을 묘사해 주세요. 그것은 놀랍거나, 특이하거나, 재미있거나, 의미 있는 것일 수 있습니다. 당신이 발견한 것은 무엇인가요? 왜 그게 특별했나요?

🔥 고난도 Combo

- What's the website you enjoy visiting the most? What type of website is it, and why do you like it so much? Tell me as many details as you can.

  가장 즐겨 방문하는 웹사이트는 무엇인가요? 그 웹사이트는 어떤 유형이며, 왜 그렇게 좋아하나요? 가능한 한 자세히 말해 주세요.

- What do you usually do online when you're at work? And how about during your free time? Tell me about the activities you typically do on the internet.

  일할 때 보통 온라인에서 무엇을 하나요? 그리고 자유 시간에는 어떤가요? 인터넷에서 보통 어떤 활동을 하는지 말해 주세요.

- Tell me about a project you worked on that required online research. Begin with background about the project, such as when and where you did it. Then, tell me how you used the internet to complete it.

  온라인 조사가 필요했던 프로젝트에 대해 말해 주세요. 언제, 어디서 했는지와 같은 프로젝트에 대한 배경부터 설명을 시작해 주세요. 그다음, 그 프로젝트를 완성하기 위해 인터넷을 어떻게 사용했는지도 말해 주세요.

필수 어휘 & 표현

🎧 5_16

인터넷 활동

- ☐ use the internet 인터넷을 사용하다
- ☐ watch videos 영상을 보다
- ☐ do online shopping 온라인 쇼핑을 하다
- ☐ read news articles 뉴스 기사를 읽다
- ☐ get some updates 최신 소식을 알다
- ☐ go online 인터넷을 하다
- ☐ search for/find ~을 찾다
- ☐ pop up on the screen 화면에 뜨다, 나타나다
- ☐ share ~을 공유하다
- ☐ check ~을 확인하다
- ☐ navigate 탐색하다
- ☐ chat with ~와 채팅하다, 이야기하다

➕ search online 온라인으로 검색하다
　 look up 찾아보다
　 google 구글링하다
　 browse 둘러보다
　 do an online search 인터넷 조사하다

인터넷 특징

- ☐ It's all about convenience. 편리함이 핵심이에요.
- ☐ important 중요한
- ☐ slow 느린
- ☐ funny/entertaining 재미있는
- ☐ free 무료의

인터넷 게시물

- ☐ video 영상
- ☐ article 기사
- ☐ entertainment clip 예능 영상
- ☐ picture 사진
- ☐ music video 뮤직비디오

인터넷에 대한 내 생각

- ☐ can't imagine my life without ~ 없는 삶은 상상할 수도 없다
- ☐ surprised 놀란
- ☐ excitement 신남, 설렘, 흥분
- ☐ open a new world 새로운 세상이 열리다
- ☐ realize the power of technology 기술의 힘을 깨닫다
- ☐ make me laugh 나를 웃게 만들다
- ☐ easy to use 사용하기 쉬운
- ☐ learn new things 새로운 것들을 배우다
- ☐ make A easy A를 쉽게 해주다

➕ save time and effort 시간과 노력을 절약하다
　 make communication faster 의사소통을 더 빠르게 해주다
　 offer various services 다양한 서비스를 제공하다
　 provide access to information 정보에 대한 접근을 제공하다

 **인터넷에서 하는 일**

🎧 5_17

Q What do you usually do when you surf the internet? What websites do you visit most often? Do you watch videos, shop online, or read the news? Tell me about the things you usually look for on the internet.

보통 인터넷을 서핑할 때 무엇을 하나요? 가장 자주 방문하는 웹사이트는 무엇인가요? 영상을 보거나, 온라인 쇼핑을 하거나, 뉴스를 읽나요? 당신이 보통 인터넷에서 찾는 것들에 대해 말해 주세요.

💡 답변 아이디어 노트

인터넷에서 하는 일	매일 인터넷 사용함
자주 방문하는 웹사이트	유튜브에서 영상 자주 봄
추가로 하는 일	온라인 쇼핑, 뉴스 기사 읽기 편리함이 핵심
마무리	나에게 인터넷은 정말 중요함

 **IM**

실제답변 바로보기 ▶

Intro I use the internet every day.

Body Actually, I do so many things on the internet. For example, I often watch videos on YouTube. Or I do some online shopping for clothes. Also, I read some news articles to get some updates. It's all about convenience.

Wrap-up For me, the internet is really important.

* IM1 보장 답변

저는 매일 인터넷을 사용해요. 사실, 저는 인터넷으로 정말 많은 일을 해요. 예를 들어, 유튜브에서 영상을 자주 봐요. 또는 옷을 사기 위해 온라인 쇼핑도 해요. 또, 최신 소식을 알기 위해 뉴스 기사를 읽기도 합니다. 편리함이 핵심이에요. 제게 인터넷은 정말 중요해요.

🔍 주요 어휘

every day 매일 **on the internet** 인터넷으로 **for example** 예를 들어 **clothes** 옷

🎧 5_18

Q What do you usually do when you surf the internet? What websites do you visit most often? Do you watch videos, shop online, or read the news? Tell me about the things you usually look for on the internet.
보통 인터넷을 서핑할 때 무엇을 하나요? 가장 자주 방문하는 웹사이트는 무엇인가요? 영상을 보거나, 온라인 쇼핑을 하거나, 뉴스를 읽나요? 당신이 보통 인터넷에서 찾는 것들에 대해 말해 주세요.

💡 답변 아이디어 노트

인터넷에서 하는 일	인터넷에서 하는 일 정말 많음
자주 방문하는 웹사이트	유튜브에서 시간 많이 보냄, 흥미로운 영상을 봄 온라인 쇼핑 사이트 자주 이용 – 특히 바쁠 때 여러 사이트에서 가격도 비교함
추가로 하는 일	최신 소식을 지켜보기 위해 온라인 뉴스 기사 읽는 습관도 들임
마무리	인터넷 없는 삶은 상상할 수도 없음

실제답변 바로보기 ▶

Intro There are so many different things I usually do on the internet.

Body I'd have to say I go online every single day. I spend a lot of time on YouTube, mostly watching interesting videos such as entertainment clips. Another thing is that I often use online shopping sites, especially when I'm busy. Sometimes I compare prices on different sites before making a purchase. Also, I make it a habit to read news articles online to stay updated with current events. As you can see, the internet really makes my life way more convenient.

Wrap-up So overall, I just can't imagine my life without it.

＊ 이거 쓰면 AL

제가 보통 인터넷에서 하는 일들은 정말 많아요. 저는 매일 인터넷을 한다고 말할 수 있어요. 유튜브에서 시간을 많이 보내는데, 주로 예능과 같은 흥미로운 영상들을 봐요. 또 하나는 온라인 쇼핑 사이트를 자주 이용하는데, 특히 바쁠 때 많이 써요. 가끔은 구매하기 전에 여러 사이트에서 가격도 비교해요. 또한, 현재 일어나는 일들에 대한 최신 소식을 지켜보기 위해 온라인으로 뉴스 기사를 읽는 습관도 들이고 있어요. 보시다시피, 인터넷은 제 삶을 훨씬 더 편리하게 만들어줘요. 그래서 전반적으로, 인터넷이 없는 삶은 상상할 수도 없어요.

🔍 주요 어휘

compare prices 가격을 비교하다　**make a purchase** 구매하다　**stay updated** 최신 소식을 지켜보다

 ② 초창기 인터넷 서핑 경험

🎧 5_19

Q When was the first time you started using the internet? Describe your first experience in detail. What did you think about it at that moment? What do you still remember from that time?

인터넷을 처음 사용하기 시작했을 때가 언제인가요? 당신의 처음 경험을 자세히 묘사해 주세요. 그때 어떤 생각이 들었나요? 그때부터 지금까지 기억하는 것은 무엇인가요?

💡 답변 아이디어 노트

인터넷을 처음 사용한 때	처음 사용했던 때 기억남
처음 사용한 시기	초등학교 다닐 때, 느린 컴퓨터 있었음 사진을 찾기 위해 사용함
인터넷에 대한 내 생각	인터넷에서 많은 것을 찾을 수 있다는 사실에 놀람
마무리	이게 내 첫 경험임

 IM

실제답변 바로가기 ▶

Intro I remember the first time I used the internet.

Body It was when I was in elementary school. There were slow computers at school, and I used them to search for some pictures. At that time, I was so surprised because I could find so many on the internet. I still remember the excitement.

Wrap-up So, that was my very first experience.

＊ IM1 보장 답변

제가 처음으로 인터넷을 사용했던 때가 기억나요. 초등학교에 다닐 때였어요. 학교에 느린 컴퓨터가 있었는데, 사진을 찾기 위해 사용했어요. 그 때 저는 인터넷에서 정말 많은 것을 찾을 수 있다는 사실에 정말 놀랐어요. 그 신나는 기분을 여전히 기억해요. 그래서 이게 저의 첫 경험이었어요.

🔍 주요 어휘

elementary school 초등학교　**at that time** 그때, 그 당시　**experience** n. 경험

🎧 5_20

Q When was the first time you started using the internet? Describe your first experience in detail. What did you think about it at that moment? What do you still remember from that time?

인터넷을 처음 사용하기 시작했을 때가 언제인가요? 당신의 처음 경험을 자세히 묘사해 주세요. 그때 어떤 생각이 들었나요? 그때부터 지금까지 기억하는 것은 무엇인가요?

💡 답변 아이디어 노트

인터넷을 처음 사용한 때	절대 잊을 수 없음
처음 사용한 시기	초등학생, 연구 프로젝트를 위해 큰 데스크톱 컴퓨터 사용했음
인터넷에 대한 내 생각	인터넷 속도가 너무 느렸음 화면에 수많은 이미지들이 뜨는 것을 보고 놀랐음 - 기술의 힘을 깨닫게 해 줌
마무리	지금도 그 첫 경험을 여전히 기억함

 IH-AL

실제답변 바로보기 ▶

Intro I can never forget the very first time I used the internet.

Body I was in elementary school, and I used a big desktop computer for a simple research project. It was memorable because the internet was super slow. I even remember waiting several minutes just for one page to load. But at the same time, I was amazed to see so many images pop up on the screen. It almost felt like opening a new world right in front of my eyes. Not to mention, it made me realize the power of technology.

Wrap-up So even now, I still remember that very first experience.

* 이거 쓰면 AL

저는 인터넷을 처음 사용했던 때를 절대 잊을 수 없어요. 제가 초등학생이었고, 간단한 연구 프로젝트를 위해 큰 데스크톱 컴퓨터를 사용했어요. 인터넷 속도가 너무 느렸기 때문에 기억에 남아요. 심지어 페이지 하나가 뜨는 데 몇 분씩 기다렸던 게 기억나요. 하지만 동시에, 화면에 수많은 이미지들이 뜨는 것을 보고 놀랐어요. 마치 제 눈 바로 앞에 거의 새로운 세상이 열리는 듯한 느낌이었어요. 게다가, 그게 기술의 힘을 깨닫게 해 줬어요. 그래서 심지어 지금도 그 첫 경험을 여전히 기억하고 있어요.

🔍 주요 어휘

load (페이지 등이) 뜨다　**at the same time** 동시에　**right in front of my eyes** 내 눈 바로 앞에　**not to mention** 게다가

③ 인터넷 서핑 중 기억에 남는 게시물

🎧 5_21

Q Describe something that you found memorable online. It could have been surprising, unusual, funny, or meaningful. What did you notice about it? Why was it special?

온라인에서 기억에 남는 것을 묘사해 주세요. 그것은 놀랍거나, 특이하거나, 재미있거나, 의미 있는 것일 수 있습니다. 당신이 발견한 것은 무엇인가요? 왜 그것이 특별했나요?

💡 답변 아이디어 노트

기억에 남는 게시물	기억나는 영상 하나 있음
게시물 설명	유튜브에서 본 재밌는 동물 영상 - 강아지가 음악에 맞춰 춤을 춤
기억에 남는 이유	짧았지만 재밌었음, 이후에도 많이 봄
마무리	여전히 그 영상을 기억함

실제답변 바로보기 ▶

Intro There was one video that I remember.

Body It was a funny animal video on YouTube. A dog was dancing to music, and it made me laugh a lot. I shared it with my friends, and they loved it too. It was short, but it was really entertaining. I watched it so many times after that.

Wrap-up That's why I still remember that video.

* IM1 보장 답변

기억나는 영상이 하나 있어요. 유튜브에서 본 재밌는 동물 영상이었어요. 강아지가 음악에 맞춰 춤을 추고 있었는데, 그게 저를 많이 웃게 만들었어요. 그 영상을 친구들과 공유했고, 친구들도 정말 좋아했어요. 짧았지만 정말 재미있었어요. 이후에도 그 영상을 많이 봤어요. 그래서 여전히 그 영상을 기억해요.

🔍 주요 어휘

dance to music 음악에 맞춰 춤을 추다   **short** 짧은

🎧 5_22

Q Describe something that you found memorable online. It could have been surprising, unusual, funny, or meaningful. What did you notice about it? Why was it special?

온라인에서 기억에 남는 것을 묘사해 주세요. 그것은 놀랍거나, 특이하거나, 재미있거나, 의미 있는 것일 수 있습니다. 당신이 발견한 것은 무엇인가요? 왜 그것이 특별했나요?

💡 답변 아이디어 노트

기억에 남는 게시물	기억에 남는 영상 하나 기억남
게시물 설명	유튜브에서 귀여운 강아지 영상 발견 - 음악에 맞춰 춤추는 모습
기억에 남는 이유	나를 엄청 웃게 했음 전에는 그런 걸 본 적 없어서 놀랐음 친구들도 모두 재밌다고 동의했음
마무리	지금까지 본 영상 중 가장 잊을 수 없는 영상으로 남아 있는 이유임

 IH-AL

실제답변 바로가기 ▶

Intro I do remember a really memorable video I watched online.

Body Last week, I was watching YouTube on my phone, and I found a cute clip of a puppy. I think the owner must have recorded it. The best part was that the puppy was dancing to music, and it made me laugh so hard. It was funny to see such a little dog dancing! Honestly, I had never seen anything like that before, so it totally surprised me. I even shared it with my friends, and they all agreed it was super entertaining.

Wrap-up That's why that video remains unforgettable out of all the ones I've watched so far.

✱ 이거 쓰면 **AL**

온라인에서 봤던 정말 기억에 남는 영상이 하나 기억나요. 지난주에 휴대폰으로 유튜브를 보고 있었는데, 귀여운 강아지 영상 하나를 발견했어요. 아마 주인이 촬영한 게 틀림없을 거예요. 가장 좋았던 점은 강아지가 음악에 맞춰 춤을 추는 모습이었는데, 이게 저를 엄청 웃게 했어요. 그렇게 작은 강아지가 춤추는 모습을 보는 게 정말 재미있었어요! 솔직히, 전에는 그런 걸 본 적이 없어서 완전히 놀랐어요. 그 영상을 친구들에게도 공유했는데, 친구들도 모두 매우 재밌다고 동의했어요. 그래서 그 영상이 지금까지 본 영상 중에서 가장 잊을 수 없는 영상으로 남아 있는 이유예요.

🔍 주요 어휘

puppy 강아지 **owner** 주인 **must have p.p.** ~했음이 틀림 없다 **laugh so hard** 엄청 웃다 **honestly** 솔직히 **remain** 남아 있다

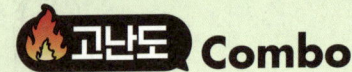 ① 가장 좋아하는 웹사이트/이유

 5_23

Q What's the website you enjoy visiting the most? What type of website is it, and why do you like it so much? Tell me as many details as you can.

가장 즐겨 방문하는 웹사이트는 무엇인가요? 그 웹사이트는 어떤 유형이며, 왜 그렇게 좋아하나요? 가능한 한 자세히 말해 주세요.

💡 답변 아이디어 노트

좋아하는 웹사이트	유튜브
웹사이트에서 하는 일	영상 보기 위해 매일 사용함 – 음악 영상, 뉴스, 예능 영상
좋아하는 이유	사이트에서 뭐든지 찾을 수 있음, 사용하기 쉽고 무료임
마무리	유튜브는 내 1순위 웹사이트임

실제답변 바로보기 ▶

Intro I'd have to say it's YouTube.

Body I use it every day to watch videos. I can watch music videos, the news, or entertainment clips. Sometimes, I check new videos from my favorite singers. You can find anything on the site. It's easy to use and free, so I really like using it.

Wrap-up So, YouTube is my number one website.

* IM1 보장 답변

저는 유튜브라고 말할 수 있어요. 영상을 보기 위해 매일 유튜브를 사용해요. 음악 영상, 뉴스, 또는 예능 영상을 볼 수 있어요. 때때로, 제가 가장 좋아하는 가수들의 새로운 영상도 확인해요. 이 사이트에서 뭐든지 찾을 수 있어요. 사용하기 쉽고 무료여서 유튜브를 사용하는 걸 정말 좋아해요. 그래서 유튜브가 제 1순위 웹사이트예요.

🔍 주요 어휘

find anything 뭐든지 찾다   be my number one 내 1순위이다

🎧 5_24

Q What's the website you enjoy visiting the most? What type of website is it, and why do you like it so much? Tell me as many details as you can.

가장 즐겨 방문하는 웹사이트는 무엇인가요? 그 웹사이트는 어떤 유형이며, 왜 그렇게 좋아하나요? 가능한 한 자세히 말해 주세요.

💡 답변 아이디어 노트

좋아하는 웹사이트	유튜브
웹사이트에서 하는 일	다양한 종류의 영상이 있음 - 거의 모든 것을 찾을 수 있음 재미있는 영상 보는 것을 특히 좋아함
좋아하는 이유	새로운 것들을 배울 수 있음 - 요리/외국어 탐색하기도 꽤 쉬움
마무리	유튜브는 내 1순위 웹사이트임

실제답변 바로보기 ▶

Intro I'd have to say my favorite website is definitely YouTube, and let me explain why.

Body First of all, it has a wide variety of videos, ranging from music to news. You can literally find almost everything on this website. I especially love watching entertaining clips, like music videos of my favorite artist. Another reason is that I can learn new things, like cooking skills or even foreign languages. One thing that stands out is that the site is pretty easy to navigate, too.

Wrap-up So, YouTube is my number one website.

✱ 이거 쓰면 **AL**

제가 가장 좋아하는 웹사이트는 확실히 유튜브라고 말할 수 있고, 그 이유를 설명드릴게요. 우선, 유튜브에는 음악부터 뉴스까지 이르는 다양한 종류의 영상이 있어요. 그야말로 거의 모든 것을 이 웹사이트에서 찾을 수 있어요. 저는 가장 좋아하는 가수의 뮤직 비디오 같은 재미있는 영상을 보는 것을 특히 좋아해요. 또 다른 이유는 요리나 심지어 외국어 같은 새로운 것들을 배울 수 있다는 점이에요. 눈에 띄는 한 가지는 이 사이트가 탐색하기도 꽤 쉽다는 거예요. 그래서 유튜브는 제 1순위 웹사이트예요.

🔍 주요 어휘

explain ~을 설명하다 **a wide variety of** 다양한 **range from A to B** A부터 B까지 이르다 **literally** 그야말로 **foreign language** 외국어

 ② 반복적으로 인터넷에서 하는 일

🎧 5_25

Q What do you usually do online when you're at work? And how about during your free time? Tell me about the activities you typically do on the internet.
일할 때 보통 온라인에서 무엇을 하나요? 그리고 자유 시간에는 어떤가요? 인터넷에서 보통 어떤 활동을 하는지 말해 주세요.

💡 답변 아이디어 노트

인터넷에서 하는 일	어디에 있든지 사용함
업무 시간	정보를 찾음 - 뉴스/자료
자유 시간	드라마/영화 보기 가장 좋은 건 친구들과 채팅하는 것
마무리	이게 내 온라인 사용 습관에 대한 전부임

 IM 🎤

실제답변 바로보기 ▶

Intro I go online wherever I go.

Body At work, I search for information. For example, I usually look for news or data. In my free time, I watch dramas and movies online. There are so many options. Lastly, the best part is chatting with friends.

Wrap-up That's all about my online habits.

* **IM1 보장 답변**

저는 어디에 있든지 온라인을 사용해요. 업무 시간에는 정보를 찾아요. 예를 들어, 보통 뉴스나 자료를 찾습니다. 자유 시간에는 온라인으로 드라마나 영화를 봐요. 선택지들이 정말 많아요. 마지막으로, 가장 좋은 점은 친구들과 채팅하는 거예요. 이게 제 온라인 사용 습관에 대한 전부예요.

🔍 주요 어휘

look for ~을 찾다 data 자료, 정보 in my free time 자유 시간에 option 선택지 habit 습관

🎧 5_26

Q What do you usually do online when you're at work? And how about during your free time? Tell me about the activities you typically do on the internet.

일할 때 보통 온라인에서 무엇을 하나요? 그리고 자유 시간에는 어떤가요? 인터넷에서 보통 어떤 활동을 하는지 말해 주세요.

💡 답변 아이디어 노트

인터넷에서 하는 일	업무/자유 시간 모두 인터넷 많이 사용함
업무 시간	필요한 자료 찾기, 정보/참고자료 확인하는 습관 들이고 있음
자유 시간	편하게 즐길 수 있음, 할 수 있는 일 정말 많음 소셜 미디어에서 시간을 보내기도 함
마무리	인터넷은 내 일상생활에서 여러 가지 역할을 하는 것처럼 느껴짐

실제답변 바로보기 ▶

Intro As I've told you, I use the internet a lot, both at work and in my free time.

Body At work, I usually go online to search for the resources I need. You know, when it comes to work, I make it a habit to check data or references online. And whenever I have free time, I go online, too. It feels quite different from work because I can just relax and enjoy myself. There are so many things I can do online. For example, I watch dramas, movies, or entertaining vlogs. Also, I spend time on social media to stay connected with my friends.

Wrap-up It feels like the internet plays multiple roles in my daily life.

***이거 쓰면 AL**

말씀드린 것처럼, 저는 업무 시간과 자유 시간 모두 인터넷을 많이 사용해요. 업무 시간에는 필요한 자료를 찾기 위해 주로 온라인을 사용해요. 아시다시피, 업무와 관련해서는 온라인으로 정보나 참고자료를 확인하는 습관을 들이고 있어요. 그리고 자유 시간이 있을 때마다, 인터넷을 사용해요. 업무와는 꽤 다른 느낌이 들어서 편하게 즐길 수 있어요. 온라인에서 할 수 있는 일은 정말 많아요. 예를 들어, 저는 드라마나 영화 또는 재미있는 브이로그를 보기도 해요. 또한, 친구들과 연락하기 위해 소셜 미디어에서 시간을 보내기도 합니다. 인터넷은 제 일상생활에서 여러 가지 역할을 하는 것처럼 느껴져요.

🔍 주요 어휘

both A and B A와 B 모두, 둘 다   **resource** 자료   **reference** 참고자료   **play multiple roles in** ~에서 여러 가지 역할을 하다

 ③ 리서치 프로젝트에 인터넷을 활용한 방법

 5_27

Q Tell me about a project you worked on that required online research. Begin with background about the project, such as when and where you did it. Then, tell me how you used the internet to complete it.

온라인 조사가 필요했던 프로젝트에 대해 말해 주세요. 언제, 어디서 했는지와 같은 프로젝트에 대한 배경부터 설명을 시작해 주세요. 그다음, 그 프로젝트를 완성하기 위해 인터넷을 어떻게 사용했는지도 말해 주세요.

💡 답변 아이디어 노트

온라인 조사가 필요했던 때	온라인 조사해 본 경험 하나 나눠보겠음
프로젝트 배경 설명	학교 프로젝트, 반 친구들과 함께 작업, 작년
인터넷 사용 방법	이미지 찾기 위해 온라인 검색함 발표 자료를 만들기 위해 그 이미지들 사용
마무리	모든 게 잘 됨

실제답변 바로보기 ▶

Intro Okay, I'll share one experience with doing online research.

Body It was for a school project, and I worked with a group of classmates. I think it was last year. We searched online for images. Then, I used them to make presentation slides. It was memorable because the internet made it so easy.

Wrap-up In the end, everything turned out great.

* IM1 보장 답변

좋아요, 온라인 조사를 해본 경험 하나를 나눠볼게요. 학교 프로젝트를 위해서였고, 저는 반 친구들과 함께 작업했어요. 아마 작년이었던 것 같아요. 우리는 이미지를 찾기 위해 온라인을 검색했어요. 그리고 나서, 발표 자료를 만들기 위해 그 이미지들을 사용했어요. 인터넷이 그걸 굉장히 쉽게 해 줬기 때문에 기억에 남아요. 결국, 모든 게 잘 됐어요.

🔍 주요 어휘

work with ~와 함께 작업하다 **classmate** 반 친구 **make presentation slides** 발표 자료를 만들다 **turn out great** 잘 되다

🎧 5_28

Q Tell me about a project you worked on that required online research. Begin with background about the project, such as when and where you did it. Then, tell me how you used the internet to complete it.

온라인 조사가 필요했던 프로젝트에 대해 말해 주세요. 언제, 어디서 했는지와 같은 프로젝트에 대한 배경부터 설명을 시작해 주세요. 그다음, 그 프로젝트를 완성하기 위해 인터넷을 어떻게 사용했는지도 말해 주세요.

💡 답변 아이디어 노트

온라인 조사가 필요했던 때	중요한 프로젝트를 위해 인터넷 사용했던 게 기억남
프로젝트 배경 설명	작년, 생물학 수업, 그룹 프로젝트를 맡게 됨
인터넷 사용 방법	주제에 대한 정보를 많이 모아야 해서 인터넷 사용함 웹사이트 검색, 관련 동영상도 봄 상세한 발표 자료 만들 수 있었음
마무리	인터넷 덕분에, 모든 게 잘 됨

 **IH-AL**

 실제답변 바로보기 ▶

Intro I remember using the internet for a major project.

Body It was last year, and I *was assigned* a group project for my biology class. We had to gather lots of information on the topic, so we used the internet. I *searched through* many different websites and even watched *relevant* video clips. *Using all that*, I was able to make detailed presentation slides with *reliable* sources. It was *so* amazing *that* I could complete the entire project just from my laptop.

Wrap-up Thanks to the internet, everything turned out great.

＊이거 쓰면 **AL**

저는 중요한 프로젝트를 위해 인터넷을 사용했던 게 기억나요. 작년이었는데, 생물학 수업에서 그룹 프로젝트를 맡게 됐어요. 주제에 대한 정보를 많이 모아야 해서 인터넷을 사용했어요. 여러 웹사이트를 검색하고 관련 동영상도 봤어요. 그 모든 걸 사용해서, 신뢰할 수 있는 출처를 포함한 상세한 발표 자료를 만들 수 있었어요. 제 노트북만으로 프로젝트 전체를 완성할 수 있다는 것이 정말 놀라웠어요. 인터넷 덕분에, 모든 게 잘 됐어요.

🔍 주요 어휘

major 중요한, 주된 **be assigned A** A를 맡다, 배정받다 **biology** 생물학 **relevant** 관련된 **detailed** 상세한 **reliable** 신뢰할 수 있는

돌발주제 03 재활용

- 재활용 문제는 평소 깊게 생각해보기 어려운 문제이므로, 최빈출 Combo 위주로 학습하는 것을 추천
- 주로 우리나라의 재활용 현황, 재활용하는 물건들, 어렸을 때 했던 재활용 방법 등의 문제가 자주 출제
- 자가평가 난이도 5-5 이상을 선택한다면, 14-15번에 과거/현재의 재활용에 대한 수거 방법 또는 대중 인식 변화, 재활용 관련 뉴스 내용 등의 고난도 문제 출제

문제 유형

 최빈출 Combo

- Recycling is common in many countries. What kinds of items do you usually recycle at home?

  재활용은 많은 나라에서 일반적입니다. 당신은 집에서 보통 어떤 물건들을 재활용하나요?

- What was recycling like during your childhood? Did you have a specific place to put recyclables? Were there any particular containers? Describe how it was and what you did in detail.

  당신의 어린 시절 재활용은 어땠나요? 재활용품을 두는 특정 장소가 있었나요? 특정 수거함이 있었나요? 그게 어땠는지, 그리고 당신이 무엇을 했는지 자세히 묘사해 주세요.

- There may be some problems when recycling. Sometimes, the pick-up service doesn't arrive on time, or the recycling bins are too small. Or maybe items end up spilling out of the bin. Tell me about one memorable problem that you or your family experienced with recycling.

  재활용을 하다 보면 문제가 생길 때도 있습니다. 때로는 수거 서비스가 제시간에 오지 않거나, 재활용통이 너무 작을 수도 있습니다. 또는 물건들이 통 밖으로 흘러넘칠 수도 있습니다. 당신이나 가족이 경험한 기억에 남는 재활용 관련 문제점에 대해 말해 주세요.

🔥 고난도 Combo

- Describe the way people recycle in your country. How do people normally recycle things, and how are those items actually recycled?

  당신의 나라에서 사람들이 재활용을 어떻게 하는지 묘사해 주세요. 사람들은 보통 어떻게 물건을 재활용하고, 실제로 그 물건들이 어떻게 재활용 되나요?

- Tell me about the process you follow when recycling. What do you do first, what comes next, and how do you finish it?

  재활용할 때 당신이 따르는 순서를 설명해 주세요. 가장 먼저 무엇을 하고, 그다음에는 무엇을 하며, 그리고 어떻게 끝내나요?

- Could you tell me a story or an experience related to recycling? There might have been an issue, or a friend disagreed with how you recycled something. Describe the entire situation in detail.

  재활용과 관련된 이야기나 경험을 말해 줄 수 있나요? 문제가 있었을 수도 있고, 친구가 당신의 재활용 방식에 동의하지 않았을 수도 있습니다. 그 상황 전체를 자세히 묘사해 주세요.

필수 어휘 & 표현

🎧 5_30

재활용 활동
- [ ] recycle 재활용하다
- [ ] separate/sort ~을 분류하다, 분리하다
- [ ] take A out A를 가지고 나가다
- [ ] follow our recycling routine 재활용 루틴을 따르다
- [ ] collect ~을 수거하다
- [ ] figure out ~을 알아내다
- [ ] do it twice a week 일주일에 두 번 재활용하다
- [ ] be turned into new products 새로운 제품으로 바뀌다
- [ ] go to the landfill 쓰레기장으로 가다
- [ ] do it wrong 잘못하다
- [ ] make a mistake 실수하다

재활용하는 물건
- [ ] plastic 플라스틱
- [ ] can 캔
- [ ] glass 유리
- [ ] paper 종이
- [ ] old clothes 헌 옷
- [ ] old magazine 오래된 잡지
- [ ] plastic bag 비닐봉지

재활용 관련 사물/서비스
- [ ] recycling bin 재활용 통
- [ ] pick-up service 수거 서비스
- [ ] garbage truck 쓰레기 수거차

재활용 관련 내 생각
- [ ] feel confusing 혼란스러운 느낌이 들다
- [ ] try my best 최선을 다하다
- [ ] can do it without thinking 생각하지 않고도 할 수 있다
- [ ] good chance to clear out items 물건들을 정리할 수 있는 좋은 기회
- [ ] a part of my family memories 우리 가족의 추억의 한 부분
- [ ] well-organized 잘 정비되어 있는, 체계적인
- [ ] easy to follow 따르기 쉬운
- [ ] straightforward 간단한
- [ ] feel good when I'm done 다 끝내면 기분이 좋다

➕ reduce waste 쓰레기를 줄이다
protect the environment 환경을 보호하다
save energy and resources 에너지와 자원을 절약하다
take time and effort 시간과 노력이 들다
not cost-effective 비용 효율적이지 않은
Not all items can be recycled. 모든 물건이 재활용되는 것은 아니다.

돌발주제 03 재활용

 ① 재활용하는 물건들

🎧 5_31

Q Recycling is common in many countries. What kinds of items do you usually recycle at home?
재활용은 많은 나라에서 일반적입니다. 당신은 집에서 보통 어떤 물건들을 재활용하나요?

 답변 아이디어 노트

재활용하는 것	재활용하는 것 많음
재활용하는 물건	플라스틱, 캔, 유리, 종이, 오래된 옷
재활용에 대한 내 생각	어떤 물건이 어느 종류에 속하는지 몰라서 조금 혼란스러울 때도 있음 하지만 항상 최선을 다함
마무리	우리나라 재활용은 꽤 단순함

실제답변 바로보기 ▶

Intro There are many things that I recycle.

Body These things include plastic, cans, glass, and paper. Also, I usually recycle old clothes, too. Sometimes, it feels a little confusing because I don't know the category for some items. But I always try my best when recycling.

Wrap-up Overall, recycling is pretty simple in my country.

* IM1 보장 답변

제가 재활용하는 것은 많아요. 이런 것들에는 플라스틱, 캔, 유리, 그리고 종이가 포함돼요. 또, 저는 보통 오래된 옷도 재활용해요. 때때로, 어떤 물건이 어느 종류에 속하는지 모르기 때문에 조금 혼란스러운 느낌이 들 때도 있어요. 하지만, 저는 재활용을 할 때 항상 최선을 다 해요. 전반적으로, 우리나라에서 재활용은 꽤 단순해요.

 주요 어휘

include ~을 포함하다　**category** 종류, 카테고리　**item** 물건, 물품　**simple** 단순한

Q Recycling is common in many countries. What kinds of items do you usually recycle at home?

재활용은 많은 나라에서 일반적입니다. 당신은 집에서 보통 어떤 물건들을 재활용하나요?

답변 아이디어 노트

재활용하는 것	내가 재활용하는 것 많음, 내 일상 루틴의 일부로 만듦
재활용하는 물건	재활용품들을 다른 종류로 분류함 플라스틱 병, 상자, 캔, 유리병, 헌 옷
재활용에 대한 내 생각	더 이상 사용하지 않는 물건을 정리할 좋은 기회
마무리	우리나라 재활용은 꽤 단순, 나는 보통 이렇게 함

실제답변 바로보기 ▶

Intro There are many things that I recycle, and I make it a part of my daily routine.

Body First of all, I always separate recyclables into different categories at home. It has become my habit, so I can do it without thinking. For example, I put plastic bottles in a plastic bin, and boxes in the paper section. Other categories include cans and glass bottles. Oh, and I also look through my closet on recycling day. It's a good chance for me to clear out items I don't use anymore. The main reason is that I like to put my old clothes in the clothing bin.

Wrap-up So overall, recycling is quite simple in my country, and that's how I usually do it.

* 이거 쓰면 AL

제가 재활용하는 것들은 많은데, 그걸 제 일상 루틴의 일부로 만들고 있어요. 우선, 항상 집에서 재활용품들을 서로 다른 종류로 분류해요. 이건 이미 제 습관이 되어 있어 생각하지 않고도 할 수 있어요. 예를 들어, 플라스틱 병은 플라스틱 통에, 상자는 종이 구역에 넣어요. 다른 분류에는 캔과 유리병이 포함돼요. 아, 그리고 재활용하는 날에는 옷장을 살펴보기도 해요. 더 이상 사용하지 않는 물건들을 정리할 수 있는 좋은 기회이기 때문이에요. 주된 이유는 제가 헌 옷을 의류 수거함에 넣는 것을 좋아하기 때문이에요. 그래서 전반적으로, 우리나라에서는 재활용은 꽤 단순하고, 저는 보통 이렇게 해요.

🔍 주요 어휘

recyclables 재활용품 **section** 구역, 섹션 **look through** ~을 살펴보다 **closet** 옷장 **anymore** 더 이상

 어렸을 때 했던 재활용 방법

Q What was recycling like during your childhood? Did you have a specific place to put recyclables? Were there any particular containers? Describe how it was and what you did in detail.

당신의 어린 시절 재활용은 어땠나요? 재활용품을 두는 특정한 장소가 있었나요? 특정 수거함이 있었나요? 그게 어땠는지, 그리고 당신이 무엇을 했는지 자세히 묘사해 주세요.

답변 아이디어 노트

어린 시절 재활용	아직도 기억남
재활용 시간	일요일마다 함께 재활용함, 재활용품 함께 가지고 나감
재활용 장소/내 생각	아파트 건물 앞에 있어서 정말 편리했음
마무리	재활용은 내 어린 시절 추억의 한 부분이었음

 IM

Intro I still remember recycling from my childhood.

Body My family always did it on Sundays. We used to take out the recyclables together. The recycling place was in front of my apartment building. So, it was super convenient. Whenever we met neighbors there, we would chat with them for a while.

Wrap-up Recycling was part of my childhood memories.

* IM1 보장 답변

저는 어린 시절 재활용하던 게 아직도 기억나요. 우리 가족은 항상 일요일마다 함께 재활용을 했어요. 우리는 재활용품들을 함께 가지고 나가곤 했어요. 재활용 장소는 아파트 건물 앞에 있었어요. 그래서 정말 편리했어요. 거기서 이웃들을 만날 때마다, 잠시 이야기를 나누기도 했어요. 재활용은 제 어린 시절 추억의 한 부분이었어요.

주요 어휘

in front of ~ 앞에   convenient 편리한   whenever ~할 때마다   neighbor 이웃   chat 이야기 나누다   for a while 잠시

Q What was recycling like during your childhood? Did you have a specific place to put recyclables? Were there any particular containers? Describe how it was and what you did in detail.

당신의 어린 시절 재활용은 어땠나요? 재활용품을 두는 특정한 장소가 있었나요? 특정 수거함이 있었나요? 그게 어땠는지, 그리고 당신이 무엇을 했는지 자세히 묘사해 주세요.

답변 아이디어 노트

어린 시절 재활용	어떻게 재활용을 했는지 아직도 기억함
재활용 시간	일요일 아침마다 모여 재활용품을 밖으로 내놓음
재활용 장소/내 생각	지금과 비교해 재활용 통이 더 적었음 아파트 바로 앞, 편리함이 핵심이었음 이웃들을 우연히 만나 잠시 이야기 나누는 것이 가장 좋았음
마무리	재활용은 어린 시절 우리 가족의 추억의 한 부분이 됨

 **IH-AL**

Intro I still remember how I used to do recycling when I was a kid.

Body My family used to gather on Sunday mornings and take all the recycling out together. Back then, I remember we had fewer recycling bins compared to now. So, we just put cans and bottles in the same bin. It was all about convenience because the recycling area was right in front of my apartment building. And the best part was bumping into some neighbors and chatting for a while.

Wrap-up So as you can see, recycling became a part of my family memories from childhood.

* 이거 쓰면 **AL**

저는 어렸을 때 어떻게 재활용을 하곤 했는지 아직도 기억해요. 우리 가족은 일요일 아침마다 함께 모여 모든 재활용품을 밖으로 내놓곤 했어요. 그 때, 지금과 비교해 재활용 통이 더 적었던 것으로 기억해요. 그래서 캔과 병을 같은 통에 넣었어요. 재활용 구역이 아파트 바로 앞에 있었기 때문에 편리함이 핵심이었어요. 그리고 가장 좋았던 점은 이웃 몇 명을 우연히 만나 잠시 이야기를 나누는 것이었어요. 그래서 보시다시피, 재활용은 어린 시절 우리 가족의 추억의 한 부분이 됐어요.

주요 어휘

convenience 편리함 **right in front of** ~ 바로 앞에 **bump into** ~을 우연히 만나다

3 재활용 관련 문제 발생 경험

🎧 5_35

Q There may be some problems when recycling. Sometimes, the pick-up service doesn't arrive on time, or the recycling bins are too small. Or maybe items end up spilling out of the bin. Tell me about one memorable problem that you or your family experienced with recycling.

재활용을 하다 보면 문제가 생길 때도 있습니다. 때로는 수거 서비스가 제시간에 오지 않거나, 재활용통이 너무 작을 수도 있습니다. 또는 물건들이 통 밖으로 흘러넘칠 수도 있습니다. 당신이나 가족이 경험한 기억에 남는 재활용 관련 문제점에 대해 말해 주세요.

💡 **답변 아이디어 노트**

재활용 관련 문제점 소개	전에 재활용에 작은 문제 겪은 적 있음
문제점 설명	모든 걸 모아서 밖으로 나감 밖에 재활용 통이 없었음
문제점 원인	수거 서비스가 통을 사용하고 있었음
마무리	기억에 남는 경험이 됨

 IM

실제답변 바로보기 ▶

Intro I experienced a small problem with recycling before.

Body We followed our usual recycling routine, so we collected everything and went outside. But, there was a little problem. There were no recycling bins outside. We were really shocked, but then we found out why. The pick-up service was using the bins.

Wrap-up Because of that, it was a memorable experience.

* IM1 보장 답변

저는 전에 재활용에 작은 문제를 겪은 적이 있어요. 우리는 평소 재활용 루틴을 따랐고, 모든 걸 모아서 밖으로 나갔어요. 그런데 작은 문제가 있었어요. 밖에 재활용 통이 없었어요. 우리는 정말 충격받았지만, 나중에 이유를 알게 됐어요. 수거 서비스가 통을 사용하고 있었어요. 그 때문에, 이게 기억에 남는 경험이 됐어요.

🔍 **주요 어휘**

usual 평소의, 보통의 **go outside** 밖으로 나가다 **shocked** 충격을 받은 **find out** ~을 알게 되다

🎧 5_36

Q There may be some problems when recycling. Sometimes, the pick-up service doesn't arrive on time, or the recycling bins are too small. Or maybe items end up spilling out of the bin. Tell me about one memorable problem that you or your family experienced with recycling.

재활용을 하다 보면 문제가 생길 때도 있습니다. 때로는 수거 서비스가 제시간에 오지 않거나, 재활용통이 너무 작을 수도 있습니다. 또는 물건들이 통 밖으로 흘러넘칠 수도 있습니다. 당신이나 가족이 경험한 기억에 남는 재활용 관련 문제점에 대해 말해 주세요.

💡 답변 아이디어 노트

재활용 관련 문제점 소개	문제 하나 떠올릴 수 있음
문제점 설명	집에서 이미 모든 것을 재활용함(병, 캔, 오래된 잡지) 밖으로 나갔을 때 재활용 통이 없었음 - 조금 짜증 났음
문제점 원인	수거 서비스가 통을 비우기 위해 가져감
마무리	조금 충격적이었지만, 기억에 남는 경험이었음

 IH-AL

실제답변 바로보기 ▶

Intro   I can **recall** one problem related to recycling.

Body   The day started **as usual**, so we already recycled everything at home. We **sorted** bottles, cans, and even some old magazines into the right bins. However, when we went out, we found a small problem. **The thing was that** there were no recycling bins outside. We were confused at first, but soon we **figured out** what was going on. It was a bit frustrating because we had some bottles to throw away right then. **It turned out that** the pick-up service had taken the bins to empty them.

Wrap-up   Even though it was a bit shocking at first, it was a memorable experience overall.

* 이거 쓰면 **AL**

저는 재활용과 관련된 문제 하나를 떠올릴 수 있어요. 그날은 평소와 같이 시작됐고, 우리는 집에서 이미 모든 것을 재활용했어요. 병, 캔, 그리고 심지어 오래된 잡지들까지 맞는 통에 분류했어요. 하지만, 우리가 밖으로 나갔을 때, 작은 문제를 발견했어요. 문제는 밖에 재활용 통이 없다는 것이었어요. 처음에는 혼란스러웠지만, 곧 무슨 일인지 알아냈어요. 그때 바로 버려야 할 병들이 몇 개 있어서 조금 짜증이 났어요. 결국 수거 서비스가 통을 비우기 위해 가져간 것이었어요. 처음에는 조금 충격적이었지만, 전반적으로 기억에 남는 경험이었어요.

🔍 주요 어휘

recall ~을 떠올리다   **confused** 혼란스러운   **frustrating** 짜증나는   **throw away** 버리다   **empty** ~을 비우다

 ① 우리나라의 재활용 현황

🎧 5_37

Q Describe the way people recycle in your country. How do people normally recycle things, and how are those items actually recycled?

당신의 나라에서 사람들이 재활용을 어떻게 하는지 묘사해 주세요. 사람들은 보통 어떻게 물건을 재활용하고, 실제로 그 물건들이 어떻게 재활용 되나요?

답변 아이디어 노트

우리나라의 재활용	많은 것들을 재활용함
사람들의 재활용 방법	일주일에 두 번 재활용함 각 물건을 색깔이 다른 통에 넣으면, 쓰레기 수거차가 수거함
물건이 재활용되는 방법	새로운 제품으로 바뀜
마무리	이게 우리나라에서 재활용하는 방법임

  실제답변 바로보기 ▶

Intro In my country, there are many things we recycle.

Body That includes things like plastic, cans, glass, and paper. People usually do it twice a week. We put each item in different colored bins. Then, garbage trucks collect them on scheduled days. After that, they are turned into new products instead of going to the landfill.

Wrap-up So, that's how we recycle in my country.

* IM1 보장 답변

우리나라에서는 많은 것들을 재활용해요. 플라스틱, 캔, 유리, 그리고 종이 같은 것들이 포함돼요. 사람들은 보통 일주일에 두 번 재활용을 해요. 각 물건을 색깔이 다른 통에 넣어요. 그다음, 쓰레기 수거차가 예정된 날짜에 그것들을 수거해요. 그 후, 물건들은 쓰레기장으로 가는 대신 새로운 제품으로 바뀌어요. 그래서 이게 우리나라에서 재활용하는 방법이에요.

 주요 어휘

different colored 색깔이 다른 **scheduled** 예정된 **instead of** ~ 대신에

🎧 5_38

Q Describe the way people recycle in your country. How do people normally recycle things, and how are those items actually recycled?

당신의 나라에서 사람들이 재활용을 어떻게 하는지 묘사해 주세요. 사람들은 보통 어떻게 물건을 재활용하고, 실제로 그 물건들이 어떻게 재활용 되나요?

💡 답변 아이디어 노트

우리나라의 재활용	잘 정비되어 있고 따르기 쉬움
사람들의 재활용 방법	쓰레기 종류에 따라 분리, 특정 용기에 재활용함 일주일에 최소 두 번 재활용함
물건이 재활용되는 방법	재활용품을 수거하기 위해 쓰레기 수거차가 정해진 일정에 옴
마무리	우리나라에서는 보통 이렇게 재활용됨

 IH-AL

실제답변 바로보기 ▶

Intro In my country, the recycling system is well-organized and easy to follow.

Body People usually separate the trash according to categories. Most apartments have particular containers, so people do recycling there. I think most people recycle at least twice a week. Garbage trucks come on a regular schedule to collect recyclables. Sometimes I see workers carefully checking each bin to make sure the items are sorted correctly. The system is very straightforward, making it highly convenient.

Wrap-up So, that's how recycling is usually done in my country.

* 이거 쓰면 AL

우리나라에서 재활용 시스템은 잘 정비되어 있고 따르기 쉬워요. 사람들은 보통 쓰레기를 종류에 따라 분리해요. 대부분의 아파트는 특정한 용기가 있어서, 사람들은 그곳에서 재활용을 해요. 제 생각에 대부분의 사람들은 일주일에 최소 두 번 정도 재활용을 하는 것 같아요. 재활용품을 수거하기 위해 쓰레기 수거차가 정해진 일정에 와요. 가끔 근무자들이 재활용품이 올바르게 분리되었는지 확인하기 위해 각 통을 꼼꼼히 확인하는 모습도 봐요. 이 시스템은 정말 간단해서 이용하기에 정말 편리해요. 그래서 우리나라에서는 보통 이렇게 재활용이 돼요.

🔍 주요 어휘

particular 특정한 **at least** 최소, 적어도 **come on a regular schedule** 정해진 일정에 오다 **correctly** 올바르게

 ② 집에서 재활용하는 방법

🎧 5_39

Q Tell me about the process you follow when recycling. What do you do first, what comes next, and how do you finish it?

재활용할 때 당신이 따르는 순서를 설명해 주세요. 가장 먼저 무엇을 하고, 그다음에는 무엇을 하며, 그리고 어떻게 끝내나요?

💡 답변 아이디어 노트

재활용 과정	재활용하는 과정 말해보겠음
먼저 하는 일	플라스틱 씻어서 통에 넣음
그다음에 하는 일	다른 물건들(캔/유리) 분류, 맞는 통에 들어가도록 함 모든 것을 밖에 둠
마무리	이게 내 평소 재활용 루틴임

실제답변 바로보기 ▶

Intro Let me tell you the steps for recycling.

Body First, I start with plastics. I wash them and put them in the bin. Second, I separate other items such as cans and glass. I make sure each item goes in the right bin. Then, I put everything outside, so the garbage trucks can take it. It feels so good when I'm done.

Wrap-up This is my usual recycling routine.

* IM1 보장 답변

재활용하는 과정을 말해볼게요. 먼저, 플라스틱부터 시작해요. 플라스틱을 씻고 통에 넣어요. 그다음, 캔이나 유리 같은 다른 물건들을 분류해요. 각 물건들이 맞는 통에 들어가도록 확실히 합니다. 그러고 나서, 쓰레기 수거 트럭이 그걸 가져갈 수 있도록 모든 것을 밖에 둬요. 다 끝나면 기분이 정말 좋아요. 이게 저의 평소 재활용 루틴이에요.

🔍 주요 어휘

step 과정, 단계 start with ~부터 시작하다 wash ~을 씻다 put ~을 넣다 bin 통 take ~을 가져가다

🎧 5_40

Q Tell me about the process you follow when recycling. What do you do first, what comes next, and how do you finish it?

재활용할 때 당신이 따르는 순서를 설명해 주세요. 가장 먼저 무엇을 하고, 그다음에는 무엇을 하며, 그리고 어떻게 끝내나요?

💡 답변 아이디어 노트

재활용 과정	재활용할 때 보통 따르는 과정을 설명해 보겠음
먼저 하는 일	플라스틱 병을 씻고 납작하게 눌러 재활용 통에 넣음 - 악취 방지/공간 절약 위해
그다음에 하는 일	다른 물건도 종류별로 분류하는 습관 들임 - 라벨 확인 모든 걸 밖에 있는 맞는 통에 넣음
마무리	이게 내가 집에서 재활용하는 평소 방식임

실제답변 바로보기 ▶

Intro Let me describe the steps I usually follow when recycling.

Body To start with, I wash plastic bottles, flatten them, and put them in the recycling bin. I do this because it prevents bad smells and saves space in the bin. Second, I make it a habit to separate other items according to their categories, such as cans or glass bottles. Sometimes I even check the labels to see if an item is recyclable or not. Next, I put everything in the correct bin outside. I try to keep the routine simple to make things easy and manageable.

Wrap-up This is my usual way of recycling at home.

* 이거 쓰면 AL

제가 재활용할 때 보통 따르는 과정을 설명해 볼게요. 우선, 플라스틱 병을 씻고 납작하게 눌러서 재활용 통에 넣어요. 악취를 방지하고 통 안의 공간을 절약하기 위해 이렇게 해요. 두 번째로, 캔이나 유리병 같은 다른 물건들도 종류별로 분류하는 습관을 들이려고 해요. 때로는 그 물건이 재활용 가능한지 아닌지 보기 위해 라벨을 확인하기도 해요. 그다음에는, 모든 걸 밖에 있는 맞는 통에 넣어요. 저는 일을 쉽고 관리할 수 있게 하기 위해 이 루틴을 간단하게 유지하려고 해요. 이게 제가 집에서 재활용하는 평소 방식이에요.

🔍 주요 어휘

flatten ~을 납작하게 누르다　**prevent** ~을 방지하다　**save** ~을 절약하다　**check the labels** 라벨을 확인하다　**manageable** 관리할 수 있는

 ③ 재활용 관련 기억에 남는 에피소드

Q Could you tell me a story or an experience related to recycling? There might have been an issue, or a friend disagreed with how you recycled something. Describe the entire situation in detail.

재활용과 관련된 이야기나 경험을 말해 줄 수 있나요? 문제가 있었을 수도 있고, 친구가 당신의 재활용 방식에 동의하지 않았을 수도 있습니다. 그 상황 전체를 자세히 묘사해 주세요.

답변 아이디어 노트

재활용 관련 이야기	이야기를 하나 나눠보겠음
상황 설명	평소처럼 재활용하고 있었음 남동생이 내가 잘못하고 있다고 말함
결과	사실 내가 실수한 것을 깨달음 - 유리병을 비닐봉지에 넣음 동생에게 미안하다고 말함
마무리	결국 웃긴 경험이 됨

 IM

 실제답변 바로보기 ▶

Intro I have a story to share with you.

Body One time, I was recycling as usual, but my brother said I was doing it wrong. We had an argument for a while. Actually, I realized that I had made a mistake. I put a glass bottle into a plastic bag. So, I said sorry to my brother.

Wrap-up In the end, it was a funny experience.

* IM1 보장 답변

이야기를 하나 나눠볼게요. 한 번은, 평소처럼 재활용을 하고 있었는데, 남동생이 제가 잘못하고 있다고 말했어요. 우리는 잠시 언쟁을 벌였어요. 사실, 제가 실수를 한 것을 깨달았어요. 유리병을 비닐봉지에 넣었던 거예요. 그래서 동생에게 미안하다고 말했어요. 결국, 그건 웃긴 경험이 됐어요.

🔍 주요 어휘

as usual 평소처럼　**have an argument** 언쟁을 벌이다　**realize that** ~한 것을 깨닫다　**say sorry to** ~에게 미안하다고 말하다

Q Could you tell me a story or an experience related to recycling? There might have been an issue, or a friend disagreed with how you recycled something. Describe the entire situation in detail.
재활용과 관련된 이야기나 경험을 말해 줄 수 있나요? 문제가 있었을 수도 있고, 친구가 당신의 재활용 방식에 동의하지 않았을 수도 있습니다. 그 상황 전체를 자세히 묘사해 주세요.

💡 답변 아이디어 노트

재활용 관련 이야기	단순한 실수 때문에 작은 문제 있었음
상황 설명	병이 플라스틱처럼 보였고, 남동생은 유리라고 말함 언쟁 시작 - 챗지피티 이용해 확인, 공식 재활용 가이드도 봄
결과	내가 틀림, 그 일로 많이 웃었고 남동생에게 사과함
마무리	재미있고 기억에 남는 경험으로 남음

실제답변 바로보기 ▶

Intro   I once had a small problem with recycling because of a simple mistake.

Body   One day, I was recycling with my brother in front of our house. We saw a bottle, and to me it looked like plastic, but my brother said it was glass. We started to argue because we were both so sure of ourselves. In the end, we decided to check by using ChatGPT and also looked at the official recycling guide. It turned out that I was wrong, and the bottle was actually made of glass. We laughed a lot about it, and I apologized to my brother.

Wrap-up   So, in the end, this episode remains a funny and memorable experience for me.

*이거 쓰면 AL

저는 한 번 단순한 실수 때문에 재활용과 관련된 작은 문제가 있던 적이 있어요. 어느 날, 집 앞에서 남동생과 함께 재활용을 하고 있었어요. 우리는 병 하나를 보았고, 제 눈에는 이게 플라스틱처럼 보였지만 남동생은 유리라고 말했어요. 우리 둘 다 서로 자신이 옳다고 확신해서 언쟁하기 시작했어요. 결국, 챗지피티를 이용해 확인해 보기로 결정했고, 공식 재활용 가이드도 봤어요. 알고 보니 제가 틀렸고, 그 병은 실제로 유리로 만들어진 것이었어요. 우리는 그 일로 많이 웃었고, 저는 남동생에게 사과했어요. 그래서 결국 이 일화는 제게 재미있고 기억에 남는 경험으로 남아 있어요.

🔍 주요 어휘

argue 언쟁하다   **sure of oneself** 자신이 옳다고 확신하는   **official** 공식   **be made of** ~로 만들어지다   **apologize to** ~에게 사과하다

돌발주제 04 건강

- 건강 문제는 한 세트의 모범답변으로 답변할 수 있는 문제가 중복 출제되는 경우가 많음
- 필수로 준비해야 하는 문제는 **건강한 사람들이 먹는 음식/식습관, 건강을 위해 했던 일, 건강에 대한 인식/과거와 현재 운동법 비교**
- 자가평가 난이도 5-5 이상을 선택한다면, 14-15번에 **과거와 현재의 건강에 대한 세대 간 인식 비교/건강 유지 방법 비교, 최근 건강 관련 뉴스 내용** 등의 고난도 문제도 출제

문제 유형

- What kinds of foods do people usually eat to stay healthy? Tell me what they are and where people normally get them.

  사람들이 건강을 유지하기 위해 보통 어떤 음식을 먹나요? 그 음식들이 무엇인지, 그리고 사람들이 보통 어디에서 구하는지 말해 주세요.

- I'd like to hear about a time when you tried to stay healthy. You might have searched for a healthy restaurant, prepared a dish with fresh ingredients, or started exercising. Describe the experience from beginning to end.

  당신이 건강을 지키려고 노력했던 때에 대해 듣고 싶습니다. 건강한 음식을 파는 식당을 찾았거나, 신선한 재료로 요리를 준비했거나, 또는 운동을 시작했을 수도 있습니다. 그 경험을 시작부터 끝까지 묘사해 주세요.

- Ideas about staying healthy have changed over time. What did people do to stay healthy when you were a child? What foods and exercises were considered good for your health back then? Tell me how these ideas have changed over the years.

  건강을 유지하는 것에 대한 생각은 시간이 지나면서 변해 왔습니다. 당신이 어렸을 때, 사람들은 건강을 유지하기 위해 무엇을 했나요? 그땐 어떤 음식과 운동이 건강에 좋다고 여겨졌나요? 그 생각들이 세월이 지나면서 어떻게 변했는지 말해 주세요.

고난도 Combo

- Tell me about a local health food store near you. How would you describe this place?

  집 근처에 있는 건강식품 가게에 대해 말해 주세요. 그 장소를 어떻게 묘사할 수 있나요?

- What are the typical eating habits of people who maintain good health? What kinds of foods do they normally eat on weekdays?

  건강을 잘 유지하는 사람들의 일반적인 식습관은 무엇인가요? 보통 그 사람들은 평일에 어떤 음식을 먹나요?

- There may have been a time when you learned something useful about staying healthy. Maybe it was from a class you attended, or a book you read. Describe the experience in detail.

  건강을 유지하는 것과 관련해 유용한 것을 배운 때가 있을 겁니다. 아마도 당신이 참석했던 수업에서였거나, 당신이 읽은 책에서였을 수도 있습니다. 그 경험을 자세히 묘사해 주세요.

필수 어휘 & 표현

🎧 5_44

건강한 음식 종류
- vegetable 채소
- fruit 과일
- rice 밥
- meat 고기
- nuts 견과류
- dairy product 유제품
- organic drink 유기농 음료

건강한 음식을 살 수 있는 장소
- buy A at any supermarket 어떤 슈퍼마켓에서도 A를 살 수 있다
- do grocery shopping online 온라인으로 장을 보다
- buy A almost anywhere 거의 모든 곳에서 A를 사다
- go to a supermarket 슈퍼마켓에 가다
- local market 지역 시장
- organic food shop 유기농 식품 매장

건강을 위해 하는 일
- have a balanced meal 균형 잡힌 식사를 하다
- stay healthy 건강을 유지하다
- start exercising 운동을 시작하다
- go jogging 조깅하다
- cook healthy meals 건강한 음식을 요리하다
- use fresh ingredients 신선한 재료를 사용하다
- build a healthy routine 건강한 루틴을 만들다
- care about/take care of ~에 신경 쓰다
- play sports 운동하다
- think about diet 식단에 대해 생각하다
- pay attention to my diet 식단에 주의를 기울이다
- count calories 칼로리를 세다
- check nutrition labels 영양 성분표를 확인하다

건강에 대한 내 생각
- not easy at first 처음엔 쉽지 않은
- get used to ~에 익숙해지다
- refreshed 상쾌한
- useful 유용한
- work well with me 나에게 잘 맞다
- helpful 도움이 되는

➕ fit/suit me 나에게 맞다
be my style/type 내 스타일이다/내 타입이다
be ideal for me 나에게 이상적이다
go well with me 나에게 잘 맞다

 **① 건강한 사람들이 먹는 음식**

🎧 5_45

Q What kinds of foods do people usually eat to stay healthy? Tell me what they are and where people normally get them.

사람들이 건강을 유지하기 위해 보통 어떤 음식을 먹나요? 그 음식들이 무엇인지, 그리고 사람들이 보통 어디에서 구하는지 말해 주세요.

💡 답변 아이디어 노트

건강한 사람들이 먹는 음식	여러 종류 있음
음식 소개	채소와 과일 매일 먹음, 우리나라 사람들은 건강을 위해 밥을 먹음
음식을 구하는 곳	슈퍼마켓에서 살 수 있음, 온라인으로 장 보는 것도 가능함
마무리	이것들이 건강한 음식의 몇 가지 예시임

 **IM**

 실제답변 바로보기 ▶

Intro There are many kinds of healthy food.

Body Most healthy people eat vegetables and fruits every day. The main reason is that eating them is good for your health. Also, people in my country usually eat rice for health. You can buy these products at any supermarket. You can do grocery shopping online, too.

Wrap-up So, these are some examples of healthy food.

* IM1 보장 답변

건강한 음식에는 여러 종류가 있어요. 대부분의 건강한 사람들은 채소와 과일을 매일 먹어요. 주된 이유는 이런 것들을 먹는 것이 건강에 좋기 때문이에요. 또, 우리나라 사람들은 건강을 위해 보통 밥을 먹어요. 이런 제품들은 어떤 슈퍼마켓에서도 살 수 있어요. 온라인으로 장을 보는 것도 가능해요. 그래서 이것들이 건강한 음식의 몇 가지 예시예요.

🔍 주요 어휘

healthy food 건강한 음식, 건강식   **health** 건강   **eat rice** 밥을 먹다   **example** 예시

Q What kinds of foods do people usually eat to stay healthy? Tell me what they are and where people normally get them.

사람들이 건강을 유지하기 위해 보통 어떤 음식을 먹나요? 그 음식들이 무엇인지, 그리고 사람들이 보통 어디에서 구하는지 말해 주세요.

💡 답변 아이디어 노트

건강한 사람들이 먹는 음식	다양한 종류의 건강한 음식 먹음
음식 소개	신선한 채소/과일/고기 - 튀긴 음식/가공 식품은 피하려고 노력함 우리나라 사람들은 매 식사마다 밥을 먹음
음식을 구하는 곳	거의 모든 곳에서 살 수 있음 - 슈퍼마켓/온라인 주문할 수 있음 요즘엔 지역 시장/유기농 식품 매장 방문하기도 함
마무리	이게 많은 사람들이 선택하는 일반적인 건강한 음식임

Intro People eat many kinds of healthy food because eating habits are important.

Body I think most people try to have a balanced meal. It usually includes fresh vegetables, fruits, and some meat. People also try to avoid fried or processed food, since it's not good for their health. Also, people in my country usually have rice with each meal. If you ask me where to get these items, I'd say you can buy them almost anywhere. You can go to a supermarket or order them online. These days, many people even visit local markets or organic food shops to get fresher items.

Wrap-up So, these are common heathy food choices for many people.

* 이거 쓰면 **AL**

식습관이 중요하기 때문에 사람들은 다양한 종류의 건강한 음식을 먹어요. 대부분의 사람들이 균형 잡힌 식사를 하려고 한다고 생각해요. 보통 신선한 채소, 과일, 그리고 약간의 고기가 포함돼요. 사람들은 건강에 좋지 않기 때문에 튀긴 음식이나 가공 식품을 피하려고 노력하기도 해요. 또, 우리나라 사람들은 보통 매 식사마다 밥을 먹어요. 이런 제품들을 어디서 구하냐고 묻는다면 거의 모든 곳에서 살 수 있다고 말할 수 있어요. 슈퍼마켓에 가거나 온라인으로 주문할 수도 있어요. 요즘엔 많은 사람들이 더 신선한 제품들을 구하기 위해 지역 시장이나 유기농 식품 매장을 방문하기도 해요. 그래서 이게 많은 사람들이 선택하는 일반적인 건강한 음식이에요.

🔍 주요 어휘

avoid ~을 피하다 **fried** 튀긴 **processed food** 가공 식품 **order A online** A를 온라인으로 주문하다 **common** 일반적인, 흔한

 **② 건강을 위해 했던 일**

Q I'd like to hear about a time when you tried to stay healthy. You might have searched for a healthy restaurant, prepared a dish with fresh ingredients, or started exercising. Describe the experience from beginning to end.

당신이 건강을 지키려고 노력했던 때에 대해 듣고 싶습니다. 건강한 음식을 파는 식당을 찾았거나, 신선한 재료로 요리를 준비했거나, 또는 운동을 시작했을 수도 있습니다. 그 경험을 시작부터 끝까지 묘사해 주세요.

답변 아이디어 노트

건강을 위해 노력한 때	건강을 유지하려고 노력한 때가 있었음
첫 번째 노력	운동 시작함 - 매일 아침 조깅함
두 번째 노력	매일 나만의 건강한 음식 요리함 - 신선한 재료 사용하려고 노력함
마무리	그게 건강을 위해 한 작은 노력임

실제답변 바로보기 ▶

Intro There was a time I tried to stay healthy.

Body It was last year, and I did two things. First, I started exercising. I went jogging every morning. Second, I cooked my own healthy meals every day. I tried to use fresh ingredients. It wasn't easy at first, but I got used to it. I felt super healthy.

Wrap-up Yeah, that was my small effort for health.

* IM1 보장 답변

건강을 유지하려고 노력했던 때가 있었어요. 작년이었는데, 두 가지를 했어요. 먼저, 운동을 시작했어요. 매일 아침 조깅을 했어요. 두 번째로는, 매일 나만의 건강한 음식을 요리했어요. 신선한 재료를 사용하려고 노력했어요. 처음엔 쉽지 않았지만, 익숙해졌어요. 정말 건강해진 느낌이었어요. 네, 그게 제가 건강을 위해 한 작은 노력이에요.

🔍 주요 어휘

try to do ~하려고 노력하다   feel healthy 건강해진 느낌이다   small 작은   effort 노력

🎧 5_48

Q I'd like to hear about a time when you tried to stay healthy. You might have searched for a healthy restaurant, prepared a dish with fresh ingredients, or started exercising. Describe the experience from beginning to end.

당신이 건강을 지키려고 노력했던 때에 대해 듣고 싶습니다. 건강한 음식을 파는 식당을 찾았거나, 신선한 재료로 요리를 준비했거나, 또는 운동을 시작했을 수도 있습니다. 그 경험을 시작부터 끝까지 묘사해 주세요.

💡 답변 아이디어 노트

건강을 위해 노력한 때	건강을 유지하기 위해 열심히 노력한 때가 있었음
첫 번째 노력	작년, 아침마다 피곤함을 자주 느낌 – 건강한 루틴을 만들기로 결정함 운동을 위해 매일 아침 조깅 시작함
두 번째 노력	나만의 건강한 식사 매일 준비 – 잘 먹는 것이 얼마나 중요한지 깨달음
마무리	이게 내가 건강을 유지하기 위해 한 작은 노력임

 IH-AL

실제답변 바로보기 ▶

Intro There was a time when I tried super hard to stay healthy.

Body It was last year, and I often felt tired every morning. So, I decided to **build a healthy routine**. First of all, I started jogging every morning for exercise. Even though it was **exhausting** at first, I felt really **refreshed** afterward. Second, I made sure to prepare my own healthy meal with fresh lettuce and some chicken breast every day. This habit made me realize how important eating well is.

Wrap-up So, that was my small effort to stay healthy.

* 이거 쓰면 AL

저는 건강을 유지하기 위해 정말 열심히 노력했던 때가 있었어요. 작년이었는데, 매일 아침마다 피곤함을 자주 느꼈어요. 그래서 건강한 루틴을 만들기로 결정했어요. 우선, 운동을 위해 매일 아침 조깅을 시작했어요. 처음에는 힘들었지만, 하고 나면 정말 상쾌한 기분이 들었어요. 다음으로, 신선한 양상추와 닭가슴살로 나만의 건강한 식사를 꼭 매일 준비했어요. 이런 습관은 잘 먹는 것이 얼마나 중요한지를 깨닫게 해 줬어요. 그래서 그게 제가 건강을 유지하기 위해 한 작은 노력이에요.

🔍 주요 어휘

tired 피곤한　**exhausting** 힘든　**afterward** 하고 나면, 그 후에　**realize** ~을 깨닫다　**eat well** 잘 먹다

 **3 건강에 대한 인식, 과거/현재 운동법**

🎧 5_49

Q Ideas about staying healthy have changed over time. What did people do to stay healthy when you were a child? What foods and exercises were considered good for your health back then? Tell me how these ideas have changed over the years.

건강을 유지하는 것에 대한 생각은 시간이 지나면서 변해 왔습니다. 당신이 어렸을 때, 사람들은 건강을 유지하기 위해 무엇을 했나요? 그땐 어떤 음식과 운동이 건강에 좋다고 여겨졌나요? 그 생각들이 세월이 지나면서 어떻게 변했는지 말해 주세요.

💡 **답변 아이디어 노트**

건강 유지에 대한 생각	확실히 많이 변했음
어릴 때	운동에만 신경 씀 - 걷기, 조깅, 운동
요즘	식단에 대해 더 생각함 - 건강한 음식 먹으려고 노력함
마무리	요즘 사람들은 건강에 더 신경 쓰는 것 같음

 IM

실제답변 바로보기 ▶

Intro It has definitely changed over the years.

Body When I was young, people only cared about exercising. That includes walking, jogging, or playing sports. However, things have changed a lot these days. People these days think more about diet, too. They try to eat healthy food.

Wrap-up I guess people are caring more about their health nowadays.

* IM1 보장 답변

세월이 지나면서 확실히 많이 변했어요. 제가 어렸을 때, 사람들은 운동에만 신경을 썼어요. 걷기, 조깅 또는 운동 같은 것들이 거기에 포함돼요. 하지만, 요즘은 상황이 많이 달라졌어요. 요즘 사람들은 식단에 대해 더 생각해요. 건강한 음식을 먹으려고 노력해요. 아마 요즘 사람들은 건강에 더 신경을 쓰는 것 같아요.

🔍 **주요 어휘**

only ~에만　include ~을 포함하다　walking 걷기　jogging 조깅

🎧 5_50

Q Ideas about staying healthy have changed over time. What did people do to stay healthy when you were a child? What foods and exercises were considered good for your health back then? Tell me how these ideas have changed over the years.

건강을 유지하는 것에 대한 생각은 시간이 지나면서 변해 왔습니다. 당신이 어렸을 때, 사람들은 건강을 유지하기 위해 무엇을 했나요? 그땐 어떤 음식과 운동이 건강에 좋다고 여겨졌나요? 그 생각들이 세월이 지나면서 어떻게 변했는지 말해 주세요.

 답변 아이디어 노트

건강 유지에 대한 생각	과거와 비교해 확실히 달라짐
어릴 때	주로 운동을 통해 건강 유지했음 - 동네 달리기, 밖에서 놀기 식단에는 크게 주의를 기울이지 X
요즘	더 많은 사람들이 건강한 식단의 중요성을 알고 있음 음식 구매 전, 칼로리 세기/영양 성분표 확인함
마무리	건강은 운동과 식단이 핵심임

실제답변 바로보기 ▶

Intro People's ideas about health are definitely different now compared to the past.

Body When I was young, I remember people staying healthy mainly through exercise. For example, they would **go for a run** in their neighborhood or play outside. People didn't really **pay attention to** their diet **as long as** they felt energetic. However, things have changed a lot now. More people **are aware of** the importance of a healthy diet. These days, many people even **count calories** or **check nutrition labels** before buying food. Therefore, they try to prepare balanced meals including fresh salads and protein.

Wrap-up **I'd have to say it's all about** exercise and diet.

* 이거 쓰면 AL

건강에 대한 사람들의 생각은 과거와 비교해 확실히 달라졌어요. 제가 어렸을 때는, 건강을 유지하는 사람들은 주로 운동을 통해 건강을 유지했던 것으로 기억해요. 예를 들어, 동네에서 달리기를 하거나 밖에서 놀곤 했어요. 사람들이 에너지가 넘치는 것을 느끼는 한 식단에는 크게 주의를 기울이지 않았어요. 하지만, 지금은 상황이 많이 변했어요. 더 많은 사람들이 건강한 식단의 중요성을 알고 있어요. 요즘은, 심지어 많은 사람들이 음식을 구매하기 전에 칼로리를 세거나 영양 성분표를 확인해요. 따라서, 신선한 샐러드와 단백질을 포함한 균형 잡힌 식사를 준비하려고 노력해요. 건강은 운동과 식단이 핵심이라고 말할 수 있어요.

 주요 어휘

through ~을 통해 **go for a run** 달리기를 하다 **as long as** ~하는 한 **be aware of** ~을 알다 **importance** 중요성 **protein** 단백질

① 건강식품을 파는 동네 식료품점

Q Tell me about a local health food store near you. How would you describe this place?
집 근처에 있는 건강식품 가게에 대해 말해 주세요. 그 장소를 어떻게 묘사할 수 있나요?

답변 아이디어 노트

근처 건강식품 가게	유명한 곳 하나 있음
판매 품목	신선한 과일/채소가 있음 음료/견과류도 팖
세부 설명	조금 작지만 매우 깨끗함 가격도 꽤 저렴, 직원들도 정말 친절함
마무리	정말 괜찮은 곳이라고 말할 수 있음

Intro There is one famous place near my home.

Body It's a food store that has fresh fruits and vegetables. They also have other types of healthy food such as drinks and nuts. The place is a little small but very clean. The prices are pretty cheap, and the staff is also very kind. Because of this reason, I visit there quite often.

Wrap-up I'd have to say it's a nice place.

* IM1 보장 답변

저희 집 근처에는 유명한 곳이 하나 있어요. 신선한 과일과 채소가 있는 식료품점이에요. 음료나 견과류 같은 다른 종류의 건강식품도 팔아요. 가게는 조금 작지만 매우 깨끗해요. 가격도 꽤 저렴하고, 직원들 정말 친절해요. 이런 이유 때문에, 그곳을 꽤 자주 방문해요. 정말 괜찮은 곳이라고 말할 수 있어요.

주요 어휘

famous 유명한 such as ~와 같은 clean 깨끗한 kind 친절한 because of ~ 때문에 visit ~에 방문하다 nice 괜찮은, 멋진

Q Tell me about a local health food store near you. How would you describe this place?
집 근처에 있는 건강식품 가게에 대해 말해 주세요. 그 장소를 어떻게 묘사할 수 있나요?

💡 답변 아이디어 노트

근처 건강식품 가게	유명한 장소 하나 있음
판매 품목	신선한 과일/채소 전문, 유기농 음료/건강한 유제품도 구할 수 있음
세부 설명	직원들이 항상 유용한 추천을 해줌 매장 크기는 작은 편, 정돈되고 깨끗한 느낌을 줌 가격도 합리적, 건강한 음식이 필요할 때마다 자주 방문함
마무리	우리 동네에서 최고의 선택지임

실제답변 바로보기 ▶

Intro There is one famous place that comes to mind, and I'll tell you a little bit about it.

Body It's a food store that **specializes in** fresh fruits and vegetables. You can also find healthy dairy products **as well as** organic drinks. **What I like the most is that** the staff always gives me helpful recommendations. Oh, and also, the store tends to be a little small in size, but it feels super **tidy** and clean. Lastly, the prices are quite reasonable, so I often visit this place whenever I need healthy food.

Wrap-up **To sum up**, this store is the best option in my neighborhood.

* 이거 쓰면 AL

떠오르는 유명한 장소가 하나 있는데, 그곳에 대해 말할게요. 그곳은 신선한 과일과 채소를 전문으로 하는 식료품점이에요. 유기농 음료뿐만 아니라 건강한 유제품도 구할 수 있어요. 제가 가장 좋아하는 점은 직원들이 항상 유용한 추천을 해준다는 거예요. 아, 그리고 매장 크기가 조금 작은 편이지만, 매우 정돈되고 깨끗한 느낌을 줘요. 마지막으로, 가격도 꽤 합리적이어서 건강한 음식이 필요할 때마다 이 장소를 자주 방문해요. 요약하면, 이 가게는 우리 동네에서 최고의 선택지예요.

🔍 주요 어휘

come to mind (머리에) 떠오르다 **specialize in** ~을 전문으로 하다 **A as well as B** B뿐만 아니라 A도 **recommendation** 추천 **tidy** 정돈된

 ❷ 건강한 사람들의 식습관

🎧 5_53

Q What are the typical eating habits of people who maintain good health? What kinds of foods do they normally eat on weekdays?
건강을 잘 유지하는 사람들의 일반적인 식습관은 무엇인가요? 보통 그 사람들은 평일에 어떤 음식을 먹나요?

 답변 아이디어 노트

건강한 사람들의 식습관	건강 유지를 위해 정말 중요함
식습관 설명	식습관 많이 신경 씀
예시	균형 잡힌 식사, 늦은 밤에 먹지 않음, 적절한 양 먹음 평일에는 깨끗한 재료로 만든 식사를 함
마무리	이게 다임

실제답변 바로가기 ▶

Intro Eating habits are really important to maintain good health.

Body So, healthy people take care of them a lot. For example, they try to eat balanced meals with fresh ingredients. Also, they don't eat late at night. Lastly, they eat the right portion size. I think they eat clean meals on weekdays for good health.

Wrap-up That's about it for healthy eating habits.

＊ IM1 보장 답변

건강을 좋게 유지하려면 식습관이 정말 중요해요. 그래서 건강한 사람들은 식습관에 많이 신경 써요. 예를 들어, 신선한 재료로 균형 잡힌 식사를 하려고 해요. 또한, 늦은 밤에는 먹지 않아요. 마지막으로, 적절한 양을 먹어요. 좋은 건강을 위해 평일에는 깨끗한 재료로 만든 식사를 한다고 생각해요. 건강한 식습관에 대해서는 이게 다예요.

🔍 주요 어휘

eat late 늦게 먹다 **at night** 밤에 **right** 적절한, 올바른 **portion** 양, 1인분 **clean meal** 깨끗한 재료로 만든 식사

Q What are the typical eating habits of people who maintain good health? What kinds of foods do they normally eat on weekdays?
건강을 잘 유지하는 사람들의 일반적인 식습관은 무엇인가요? 보통 그 사람들은 평일에 어떤 음식을 먹나요?

💡 답변 아이디어 노트

건강한 사람들의 식습관	좋은 건강 유지를 위해 식습관은 매우 중요함
식습관 설명	물 많이 마시기, 하루 세끼를 균형 잡힌 식사로 하는 습관 가짐
예시	자기 전에 야식/과식 피하기 평일에 신선한 음식 먹는 것이 엄청 중요함
마무리	건강한 사람들은 가볍지만 균형 잡힌 식사 고수하는 경향이 있음

실제답변 바로보기 ▶

Intro Eating habits are crucial for maintaining good health.

Body Many people I know care about their health a lot. They make it a habit to drink plenty of water and eat balanced meals three times a day, including breakfast, lunch, and dinner. Also, they try to avoid late-night snacks before going to bed. Another thing they avoid is overeating since it can cause health problems. I'd have to say, it's not good for your health. When it comes to eating habits, eating fresh food on weekdays is super important.

Wrap-up So overall, healthy people tend to stick to light yet balanced meals.

* 이거 쓰면 **AL**

좋은 건강을 유지하기 위해 식습관은 매우 중요해요. 제가 아는 많은 사람들은 건강에 대해 많이 신경 써요. 물을 많이 마시고, 아침, 점심, 그리고 저녁을 포함해 하루 세끼를 균형 잡힌 식사로 하는 습관을 갖고 있어요. 또한, 자기 전에 야식을 피하려고 노력해요. 또 한 가지 피하는 것은 과식인데, 이게 건강 문제를 일으킬 수 있기 때문이에요. 그래서 과식은 건강에 좋지 않다고 말할 수 있어요. 식습관과 관련해서는, 평일에 신선한 음식을 먹는 것이 엄청 중요해요. 그래서 전반적으로, 건강한 사람들은 가볍지만 균형 잡힌 식사를 고수하는 경향이 있어요.

🔍 주요 어휘

crucial 매우 중요한 **plenty of** 많은 **late-night snack** 야식 **overeating** 과식 **cause** ~을 일으키다 **stick to** ~을 고수하다 **light** 가벼운

 ③ 건강을 위해 새로운 것을 시도한 경험

Q There may have been a time when you learned something useful about staying healthy. Maybe it was from a class you attended, or a book you read. Describe the experience in detail.

건강을 유지하는 것과 관련해 유용한 것을 배운 때가 있을 겁니다. 아마도 당신이 참석했던 수업에서였거나, 당신이 읽은 책에서였을 수도 있습니다. 그 경험을 자세히 묘사해 주세요.

💡 답변 아이디어 노트

건강을 위해 배운 경험	유용한 걸 배운 것이 기억남
배운 장소/시간	학교 수업 시간
배운 내용	운동과 식단은 함께 해야 함 – 그전에는 몰라서 충격을 받았음 그때부터, 식단에 집중하려고 노력함 – 나에게 잘 맞았음
마무리	정말 유익한 수업이었음

 **IM**

실제답변 바로보기 ▶

Intro I remember learning something useful.

Body It was in class at school. The teacher said exercise and diet should go together. I didn't know that before. I used to think that only exercise was important. So, I was really shocked. Since then, I tried to focus on my diet, and it worked really well for me.

Wrap-up So, that was a really helpful lesson.

* IM1 보장 답변

유용한 걸 배운 것이 기억나요. 학교 수업 시간이었어요. 선생님께서 운동과 식단은 함께 해야 한다고 말씀하셨어요. 그전에는 그걸 몰랐어요. 저는 운동만 중요하다고 생각하곤 했어요. 그래서 정말 충격을 받았어요. 그때부터, 식단에 집중하려고 노력했는데 그게 저한테 정말 잘 맞았어요. 그래서 그건 정말 유익한 수업이었어요.

🔍 주요 어휘

learn ~을 배우다   **in class** 수업 시간에   **diet** 식단   **go together** 함께 하다   **shocked** 충격을 받은   **focus on** ~에 집중하다   **lesson** 수업, 교훈

Q There may have been a time when you learned something useful about staying healthy. Maybe it was from a class you attended, or a book you read. Describe the experience in detail.

건강을 유지하는 것과 관련해 유용한 것을 배운 때가 있을 겁니다. 아마도 당신이 참석했던 수업에서였거나, 당신이 읽은 책에서였을 수도 있습니다. 그 경험을 자세히 묘사해 주세요.

답변 아이디어 노트

건강을 위해 배운 경험	건강에 대해 유용한 것을 배웠던 걸 기억함
배운 장소/시간	고등학교 건강 수업 시간
배운 내용	선생님께서 운동과 식단은 항상 함께 해야 된다고 강조함 - 운동만 중요하다고 생각했기 때문에 놀랐음 수업을 바탕으로 식단 계획 시작 - 나에게 큰 변화를 가져옴
마무리	내가 생활하는 방식에 많은 영향을 주고 있음

 IH-AL

실제답변 바로보기 ▶

Intro I remember learning something very useful about health.

Body It was during a health class in high school. The teacher emphasized that exercise and diet should always go together. It was surprising to me because I had always thought that only exercise was important. It was memorable because I realized why my health routine hadn't been working well. From then on, I started planning my diet based on that health lesson. It turned out to be a great change for me.

Wrap-up This helpful lesson still has a lot of impact on how I live today.

* 이거 쓰면 AL

저는 건강에 대해 정말 유용한 것을 배웠던 걸 기억해요. 고등학교 건강 수업 시간이었어요. 선생님께서 운동과 식단은 항상 함께 해야 한다고 강조하셨어요. 저는 항상 운동만 중요하다고 생각해 왔기 때문에 놀랐어요. 제 건강 관리 루틴이 잘 되지 않았던 이유를 깨달았기 때문에 기억에 남아요. 그때부터, 저는 그 건강 수업을 바탕으로 식단을 계획하기 시작했어요. 그게 제게 큰 변화를 가져왔어요. 이 도움이 되는 수업은 여전히 오늘날 제가 생활하는 방식에 많은 영향을 주고 있어요.

주요 어휘

emphasize that ~라고 강조하다 **work well** 잘 되다 **based on** ~을 바탕으로 **have impact on** ~에 영향을 주다

돌발주제 05 지형

- 지형 문제는 돌발주제 중 가장 어려운 편이므로 모범답변을 꼼꼼하게 준비
- 주로 우리나라의 지형적 특징, 어렸을 때 좋아했던 우리나라 장소, 지형 관련 추억, 우리나라 사람들의 야외 활동, 우리나라가 10년간 겪은 변화 문제 출제
- 자가평가 난이도 5-5 이상을 선택한다면, 14-15번에 지리적으로 근접한 국가 변화, 이웃 국가 관련 뉴스, 우리나라와 이웃 국가와의 관계 변화/역사적 사건 등의 초고난도 문제 출제

문제 유형

🏅 최빈출 Combo

- Describe the geographical features of your country in detail. Are there any mountains, lakes, or rivers? How would you describe these features?

  당신의 나라의 지리적 특징을 자세히 묘사해 주세요. 산이나 호수, 또는 강이 있나요? 이러한 특징들을 어떻게 묘사할 수 있나요?

- What kinds of outdoor activities are popular in your country? Do people enjoy hiking, cycling, or swimming? Tell me about the activities people usually do outdoors.

  당신의 나라에서 어떤 야외 활동이 인기 있나요? 사람들이 등산하거나, 자전거 타기, 혹은 수영하는 것을 즐기나요? 사람들이 보통 야외에서 하는 활동에 대해 말해 주세요.

- Exploring your country's geography can lead to memorable experiences, like climbing a famous mountain or relaxing at a beautiful beach. Tell me about an unforgettable moment you spent at a natural location in your country.

  당신의 나라의 지리를 탐험하는 것은 유명한 산을 오르거나 아름다운 해변에서 휴식을 취하는 것 같은 기억에 남는 경험으로 이어질 수 있습니다. 당신의 나라의 자연 속에서 보냈던 잊을 수 없는 순간에 대해 말해 주세요.

고난도 Combo

- I'd like to know a little bit about a country near your own country. Tell me what the country is like, the people who live there, and some of the traditions they follow.

  당신의 나라 근처에 있는 나라에 대해 조금 알고 싶습니다. 그 나라는 어떤 곳인지, 그곳에 사는 사람들은 어떤지, 그리고 어떤 전통을 지키는지 말해 주세요.

- Think about a place you loved as a child in your country. Describe that place, and tell me your memories of it. What was it like when you were young?

  당신의 나라에서 어린 시절에 좋아했던 장소를 생각해 보세요. 그 장소를 묘사하고, 그곳에 대한 추억을 말해 주세요. 어렸을 때 그곳은 어땠나요?

- How has your country developed or changed during the last decade? Pick one specific area like urban development, tourism, or another, and give all the details about it.

  지난 10년 동안 당신의 나라가 어떻게 발전했거나 변화했나요? 도시 개발이나, 관광, 또는 다른 특정한 분야를 하나 선택하고, 그 변화에 대해 자세히 설명해 주세요.

필수 어휘 & 표현

🎧 5_58

지형
- mountain 산
- river 강
- beach 해변, 해수욕장
- forest, woods 숲
- island 섬
- waterfall 폭포
- meadow 초원
- lake 호수

지리적 특징
- special/unique 특별한, 독특한
- crystal clear 수정처럼 맑은
- diverse 다양한
- spectacular 장관을 이루는
- close 가까운

야외 활동
- be popular with ~에게 인기가 있다
- go hiking 등산하러 가다
- common 흔한
- ride bikes/cycling 자전거를 타다
- go for a run 달리기를 하다
- visit beaches 해변을 방문하다
- swim 수영하다
- skiing 스키
- be a popular choice 인기 있는 선택지이다
- be all about family time 가족과 함께 하는 시간이 핵심이다
- walk along the beach 해변을 따라 걷다
- have picnics 소풍을 가다
- forget about all my worries 모든 걱정을 잊다
- feel stress-free 스트레스가 사라진 느낌이다
- clear my mind 마음을 맑게 해주다
- be inspired by the view 경치에서 영감을 받다
- reflect on life 삶에 대해 성찰하다
- gain a new perspective 새로운 관점을 얻다

이웃 국가 특징
- polite 예의 바른
- kind/friendly 친절한
- widely loved 널리 사랑받는

우리나라가 겪은 변화
- develop 발전하다
- public transportation 대중교통
- look modern 현대적으로 보이다
- skyscraper 고층 건물
- enjoy a better quality of life 더 나은 삶의 질을 즐기다
- densely populated 인구가 밀집된
- well-planned 잘 계획되어 있는
- be eco-friendly 친환경적이다
- be polluted 오염되었다
- lack green spaces 녹지가 부족하다

돌발주제 05 지형 205

 ❶ 우리나라의 지형적 특징

🎧 5_59

Q Describe the geographical features of your country in detail. Are there any mountains, lakes, or rivers? How would you describe these features?

당신의 나라의 지리적 특징을 자세히 묘사해 주세요. 산이나 호수, 또는 강이 있나요? 이러한 특징들을 어떻게 묘사할 수 있나요?

 답변 아이디어 노트

우리나라 지리적 특징	말할 수 있는 것들 많이 있음
특징 설명	특별한 특징 여러 가지 있음 산이 많음 - 거의 모든 곳에서 볼 수 있음
추가 설명	강도 많이 있음, 일부 도시는 아름다운 해변도 있음
마무리	우리나라는 정말 특별하다고 생각함

 IM

 실제답변 바로보기 ▶

Intro There are many things I can tell you about my country.

Body My country has several special features. First of all, there are a lot of mountains. You can see them almost everywhere. Second, we have many rivers, too. It makes my country more unique. Lastly, some cities have beautiful beaches, and they are very popular with tourists.

Wrap-up So, I think my country is very special.

* IM1 보장 답변

우리나라에 대해 말할 수 있는 것들이 많이 있어요. 우리나라는 특별한 특징이 여러 가지 있어요. 우선, 산이 많아요. 거의 모든 곳에서 산을 볼 수 있어요. 둘째, 강도 많이 있어요. 이게 우리나라를 더 독특하게 만들어요. 마지막으로, 일부 도시에는 아름다운 해변이 있어서 관광객들에게 정말 인기가 많아요. 그래서 우리나라는 정말 특별하다고 생각해요.

🔍 주요 어휘

feature 특징, 특성   everywhere 모든 곳에서, 어디서나   city 도시   beautiful 아름다운   tourist 관광객

Q Describe the geographical features of your country in detail. Are there any mountains, lakes, or rivers? How would you describe these features?

당신의 나라의 지리적 특징을 자세히 묘사해 주세요. 산이나 호수, 또는 강이 있나요? 이러한 특징들을 어떻게 묘사할 수 있나요?

답변 아이디어 노트

우리나라 지리적 특징	우리나라의 지리적 특징으로 말할 게 많음
특징 설명	산들의 수 - 우리 생활 방식의 큰 부분을 차지함 　　　 - 도심 한가운데서도 산을 찾을 수 있음 긴 강들 - 걷기/자전거 타기 좋은 길도 있음 　　　 - 주요 도시들을 가로지르기도 함
추가 설명	해안선을 따라 있는 아름다운 해변 - 수정처럼 맑아 상쾌한 느낌이 듦
마무리	우리나라의 지리는 독특하면서도 다양함

 IH-AL

실제답변 바로보기 ▶

Intro There are many geographical features in my country that I can tell you about.

Body My country has several unique geographical features. One thing that stands out is the number of mountains. Many people go hiking all year round, so mountains are a big part of our lifestyle. You can even find them right in the middle of a city. Another feature is the long rivers. These rivers also have great paths for walking or cycling. They often run through major cities, too. This makes the city more beautiful. Last but not least, we have beautiful beaches along the coastlines. They have crystal clear water, which makes the place super refreshing.

Wrap-up So, I'd have to say my country's geography is both unique and diverse.

＊이거 쓰면 **AL**

우리나라의 지리적 특징으로 말할 게 많이 있어요. 우리나라는 독특한 지리적 특징을 몇 개 가지고 있어요. 눈에 띄는 한 가지는 산들의 수예요. 연중 내내 많은 사람들이 등산하러 가서, 산은 우리의 생활 방식에서 큰 부분을 차지해요. 심지어 도심 한가운데서도 산을 찾을 수 있어요. 또 다른 특징은 긴 강들이에요. 이 강들에는 걷기나 자전거 타기에 좋은 길도 있어요. 또 주요 도시들을 가로지르기도 해요. 이게 도시를 더 아름답게 만듭니다. 마지막이지만 중요한 건, 해안선을 따라 있는 아름다운 해변들도 있어요. 해변들은 수정처럼 맑아서 매우 상쾌한 느낌이 들게 해요. 그래서 저는 우리나라의 지리가 독특하면서도 다양하다고 말하고 싶어요.

🔍 주요 어휘

all year around 연중 내내　**path** 길　**run through** ~을 가로지르다　**last but not least** 마지막이지만 중요한건　**coastline** 해안선

 ② 우리나라 사람들의 보편적 야외 활동

🎧 5_61

Q What kinds of outdoor activities are popular in your country? Do people enjoy hiking, cycling, or swimming? Tell me about the activities people usually do outdoors.
당신의 나라에서 어떤 야외 활동이 인기 있나요? 사람들이 등산하거나, 자전거 타기, 혹은 수영하는 것을 즐기나요? 사람들이 보통 야외에서 하는 활동에 대해 말해 주세요.

💡 답변 아이디어 노트

우리나라에서 인기 있는 야외 활동	많은 야외 활동들을 즐김
야외 활동 종류	등산, 자전거 타기, 달리기
계절별 야외 활동	여름 - 수영하기 위해 해변 방문함 겨울 - 스키가 인기 있는 선택지임
마무리	한국에서 야외 활동 생활은 꽤 인기 있음

  실제답변 바로보기 ▶

Intro People in my country enjoy many outdoor activities.

Body Hiking is very common, especially on weekends. Some people also like riding bikes or going for a run. In the summer, families often visit beaches to swim. On the other hand, in the winter, skiing is a popular choice. These activities are all about family time.

Wrap-up So, outdoor life is quite popular here in Korea.

* IM1 보장 답변

우리나라 사람들은 많은 야외 활동들을 즐겨요. 등산은 정말 흔한데, 특히 주말에 흔합니다. 어떤 사람들은 자전거를 타거나 달리기를 하는 걸 좋아해요. 여름에는, 가족들이 수영을 하기 위해 해변을 종종 방문해요. 반면, 겨울에는 스키가 인기 있는 선택지예요. 이런 활동들은 모두 가족과 함께하는 시간이 핵심이에요. 그래서 여기 한국에선 야외 활동 생활은 꽤 인기 있어요.

🔍 주요 어휘

outdoor activity 야외 활동 **especially** 특히 **on weekends** 주말에

🎧 5_62

Q What kinds of outdoor activities are popular in your country? Do people enjoy hiking, cycling, or swimming? Tell me about the activities people usually do outdoors.

당신의 나라에서 어떤 야외 활동이 인기 있나요? 사람들이 등산하거나, 자전거 타기, 혹은 수영하는 것을 즐기나요? 사람들이 보통 야외에서 하는 활동에 대해 말해 주세요.

💡 답변 아이디어 노트

우리나라에서 인기 있는 야외 활동	우리나라 사람들은 다양한 야외 활동을 즐김
야외 활동 종류	등산이 가장 인기 있는 활동 - 어디에서나 산을 볼 수 있기 때문 도심에서 강을 찾을 수 있어서 자전거 타거나 조깅 즐김
계절별 야외 활동	여름 - 수영하기 위해 해변 자주 방문함 겨울 - 스키 타러 가는 것 선호함
마무리	우리나라에는 즐길 수 있는 야외 활동이 정말 많음

Intro People in my country enjoy many outdoor activities, and I'll tell you a little bit about them.

Body Hiking is the most popular activity because there are mountains everywhere in my country. It's **not only** good exercise **but also** a way to **enjoy nature**. **As I mentioned earlier**, you can find rivers in the city, so people enjoy cycling or jogging along them. In the summer, people often visit beaches to swim during family trips. On the other hand, in the winter, people prefer going skiing because it feels both refreshing and exciting.

Wrap-up So, **when it comes to** activities, there are plenty of outdoor activities you can enjoy in my country.

* 이거 쓰면 AL

우리나라 사람들은 다양한 야외 활동을 즐기는데, 이에 대해 조금 말해볼게요. 등산은 가장 인기 있는 활동인데, 우리나라 어디에서나 산을 볼 수 있기 때문이에요. 등산은 좋은 운동이 될 뿐만 아니라 자연을 즐길 수 있는 방법이기도 해요. 앞서 말한 것처럼, 도심에서도 강을 찾을 수 있어서 사람들은 강을 따라 자전거를 타거나 조깅을 즐겨요. 여름엔, 사람들은 가족 여행 중에 수영하기 위해 해변을 자주 방문해요. 반면, 겨울엔 사람들은 스키를 타러 가는 걸 선호하는데, 상쾌하고 신나기 때문이에요. 그래서 활동에 관해서라면, 우리나라에는 즐길 수 있는 야외 활동이 정말 많아요.

🔍 주요 어휘

not only A but also B A뿐만 아니라 B도   **enjoy nature** 자연을 즐기다   **go skiing** 스키를 타러 가다   **refreshing** 상쾌한

3 지형 관련 국내 장소 추억

🎧 5_63

Q Exploring your country's geography can lead to memorable experiences, like climbing a famous mountain or relaxing at a beautiful beach. Tell me about an unforgettable moment you spent at a natural location in your country.

당신의 나라의 지리를 탐험하는 것은 유명한 산을 오르거나 아름다운 해변에서 휴식을 취하는 것 같은 기억에 남는 경험으로 이어질 수 있습니다. 당신의 나라의 자연 속에서 보냈던 잊을 수 없는 순간에 대해 말해 주세요.

💡 답변 아이디어 노트

국내 지형 장소 경험	잊을 수 없는 경험 하나 있음
경험 설명	작년, 부산 해수욕장 갔을 때였음 – 가족과 함께 방문함
자연 속에 있었던 순간 묘사	경치가 정말 멋졌고, 바닷물은 수정처럼 맑았음 그날 정말 편안한 기분이었음
마무리	그날을 절대 잊을 수 없음

실제답변 바로보기 ▶

Intro I have an unforgettable experience.

Body It was last year when I went to a beach in Busan called Haeundae. I visited there with my family. The view was amazing, and the water was crystal clear. We walked along the beach and took some pictures. I felt super relaxed that day.

Wrap-up So, I can never forget that day.

* IM1 보장 답변

잊을 수 없는 경험이 하나 있어요. 작년에 해운대라는 부산의 해수욕장에 갔을 때였어요. 가족과 함께 그곳을 방문했어요. 경치가 정말 멋졌고, 바닷물은 수정처럼 맑았어요. 우리는 해변을 따라 걸었고, 사진도 좀 찍었어요. 그날 정말 편안한 기분이었어요. 그래서 저는 그날을 절대 잊을 수 없어요.

🔍 주요 어휘

called A A라는, A라고 불리는　**view** 경치, 경관　**water** 바닷물　**take pictures** 사진을 찍다　**relaxed** 편안한　**never** 절대

Q Exploring your country's geography can lead to memorable experiences, like climbing a famous mountain or relaxing at a beautiful beach. Tell me about an unforgettable moment you spent at a natural location in your country.

당신의 나라의 지리를 탐험하는 것은 유명한 산을 오르거나 아름다운 해변에서 휴식을 취하는 것 같은 기억에 남는 경험으로 이어질 수 있습니다. 당신의 나라의 자연 속에서 보냈던 잊을 수 없는 순간에 대해 말해 주세요.

답변 아이디어 노트

국내 지형 장소 경험	잊을 수 없는 추억 하나 있음
경험 설명	작년, 가족과 함께 부산에 있는 해운대 해수욕장에 감 – 모두가 신났음
자연 속에 있었던 순간 묘사	가장 좋았던 점은 경치 - 수정처럼 맑은 물/경치가 장관을 이뤘음 특히 파도 소리가 정말 좋았음 - 모든 걱정을 잊게 만듦
마무리	이런 추억들 때문에, 그날을 절대 잊지 못할 것 같음

실제답변 바로보기 ▶

Intro I have one unforgettable memory that comes to my mind.

Body Last year, I went to Haeundae beach in Busan with my family. It was our first family trip there, so we were all excited. We even took lots of pictures to remember the trip. The best part was the view. The beach had spectacular scenery with crystal clear water. I especially loved the sound of the waves. That sound really made me forget about all my worries. Even though the place was very crowded, the trip turned out to be perfect for us.

Wrap-up Because of these memories, I will never forget that day.

* 이거 쓰면 AL

떠오르는 잊을 수 없는 추억이 하나 있어요. 작년에, 가족과 함께 부산에 있는 해운대 해수욕장에 갔어요. 그곳으로의 가족 여행은 처음이어서 모두가 정말 신났어요. 우리는 여행을 기억하기 위해 사진도 많이 찍었어요. 가장 좋았던 점은 바로 경치였어요. 해수욕장은 수정처럼 맑은 물과 함께 경치가 장관을 이루었어요. 특히 파도 소리가 정말 좋았어요. 그 소리는 제 모든 걱정을 잊을 수 있게 만들었어요. 그곳은 매우 붐볐지만, 여행은 우리에게 완벽했어요. 이런 추억들 때문에, 저는 그날을 절대 잊지 못할 거예요.

🔍 주요 어휘

scenery 경치 **sound** 소리 **wave** 파도 **even though** ~지만, ~임에도 불구하고 **crowded** 붐비는 **perfect** 완벽한

 ① 이웃 국가의 특징/성향/전통

🎧 5_65

Q I'd like to know a little bit about a country near your own country. Tell me what the country is like, the people who live there, and some of the traditions they follow.

당신의 나라 근처에 있는 나라에 대해 조금 알고 싶습니다. 그 나라는 어떤 곳인지, 그곳에 사는 사람들은 어떤지, 그리고 어떤 전통을 지키는지 말해 주세요.

💡 답변 아이디어 노트

우리나라 근처에 있는 나라	근처에 있는 나라 한 곳 묘사하겠음
근처 나라 특징 설명	일본은 우리나라와 정말 가까움 아름다운 해변/강도 있다고 알고 있음 사람들은 예의 바르고 친절함
전통 소개	다도 같은 전통도 있음
마무리	일본에 대한 건 이 정도임

 IM

실제답변 바로보기 ▶

Intro Let me describe a country near mine.

Body Japan is very close to my country. I know that there are beautiful beaches and rivers, too. People are very polite and kind. They also have traditions, like tea ceremonies. Plus, Japanese food is very famous and delicious.

Wrap-up That's about it for Japan.

IM1 보장 답변

우리나라 근처에 있는 나라 한 곳을 묘사해 볼게요. 일본은 우리나라와 정말 가까워요. 일본에는 아름다운 해변과 강도 있다고 알고 있어요. 사람들은 정말 예의 바르고 친절해요. 다도와 같은 전통도 있어요. 게다가, 일본 음식은 정말 유명하고 맛있어요. 일본에 대한 건 이 정도예요.

🔍 주요 어휘

tradition 전통 **like** ~와 같은 **tea ceremony** 다도 **plus** 게다가, 덧붙여 **famous** 유명한 **delicious** 맛있는

Q I'd like to know a little bit about a country near your own country. Tell me what the country is like, the people who live there, and some of the traditions they follow.

당신의 나라 근처에 있는 나라에 대해 조금 알고 싶습니다. 그 나라는 어떤 곳인지, 그곳에 사는 사람들은 어떤지, 그리고 어떤 전통을 지키는지 말해 주세요.

답변 아이디어 노트

우리나라 근처에 있는 나라	가장 먼저 떠오르는 이웃나라는 일본
근처 나라 특징 설명	우리나라와 정말 가까운 섬나라, 사람들이 아주 예의 바르고/친절함 눈에 띄는 하나는 그곳의 음식 - 라멘 파는 다양한 가게 있음 - 초밥은 전 세계적으로 사랑받음
전통 소개	다도와 같은 전통 행사도 있음 - 정말 흥미로움
마무리	이웃나라에 대한 건 이 정도임

실제답변 바로보기 ▶

Intro The first neighboring country that comes to my mind is Japan.

Body Japan is an island nation that is very close to my country. As far as I know, people there are very polite and friendly. One thing that stands out is their food. Apparently, there are a wide variety of stores that sell ramen using locally grown ingredients. Another popular dish is sushi, which is widely loved all around the world. They also have traditional events like tea ceremonies, which I find quite interesting.

Wrap-up So, that's about it for a neighboring country.

＊ 이거 쓰면 AL

가장 먼저 떠오르는 이웃나라는 일본이에요. 일본은 우리나라와 정말 가까운 섬나라예요. 제가 알기로는, 그곳 사람들은 아주 예의 바르고 친절해요. 눈에 띄는 하나는 그곳의 음식이에요. 분명히, 일본에는 현지에서 재배한 재료를 사용한 라멘을 파는 다양한 가게가 있어요. 또 다른 인기 있는 음식은 초밥인데, 초밥은 전 세계적으로 널리 사랑받고 있어요. 다도와 같은 전통 행사도 있는데, 저는 그게 정말 흥미롭다고 생각해요. 그래서 이웃나라에 대한 건 이 정도예요.

🔍 주요 어휘

neighboring 이웃의 **nation** 나라, 국가 **apparently** 분명히 **locally grown** 현지에서 재배한 **traditional** 전통의

 **② 어릴 때 좋아했던 우리나라 장소**

🎧 5_67

Q Think about a place you loved as a child in your country. Describe that place, and tell me your memories of it. What was it like when you were young?

당신의 나라에서 어린 시절에 좋아했던 장소를 생각해 보세요. 그 장소를 묘사하고, 그곳에 대한 추억을 말해 주세요. 어렸을 때 그곳은 어땠나요?

💡 답변 아이디어 노트

어릴 적 좋아했던 우리나라 장소	장소가 하나 있음
장소 묘사	집 근처 아름다운 해변, 주말마다 가족과 함께 가곤 했음
어린시절 추억	샌드위치/신선한 음료를 들고 소풍 가기도 함 정말 재밌는 활동이었음
마무리	아직도 그곳을 선명하게 기억함

실제답변 바로보기 ▶

Intro There is a place from my childhood.

Body It was a beautiful beach near my home. I used to go there with my family on weekends. Sometimes, we had picnics with sandwiches and fresh drinks. The fresh air made me feel so relaxed. It was a super fun activity for me.

Wrap-up I still remember that place clearly.

＊ IM1 보장 답변

제 어린 시절의 장소가 하나가 있어요. 집 근처에 아름다운 해변이 있었어요. 저는 주말마다 가족과 함께 그곳에 가곤 했어요. 때때로, 샌드위치와 신선한 음료를 들고 소풍을 가기도 했어요. 신선한 공기가 매우 편안한 기분을 들게 했어요. 제게는 정말 재밌는 활동이었어요. 저는 아직도 그곳을 선명하게 기억해요.

🔍 **주요 어휘**

near ~ 근처에   fresh 신선한   drink 음료   air 공기   activity 활동   clearly 선명하게

Q Think about a place you loved as a child in your country. Describe that place, and tell me your memories of it. What was it like when you were young?

당신의 나라에서 어린 시절에 좋아했던 장소를 생각해 보세요. 그 장소를 묘사하고, 그곳에 대한 추억을 말해 주세요. 어렸을 때 그곳은 어땠나요?

 답변 아이디어 노트

어릴 적 좋아했던 우리나라 장소	특별했던 장소 하나 생각할 수 있음
장소 묘사	우리 동네에 꽤 유명한 아름다운 해변이 있었음 주말마다 음식 가져가 작은 소풍을 하곤 함
어린시절 추억	여름에 그곳에서 수영했던 게 가장 좋았음 해가 질 때까지 머물렀는데, 그 풍경은 잊을 수 없음
마무리	그 해변을 절대 잊지 못함

 IH-AL

 실제답변 바로보기 ▶

Intro I can think of one special place from my childhood.

Body Actually, there are many, but let me describe one in detail. My neighborhood had a beautiful beach that was quite famous. My family used to bring food and have small picnics there every weekend. I remember we often played beach volleyball or built sandcastles. The best part was swimming there in summer. We all jumped in and had heaps of fun. Sometimes we stayed until sunset, and the view was just unforgettable. Even today, those memories make me smile.

Wrap-up I will never forget that beach.

* 이거 쓰면 AL

어린 시절 특별했던 장소 하나를 생각할 수 있어요. 사실 많지만, 그중 하나를 자세히 묘사해 드릴게요. 우리 동네에는 꽤 유명한 아름다운 해변이 있었어요. 우리 가족은 매주 주말마다 음식을 가져가 작은 소풍을 하곤 했어요. 종종 해변에서 배구를 하거나 모래성을 쌓으며 놀았던 기억이 나요. 가장 좋았던 점은 여름에 그곳에서 수영을 했던 거예요. 모두 함께 물속으로 뛰어들었고 정말 많이 즐거웠어요. 때로는 해가 질 때까지 머물렀는데, 그 풍경은 그냥 잊을 수 없었어요. 심지어 지금도 그 추억들은 저를 웃게 해요. 저는 그 해변을 절대 잊지 못할 거예요.

 주요 어휘

volleyball 배구 **build sandcastles** 모래성을 쌓다 **jump in** 뛰어들다 **heaps of** 정말 많이 **until sunset** 해가 질 때까지

 ③ 우리나라가 지난 10년간 겪은 변화 중 하나

Q How has your country developed or changed during the last decade? Pick one specific area like urban development, tourism, or another, and give all the details about it.

지난 10년 동안 당신의 나라가 어떻게 발전했거나 변화했나요? 도시 개발이나, 관광, 또는 다른 특정한 분야를 하나 선택하고, 그 변화에 대해 자세히 설명해 주세요.

💡 답변 아이디어 노트

10년 동안의 우리나라 발전 여부	많이 변했다고 생각함
변화한 분야	새로운 건물/아파트도 많음 요즘 대중교통은 정말 빠름 쇼핑몰/공원들도 더 많이 있음
변화 설명	지금은 도시가 매우 현대적으로 보임
마무리	요즘 우리나라 정말 좋음

실제답변 바로보기 ▶

Intro I think my country has changed a lot.

Body The cities have developed a lot. We have many new buildings and apartments. Also, public transportation is super fast these days. It makes our life very convenient. Plus, there are more shopping malls and parks. The cities look very modern now.

Wrap-up I love my country these days.

* IM1 보장 답변

저는 우리나라가 많이 변했다고 생각해요. 도시들이 많이 발전했어요. 새로운 건물과 아파트도 많아요. 또, 요즘 대중교통은 정말 빨라요. 이게 우리의 생활을 아주 편리하게 해 줘요. 게다가, 쇼핑몰과 공원들도 더 많이 있어요. 지금은 도시들이 매우 현대적으로 보여요. 저는 요즘 우리나라가 정말 좋아요.

🔍 주요 어휘

building 건물 fast 빠른 convenient 편리한 park 공원

🎧 5_70

Q How has your country developed or changed during the last decade? Pick one specific area like urban development, tourism, or another, and give all the details about it.

지난 10년 동안 당신의 나라가 어떻게 발전했거나 변화했나요? 도시 개발이나, 관광, 또는 다른 특정한 분야를 하나 선택하고, 그 변화에 대해 자세히 설명해 주세요.

💡 답변 아이디어 노트

10년 동안의 우리나라 발전 여부	과거와 비교해 눈에 띄게 발전했다고 생각함
변화한 분야	주요한 변화 하나는 도시 개발 - 곳곳에 많은 고층 건물/새로운 아파트 있음 더 많은 공원/문화 공간도 있음 - 더 나은 삶의 질 즐길 수 있음
변화 설명	가장 좋은 점은 대중교통 시스템 지하철 노선도 많아 환승이 정말 편리함
마무리	지난 몇 년 동안 우리나라가 발전한 모습이 정말 좋음

실제답변 바로보기 ▶

Intro Compared to the past, I think my country has developed dramatically.

Body One major change is urban development. There are so many skyscrapers and new apartments everywhere, making the cities look more modern now. There are also more parks and cultural spaces, so people can enjoy a better quality of life. In fact, the best part is the public transportation system. It is super fast and convenient. For example, digital systems now show exact arrival times of buses at bus stops. Plus, there are many subway lines, so it's very convenient to transfer.

Wrap-up I really love how my country has developed over the past few years.

* 이거 쓰면 AL

과거와 비교해, 우리나라는 눈에 띄게 발전했다고 생각해요. 주요한 변화 하나는 도시 개발이에요. 곳곳에 많은 고층 건물과 새로운 아파트가 있고, 이게 도시들을 더 현대적으로 보이게 만들어요. 더 많은 공원과 문화 공간도 있어서 사람들이 더 나은 삶의 질을 즐길 수 있어요. 사실, 가장 좋은 점은 대중교통 시스템이에요. 매우 빠르고 편리해요. 예를 들어, 현재 디지털 시스템은 버스 정류장에서 정확한 버스 도착 시간을 보여줘요. 게다가, 지하철 노선도 많아서 환승이 정말 편리해요. 저는 지난 몇 년 동안 우리나라가 발전한 모습이 정말 좋아요.

🔍 주요 어휘

dramatically 눈에 띄게, 극적으로 **urban development** 도시 개발 **exact** 정확한 **arrival time** 도착 시간 **transfer** 환승하다

돌발주제 06 가족/친구

- 가족/친구 문제는 선택주제 집/집에서 보내는 휴가에서 사용했던 모범답변을 활용해 답변 가능
- 최빈출 필수 Combo 문제는 **자주 보는 가족/친구, 가족/친구를 만나면 주로 하는 일, 가족/친구와 최근 했던 일**
- 자가평가 난이도 5-5 이상을 선택한다면, 14-15번에 **가족/친구 2명 비교, 가족/친구와의 대화 주제** 등의 고난도 문제 출제
- 고난도 Combo의 1번 문제는 최빈출 Combo에 출제된 세 문제 중에서 랜덤으로 출제

문제 유형

최빈출 Combo

- Tell me about a friend or family member you see often. What do they look like, and what kind of person are they?

  자주 보는 친구나 가족 구성원에 대해 말해 주세요. 어떻게 생겼고, 어떤 사람인가요?

- Tell me about the things you like to do when spending time with friends or family. What do you enjoy doing together, and why do you like those activities?

  친구나 가족과 시간을 보낼 때 당신이 하고 싶은 것들에 대해 말해 주세요. 함께 무엇을 하는 것을 즐기고, 왜 그런 활동들을 좋아하나요?

- Think about the last time you met with friends or family members. Who was there, and when did it happen? Describe everything you did from the moment you got together until the day ended.

  친구나 가족을 최근에 만났던 때를 생각해 보세요. 누가 있었고, 언제였나요? 함께 모인 순간부터 하루가 끝날 때까지 했던 모든 것을 묘사해 주세요.

고난도 Combo

- Can you tell me about a time you visited a friend or a family member? What did you do, and what made it special? Tell me everything that happened during the visit.

  친구나 가족 구성원을 방문했던 때에 대해 말해 줄 수 있나요? 무엇을 했고, 무엇이 그걸 특별하게 만들었나요? 방문하는 동안 일어났던 모든 일을 말해 주세요.

- Tell me about an early experience of visiting friends or family. Where did you go, and who did you spend time with? How did you feel?

  친구나 가족을 방문했던 어린 시절의 경험에 대해 말해 주세요. 어디로 갔고, 누구와 함께 시간을 보냈나요? 어떤 기분이었나요?

필수 어휘 & 표현

🎧 5_72

가족/친구

- ☐ one of my friends 내 친구들 중 한 명
- ☐ best friend 가장 친한 친구
- ☐ parents 부모님
- ☐ brother 남동생, 형
- ☐ grandparents 조부모님
- ☐ extended family 친척, 대가족

- sister 여동생, 누나
- aunt 고모, 이모
- uncle 삼촌
- cousin 사촌
- grandmother 할머니
- grandfather 할아버지

가족/친구 특징

- ☐ funny 웃기는, 재미있는
- ☐ supportive 든든한, 힘을 주는
- ☐ rely on ~에게 기댈 수 있다
- ☐ see on a regular basis 꾸준히 만나다
- ☐ cheerful 쾌활한

- considerate 배려하는
- positive 긍정적인
- reliable 믿을 수 있는
- sociable 사교적인
- lively 에너지가 넘치는

가족/친구와 하는 일

- ☐ meet almost every weekend 거의 매주 주말에 만나다
- ☐ have meals together 함께 식사하다
- ☐ watch movies 영화를 보다
- ☐ chat 이야기하다
- ☐ eat out 외식하다
- ☐ catch up with each other 서로의 근황을 공유하다
- ☐ gather 모이다
- ☐ go to a beach 해변에 가다
- ☐ walk along the shore 해안가를 따라 걷다
- ☐ play games 게임하다
- ☐ invite A over A를 초대하다
- ☐ play chess 체스를 두다

가족/친구에 대한 내 생각

- ☐ love spending time with ~와 시간을 보내는 게 정말 좋다
- ☐ feel relaxed 편안한 느낌이 들다
- ☐ such a good time 정말 좋은 시간
- ☐ Everything was perfect. 모든 게 완벽했어요.
- ☐ miss those days 그날들이 그립다
- ☐ be full of laughter 웃음으로 가득하다

- It couldn't have been better. 더할 나위 없이 좋았다.
- I enjoyed myself. 즐거웠다.
- It left me with great memories. 좋은 추억을 남겼다.
- I had the best time ever. 지금까지 가장 좋은 시간이었다.
- Everything went perfectly. 모든 것이 순조로웠다.

❶ 자주 보는 가족/친구

🎧 5_73

Q Tell me about a friend or family member you see often. What do they look like, and what kind of person are they?

자주 보는 친구나 가족 구성원에 대해 말해 주세요. 어떻게 생겼고, 어떤 사람인가요?

💡 답변 아이디어 노트

자주 보는 가족/친구	친구들 중 한 명에 대해 말하겠음
생김새	긴 머리, 항상 웃고 있음 웃기고 든든한 친구
특징	거의 매주 주말에 만남
마무리	나의 가장 친한 친구임

 IM

실제답변 바로가기 ▶

Intro I'll tell you about one of my friends.

Body She is my best friend from high school. She has long hair and always smiles. She is a funny and supportive friend. So, I can always rely on her when I need help. We meet almost every weekend. I love spending time with her.

Wrap-up I'd have to say she is my best friend.

* IM1 보장 답변

제 친구들 중 한 명에 대해 말씀드릴게요. 그녀는 고등학교 때부터 가장 친한 친구예요. 긴 머리를 가지고 있고 항상 웃고 있어요. 웃기고 든든한 친구예요. 그래서 제가 도움이 필요할 때마다 항상 친구에게 기댈 수 있어요. 우리는 거의 매주 주말에 만나요. 저는 친구와 시간을 보내는 게 정말 좋아요. 그녀가 제 가장 친한 친구라고 말할 수 있어요.

🔍 주요 어휘

high school 고등학교 **long** 긴 **smile** 웃다, 미소를 짓다 **need help** 도움이 필요하다

🎧 5_74

Q Tell me about a friend or family member you see often. What do they look like, and what kind of person are they?

자주 보는 친구나 가족 구성원에 대해 말해 주세요. 어떻게 생겼고, 어떤 사람인가요?

💡 답변 아이디어 노트

자주 보는 가족/친구	꾸준히 만나는 친구에 대해 말하겠음
생김새	고등학교 때부터 가장 친한 친구였음 검은색 긴 머리/따뜻한 미소를 가지고 있음, 밝은 색으로 옷을 입음
특징	쾌활하고 든든함, 함께 있을 때 편안한 느낌 항상 주의 깊게 들어줌, 유용한 조언해 줌 주말에 만나 커피를 마심
마무리	나의 제일 친한 친구라고 말할 수 있음

실제답변 바로보기 ▶

Intro I'll tell you about a friend I see on a regular basis.

Body When it comes to her, she has been my best friend since high school. She has long black hair and a warm smile. She usually dresses in bright colors, which perfectly matches her cheerful personality. Her smile makes people feel comfortable. The best thing about her is that she is cheerful and supportive, so I always feel super relaxed when I'm with her. Whenever I have a problem, she listens carefully and gives me useful advice. We usually meet on weekends for coffee. That's the best time of my weekend.

Wrap-up I can definitely say she is my best friend.

* 이거 쓰면 AL

제가 꾸준히 만나는 친구에 대해 말할게요. 그 친구에 관해서라면, 고등학교 때부터 가장 친한 친구였어요. 친구는 검은색 긴 머리와 따뜻한 미소를 가지고 있어요. 보통 밝은 색의 옷을 입는데, 친구의 명랑한 성격과 완벽하게 어울려요. 친구의 미소는 사람들이 편안한 느낌이 들게 만들어요. 그 친구의 가장 좋은 점은 쾌활하고 든든해서, 함께 있을 때 항상 편안한 느낌이 들어요. 제게 문제가 있을 때면, 친구는 항상 주의 깊게 들어주고 유용한 조언을 해줘요. 우리는 보통 주말에 만나 커피를 마셔요. 그 시간이 주말 중 제가 가장 좋아하는 시간이에요. 저는 확실히 그녀가 저의 제일 친한 친구라고 말할 수 있어요.

🔍 주요 어휘

dress 옷을 입다 **perfectly match** ~와 완벽하게 어울리다 **carefully** 주의 깊게 **useful** 유용한 **advice** 조언

 ❷ 가족/친구를 만나면 주로 하는 일

🎧 5_75

Q Tell me about the things you like to do when spending time with friends or family. What do you enjoy doing together, and why do you like those activities?
친구나 가족과 시간을 보낼 때 당신이 하고 싶은 것들에 대해 말해 주세요. 함께 무엇을 하는 것을 즐기고, 왜 그런 활동들을 좋아하나요?

💡 답변 아이디어 노트

가족/친구와 하는 일	함께 많은 걸 함
활동 설명	함께 식사하기, 집/영화관에서 영화 보기 멋진 카페에서 이야기하기
활동에 대한 내 생각	나를 편안하게 해 줌 함께 한 모든 순간은 정말 특별함
마무리	친구/가족과 함께 시간 보내는 것 정말 좋아함

 **IM**

실제답변 바로보기 ▶

Intro I do many different things with my friends and family.

Body When I meet them, we usually have meals together. Sometimes, we watch movies at home or in theaters. I enjoy both. Also, we chat at a nice café. It makes me feel relaxed. Every moment with them is very special to me.

Wrap-up I really love spending time with my friends and family.

* IM1 보장 답변

저는 친구 그리고 가족과 함께 많은 걸 해요. 그 사람들과 만날 때, 보통 함께 식사를 해요. 때로는, 집이나 영화관에서 영화를 보기도 해요. 저는 둘 다 즐겨요. 또한, 멋진 카페에서 이야기를 하기도 해요. 그게 저를 편안하게 해 줘요. 그 사람들과 함께 한 모든 순간은 제게 정말 특별해요. 저는 친구 그리고 가족과 함께 시간을 보내는 것을 정말 좋아해요.

🔍 주요 어휘

at home 집에서 in theaters 영화관에서 both 둘 다 every 모든 moment 순간 special 특별한

Q Tell me about the things you like to do when spending time with friends or family. What do you enjoy doing together, and why do you like those activities?

친구나 가족과 시간을 보낼 때 당신이 하고 싶은 것들에 대해 말해 주세요. 함께 무엇을 하는 것을 즐기고, 왜 그런 활동들을 좋아하나요?

💡 답변 아이디어 노트

가족/친구와 하는 일	친구/가족과 함께 즐기는 활동 많이 있음
활동 설명	멋진 음식점에서 외식하기 - 새로운 음식 시도하는 것 정말 좋아함 집/영화관에서 영화를 보기도 함, 멋진 카페에서 이야기하기
활동에 대한 내 생각	함께 시간을 보내는 게 핵심임
마무리	무엇을 하든 의미 있고 상쾌한 느낌이 듦

실제답변 바로보기 ▶

Intro There are many activities I enjoy doing with my friends or family.

Body I don't meet them very often, but when I do, we usually *eat out* at nice restaurants. We all love *trying new food*. Sometimes, we even *share dishes* so that we can *taste more varieties*. Also, we watch movies at someone's house or in theaters. Sometimes, we try to *catch up with each other* by chatting at a nice café. Those conversations make us feel even closer to each other. In the end, *it's all about* spending time together.

Wrap-up *Whatever we do*, it always feels meaningful and refreshing.

* 이거 쓰면 **AL**

저는 친구나 가족과 함께 즐기는 활동이 많이 있어요. 자주 만나지 못해도, 만날 때면 보통 멋진 음식점에서 외식을 해요. 우리 모두 새로운 음식을 시도하는 것을 정말 좋아해요. 때로는, 더 다양한 음식을 맛보기 위해 음식을 나눠 먹기도 해요. 또한, 누군가의 집이나 영화관에서 영화를 보기도 해요. 때때로, 멋진 카페에서 이야기를 하며 서로의 근황을 공유하기도 해요. 그런 대화는 서로 더 가까워진 느낌이 들게 해요. 결국, 함께 시간을 보내는 게 핵심이에요. 우리가 무엇을 하든, 항상 의미 있고 상쾌한 느낌이 들어요.

🔍 주요 어휘

share dishes 음식을 나눠 먹다 **taste** ~을 맛보다 **variety** 다양한 것 **conversation** 대화 **each other** 서로 **meaningful** 의미 있는

 ③ 가족/친구와 최근 했던 일

🎧 5_77

Q Think about the last time you met with friends or family members. Who was there, and when did it happen? Describe everything you did from the moment you got together until the day ended.

친구나 가족을 최근에 만났던 때를 생각해 보세요. 누가 있었고, 언제였나요? 함께 모인 순간부터 하루가 끝날 때까지 했던 모든 것을 묘사해 주세요.

💡 답변 아이디어 노트

가족/친구와 최근에 만났던 때	최근에 가족 만났음
만난 시기/모인 사람	지난 주말, 엄마 집에 모였음(부모님/남동생/나)
함께 한 활동	집에서 함께 점심 먹음, 근처 해변에 가서 걸으며 이야기했음
마무리	가족과 함께한 시간 정말 좋았음

 IM

실제답변 바로보기 ▶

Intro I met my family recently, and I'll tell you about it.

Body **It was last weekend.** My family gathered at my mom's house. So, there were my parents, my brother, and me. We first had lunch together at home. It was super delicious. After that, we went to a nearby beach. We walked along the shore for a while and chatted.

Wrap-up It was such a good time with my family.

＊ IM1 보장 답변

저는 최근에 가족을 만났는데, 그것에 대해 말해볼게요. 지난 주말이었어요. 우리 가족은 엄마 집에 모였어요. 그래서 부모님, 남동생, 그리고 저까지 있었어요. 우리는 먼저 집에서 함께 점심을 먹었어요. 진짜 맛있었어요. 그 후, 근처 해변에 갔어요. 우리는 잠시 해안가를 따라 걸으며 이야기를 했어요. 가족과 함께한 시간은 정말 좋았어요.

🔍 주요 어휘

recently 최근에 **delicious** 맛있는 **nearby** 근처의 **for a while** 잠시

🎧 5_78

Q Think about the last time you met with friends or family members. Who was there, and when did it happen? Describe everything you did from the moment you got together until the day ended.

친구나 가족을 최근에 만났던 때를 생각해 보세요. 누가 있었고, 언제였나요? 함께 모인 순간부터 하루가 끝날 때까지 했던 모든 것을 묘사해 주세요.

💡 답변 아이디어 노트

가족/친구와 최근에 만났던 때	최근 가족과 만났음
만난 시기/모인 사람	지난 주말, 엄마 집에 모임, 부모님/남동생
함께 한 활동	엄마가 맛있는 점심 요리해 줌 - 사진도 찍음 해변을 따라 짧게 산책/이야기도 함 - 가장 좋았음 집에 돌아와 집안 정리/영화도 봄
마무리	가족과 함께한 기억에 남는 하루였음

실제답변 바로보기 ▶

Intro Recently, I met my family, and I'll tell you what happened that day.

Body Last weekend, my family gathered at my mom's place. So, I was with my parents and my brother. My mother cooked a nice lunch for us, and it was absolutely amazing. We even took some photos of the dishes because they looked so good. After that, we *went for a little walk* along the beach and chatted for a while. I think *this was the best part of that day*. Once we were back home, we *cleaned up the house* together and watched a movie before going to bed.

Wrap-up It was such a memorable day with my family.

✱ 이거 쓰면 **AL**

최근에 가족을 만났는데, 그날 있었던 일을 말해볼게요. 지난 주말, 우리 가족은 엄마 집에 모였어요. 그래서 저는 부모님과 남동생과 함께 있었어요. 엄마가 우리를 위해 맛있는 점심을 요리해 줬는데, 정말 훌륭했어요. 음식이 너무 맛있게 보여서 음식 사진도 찍었어요. 그 후, 해변을 따라 짧게 산책하면서 잠시 이야기도 했어요. 저는 이게 그날 중 가장 좋았어요. 집으로 돌아와서, 함께 집안을 정리하고 자기 전에 영화도 봤어요. 가족과 함께한 정말 기억에 남는 하루였어요.

🔍 주요 어휘

go for a little walk 짧게 산책하러 가다 **once** ~한 후, 일단 ~하면 **clean up the house** 집안을 정리하다 **go to bed** 자러 가다

 ② 최근 가족/친구 방문 경험

🎧 5_79

Q Can you tell me about a time you visited a friend or a family member? What did you do, and what made it special? Tell me everything that happened during the visit.

친구나 가족 구성원을 방문했던 때에 대해 말해 줄 수 있나요? 무엇을 했고, 무엇이 그걸 특별하게 만들었나요? 방문하는 동안 일어났던 모든 일을 말해 주세요.

💡 답변 아이디어 노트

가족/친구 방문한 때	최근에 친구 집 방문한 게 기억남
방문 시기/함께 한 활동	지난 주말 치킨을 주문하고 함께 게임함, 근처 공원 가서 이야기도 함
특별한 이유	모든 게 완벽해서 정말 특별했음
마무리	가장 친한 친구와 함께 한 시간이 정말 좋았음

실제답변 바로보기 ▶

Intro I remember visiting my friend's house recently.

Body It was last weekend. I went to my friend's house around 2 p.m. We ordered some chicken for lunch and played games together. After that, we went to a nearby park and chatted for a while. It was really special because everything was perfect.

Wrap-up It was a good time with my best friend.

* IM1 보장 답변

저는 최근에 친구 집을 방문한 게 기억나요. 지난 주말이었어요. 저는 오후 2시쯤 친구 집에 갔어요. 점심으로 치킨을 주문하고 함께 게임을 했어요. 그 후, 근처 공원에 가서 잠시 이야기도 했어요. 모든 게 완벽해서 정말 특별했어요. 가장 친한 친구와 함께 한 시간이 정말 좋았어요.

🔍 주요 어휘

around ~쯤 order ~을 주문하다 nearby 근처의 for a while 잠시 special 특별한 because ~ 하기 때문에

Q Can you tell me about a time you visited a friend or a family member? What did you do, and what made it special? Tell me everything that happened during the visit.

친구나 가족 구성원을 방문했던 때에 대해 말해 줄 수 있나요? 무엇을 했고, 무엇이 그걸 특별하게 만들었나요? 방문하는 동안 일어났던 모든 일을 말해 주세요.

답변 아이디어 노트

가족/친구 방문한 때	지난주 친구 집 방문했음
방문 시기/함께 한 활동	오후 2시쯤 친구 집에 감 기름진 음식이 땡겨서 점심으로 치킨 주문함 게임도 함께 함, 근처 공원으로 산책 감, 이야기도 함
특별한 이유	날씨 - 산책하기에 완벽했음
마무리	가장 친한 친구와 함께 한 기억에 남는 하루였음

실제답변 바로보기 ▶

Intro Last week, I visited my friend's house, so let me tell you about that day.

Body My friend **invited me over**, and I went to her place around 2 p.m. We were both **craving greasy food**, so we ordered some fried chicken for lunch. While eating, we also played our favorite games together. We laughed so much during the games that we almost **forgot about the time**. After that, we went for a walk to a nearby park and chatted for a while. **What made it so special was** the weather, which was perfect for a walk.

Wrap-up It was such a memorable day with my best friend.

* 이거 쓰면 AL

지난주 저는 친구 집을 방문했는데, 그날에 대해 말할게요. 친구가 저를 초대해서 오후 2시쯤 친구 집에 갔어요. 우리 둘 다 기름진 음식이 땡겨서 점심으로 치킨을 주문했어요. 먹으면서, 우리가 가장 좋아하는 게임도 함께 했어요. 게임을 하면서 너무 많이 웃어서 시간 가는 줄도 몰랐어요. 그 후, 근처 공원으로 산책 가서 잠시 이야기도 했어요. 그날을 특별하게 만든 건 날씨였는데, 산책하기에 완벽했어요. 가장 친한 친구와 함께 한 정말 기억에 남는 하루였어요.

주요 어휘

crave ~이 땡기다, ~할 생각이 간절하다   **forget about the time** 시간 가는 줄도 모르다   **walk** n. 산책   **weather** 날씨

 **Combo** ③ 어렸을 때 가족/친구 집에 방문했던 경험

Q Tell me about an early experience of visiting friends or family. Where did you go, and who did you spend time with? How did you feel?

친구나 가족을 방문했던 어린 시절의 경험에 대해 말해 주세요. 어디로 갔고, 누구와 함께 시간을 보냈나요? 어떤 기분이었나요?

💡 답변 아이디어 노트

어릴 적 가족/친구 방문 경험	어렸을 때 그런 경험 많이 있었음
방문 장소	조부모님 댁 자주 방문했음 근처 해변으로 가 작은 소풍 하곤 했음. 가장 좋았던 건 이야기하기
나의 기분	정말 편안한 기분을 들게 해 줌
마무리	그날들이 그리움

 실제답변 바로보기 ▶

Intro I had many of those experiences when I was young.

Body I often visited my grandparents' house. I spent time with all of my family members. We used to go out to a nearby beach and have a little picnic there. The best part was chatting. We talked about a lot of things. It made me feel very relaxed.

Wrap-up I miss those days.

* IM1 보장 답변

어렸을 때 그런 경험이 많이 있었어요. 저는 조부모님 댁을 자주 방문했어요. 가족 구성원 모두 다 같이 시간을 보냈어요. 우리는 근처 해변으로 가 그곳에서 작은 소풍을 하곤 했어요. 가장 좋았던 점은 이야기를 하는 거였어요. 많은 것들에 대해 이야기를 했어요. 이게 정말 편안한 기분을 들게 해줬어요. 저는 그날들이 그리워요.

🔍 주요 어휘

family member 가족 구성원 have a picnic 소풍가다 little 작은 talk about ~에 대해 이야기를 하다

🎧 5_82

Q Tell me about an early experience of visiting friends or family. Where did you go, and who did you spend time with? How did you feel?

친구나 가족을 방문했던 어린 시절의 경험에 대해 말해 주세요. 어디로 갔고, 누구와 함께 시간을 보냈나요? 어떤 기분이었나요?

💡 답변 아이디어 노트

어릴 적 가족/친구 방문 경험	어렸을 때 조부모님 댁 방문했던 게 기억남
방문 장소	친척들이 다 같이 거기 모임
나의 기분	재미있는 게임도 많이 해서 기억에 남음 집안이 웃음으로 가득했음 이야기할 때 편안하고 여유로운 느낌이 들었음
마무리	지금도 그 방문들을 선명하게 기억함

 IH-AL

실제답변 바로보기 ▶

Intro I remember visiting my grandparents' house when I was young.

Body All of my extended family used to gather there together. It was memorable because we played lots of fun games. For example, I remember playing chess with my cousins. Sometimes my grandparents even joined us, which made the atmosphere warmer. The best thing was that the house was full of laughter. When we chatted, we would talk for hours, which made me feel so comfortable and relaxed. Also, we sometimes went out to a nearby park to have a little picnic there. That was awesome, too!

Wrap-up Even now, I still remember those visits clearly.

* 이거 쓰면 AL

제가 어렸을 때 조부모님 댁을 방문했던 게 기억나요. 친척들이 다 같이 거기 모이곤 했어요. 재미있는 게임을 많이 했기 때문에 기억에 남아요. 예를 들어, 사촌들과 체스를 뒀던 기억이 나요. 때로는 조부모님도 참여하시곤 했는데, 이게 분위기를 더 따뜻하게 만들었어요. 가장 좋았던 점은 집안이 웃음으로 가득했다는 거예요. 이야기를 할 때면, 몇 시간씩 이야기하곤 했는데 정말 편안하고 여유로운 느낌이 들었어요. 또, 때때로 근처 공원으로 나가 작은 소풍을 가기도 했어요. 그것도 최고였어요! 심지어 지금도, 그 방문들을 선명하게 기억하고 있어요.

🔍 주요 어휘

join ~에 참여하다, 합류하다   **atmosphere** 분위기   **warm** 따뜻한   **awesome** 최고의, 기막히게 좋은

돌발주제 07 패션

- 패션 문제의 일부는 선택주제의 쇼핑하기 모범답변을 활용해 답변 가능
- 기출 Combo의 종류가 많지 않아 출제되는 Combo 구성이 비교적 일정하므로 미리 준비하면 수월하게 답변
- 우리나라 사람들의 패션, 어렸을 때/지금 유행하는 패션 비교 문제는 반드시 대비
- 고난도 Combo의 1번과 2번 문제는 최빈출 Combo에 출제된 세 문제 중에서 랜덤으로 출제

문제 유형

🏅 최빈출 Combo

- Can you describe the kinds of clothes people usually wear in your country? Do they wear different outfits for work and for leisure? Tell me about the clothes in your country.

  당신의 나라에서 사람들이 보통 입는 옷을 묘사해 줄 수 있나요? 일할 때와 여가를 즐길 때 입는 옷이 다른가요? 당신의 나라의 옷에 대해 말해 주세요.

- I'd like to know about the clothes you like to wear. What are you wearing right now? What kind of fashion do you like? Describe your style in detail.

  당신이 즐겨 입는 옷에 대해 알고 싶습니다. 지금 무엇을 입고 있나요? 어떤 패션을 좋아하나요? 당신의 스타일을 자세히 묘사해 주세요.

- Fashion trends change all the time. Tell me what people wore when you were a child. How did those styles look, and how are they different from what people wear now?

  패션 트렌드는 항상 변합니다. 당신이 어렸을 때 사람들은 어떤 옷을 입었는지 말해 주세요. 그 스타일은 어땠고, 지금 사람들이 입는 것과는 어떻게 다른가요?

🔥 고난도 Combo

- Tell me about the last time you bought clothes. What were you looking for, where did you get it, and were there any problems or difficulties? Tell me the whole story.

  당신이 최근에 옷을 샀던 때에 대해 말해 주세요. 무엇을 찾고 있었고, 어디에서 샀는지, 그리고 문제나 어려움이 있었나요? 전체적인 이야기를 말해 주세요.

필수 어휘 & 표현

옷 종류
- casual clothes 캐주얼한 옷
- suit 정장, 양복
- dress 원피스, 드레스
- hoodie 후드티
- sportswear 운동복
- jeans 청바지
- T-shirts 티셔츠
- jacket 재킷

'옷을 입다' 표현
- wear (옷을) 입다
- dress formally 격식을 차려 입다
- dress differently 다르게 입다
- dress up nicely 멋지게 차려 입다
- complete my outfit 옷차림을 완성하다
- try A on A를 입어보다
- fit A perfectly A에게 완벽하게 맞다

옷 특징
- comfortable 편안한
- formal 격식 있는
- stylish 스타일이 좋은
- simple 단순한
- tight 딱 붙는, 꽉 끼는
- oversized 오버사이즈의
- go well with almost everything 거의 모든 옷과 잘 어울리다
- practical 실용적인
- clean 깔끔한
- flashy 화려한, 현란한
- neutral tone 중성 톤
- look great on me 나에게 잘 어울리다

- loose 헐렁한
- fitted 몸에 맞는
- lightweight 가벼운
- stretchy 신축성 있는
- bright 밝은
- soft 부드러운
- muted 차분한

기타 패션
- carry a briefcase 서류 가방을 들다
- wear sneakers 운동화를 신다
- wear a hat 모자를 쓰다
- wear/add accessories 액세서리를 하다/더하다

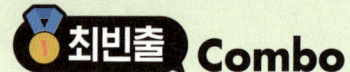 **1 우리나라 사람들의 패션**

🎧 5_85

Q Can you describe the kinds of clothes people usually wear in your country? Do they wear different outfits for work and for leisure? Tell me about the clothes in your country.

당신의 나라에서 사람들이 보통 입는 옷을 묘사해 줄 수 있나요? 일할 때와 여가를 즐길 때 입는 옷이 다른가요? 당신의 나라의 옷에 대해 말해 주세요.

 답변 아이디어 노트

우리나라 사람들이 입는 옷	상황에 따라 다른 옷 입음
일할 때	격식을 차려입음 - 정장/원피스
여가를 즐길 때	원하는 옷은 무엇이든지 입음 - 후드티 같이 편안한 옷
마무리	한국에는 다양한 종류의 옷차림이 있음

실제답변 바로보기 ▶

Intro Yes, people in my country wear different clothes depending on the situation.

Body People usually wear casual clothes such as T-shirts and jeans. At work, they have to dress formally, so they tend to wear suits or dresses. For leisure, however, they wear whatever they want. People choose comfortable clothes like hoodies.

Wrap-up As you can see, there are many types of clothes in Korea.

* **IM1 보장 답변**

네, 우리나라 사람들은 상황에 따라 다른 옷을 입어요. 사람들은 보통 티셔츠나 청바지 같은 캐주얼한 옷을 입어요. 직장에서는, 격식을 차려 입어야 해서, 보통 정장이나 원피스를 입는 편이에요. 하지만, 여가 시간에는 원하는 옷은 무엇이든지 자유롭게 입어요. 사람들은 후드티 같은 편안한 옷을 골라요. 보시다시피, 한국에는 다양한 종류의 옷차림이 있어요.

 **주요 어휘**

depending on ~에 따라 **situation** 상황 **at work** 직장에서 **tend to do** ~하는 편이다, 경향이 있다 **for leisure** 여가 시간에는

Q Can you describe the kinds of clothes people usually wear in your country? Do they wear different outfits for work and for leisure? Tell me about the clothes in your country.

당신의 나라에서 사람들이 보통 입는 옷을 묘사해 줄 수 있나요? 일할 때와 여가를 즐길 때 입는 옷이 다른가요? 당신의 나라의 옷에 대해 말해 주세요.

💡 답변 아이디어 노트

우리나라 사람들이 입는 옷	다양한 종류의 옷을 입음
일할 때	정장/원피스로 격식을 차려입음 - 서류 가방을 들기도 함
여가를 즐길 때	캐주얼한 옷을 입음 - 주말엔 후드티/운동화 신음 스포츠 경기에 갈 때는 운동복, 데이트 나갈 때는 멋지게 차려입음
마무리	옷차림은 상황/목적에 따라 정말 달라짐

 **IH-AL**

실제답변 바로보기 ▶

Intro People in my country wear many different types of **outfits**.

Body I think people in my country dress differently **depending on the occasion**. For example, when they go to work, they usually **dress formally** in suits or dresses. Many office workers also carry a briefcase to **match their** formal **style**. However, when **going out for leisure**, they can wear something casual. On weekends, people love wearing hoodies or sneakers because they are both casual and stylish. If they go to a sports event, they tend to wear sportswear, and if it's for a date, they **dress up nicely**.

Wrap-up I guess it really depends on the occasion and purpose.

* 이거 쓰면 AL

우리나라 사람들은 다양한 종류의 옷을 입어요. 제 생각에 우리나라 사람들은 상황에 따라 다르게 옷을 입어요. 예를 들어, 출근할 때는 보통 정장이나 원피스로 격식을 차려입어요. 많은 사무직들은 격식 있는 스타일에 맞춰 서류 가방을 들고 다니기도 해요. 반면에, 여가를 위해 외출할 때는 캐주얼한 옷을 입어요. 주말에는, 후드티를 입거나 운동화를 신는 걸 정말 좋아하는데 편안하면서도 스타일이 좋기 때문이에요. 스포츠 경기에 갈 때는 운동복을 입는 경향이 있고, 데이트를 위해 나갈 때는 멋지게 차려입어요. 옷차림은 상황과 목적에 따라 정말 달라진다고 할 수 있어요.

🔍 주요 어휘

outfit 옷차림 **depending on the occasion** 상황에 따라 **match one's style** 스타일을 맞추다 **purpose** 목적

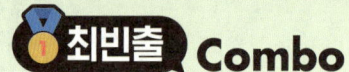

❷ 좋아하는 옷/패션 스타일

🎧 5_87

Q I'd like to know about the clothes you like to wear. What are you wearing right now? What kind of fashion do you like? Describe your style in detail.

당신이 즐겨 입는 옷에 대해 알고 싶습니다. 지금 무엇을 입고 있나요? 어떤 패션을 좋아하나요? 당신의 스타일을 자세히 묘사해 주세요.

💡 답변 아이디어 노트

좋아하는 옷	좋아하는 옷에 대해 조금 이야기하겠음
좋아하는 패션 종류	보통 캐주얼한 옷 입음, 단순하고 편안한 옷 좋아함
지금 입고 있는 옷	흰색 티셔츠와 청바지 때때로, 운동화 신거나 모자도 씀
마무리	내 스타일은 꽤 캐주얼함

실제답변 바로가기 ▶

Intro Okay, I'll tell you a little bit about it.

Body I usually wear casual clothes like jeans and T-shirts. When it's cold, I wear a jacket, too. I love simple and comfortable clothes. Right now, I'm wearing a white T-shirt and jeans. Sometimes, I also wear sneakers or a hat to complete my outfit.

Wrap-up I think my style is pretty casual.

* IM1 보장 답변

좋아요, 제가 좋아하는 옷에 대해 조금 이야기할게요. 저는 보통 청바지와 티셔츠 같은 캐주얼한 옷을 입어요. 날씨가 추울 때는 재킷도 입어요. 저는 단순하고 편안한 옷을 좋아해요. 지금은 흰색 티셔츠와 청바지를 입고 있어요. 때때로, 옷차림을 완성하기 위해 운동화를 신거나 모자도 써요. 제 스타일은 꽤 캐주얼하다고 생각해요.

🔍 주요 어휘

when ~할 때 cold 날씨가 추운 right now 지금은, 당장 pretty 꽤

Q I'd like to know about the clothes you like to wear. What are you wearing right now? What kind of fashion do you like? Describe your style in detail.

당신이 즐겨 입는 옷에 대해 알고 싶습니다. 지금 무엇을 입고 있나요? 어떤 패션을 좋아하나요? 당신의 스타일을 자세히 묘사해 주세요.

답변 아이디어 노트

좋아하는 옷	내 패션 스타일은 꽤 캐주얼함
좋아하는 패션 종류	보통 티셔츠에 청바지 입음 추운 계절에는 반드시 재킷 입음, 가끔 액세서리 함 대부분 편안함이 핵심임
지금 입고 있는 옷	모든 옷과 잘 어울리는 흰색 티셔츠/청바지 입고 있음
마무리	내 스타일은 꽤 캐주얼하고 실용적임

실제답변 바로보기 ▶

Intro I'd say my fashion style is quite casual.

Body I usually wear jeans with a T-shirt because they're super comfortable for daily wear. In the cold seasons, I make sure to wear a jacket because I hate cold weather. Sometimes I wear accessories for special occasions, but most of the time, my style is all about comfort. Right now, I'm wearing a white T-shirt and jeans because they go well with almost everything.

Wrap-up I can say for sure that my style is quite casual and practical.

* 이거 쓰면 AL

제 패션 스타일은 꽤 캐주얼하다고 말할 수 있어요. 저는 보통 티셔츠에 청바지를 입는데, 일상복으로 매우 편안하기 때문이에요. 추운 계절에는, 추위를 싫어하기 때문에 반드시 재킷을 입어요. 가끔 특별한 경우에는 액세서리를 하기도 하지만, 대부분의 경우 제 스타일은 편안함이 핵심이에요. 지금도 거의 모든 옷과 잘 어울리는 흰색 티셔츠와 청바지를 입고 있어요. 제 스타일은 꽤 캐주얼하고 실용적이라고 확실히 말할 수 있어요.

🔍 주요 어휘

daily wear 일상복 **hate** ~을 싫어하다 **for special occasions** 특별한 경우에는 **comfort** 편안함

 어렸을 때/지금 유행하는 패션

Q Fashion trends change all the time. Tell me what people wore when you were a child. How did those styles look, and how are they different from what people wear now?

패션 트렌드는 항상 변합니다. 당신이 어렸을 때 사람들은 어떤 옷을 입었는지 말해 주세요. 그 스타일은 어땠고, 지금 사람들이 입는 것과는 어떻게 다른가요?

답변 아이디어 노트

패션 트렌드 변화	정말 많이 변함
어렸을 때 사람들이 입었던 옷	딱 붙는 옷을 입곤 함 – 그게 유행이었음
지금 사람들이 입는 옷	오버사이즈의 옷을 입는 것을 선호함 액세서리를 더하는 것도 좋아함
마무리	지금의 패션은 꽤 다름

실제답변 바로보기 ▶

Intro They have really changed a lot.

Body When I was a child, people used to wear tight clothes. That was the trend. However, these days, it's very different. People nowadays prefer wearing oversized clothes, and it makes them very stylish. Also, many people like to add accessories.

Wrap-up So, fashion is quite different now.

* IM1 보장 답변

패션 트렌드는 정말 많이 변했어요. 제가 어렸을 때, 사람들은 딱 붙는 옷을 입곤 했어요. 그때는 그게 유행이었어요. 하지만, 요즘은 아주 다릅니다. 요즘 사람들은 오버사이즈의 옷을 입는 것을 선호하고, 그게 아주 스타일을 좋게 만들어요. 또, 많은 사람들은 액세서리를 더하는 것도 좋아해요. 그래서 지금의 패션은 꽤 달라요.

주요 어휘

change 변하다, 바뀌다　**trend** 유행, 트렌드　**however** 하지만, 그러나　**prefer -ing** ~하는 것을 선호하다

🎧 5_90

Q Fashion trends change all the time. Tell me what people wore when you were a child. How did those styles look, and how are they different from what people wear now?

패션 트렌드는 항상 변합니다. 당신이 어렸을 때 사람들은 어떤 옷을 입었는지 말해 주세요. 그 스타일은 어땠고, 지금 사람들이 입는 것과는 어떻게 다른가요?

💡 답변 아이디어 노트

패션 트렌드 변화	눈에 띄게 변화했음
어렸을 때 사람들이 입었던 옷	많은 액세서리/딱 붙는 옷 좋아했음 - 그게 유행이었음
지금 사람들이 입는 옷	요즘엔 오버사이즈의 옷과 깔끔한 스타일 선호함 - 나도 이 트렌드 정말 좋음 중성 톤이 더 인기 있음
마무리	패션은 많이 발전했다고 생각함

실제답변 바로보기 ▶

Intro Fashion trends have changed dramatically.

Body When I was a child, people liked wearing tight clothes with a lot of accessories. I think that was the trend back then. However, these days, the trend has definitely changed. People prefer a clean look with oversized clothes. I think most people dress like that these days, and I really do love this trend. Additionally, colors used to be very flashy, but today, neutral tones are more popular in fashion.

Wrap-up I think fashion has evolved so much.

★ 이거 쓰면 AL

패션 트렌드는 눈에 띄게 변화했어요. 제가 어렸을 때, 사람들은 많은 액세서리와 함께 딱 붙는 옷을 입는 걸 좋아했어요. 그때는 그게 유행이었던 것 같아요. 하지만, 요즘엔 트렌드가 확실히 바뀌었어요. 사람들은 오버사이즈의 옷과 함께 깔끔한 스타일을 선호해요. 제 생각에 요즘 대부분의 사람들이 그렇게 입는 것 같고, 저도 이 트렌드가 정말 좋아요. 또, 색상도 정말 화려했지만, 오늘날에는 중성 톤이 패션에서 더 인기가 있어요. 패션은 아주 많이 발전했다고 생각해요.

🔍 주요 어휘

dramatically 눈에 띄게, 급격히   **popular** 인기 있는   **evolve** 발전하다, 진화하다

3 최근 옷 구매 경험/겪은 문제

🎧 5_91

Q Tell me about the last time you bought clothes. What were you looking for, where did you get it, and were there any problems or difficulties? Tell me the whole story.

당신이 최근에 옷을 샀던 때에 대해 말해 주세요. 무엇을 찾고 있었고, 어디에서 샀는지, 그리고 문제나 어려움이 있었나요? 전체적인 이야기를 말해 주세요.

💡 답변 아이디어 노트

최근 옷을 샀던 때	지난주에 옷 삼
구매한 옷 소개/장소	새 재킷, 집 근처 매장에 감 검은색 재킷 발견, 세일 중이어서 바로 삼
문제점	아무 문제없었음
마무리	이게 내 최근 쇼핑 경험임

Intro I bought some clothes last week.

Body I was looking for a new jacket, so I went to a store near my home. I found a black jacket. It was on sale, so I bought it right away. I felt very excited, and there was no problem with it. I also tried it on at home, and it looked great on me.

Wrap-up So, that was my latest shopping experience.

*** IM1 보장 답변**

저는 지난주에 옷을 샀어요. 새 재킷을 찾고 있어서, 집 근처에 있는 매장에 갔어요. 검은색 재킷을 발견했는데, 세일 중이어서 바로 샀어요. 엄청 신났고, 아무 문제도 없었어요. 집에서 재킷을 입어보니, 저한테 아주 잘 어울렸어요. 그래서 이게 제 최근 쇼핑 경험이에요.

🔍 주요 어휘

buy ~을 사다, 구매하다 **look for** ~을 찾다 **find** ~을 발견하다, 찾다 **excited** 신이 나는, 흥분한 **problem** 문제 **latest** 최근의

Q Tell me about the last time you bought clothes. What were you looking for, where did you get it, and were there any problems or difficulties? Tell me the whole story.

당신이 최근에 옷을 샀던 때에 대해 말해 주세요. 무엇을 찾고 있었고, 어디에서 샀는지, 그리고 문제나 어려움이 있었나요? 전체적인 이야기를 말해 주세요.

 답변 아이디어 노트

최근 옷을 샀던 때	지난주 옷을 삼
구매한 옷 소개/장소	겨울용 재킷을 찾고 있었음. 집 근처 쇼핑몰 의류 매장 방문
문제점	쇼핑몰이 붐벼서 둘러보는 데 시간이 좀 걸림 검은색 재킷 발견 - 완벽하게 맞고, 세일 중이었음 바로 구매했음 직원이 조금 불친절했지만, 그거 빼고 다 완벽했음
마무리	이게 지난주 내 쇼핑 경험임

실제답변 바로보기 ▶

Intro I bought some clothes last week, and I'll tell you a little bit about it.

Body So last week, I went out shopping with my best friend. I was looking for a winter jacket. We visited a clothing store at a shopping mall near my place. The mall was really crowded, so it took some time to look around. I found a black jacket, and I tried it on. Luckily, it fit me perfectly. The best part was that it was on sale! We both said "What a bargain!", and I bought it right away. Even though the staff was a little unfriendly, everything else was perfect that day.

Wrap-up So, that was my shopping experience from last week.

* 이거 쓰면 **AL**

저는 지난주에 옷을 샀는데, 그거에 대해 조금 말할게요. 지난주에, 저는 가장 친한 친구와 함께 쇼핑을 갔어요. 겨울용 재킷을 찾고 있었어요. 집 근처 쇼핑몰의 의류 매장에 방문했어요. 쇼핑몰이 정말 붐벼서 둘러보는 데 시간이 좀 걸렸어요. 검은색 재킷을 발견하고 입어봤어요. 다행히도, 제게 완벽하게 맞았어요. 가장 좋았던 점은 그게 세일 중이었다는 거예요! 우리 둘 다 "정말 싸네!"라고 말하면서 바로 구매했어요. 비록 직원이 조금 불친절했지만, 그날 그거 빼고 다 완벽했어요. 그래서 이게 지난주 제 쇼핑 경험이에요.

🔍 **주요 어휘**

take some time to do ~하는 데 시간이 좀 걸리다   look around 둘러보다   What a bargain! 정말 싸네!   unfriendly 불친절한

돌발주제 08 휴대폰

- 휴대폰 문제는 선택주제 음악 감상하기와 돌발주제 인터넷에 사용했던 모범답변을 활용하여 준비
- 가장 많이 출제되는 **가장 좋아하는 휴대폰 기능, 첫/지금 휴대폰 비교, 친구들과의 전화 통화** 주제 문제 대비 필수
- 자가평가 난이도 5-5 이상을 선택한다면, 14-15번에 고난도 문제 다수 출제

문제 유형

최빈출 Combo

- Tell me the best thing about your phone. Is it the camera, the apps, or the games? Give me all the details about your favorite feature on your phone and explain why it's your favorite.

  당신의 휴대폰에서 가장 좋은 점에 대해 말해 주세요. 카메라인가요, 앱인가요, 아니면 게임인가요? 당신의 휴대폰에서 가장 좋아하는 기능과, 왜 그 기능을 가장 좋아하는지 설명해 주세요.

- Describe the first phone you ever had. What did it look like, and what features did it have? How is it different from the phone you use today?

  당신이 처음 가졌던 휴대폰을 묘사해 주세요. 어떻게 생겼고, 어떤 기능을 가지고 있었나요? 오늘날 사용하는 휴대폰과 어떻게 다른가요?

- Phones are usually easy to use, but for certain things like battery problems or apps, you might need help from friends, family, or a service provider. Tell me about a situation when you had a problem with your phone and how you solved it with some help.

  휴대폰은 보통 사용하기 쉽지만, 배터리 문제나 앱 같은 특정한 것들은 친구나, 가족, 혹은 서비스 제공자의 도움을 필요로 할 수도 있습니다. 당신이 휴대폰에 문제가 있었던 상황과, 어떻게 도움을 받아 그것을 해결했는지 말해 주세요.

고난도 Combo

- What topics do you usually discuss with your friends when you talk on the phone?

  친구들과 휴대폰으로 통화할 때 보통 어떤 주제에 대해 이야기하나요?

- Can you tell me about the way you usually talk on the phone? Who do you usually call? How much time do you spend on the phone? Do you ever do anything else while on the phone?

  보통 휴대폰으로 통화할 때 어떤 방식으로 하는지에 대해 말해 줄 수 있나요? 보통 누구에게 전화를 하나요? 통화에 얼마나 많은 시간을 보내나요? 통화하는 동안 다른 일을 하기도 하나요?

- What is one phone call that you still remember clearly? Maybe you heard some surprising news from a friend or a relative, or something unexpected happened during the call. Describe that story and what made it so unforgettable.

  여전히 선명하게 기억나는 전화 통화가 있나요? 아마 친구나 친척으로부터 놀라운 소식을 들었거나, 통화 중에 예상치 못한 일이 일어났을 수도 있습니다. 그 이야기와 왜 그렇게 잊을 수 없었는지 묘사해 주세요.

필수 어휘 & 표현

휴대폰 기능
- application 앱
- weather application 날씨 앱
- texting application 문자 앱
- internet access 인터넷 접속
- navigation 내비게이션
- banking 은행 업무

휴대폰으로 하는 일
- check the weather 날씨를 확인하다
- talk to friends 친구들과 대화하다
- try new applications 새로운 앱을 시도하다
- organize my schedule 일정을 정리하다
- download new applications 새로운 앱을 다운로드하다
- call/be on the phone 전화하다
- send texts 문자를 보내다
- take photos 사진을 찍다
- watch videos 영상을 보다
- use social media 소셜 미디어를 사용하다
- check reviews 후기를 확인하다
- plan get-togethers 모임 계획을 세우다

휴대폰에 대한 내 생각
- simple 단순한
- fun to use 사용하기에 재미있는
- convenient/handy 편리한
- a must 꼭 필요한 것
- have many features 기능이 많다
- can't live without my phone 휴대폰 없이는 살 수 없다
- brand new 새로운

  - be addicted to my phone 휴대폰에 중독되다
  - rely on my phone 휴대폰에 의존하다
  - be always on my phone 항상 휴대폰을 사용하다
  - always keep my phone with me 항상 휴대폰을 가지고 다니다

휴대폰 관련 문제/해결
- have no internet 인터넷이 되지 않다
- go to the service center 서비스 센터에 가다
- fix/repair ~을 고치다, 수리하다
- work fine 잘 작동되다
- system error 시스템 오류

  - run out of data 데이터가 부족하다
  - battery runs out quickly 배터리가 빨리 닳다
  - forget to charge 충전하는 것을 깜빡하다
  - crash (휴대폰이) 멈추다
  - crack (화면이) 깨지다
  - My storage is full. 저장공간이 꽉 차다, 부족하다.

 가장 좋아하는 휴대폰 기능

🎧 5_95

Q Tell me the best thing about your phone. Is it the camera, the apps, or the games? Give me all the details about your favorite feature on your phone and explain why it's your favorite.

당신의 휴대폰에서 가장 좋은 점에 대해 말해 주세요. 카메라인가요, 앱인가요, 아니면 게임인가요? 당신의 휴대폰에서 가장 좋아하는 기능과, 왜 그 기능을 가장 좋아하는지 설명해 주세요.

💡 답변 아이디어 노트

휴대폰에서 가장 좋은 점	가장 좋아하는 기능은 앱
사용하는 앱 종류	날씨 앱 – 날씨 확인하기 위해 문자 앱 – 친구들과 대화하기 위해
좋아하는 이유	정말 단순하고 사용하기에 재미있음
마무리	휴대폰의 앱 사용하는 걸 즐김

실제답변 바로보기 ▶

Intro My favorite feature is the applications.

Body There are so many applications on my phone. For example, I use a weather application to check the weather. Also, I use the texting application to talk to friends. They are very simple and fun to use. Sometimes, I also try new applications for games.

Wrap-up So, I enjoy using the applications on my phone.

※ IM1 보장 답변

제가 가장 좋아하는 기능은 앱이에요. 제 휴대폰에는 정말 많은 앱이 있어요. 예를 들어, 저는 날씨를 확인하기 위해 날씨 앱을 사용해요. 또, 친구들과 대화하기 위해 문자 앱도 사용해요. 이 앱들은 정말 단순하고 사용하기에 재미있어요. 때때로, 게임을 위해 새로운 앱을 시도해 보기도 해요. 그래서 저는 휴대폰의 앱을 사용하는 걸 즐겨요.

🔍 주요 어휘

feature 기능, 특징 **on my phone** 휴대폰에 **enjoy -ing** ~하는 것을 즐기다

🎧 5_96

Q Tell me the best thing about your phone. Is it the camera, the apps, or the games? Give me all the details about your favorite feature on your phone and explain why it's your favorite.

당신의 휴대폰에서 가장 좋은 점에 대해 말해 주세요. 카메라인가요, 앱인가요, 아니면 게임인가요? 당신의 휴대폰에서 가장 좋아하는 기능과, 왜 그 기능을 가장 좋아하는지 설명해 주세요.

💡 답변 아이디어 노트

휴대폰에서 가장 좋은 점	가장 좋은 기능은 앱
사용하는 앱 종류	날씨 앱 – 매일 아침 날씨를 확인하기 위해 문자 앱 – 친구들과 이야기/직장 동료와 대화할 때 캘린더 앱 – 일정 정리하기 위해
좋아하는 이유	날씨 앱이 가장 좋아하는 앱 절대 틀린 적이 없기 때문
마무리	내 휴대폰에서 앱은 꼭 필요한 것임

실제답변 바로보기 ▶

Intro   When it comes to my phone, the best feature is the applications.

Body   Actually, there are so many applications on my phone, but let me tell you about a few. Firstly, I use the weather application every morning to check the weather. It's super convenient. Another important application is the texting applications. I use it to chat with friends or talk with my coworkers. It's also very handy. Lastly, I use the calendar application to organize my schedule. Out of the three, the weather application is my favorite because it's never wrong. Sometimes, I even download new applications just to explore what's trending.

Wrap-up   The applications are a must on my phone.

* 이거 쓰면 AL

제 휴대폰에 관해서라면, 가장 좋은 기능은 앱이에요. 사실, 제 휴대폰에는 앱이 정말 많지만, 몇 가지만 말할게요. 먼저, 저는 매일 아침 날씨를 확인하기 위해 날씨 앱을 사용해요. 정말 편리해요. 또 다른 중요한 앱은 문자 앱이에요. 친구들과 이야기하거나 직장 동료와 대화할 때 사용해요. 이것도 정말 편리해요. 마지막으로, 일정을 정리하기 위해 캘린더 앱을 사용해요. 세 가지 앱 중에서 날씨 앱이 제가 가장 좋아하는 앱인데, 절대 틀린 적이 없기 때문이에요. 가끔, 뭐가 유행하는지 탐색하기 위해 새로운 앱을 다운로드하기도 해요. 제 휴대폰에서 앱은 꼭 필요한 거예요.

🔍 주요 어휘

important 중요한   **coworker** 직장 동료   **never** 절대   **wrong** 틀린   **explore** ~을 탐색하다

2 첫/지금 휴대폰 비교

🎧 5_97

Q Describe the first phone you ever had. What did it look like, and what features did it have? How is it different from the phone you use today?

당신이 처음 가졌던 휴대폰을 묘사해 주세요. 어떻게 생겼고, 어떤 기능을 가지고 있었나요? 오늘날 사용하는 휴대폰과 어떻게 다른가요?

💡 답변 아이디어 노트

첫 휴대폰	내 첫 휴대폰 기억남
생김새	작은 폴더폰 - 전화/문자만 보낼 수 있었음
지금 휴대폰	기능이 많아서 정말 편리함 예전 휴대폰과 정말 다름
마무리	내 휴대폰은 많이 바뀜

실제답변 바로보기 ▶

Intro I remember my first phone.

Body It was a small flip phone. It had no applications. I could only call and send texts. But now, my phone is super convenient because it has many features. I can take photos, watch videos, and use social media. It's very different from my old one.

Wrap-up So, my phone has changed a lot.

★ IM1 보장 답변

제 첫 휴대폰이 기억나요. 그건 작은 폴더폰이었어요. 앱도 없었어요. 전화와 문자만 보낼 수 있었어요. 하지만, 지금 제 휴대폰은 기능이 많아서 정말 편리해요. 사진도 찍고, 영상도 보고, 소셜 미디어도 사용할 수 있어요. 예전 휴대폰과는 정말 달라요. 그래서 제 휴대폰은 많이 바뀌었어요.

🔍 주요 어휘

flip phone 폴더폰   **different from** ~와 다른   **old** 예전의, 오래된

Q Describe the first phone you ever had. What did it look like, and what features did it have? How is it different from the phone you use today?

당신이 처음 가졌던 휴대폰을 묘사해 주세요. 어떻게 생겼고, 어떤 기능을 가지고 있었나요? 오늘날 사용하는 휴대폰과 어떻게 다른가요?

 답변 아이디어 노트

첫 휴대폰	아직도 처음 가졌던 휴대폰 기억함
생김새	앱이 전혀 없는 작은 폴더폰 친구들과 통화/문자 하는 용이었음
지금 휴대폰	지금은 스마트폰이 있음 - 예전의 휴대폰과 완전히 다름 셀 수 없이 많은 앱이 있고, 인터넷 접속도 됨 휴대폰에서 인터넷 없이 생활하는 건 상상할 수조차 X
마무리	첫 휴대폰과 비교하면, 지금 휴대폰이 훨씬 좋음

 실제답변 바로보기 ▶

Intro I still remember the first phone I had.

Body It was a small flip phone without any applications. So, the phone was only for calling and texting friends, but it was still good. Back then, even sending a single text felt exciting. But now we have smartphones, which are completely different from the old ones. Mine has countless applications, and it also has internet access. For example, I use it for navigation, online shopping, and even banking. It feels super convenient. Nowadays, I can't imagine living without internet on my phone.

Wrap-up Compared to the first phone, my current one is so much better.

＊ 이거 쓰면 AL

저는 아직도 제가 처음 가졌던 휴대폰을 기억해요. 그건 앱이 전혀 없는 작은 폴더폰이었어요. 그래서 그 휴대폰은 친구들과 통화하고 문자 하는 용이었지만, 그래도 좋았어요. 그때는, 문자 한 통을 보내는 것도 흥미진진하게 느껴졌어요. 하지만 지금 우리는 스마트폰이 있는데, 이건 예전의 휴대폰과는 완전히 달라요. 제 스마트폰에는 셀 수 없이 많은 앱이 있고 인터넷 접속도 돼요. 예를 들어, 저는 내비게이션, 온라인 쇼핑, 심지어 은행 업무에도 휴대폰을 사용해요. 정말 편리하게 느껴져요. 요즘, 휴대폰에서 인터넷 없이 생활하는 건 상상할 수 조차 없어요. 첫 휴대폰과 비교하면, 지금 휴대폰이 훨씬 더 좋아요.

 주요 어휘

countless 셀 수 없이 많은 **can't imagine living without** ~ 없이 생활하는 건 상상할 수조차 없다 **current** 지금의, 현재의

 ③ 휴대폰 사용 중 겪었던 문제

 5_99

Q Phones are usually easy to use, but for certain things like battery problems or apps, you might need help from friends, family, or a service provider. Tell me about a situation when you had a problem with your phone and how you solved it with some help.

휴대폰은 보통 사용하기 쉽지만, 배터리 문제나 앱 같은 특정한 것들은 친구나, 가족, 혹은 서비스 제공자의 도움을 필요로 할 수도 있습니다. 당신이 휴대폰에 문제가 있었던 상황과, 어떻게 도움을 받아 그것을 해결했는지 말해 주세요.

💡 답변 아이디어 노트

휴대폰에 문제 있었던 상황	지난달에 문제 있었던 일이 기억남
문제점	인터넷이 되지 않았음
해결 방법	서비스 센터 갔음, 거기서 고쳐줌 다시 잘 작동됨, 정말 안심했음
마무리	그게 조금 불편했음

  실제답변 바로보기 ▶

Intro I remember having a problem with my phone last month.

Body My phone had no internet. I couldn't solve the problem myself, so I went to the service center. They fixed it for me. After that, it worked fine again. I was very relieved because I need it for work. I can't live without my phone.

Wrap-up It was a little inconvenient.

* IM1 보장 답변

지난달에 제 휴대폰에 문제가 있었던 일이 기억나요. 휴대폰에서 인터넷이 되지 않았어요. 스스로 문제를 해결할 수 없어서, 서비스 센터에 갔어요. 거기서 휴대폰을 고쳐줬어요. 그 후에는, 다시 잘 작동됐어요. 저는 일 때문에 휴대폰이 필요했기 때문에 정말 안심했어요. 휴대폰 없이는 살 수 없어요. 그게 조금 불편했어요.

🔍 주요 어휘

have a problem 문제가 있다 **myself** 스스로, 혼자서 **relieved** 안심한 **need** ~을 필요로 하다 **work** 일 **inconvenient** 불편한

Q Phones are usually easy to use, but for certain things like battery problems or apps, you might need help from friends, family, or a service provider. Tell me about a situation when you had a problem with your phone and how you solved it with some help.

휴대폰은 보통 사용하기 쉽지만, 배터리 문제나 앱 같은 특정한 것들은 친구나, 가족, 혹은 서비스 제공자의 도움을 필요로 할 수도 있습니다. 당신이 휴대폰에 문제가 있었던 상황과, 어떻게 도움을 받아 그것을 해결했는지 말해 주세요.

답변 아이디어 노트

휴대폰에 문제 있었던 상황	지난달 휴대폰에 문제 있었던 일 기억함
문제점	갑자기 휴대폰에서 인터넷이 되지 않았음, 아무것도 접속 할 수 X
해결 방법	바로 서비스 센터로 감 직원은 수리를 위해 하루가 필요하다고 말함 – 시스템 오류 때문 수리 후, 거의 새 휴대폰 같은 느낌
마무리	모든 게 잘 됐음

실제답변 바로보기 ▶

Intro I remember having a problem with my phone last month.

Body Everything was fine at first, but suddenly, my phone had no internet. I couldn't access anything on the phone. I even tried restarting it several times, but nothing worked. I was so anxious that I went straight to the service center. When I explained the situation, the staff said he needed one day to repair it. He also explained that the problem came from a system error. After the repair, it felt almost like a brand new phone.

Wrap-up Thanks to the repair, everything turned out great.

* 이거 쓰면 AL

저는 지난달 휴대폰에 문제가 있었던 일을 기억해요. 처음에는 모든 게 괜찮았지만, 갑자기 휴대폰에서 인터넷이 되지 않았어요. 휴대폰에서 아무것도 접속할 수 없었어요. 몇 번 다시 시작해 보려고 했지만, 아무 소용이 없었어요. 너무 불안해서 바로 서비스 센터로 갔어요. 상황을 설명하자 직원은 수리를 위해 하루가 필요하다고 말했어요. 직원은 문제의 원인이 시스템 오류 때문이라고도 설명해 줬어요. 수리 후에는, 거의 새 휴대폰과 같은 느낌이 들었어요. 수리 덕분에, 모든 게 잘 됐어요.

🔍 주요 어휘

access ~에 접속하다 restart ~을 다시 시작하다 anxious 불안한 go straight to 바로 ~로 가다 explain the situation 상황을 설명하다

 ❶ 친구들과의 전화 통화 주제

🎧 5_101

Q What topics do you usually discuss with your friends when you talk on the phone?
친구들과 휴대폰으로 통화할 때 보통 어떤 주제에 대해 이야기하나요?

 답변 아이디어 노트

친구와의 통화 주제	많은 것들을 이야기함
통화 주제 ①	학교, 일, 음식, 새로 나온 영화
통화 주제 ②	재밌는 이야기/흥미진진한 소식 - 통화는 짧지만 항상 재밌음 - 우정을 유지하기 정말 좋은 방법임
마무리	친구들과 전화로 이야기하는 것 정말 좋아함

실제답변 바로가기 ▶

Intro We talk about many things on the phone.

Body We usually talk about school or work. Sometimes, we talk about food or new movies, too. Also, we share funny stories or exciting news. It's always short but fun. Also, it makes me feel very relaxed. It's a great way to keep up our friendship.

Wrap-up I love talking to my friends on the phone.

* IM1 보장 답변

우리는 전화로 많은 것들을 이야기해요. 보통 학교나 일에 대해 이야기합니다. 가끔은, 음식이나 새로 나온 영화에 대해서도 이야기해요. 또, 재밌는 이야기나 흥미진진한 소식을 나누기도 해요. 통화는 짧지만 항상 재밌어요. 또, 통화는 매우 편안한 느낌이 들게 해 줘요. 우정을 유지하기에 정말 좋은 방법이에요. 저는 친구들과 전화로 이야기하는 것을 정말 좋아해요.

🔍 **주요 어휘**

share ~을 나누다, 공유하다　funny 재밌는　exciting 흥미진진한　keep up our friendship 우정을 유지하다

Q What topics do you usually discuss with your friends when you talk on the phone?
친구들과 휴대폰으로 통화할 때 보통 어떤 주제에 대해 이야기하나요?

답변 아이디어 노트

친구와의 통화 주제	이야기하는 것은 많지만, 몇 가지만 나눠보겠음
통화 주제 ①	일상생활에 대해 이야기, 재밌는 이야기 새로운 영화, 동네 음식점
통화 주제 ②	가장 좋은 점은 주말 모임 계획을 세우는 것 통화는 항상 짧지만 연결된 기분이 듦
마무리	친구들과 전화로 이야기하는 것은 꼭 필요한 거임

실제답변 바로가기 ▶

Intro There are many things we talk about, but let me share a few.

Body We usually talk about our daily lives, like school or work. We also share funny stories that happened during the day. Sometimes, I complain about my boss, too. Then, we move on to talk about some new movies or restaurants in town. Sometimes we check reviews online while talking. We love visiting new places. The best part is planning get-togethers for the weekend. It's always short but makes us feel connected.

Wrap-up Talking to my friends on the phone is a must in my daily life.

＊ 이거 쓰면 AL

우리가 이야기하는 것은 많지만, 몇 가지만 나눠볼게요. 보통 학교나 직장과 같은 일상생활에 대해 이야기해요. 하루 동안 있었던 재밌는 이야기들도 공유해요. 가끔은 제 상사에 대한 불평도 하곤 해요. 그 후에는, 새로운 영화나 동네 음식점에 대한 이야기로 넘어가기도 해요. 이야기하면서 온라인으로 후기를 확인하기도 합니다. 우리는 새로운 곳들을 방문하는 것을 정말 좋아해요. 가장 좋은 점은 주말 모임 계획을 세우는 거예요. 통화는 항상 짧지만 연결된 기분이 들게 해요. 친구들과 전화로 이야기하는 것은 제 일상생활에서 꼭 필요한 거예요.

 주요 어휘

complain ~에 대해 불평을 하다   boss 상사   move on 넘어가다   feel connected 연결된 기분이 들다

 **② 전화 통화 습관**

🎧 5_103

Q Can you tell me about the way you usually talk on the phone? Who do you usually call? How much time do you spend on the phone? Do you ever do anything else while on the phone?

보통 휴대폰으로 통화할 때 어떤 방식으로 하는지에 대해 말해 줄 수 있나요? 보통 누구에게 전화를 하나요? 통화에 얼마나 많은 시간을 보내나요? 통화하는 동안 다른 일을 하기도 하나요?

💡 답변 아이디어 노트

전화 통화 루틴	평소 전화 통화 루틴에 대해 말하겠음
전화 통화하는 사람/시간	친구나 가족, 최소 한 시간 정도
전화 통화 습관	전화 통화 중에는 다른 일은 하지 않음 대화에 집중하고 싶기 때문
마무리	그게 내 전화 습관임

 **IM**

 실제답변 바로보기 ▶

Intro Okay, I will tell you about my usual phone call routine.

Body I usually call my friends or family. I call my friends to talk about school or work. I think I talk with them for at least one hour. When I'm on the phone, I don't do anything else. The main reason is that I want to focus on the conversation.

Wrap-up So, those are my phone habits.

※ IM1 보장 답변

좋아요. 제 평소 전화 통화 루틴에 대해 말씀드릴게요. 저는 보통 친구나 가족에게 전화를 해요. 학교나 일에 대해 이야기하려고 친구에게 전화해요. 이야기할 때는 보통 최소 한 시간 정도 이야기하는 것 같아요. 전화 통화 중에는 다른 일을 하지 않아요. 주된 이유는 대화에 집중하고 싶기 때문이에요. 그래서 그게 제 전화 습관이에요.

🔍 주요 어휘

at least 최소, 적어도   **when** ~할 때   **do anything else** 다른 일을 하다   **focus on** ~에 집중하다   **conversation** 대화   **habit** 습관

 Q Can you tell me about the way you usually talk on the phone? Who do you usually call? How much time do you spend on the phone? Do you ever do anything else while on the phone?

보통 휴대폰으로 통화할 때 어떤 방식으로 하는지에 대해 말해 줄 수 있나요? 보통 누구에게 전화를 하나요? 통화에 얼마나 많은 시간을 보내나요? 통화하는 동안 다른 일을 하기도 하나요?

답변 아이디어 노트

전화 통화 루틴	말할 게 많지 않지만, 최선을 다해 보겠음
전화 통화하는 사람/시간	매일 밤 엄마에게 전화 검, 약 10분 정도 친구들과는 더 오래 이야기함 가끔 늦은 밤 수다로 이어지기도 함
전화 통화 습관	통화하면서 동시에 여러 일을 하기도 함 – 메모지에 낙서/방 정리
마무리	내 전화 통화 습관에 대한 건 이게 다임

 **IH-AL**

실제답변 바로가기 ▶

Intro There isn't much to say, but I'll try my best.

Body I usually call my mom every night to *check in*, and we talk for about 10 minutes. With friends, we talk for longer. Sometimes those calls turn into *late-night conversations*. We talk about our daily life and any updates. It's a simple routine, but it makes me feel close to them. Sometimes, I even *multitask* while talking on the phone. I do things like *scribbling on a notepad* or organizing my room.

Wrap-up That's about it for my phone call habits.

*이거 쓰면 AL

말할 게 많지는 않지만, 최선을 다해 볼게요. 저는 보통 매일 밤 안부를 묻기 위해 엄마에게 전화를 거는데 약 10분 정도 이야기해요. 친구들과는 더 오래 이야기해요. 가끔 그런 전화들은 늦은 밤 수다로 이어지기도 해요. 우리는 서로의 일상생활이나 최근 소식에 대해 이야기해요. 이건 단순한 루틴이지만, 서로 더 가까운 느낌이 들게 해 줘요. 가끔, 통화하면서 동시에 여러 일을 하기도 해요. 메모지에 낙서를 하거나 방을 정리하는 것과 같은 일들을 해요. 제 전화 통화 습관에 대한 건 이게 다예요.

주요 어휘

check in 안부를 묻다　**late-night conversation** 늦은 밤 수다　**update** n. 최근 소식　**multitask** 여러 일을 하다　**scribble** 낙서를 하다

 ③ 기억에 남는 전화 통화

🎧 5_105

Q What is one phone call that you still remember clearly? Maybe you heard some surprising news from a friend or a relative, or something unexpected happened during the call. Describe that story and what made it so unforgettable.

여전히 선명하게 기억나는 전화 통화가 있나요? 아마 친구나 친척으로부터 놀라운 소식을 들었거나, 통화 중에 예상치 못한 일이 일어났을 수도 있습니다. 그 이야기와 왜 그렇게 잊을 수 없었는지 묘사해 주세요.

답변 아이디어 노트

기억나는 전화 통화	한 통의 전화 통화가 기억남
통화 내용	가장 친한 친구에게서 왔음 - 생일 축하한다고 말하려고 전화함
잊을 수 없는 이유	생일 축하 노래까지 불러 줌 - 나를 놀라게 함 정말 행복했음 - 내 생일을 기억해 줬기 때문
마무리	그 전화 통화를 절대 잊지 못함

 IM  실제답변 바로보기 ▶

Intro I clearly remember one phone call.

Body It was from my best friend. She called to say happy birthday to me. She even sang a birthday song, and it surprised me. I was really happy because she remembered my birthday. I thanked her, and it made the day unforgettable.

Wrap-up I will never forget that phone call.

IM1 보장 답변

한 통의 전화 통화가 선명하게 기억나요. 그 전화는 제 가장 친한 친구에게서 왔어요. 친구는 제게 생일을 축하한다고 말하려고 전화를 했어요. 심지어 생일 축하 노래까지 불러 줬는데, 이게 저를 놀라게 했어요. 저는 정말 행복했는데, 친구가 제 생일을 기억해 줬기 때문이에요. 저는 친구에게 고맙다고 했고, 그날은 잊을 수 없는 날이 됐어요. 저는 그 전화 통화를 절대 잊지 못할 거예요.

🔍 주요 어휘

say happy birthday 생일 축하한다고 말하다　**sing** ~을 노래를 불러주다　**surprise** ~을 놀라게 하다　**thank** ~에게 고맙다고 하다

🎧 5_106

Q What is one phone call that you still remember clearly? Maybe you heard some surprising news from a friend or a relative, or something unexpected happened during the call. Describe that story and what made it so unforgettable.

여전히 선명하게 기억나는 전화 통화가 있나요? 아마 친구나 친척으로부터 놀라운 소식을 들었거나, 통화 중에 예상치 못한 일이 일어났을 수도 있습니다. 그 이야기와 왜 그렇게 잊을 수 없었는지 묘사해 주세요.

💡 답변 아이디어 노트

기억나는 전화 통화	절대 잊을 수 없는 전화 통화 있음
통화 내용	지난달 가장 친한 친구가 갑자기 전화함 - 생일 축하 노래를 부르기 시작 내 생일 기억하고 있을 거라고 기대 X, 몇 시간 동안 통화했음
잊을 수 없는 이유	친구의 마음을 느낄 수 있었음 - 특별하고 사랑받는 기분
마무리	그 생일 축하 전화는 가장 달콤한 추억 중 하나였음

 IH-AL

실제답변 바로보기 ▶

Intro There was a phone call that I will never forget.

Body My best friend called me *out of the blue* last month. She started singing the happy birthday song, and I felt so *touched* and surprised. I honestly didn't *expect* her *to* remember my birthday. We *ended up talking* for hours. We laughed a lot while sharing old memories. *The best part was* feeling the love from my friend. She made me feel so special and loved.

Wrap-up That birthday call was one of the sweetest memories in my life.

* 이거 쓰면 AL

절대 잊을 수 없는 전화 통화가 있어요. 지난달에 가장 친한 친구가 갑자기 전화를 했어요. 친구가 생일 축하 노래를 부르기 시작했고, 저는 정말 감동받고 놀랐어요. 솔직히 친구가 제 생일을 기억하고 있을 거라고는 기대하지 않았어요. 결국 몇 시간 동안 통화했어요. 예전 추억을 나누면서 많이 웃었어요. 가장 좋았던 점은 친구의 마음을 느낄 수 있었다는 거예요. 친구 덕분에 정말 특별하고 사랑받는 기분이 들었어요. 그 생일 축하 전화는 제 인생에서 가장 달콤한 추억 중 하나였어요.

🔍 주요 어휘

out of the blue 갑자기　**touched** 감동받은　**expect A to do** A가 ~할 것으로 기대하다　**end up -ing** 결국 ~하다　**loved** 사랑받는

돌발주제 09 산업

- 산업은 돌발주제 중 난이도가 어려운 주제 중 하나로, 엔터테인먼트 산업 같이 하나의 산업 분야를 정해 답변 준비
- 우리나라에서 유명한 산업, 언급한 기업의 성장 과정/난관 극복, 언급한 산업이 우리에게 주는 혜택, 커리어를 위해 한 노력 등의 문제가 자주 출제
- 자가평가 난이도 5-5 이상을 선택한다면, 14-15번에 관심 있는 업계 근황/과거와 비교, 사람들이 관심 있는 산업, 업계에서 기대에 못 미친 상품/서비스 등의 초고난도 문제 출제

문제 유형

 최빈출 Combo

- Can you tell me about one of the famous industries in your country? It could be entertainment, technology, automotive, or any other industry. Describe everything about it.

  당신의 나라에서 유명한 산업 하나에 대해 말해 줄 수 있나요? 엔터테인먼트, 기술, 자동차 또는 다른 산업일 수도 있습니다. 그 산업에 대한 것을 모두 묘사해 주세요.

- Tell me about a well-known company in this industry. Describe how the company began and what helped it grow or become successful.

  이 산업에서 유명한 회사에 대해 말해 주세요. 그 회사는 어떻게 시작됐고, 무엇이 성장과 성공에 도움이 됐는지 묘사해 주세요.

- When this company launched its main product or service, did it become successful as soon as it was released? Describe all the difficulties the company faced and how it overcame them. Give as much detail as possible.

  이 회사가 주요 제품이나 서비스를 출시했을 때, 출시되자마자 성공적이었나요? 그 회사가 겪었던 어려움과 그 어려움을 어떻게 극복했는지 모두 묘사해 주세요. 가능한 한 자세히 설명해 주세요.

고난도 Combo

- These days, what kinds of companies do young job seekers hope to join? Why are they interested in working there?

  요즘, 젊은 구직자들이 입사하기를 희망하는 회사는 어떤 회사인가요? 왜 구직자들이 그곳에서 일하는 것에 관심이 있나요?

- Tell me a story about how you prepared for your job or career. What did you do first, what happened next, and how did everything turn out in the end?

  당신의 직업이나 커리어를 위해 준비했던 방법에 대한 이야기를 해 주세요. 가장 먼저 무엇을 했고, 그다음에 무슨 일이 일어났고, 그리고 결국 모든 것이 어떻게 됐나요?

- Describe a company or industry in your country that is popular among workers. When was it founded, how did it develop, and why do people find it so attractive?

  당신의 나라에서 근로자들에게 인기 있는 회사나 산업을 묘사해 주세요. 언제 설립됐으며, 어떻게 발전했고, 그리고 사람들이 왜 매력적으로 생각하나요?

필수 어휘 & 표현

🎧 5_108

산업 종류
- [ ] entertainment 엔터테인먼트, 연예
- [ ] travel 여행
- [ ] hospitality 숙박&외식
- [ ] fashion 패션
- [ ] IT 정보기술
- [ ] media 방송, 미디어
- [ ] electronics 전자
- [ ] construction 건설

산업 특징
- [ ] famous/well-known 유명한
- [ ] popular 인기 있는
- [ ] key 핵심의
- [ ] big 큰
- [ ] be a thing 대세다
- [ ] successful 성공적인
- [ ] influential 영향력이 있는
- [ ] win global awards 세계적인 상을 수상하다
- [ ] grow a lot 많이 성장하다
- [ ] break records 기록을 깨다
- [ ] draw huge attention 큰 주목을 받다
- [ ] leading the industry 업계를 이끌다
- [ ] gain huge success 큰 성공을 거두다
- [ ] attractive 매력적인
- [ ] dynamic 활기찬, 역동적인

산업이 직면한 어려움
- [ ] don't have many resources 자원이 많지 않다
- [ ] not popular 인기가 없다
- [ ] struggle 어려움을 겪다
- [ ] lack funding 자금이 부족하다
- [ ] declining demand 감소하는 수요
- [ ] falling sales 하락하는 매출
- [ ] face competition 경쟁에 직면하다
- [ ] fall behind in technology 기술에서 뒤쳐지다

극복 과정
- [ ] work hard 열심히 노력하다, 열심히 일하다
- [ ] try various marketing plans 다양한 마케팅 전략을 시도하다
- [ ] practice a lot 연습을 많이 하다
- [ ] improve performances 실력을 향상하다

직업/커리어
- [ ] big company 대기업
- [ ] high salary 높은 연봉
- [ ] dream of working at ~에서 일하는 것을 꿈꾸다
- [ ] practice doing interviews 면접 연습하다
- [ ] ask for feedback 의견을 요청하다
- [ ] look for jobs 구직 활동을 하다
- [ ] All my hard work paid off. 모든 노력이 결실을 맺었다.
- [ ] stability 안정성
- [ ] benefit 복지
- [ ] promotion opportunity 승진 기회
- [ ] work-life balance 일과 삶의 균형
- [ ] commuting distance 통근 거리
- [ ] reputation 평판
- [ ] work environment 근무 환경
- [ ] personal interest 개인 관심사

우리나라에서 유명한 산업

Q Can you tell me about one of the famous industries in your country? It could be entertainment, technology, automotive, or any other industry. Describe everything about it.

당신의 나라에서 유명한 산업 하나에 대해 말해 줄 수 있나요? 엔터테인먼트, 기술, 자동차 또는 다른 산업일 수도 있습니다. 그 산업에 대한 것을 모두 묘사해 주세요.

답변 아이디어 노트

우리나라에서 유명한 산업	엔터테인먼트 산업
산업 설명	우리나라에 많은 케이팝 아이돌 그룹들이 있음 – 전 세계적으로 인기 많음 한국 드라마도 정말 유명함
결과	이 산업이 한국을 유명하게 만듦 많은 사람들이 이 산업에서 일하고 싶어 함
마무리	엔터테인먼트 산업은 핵심 산업임

실제답변 바로보기 ▶

Intro One of the famous industries in my country is the entertainment industry.

Body In my country, there are many K-pop idol groups. They are popular all over the world. K-dramas are also very famous on Netflix. Thanks to this, the entertainment industry makes Korea well-known. Plus, many people want to work in this industry.

Wrap-up So, entertainment is definitely a key industry here.

* IM1 보장 답변

우리나라에서 유명한 산업 중 하나는 엔터테인먼트 산업이에요. 우리나라에는 많은 케이팝 아이돌 그룹들이 있어요. 이 그룹들은 전 세계적으로 인기가 많아요. 한국 드라마 또한 넷플릭스에서 정말 유명해요. 이 덕분에, 엔터테인먼트 산업이 한국을 유명하게 만들었어요. 게다가, 많은 사람들이 이 산업에서 일하고 싶어 해요. 그래서 엔터테인먼트 산업은 확실히 이곳의 핵심 산업이에요.

주요 어휘

industry 산업, 업계 all over the world 전 세계적으로 thanks to ~ 덕분에 work 일하다 definitely 확실히, 분명히

🎧 5_110

Q Can you tell me about one of the famous industries in your country? It could be entertainment, technology, automotive, or any other industry. Describe everything about it.

당신의 나라에서 유명한 산업 하나에 대해 말해 줄 수 있나요? 엔터테인먼트, 기술, 자동차 또는 다른 산업일 수도 있습니다. 그 산업에 대한 것을 모두 묘사해 주세요.

💡 답변 아이디어 노트

우리나라에서 유명한 산업	우리나라에서 엔터테인먼트 산업은 정말 큼
산업 설명	수많은 케이팝 아이돌 그룹들이 있음 – 수백만 명의 팬을 가지고 있음 한국 드라마도 대세임 한국 영화가 세계적인 상을 수상함 – 한국 문화 홍보하고 있음
결과	엔터테인먼트 산업이 얼마나 강력해질 수 있는지 보여줌
마무리	한국에서 엔터테인먼트 산업은 확실히 가장 큰 산업 중 하나임

실제답변 바로보기 ▶

Intro In my country, the entertainment industry is very big.

Body There are so many K-pop idol groups, like BTS and Blackpink. They have millions of fans worldwide. Many foreign tourists even visit Korea because of them. Additionally, K-dramas are a thing on Netflix, too. Another point is that Korean movies are winning global awards and promoting Korean culture. They are definitely growing a lot. It shows how powerful the entertainment industry has become.

Wrap-up So, the entertainment industry is definitely one of the biggest industries here in Korea.

✱ 이거 쓰면 AL

우리나라에서 엔터테인먼트 산업은 정말 커요. BTS와 블랙핑크 같은 수많은 케이팝 아이돌 그룹들이 있어요. 그 그룹들은 전 세계적으로 수백만 명의 팬을 가지고 있어요. 심지어 많은 외국인 관광객들도 이들 때문에 한국을 방문해요. 게다가, 한국 드라마도 넷플릭스에서 대세예요. 또 다른 점은 한국 영화가 세계적인 상을 수상하며 한국 문화를 홍보하고 있다는 거예요. 한국 영화는 확실히 많이 성장하고 있어요. 이건 엔터테인먼트 산업이 얼마나 강력해질 수 있는지를 보여줘요. 그래서 한국에서 엔터테인먼트 산업은 확실히 가장 큰 산업 중 하나예요.

🔍 주요 어휘

millions 수백만 명의 **worldwide** 전 세계적으로 **foreign tourist** 외국인 관광객 **promote** ~을 홍보하다 **culture** 문화 **powerful** 강력한

2 이 산업에서 유명한 기업/성장 과정

🎧 5_111

Q Tell me about a well-known company in this industry. Describe how the company began and what helped it grow or become successful.

이 산업에서 유명한 회사에 대해 말해 주세요. 그 회사는 어떻게 시작됐고, 무엇이 성장과 성공에 도움이 됐는지 묘사해 주세요.

💡 답변 아이디어 노트

이 산업에서 유명한 회사	하이브
회사 성장 과정	처음에는 작은 회사로 시작, 지금은 정말 큰 회사가 됐음
성공 요소	BTS 성공이 회사를 성공하게 만듦 업계에서 세계적인 기업임
마무리	하이브는 한국에서 가장 영향력 있는 회사 중 하나가 됨

실제답변 바로보기 ▶

Intro I think it's HYBE.

Body It started as a small company, but now it is very big. BTS came from HYBE, and their success made the company successful. Now, HYBE is a global company in the entertainment industry. Many young people want to work there because it is famous.

Wrap-up Overall, HYBE has become one of the most influential companies in Korea.

* IM1 보장 답변

저는 하이브라고 생각해요. 처음에는 작은 회사로 시작했지만, 지금은 정말 큰 회사가 됐어요. BTS가 하이브 소속이었고, 그들의 성공이 회사를 성공하게 만들었어요. 지금 하이브는 엔터테인먼트 업계에서 세계적인 기업이에요. 하이브가 유명하기 때문에 많은 젊은 사람들이 그곳에서 일하고 싶어 해요. 전반적으로, 하이브는 한국에서 가장 영향력 있는 회사 중 하나가 됐어요.

🔍 주요 어휘

start as ~로 시작하다   **come from** ~ 소속이다, ~에서 오다   **success** 성공   **global** 세계적인   **become** ~이 되다

Q Tell me about a well-known company in this industry. Describe how the company began and what helped it grow or become successful.

이 산업에서 유명한 회사에 대해 말해 주세요. 그 회사는 어떻게 시작됐고, 무엇이 성장과 성공에 도움이 됐는지 묘사해 주세요.

 답변 아이디어 노트

이 산업에서 유명한 회사	좋은 예는 하이브
회사 성장 과정	작은 회사로 시작했음, 처음엔 자원이 많지 않았음
성공 요소	BTS 이후 상황이 바뀜 전 세계적인 성공을 거둠 - 회사가 크게 확장됨, 다수의 아이돌 그룹 관리하고 있음
마무리	여전히 빠르게 성장, 오늘날 업계 이끌고 있음

실제답변 바로보기 ▶

Intro A great example of a well-known company is HYBE.

Body From what I know, it began as a small company. At first, it didn't have many resources compared to major agencies. However, things changed after BTS. Their global tours and albums broke records and drew huge attention. Thanks to them, the company has become a worldwide success. It expanded so much that it now manages multiple idol groups. It's a perfect example of a successful company in the entertainment industry.

Wrap-up HYBE is still growing fast and leading the industry today.

* 이거 쓰면 **AL**

유명한 회사의 좋은 예는 하이브예요. 제가 아는 바로는, 하이브는 작은 회사로 시작했어요. 처음엔, 대형 기획사와 비교해 자원이 많지 않았어요. 하지만, BTS 이후 상황이 바뀌었어요. 그들의 글로벌 투어와 앨범은 기록을 깨고 큰 주목을 받았어요. BTS 덕분에, 회사는 전 세계적인 성공을 거 뒀어요. 회사는 크게 확장돼 현재는 다수의 아이돌 그룹을 관리하고 있어요. 이건 엔터테인먼트 산업에서 성공적인 회사의 완벽한 예시예요. 하이브는 여전히 빠르게 성장하며 오늘날 업계를 이끌고 있어요.

 주요 어휘

agency 기획사　**become a worldwide success** 전 세계적인 성공을 거두다　**expand** 확장되다　**manage** ~을 관리하다　**multiple** 다수의

3 언급한 기업의 성공 과정/난관 극복

🎧 5_113

Q When this company launched its main product or service, did it become successful as soon as it was released? Describe all the difficulties the company faced and how it overcame them. Give as much detail as possible.

이 회사가 주요 제품이나 서비스를 출시했을 때, 출시되자마자 성공적이었나요? 그 회사가 겪었던 어려움과 그 어려움을 어떻게 극복했는지 모두 묘사해 주세요. 가능한 한 자세히 설명해 주세요.

💡 답변 아이디어 노트

회사의 성공 과정	그 이야기에 대해 말해보겠음
회사가 직면한 어려움	처음에 BTS 인기 많지 않았음, 소규모 콘서트만 열었음
극복 과정	정말 열심히 노력했고, 다양한 마케팅 전략도 시도했음 실력 향상을 위해 연습도 많이 함
마무리	BTS의 이야기는 꽤 흥미롭고 감동적임

 IM

실제답변 바로보기 →

Intro I'll tell you a story about it.

Body At first, BTS was not very popular. They only held small concerts with not many fans. But, they worked really hard and tried various marketing plans. They also practiced a lot to improve their performances. Finally, they gained huge success.

Wrap-up Their story is quite interesting and touching.

* IM1 보장 답변

그 이야기에 대해 말해볼게요. 처음에 BTS는 인기가 많지 않았어요. 적은 팬들과 소규모 콘서트만 열었어요. 하지만, 정말 열심히 노력했고 다양한 마케팅 전략도 시도했어요. 실력을 향상하기 위해 연습도 많이 했어요. 결국, 큰 성공을 거뒀어요. BTS의 이야기는 꽤 흥미롭고 감동적이에요.

🔍 주요 어휘

hold concerts 콘서트를 열다 **interesting** 흥미로운 **touching** 감동적인

Q When this company launched its main product or service, did it become successful as soon as it was released? Describe all the difficulties the company faced and how it overcame them. Give as much detail as possible.

이 회사가 주요 제품이나 서비스를 출시했을 때, 출시되자마자 성공적이었나요? 그 회사가 겪었던 어려움과 그 어려움을 어떻게 극복했는지 모두 묘사해 주세요. 가능한 한 자세히 설명해 주세요.

💡 답변 아이디어 노트

회사의 성공 과정	하이브의 성공에 대한 자세한 이야기를 말해보겠음
회사가 직면한 어려움	자원이 거의 없는 작은 회사였음 - 오랫동안 어려움을 겪음
극복 과정	BTS 음악 공유/팬들과 가깝게 지내기 위해 소셜 미디어 써 보기로 결정함 점점 BTS가 주목받기 시작함, 결국 세계적인 회사가 됨
마무리	이 여정은 정말 흥미로운 이야기임

실제답변 바로보기 ▶

Intro I'll tell you a detailed story about HYBE's success.

Body When BTS first debuted, HYBE was a small company with little resources. It couldn't promote its artists much, so it struggled for a long time. At some point, it decided to use social media to share BTS's music and stay close to their fans. Thanks to those efforts, it started gaining attention. The best part is that HYBE eventually became a global company in the end.

Wrap-up Its journey is an interesting story to share, don't you think?

이거 쓰면 AL

하이브의 성공에 대한 자세한 이야기를 말해볼게요. BTS가 처음 데뷔했을 때, 하이브는 자원이 거의 없는 작은 회사였어요. 소속 가수들을 충분히 홍보할 수 없어서 오랫동안 어려움을 겪었어요. 어느 시점에, 회사는 BTS의 음악을 공유하고 팬들과 가까이 지내기 위해 소셜 미디어를 써 보기로 결정했어요. 그런 노력들 덕분에, BTS는 점점 주목을 받기 시작했어요. 가장 좋은 점은 결국 하이브가 세계적인 회사가 됐다는 거예요. 이 여정은 이야기를 나누기에 정말 흥미로운 이야기예요, 그렇지 않나요?

🔍 주요 어휘

debut 데뷔하다　**resource** 자원　**at some point** 어느 시점에　**stay close** 가까이 지내다　**gain attention** 주목을 받다　**journey** 여정

 **① 요즘 젊은 사람들이 들어가고 싶은 기업**

🎧 5_115

Q These days, what kinds of companies do young job seekers hope to join? Why are they interested in working there?

요즘, 젊은 구직자들이 입사하기를 희망하는 회사는 어떤 회사인가요? 왜 구직자들이 그곳에서 일하는 것에 관심이 있나요?

💡 답변 아이디어 노트

젊은 사람들이 입사하고 싶은 기업	요즘은 회사들이 많이 있음
선호하는 회사와 이유	대기업을 선호한다고 생각함, 높은 연봉
또 다른 선호하는 회사와 이유	엔터테인먼트 회사도 정말 인기 있음 - 유명한 가수들이 소속되어 있기 때문
마무리	젊은 사람들에게 매력적인 회사 많아짐

실제답변 바로보기 ▶

Intro There are many companies these days.

Body I think young people prefer big companies. The main reason is the high salary. Also, entertainment companies are very popular because they have famous artists. Many young people wish to work with them.

Wrap-up So, there are many attractive companies for young people.

* **IM1 보장 답변**

요즘은 회사들이 많이 있어요. 저는 젊은 사람들이 대기업을 선호한다고 생각해요. 주된 이유는 높은 연봉이에요. 또한, 엔터테인먼트 회사도 정말 인기가 있는데, 유명한 가수들이 소속되어 있기 때문이에요. 많은 젊은 사람들이 그들과 함께 일해 보고 싶어 해요. 그래서 젊은 사람들에게 매력적인 회사는 많아졌어요.

🔍 주요 어휘

prefer ~을 선호하다   artist 가수, 아티스트   wish to do ~하기를 원하다

Q These days, what kinds of companies do young job seekers hope to join? Why are they interested in working there?

요즘, 젊은 구직자들이 입사하기를 희망하는 회사는 어떤 회사인가요? 왜 구직자들이 그곳에서 일하는 것에 관심이 있나요?

💡 답변 아이디어 노트

젊은 사람들이 입사하고 싶은 기업	요즘 구직자들에게는 많은 선택지들이 있음
선호하는 회사와 이유	높은 연봉/안정성 때문에 대기업 선호한다고 생각함 좋은 복지 혜택에도 많은 관심을 가짐 관심사와 맞는 직업을 찾으려고 노력함
또 다른 선호하는 회사와 이유	엔터테인먼트 회사도 점점 인기를 얻고 있음
마무리	젊은 구직자들에게 매력적인 선택지가 많이 있음

 IH-AL

 실제답변 바로보기 ▸

Intro These days, there are many options for young job seekers.

Body I think they prefer big companies because of the high salary and **stability**. They also care a lot about good benefits, like flexible working hours. Nowadays, young people try to find jobs that **match their interests**. **I personally think** that's really important as well. So, these days, some even dream of working at IT companies to **be a part of innovation**. Entertainment companies are also becoming popular among young people.

Wrap-up So, there are many **attractive** options for them.

* 이거 쓰면 **AL**

요즘, 젊은 구직자들에게는 많은 선택지들이 있어요. 높은 연봉과 안정성 때문에 젊은 구직자들이 대기업을 선호한다고 생각해요. 유연근무제와 같은 좋은 복지 혜택에도 많은 관심을 가져요. 요즘, 젊은 사람들은 자신의 관심사와 맞는 직업을 찾으려고 노력해요. 저도 개인적으로 그게 정말 중요하다고 생각해요. 그래서 요즘에는 혁신의 일원이 되기 위해 IT 회사에서 일하는 것을 꿈꾸는 사람들도 있어요. 엔터테인먼트 회사도 젊은 사람들 사이에서 점점 인기를 얻고 있어요. 그래서 젊은 구직자들에게는 매력적인 선택지가 많이 있어요.

🔍

flexible working hours 유연근무제　**match one's interest** ~의 관심사와 맞다　**be a part of innovation** 혁신의 일원이 되다

 ❷ 커리어를 위해 한 노력

🎧 5_117

Q Tell me a story about how you prepared for your job or career. What did you do first, what happened next, and how did everything turn out in the end?

당신의 직업이나 커리어를 위해 준비했던 방법에 대한 이야기를 해 주세요. 가장 먼저 무엇을 했고, 그다음에 무슨 일이 일어났고, 그리고 결국 모든 것이 어떻게 됐나요?

 답변 아이디어 노트

커리어를 위해 한 노력	조금 말해보겠음
노력 설명	작년, 영어 공부했음, 친구들과 면접 연습도 했음 친구들에게 의견도 요청함 온라인으로 구직 활동함
결과	결국 모든 일이 잘 됨
마무리	정말 많은 도움이 됨

 **IM**

실제답변 바로보기 ▶

Intro I'll tell you a little bit about it.

Body It was last year. I studied English to communicate better. Then, I practiced doing interviews with my friends. I also asked for feedback from them. After that, I looked for jobs online. In the end, it turned out great.

Wrap-up I think it really helped me a lot.

* IM1 보장 답변

커리어를 위해 한 노력에 대해 조금 말해볼게요. 작년이었어요. 저는 더 잘 소통하기 위해 영어를 공부했어요. 그리고, 친구들과 면접 연습도 했습니다. 또 친구들에게 의견도 요청했어요. 그 후에는, 온라인으로 구직 활동을 했어요. 결국, 모든 일이 잘 됐어요. 제게 정말 많은 도움이 됐다고 생각해요.

🔍 **주요 어휘**

study ~을 공부하다   communicate 소통하다   online 온라인으로   turn out great 잘 되다   help A a lot A에게 정말 많은 도움이 되다

🎧 5_118

Q Tell me a story about how you prepared for your job or career. What did you do first, what happened next, and how did everything turn out in the end?

당신의 직업이나 커리어를 위해 준비했던 방법에 대한 이야기를 해 주세요. 가장 먼저 무엇을 했고, 그다음에 무슨 일이 일어났고, 그리고 결국 모든 것이 어떻게 됐나요?

💡 답변 아이디어 노트

커리어를 위해 한 노력	나누고 싶은 이야기 하나 말하겠음
노력 설명	엔터테인먼트 산업에서 직장 구하고 싶었음 영어 꼭 유창하도록 함, 관련 분야에서 인턴십 함 워크숍 몇 개 참여함, 면접 연습함
결과	모든 노력이 결실을 맺음 원하는 직장을 성공적으로 구할 수 있었음
마무리	쉽진 않았지만 가치 있는 경험이었음

 IH-AL

실제답변 바로보기 ▶

Intro I have a story I'd like to share with you.

Body I really wanted to get a job in the entertainment industry. So, I did several things. First of all, I made sure that my English was fluent. I tried private tutoring lessons, and it improved my English skills. Also, I did some internships in a relevant field. That experience gave me a clear idea of how the industry works. I also joined some workshops to improve my teamwork skills. Next, I practiced interviews to gain more confidence. In the end, all my hard work paid off, and I successfully got the job that I wanted.

Wrap-up It wasn't easy, but it was definitely a worthwhile experience.

* 이거 쓰면 **AL**

나누고 싶은 이야기 하나를 말할게요. 저는 엔터테인먼트 산업에서 직장을 구하고 싶었어요. 그래서 여러 가지를 했어요. 우선, 영어를 꼭 유창하도록 했어요. 개인 과외 수업을 듣고 영어 실력을 향상했어요. 또, 관련 분야에서 인턴십도 했어요. 그 경험은 이 산업이 어떻게 돌아가는지를 명확히 알 수 있게 해 줬어요. 팀워크 능력을 향상하기 위해 워크숍도 몇 개 참여했어요. 그 다음에는, 자신감을 더 얻기 위해 면접 연습을 했어요. 결국, 모든 노력이 결실을 맺었고 원하는 직장을 성공적으로 구할 수 있었어요. 쉽진 않았지만, 분명히 가치 있는 경험이었어요.

🔍 **주요 어휘**

fluent 유창한 **give A a clear idea of** A가 ~을 명확히 알 수 있게 해주다 **confidence** 자신감 **worthwhile** 가치 있는

 ③ 근로자에게 매력적인 산업

🎧 5_119

Q Describe a company or industry in your country that is popular among workers. When was it founded, how did it develop, and why do people find it so attractive?

당신의 나라에서 근로자들에게 인기 있는 회사나 산업을 묘사해 주세요. 언제 설립됐으며, 어떻게 발전했고, 그리고 사람들이 왜 매력적으로 생각하나요?

💡 답변 아이디어 노트

근로자에게 인기 있는 회사/산업	엔터테인먼트 산업
발전 과정	언제 모든 게 시작됐는지는 모르지만, 많이 발전했음
매력적인 이유	이 산업에 많은 일자리도 있음 유명 가수/배우와 함께 일할 수 있음 – 일을 흥미롭고 활기차게 만듦
마무리	이 산업은 근로자들 사이에서 정말 인기 있음

 IM

실제답변 바로보기 ▶

Intro I'd say it's the entertainment industry.

Body I'm not sure when it all started, but it has developed a lot. Nowadays, there are many jobs in this industry. People can work with famous singers and actors, and this makes the jobs exciting and dynamic.

Wrap-up That's why it's so popular among workers.

★ IM1 보장 답변

엔터테인먼트 산업이라고 말할게요. 언제 모든 게 시작됐는지는 잘 모르겠지만, 이 산업은 많이 발전했어요. 요즘에는, 이 산업에 많은 일자리도 있어요. 사람들은 유명한 가수나 배우와 함께 일할 수 있는데, 이게 이 일을 흥미롭고 활기차게 만들어요. 그래서 이 산업은 근로자들 사이에서 정말 인기가 있어요.

🔍 주요 어휘

sure 아는, 확신하는 **develop** 발전하다 **job** 일자리, 직업 **work with** ~와 함께 일하다 **actor** 배우 **among** ~ 사이에서

Q Describe a company or industry in your country that is popular among workers. When was it founded, how did it develop, and why do people find it so attractive?

당신의 나라에서 근로자들에게 인기 있는 회사나 산업을 묘사해 주세요. 언제 설립됐으며, 어떻게 발전했고, 그리고 사람들이 왜 매력적으로 생각하나요?

답변 아이디어 노트

근로자에게 인기 있는 회사/산업	엔터테인먼트 산업은 근로자들에게 매력적임
발전 과정	언제 발전했는지 잘 모름
매력적인 이유	사람들을 창의적이게 함 세계적인 가수들과 함께 일할 수 있는 기회도 있음 한국 문화를 전파하는데 일원이 됨 - 자부심을 느낌 산업이 매우 빠르게 성장하고 있음
마무리	엔터테인먼트 산업은 우리나라에서 하나의 트렌드임

실제답변 바로보기 ▶

Intro I can say that the entertainment industry is very attractive for workers.

Body I don't know much about when it developed, but there are many reasons it has been popular. First of all, it **allows** people **to** be creative. Also, **there's a chance to** work with global artists, too. Many workers feel proud because they are part of **spreading Korean culture**. This is especially meaningful because K-culture is now **widely loved** all around the world. That's what makes it attractive for some. Lastly, the industry is growing super fast, which is **another attractive point**.

Wrap-up So overall, entertainment is a trend in my country.

* 이거 쓰면 AL

저는 엔터테인먼트 산업이 근로자들에게 정말 매력적이라고 말할 수 있어요. 언제 발전했는지에 대해서는 잘 모르지만, 그 산업이 인기 있어 온 이유는 많아요. 우선, 사람들을 창의적이게 해요. 또, 세계적인 가수들과 함께 일할 수 있는 기회도 있어요. 많은 근로자들은 한국 문화를 전파하는데 일원이 된다는 점에서 자부심을 느껴요. 한국 문화가 전 세계에서 널리 사랑받고 있기 때문에 특히 의미가 있어요. 이게 일부 사람들에게 매력적인 이유예요. 마지막으로, 이 산업은 매우 빠르게 성장하고 있고 이게 또 다른 매력 포인트예요. 그래서 전반적으로, 엔터테인먼트 산업은 우리나라에서 하나의 트렌드예요.

주요 어휘

allow A to do A가 ~하게 하다　**creative** 창의적인　**proud** 자부심이 있는　**spread** ~을 전파하다, 펼치다　**widely loved** 널리 사랑받는

롤플레이

- 01 상점
- 02 모임
- 03 호텔
- 04 건강
- 05 음식점
- 06 휴대폰
- 07 여행
- 08 교통(렌터카)

최빈출 상점 기출 Combo

Combo 1 😊필수
1. 옷가게에서 구매하고 싶은 옷에 대해 질문
2. 배송된 셔츠에 문제 있음/전화로 문제 해결
3. 구매한 물건/서비스 불만 경험

Combo 2
1. 옷가게에서 구매하고 싶은 옷에 대해 질문
2. 다른 제품이 배송 옴/전화로 문제 해결
3. 구매했던 옷에 문제가 있었던 경험

Combo 3
1. 좋아하는 상점에서 큰 세일 관련 질문
2. 구매한 물건이 손상되어 있음/전화로 문제 해결
3. 고장/손상된 물건 구매 경험

Combo 4
1. 좋아하는 상점에서 큰 세일 관련 질문
2. 구매한 물건이 세일 적용 안됨/전화로 문제 해결
3. 쇼핑 중 겪었던 문제/해결 방법

Combo 5
1. 친구에게 좋아하는 상점의 큰 세일 관련 질문
2. 구매 물건을 상점에 두고 옴/전화로 도움 요청
3. 기억에 남는 쇼핑 경험/문제 설명

Combo 6
1. 친구에게 새로 오픈한 상점 관련 질문
2. 지갑을 상점에 두고 옴/전화로 도움 요청
3. 물건을 어디에 두고 온 경험

Combo 7
1. 가구점 직원에게 사고 싶은 가구에 대해 질문
2. 배송된 가구에 문제 있음/전화로 문제 해결
3. 집에 구매한 물건이 마음에 들지 않았던 경험

Combo 8
1. 기계 구매를 위해 매장에 전화해서 질문
2. 구매한 기계에 문제가 생김/전화로 문제 해결
3. 기억에 남는 기술 묘사

최빈출 모임 기출 Combo

🧺 Combo 1 🔴필수
1. 친구에게 휴일 파티에 대해 전화 질문
2. 차 사고로 파티에 늦게 될 상황/대안 제시
3. 파티/행사에 참석하지 못하게 된 경험

🧺 Combo 2
1. 친구의 휴일 파티 준비를 돕기 위해 전화 질문
2. 도와줄 시간이 많지 않음/대안 제시
3. 막판에 파티/여행을 취소한 경험

🧺 Combo 3
1. 친구의 생일 파티 준비를 돕기 위해 전화 질문
2. 친구 생일 파티를 못 도와주게 됨/대안 제시
3. 파티/여행 계획을 취소한 경험

🧺 Combo 4
1. 친구가 초대한 파티 관련 전화 질문
2. 다른 약속으로 파티에 못 가게 될 상황 설명
3. 가족/친구를 방문한 기억에 남는 경험

🧺 Combo 5
1. 친구 집 식사에 초대받음/식사에 대해 전화 질문
2. 차가 고장나서 늦게 될 상황 설명/대안 제시
3. 휴일 계획에 차질을 빚은 경험

🧺 Combo 6
1. 친구에게 기념 모임 자리에 대해 질문
2. 집 수도관이 터져 참석 불가/대안 제시
3. 동네에서 있었던 기억에 남는 사건

🧺 Combo 7
1. 친구와의 약속에 대해 시간/장소 전화 질문
2. 약속 시간/장소에서 못 만나게 됨/대안 제시
3. 자유 시간에 계획한 것이 뜻대로 되지 않은 경험

🧺 Combo 8
1. 친구 집으로 주말에 초대받음/전화 질문
2. 약속 당일 치통으로 못 가게 됨/대안 제시
3. 가족/친구 집 방문을 취소했던 경험

최빈출 호텔 기출 Combo

🧺 Combo 1
1. 새로운 도시 방문/호텔 투숙 전화 문의
2. 객실이 좁고 지저분/프런트에 전화해 문제 해결
3. 호텔에서 기억에 남는 에피소드

🧺 Combo 2
1. 해외 출장 중 숙박할 호텔에 전화 문의
2. 직장 상사와의 해외 출장 못 가게 됨/상사에게 대안 제시
3. 해외 출장/여행 중 겪은 문제

🧺 Combo 3 ✪필수
1. 새로운 도시 방문/호텔 프런트 문의
2. 여행사에 만실 상황 알리기/대안 제시
3. 여행 계획이 뜻대로 되지 않은 경험

🧺 Combo 4
1. 현지 날씨에 대해 호텔에 전화 문의
2. 가져온 옷이 날씨에 맞지 않음/현지 옷 가게에 구매 문의
3. 예상치 못한 날씨를 겪은 경험

🧺 Combo 5
1. 호텔 프런트에 자유 시간에 할 수 있는 활동에 대해 문의
2. 택시에 가방두고 내림/택시 회사에 전화해 도움 요청
3. 물건을 잃어버린 경험

최빈출 건강 기출 Combo

🛒 Combo 1
1. 새로 오픈한 동네 헬스장에 전화 문의
2. 몸이 좋지 않아 헬스 수업 예약 불참 전화/ 대안 제시
3. 건강에 대한 인식 변화, 과거/현재 운동법 비교

🛒 Combo 2 (필수)
1. 새로 오픈한 동네 헬스장에 전화 문의
2. 헬스장 첫 방문 후 마음에 들지 않아 전화 환불 요청
3. 건강 증진을 위해 했던 도전 과제

🛒 Combo 3
1. 새로 개업한 건강식품점에 전화 문의
2. 구매한 건강식품에 문제가 있음/전화로 문제 해결
3. 기억에 남는 식사 경험

🛒 Combo 4
1. 영양사에게 식습관 개선 프로그램에 대해 전화 질문
2. 야근 때문에 영양사에게 예약 변경 전화/대안 제시
3. 과거 식습관/운동에 큰 변화를 준 경험

최빈출 음식점 기출 Combo

Combo 1
1. 친구의 가족이 새로 연 음식점에 대해 질문
2. 잘못 배달된 점심 도시락에 대해 음식점에 전화/대안 제시
3. 최근 음식점에서 있었던 특별한 식사

Combo 2
1. 내일 저녁 식사할 음식점에 대해 친구에게 전화 질문
2. 친구와 식사하러 가는 길에 사고로 도로 정체/대안 제시
3. 음식점 관련해 예상치 못했던 에피소드

Combo 3 (필수)
1. 새로 문을 연 음식점에 전화 문의
2. 지갑을 집에 두고 옴/직원에게 외상 요청
3. 음식점과 관련해 예상치 못했던 에피소드

Combo 4
1. 근처 음식점에 찾고 있는 상점으로 가는 길 안내 요청
2. 아까 문의한 음식점에 지갑 두고 옴/전화로 도움 요청
3. 물건을 분실했거나 중요한 것을 잃어버린 경험

최빈출 휴대폰 기출 Combo

🧺 Combo 1 ✪필수
1. 휴대폰 대리점에 새로운 휴대폰 구매 문의
2. 구매한 휴대폰 기능이 마음에 들지 않음/교환 요청
3. 새로운 제품/기술이 마음에 들지 않았던 경험

🧺 Combo 2
1. 휴대폰 대리점에 새로운 휴대폰 구매 문의
2. 구매한 휴대폰 기능이 마음에 들지 않음/교환 요청
3. 새로 개통한 휴대폰을 세팅해 본 경험

🧺 Combo 3
1. 해외여행 전 통신사에 해외 로밍에 대해 전화 문의
2. 친구의 휴대폰이 국제 통화 불가/친구에게 해결책 제안
3. 여행/출퇴근 때 휴대폰 사용 중 겪었던 문제점

🧺 Combo 4
1. 친구가 본인의 휴대폰의 신규 기종 구매/친구에게 질문
2. 친구가 휴대폰으로 보낸 파일에 문제 있음/대안 제시
3. 휴대폰 사용 중 겪었던 문제점

최빈출 여행 기출 Combo

🧺 Combo 1
1. 우리나라 방문을 계획 중인 상대에게 질문
2. 오늘 친구 공항 픽업을 못 가게 됨/전화로 대안 제시
3. 본인 국가에 대해 흥미로운 사실을 발견한 경험

🧺 Combo 2 ✚필수
1. 공항 도착 후 항공편 2시간 출발 지연/카운터에 문의
2. 항공편 지연으로 고객 미팅 불참/전화로 대안 제시
3. 여행 중 겪은 어려움

🧺 Combo 3
1. 여행사 직원에게 전화로 여행 상품 문의
2. 여행 계획 변경을 위해 여행사에 전화해 대안 제시
3. 여행 중 특이한 경험

🧺 Combo 4
1. 여행사 직원에게 전화로 친구와 함께 갈 휴가 상품 문의
2. 친구에게 원하는 날짜의 여행 상품이 없다고 설명/대안 제시
3. 여행을 계획하는 단계에서 겪은 어려움

최빈출 교통(렌터카) 기출 Combo

🧺 Combo 1
1. 렌터카 업체에 차 렌트 관련 전화 문의
2. 렌터카에 문제 있음/회사에 전화로 상황 설명
3. 렌터카 이용 경험

🧺 Combo 2 ✪필수
1. 렌터카 업체에 차 렌트 관련 전화 문의
2. 원하는 차종이 없어 전화로 문제 해결
3. 렌터카 이용 경험

🧺 Combo 3
1. 뉴욕 휴가에서 렌터카 업체 현장 문의
2. 미국 운전면허증이 아닌 본인 면허증에 대해 설명
3. 휴가 중 있었던 기억에 남는 에피소드

롤플레이 01 상점

- 상점 문제는 롤플레이에서 가장 많은 종류의 Combo 세트가 출제
- 가게에서 상품 관련 질문, 전화로 문제 해결, 구매한 물건에 대한 문제 경험, 상점 세일, 상점에 물건 두고 온 것에 대한 도움 요청, 쇼핑 중 겪었던 문제가 최빈출 기출 Combo
- 문제에서 제시되는 세부 상황이 다를 수 있지만, 주제는 '상점'이라는 공통된 주제이므로 한 세트의 모범답변을 조금씩 변형하여 답변 가능

문제 유형

🏅 최빈출 Combo

- I'd like to give you a situation and ask you to act it out. You are in a shop looking for new clothes. Ask two or three questions about the clothes you want to purchase.

  당신에게 주어진 상황에 맞춰서 역할극을 해주세요. 당신은 매장에서 새 옷을 찾고 있습니다. 사고 싶은 옷에 대해 두세 가지 질문을 해 보세요.

- I'm sorry, but there is a problem which I'll need you to solve. Your clothing order has been delivered, but one of the shirts is damaged. Call the store, explain the issue, and suggest two or three possible solutions.

  유감스럽게도, 당신이 해결해야 할 문제가 있습니다. 당신의 옷 주문품이 배송되었지만, 셔츠 중 하나가 손상되어 있습니다. 매장에 전화해 그 문제를 설명하고, 가능한 해결책을 두세 가지 제안해 보세요.

- That's the end of the situation. Have you ever purchased clothes that you regretted buying? Have you returned an item due to a tear or a stain? Describe an experience when you had an issue with new clothing, and explain how you dealt with it.

  상황극이 종료되었습니다. 당신은 옷을 구매한 것을 후회한 적이 있나요? 옷이 찢어지거나 얼룩 때문에 물건을 반품한 적이 있나요? 새 옷에 문제가 있었던 경험을 묘사하고, 그 문제를 어떻게 해결했는지 설명해 주세요.

필수 어휘 & 표현

🎧 6_2

인사
- ☐ Can you help me, please? 도와주실 수 있을까요?
- ☐ I was wondering if you could help me out. 도움을 좀 받을 수 있는지 궁금합니다.
- ☐ I'm calling because ~ 때문에 전화드렸습니다.

상품 관련 질문
- ☐ come in different colors 다양한 색상으로 나오다
- ☐ cost 가격이 ~이다
- ☐ spot ~을 찾다, 발견하다
- ☐ fit A well A에게 잘 맞다, 잘 어울리다
- ☐ price range 가격대
- ☐ ongoing 현재 진행 중인
- ☐ discount 할인
- ☐ special offer 특별 혜택
- ☐ affordable (가격이) 적당한

문제점
- ☐ be damaged 손상되어 있다
- ☐ have a small tear/stain 약간 찢어져 있다/얼룩이 있다

➕
- run out of stock 재고가 떨어지다
- put the wrong price tag 잘못된 가격표를 붙이다
- shrink after washing 세탁 후 줄어들다
- lose a button 단추가 떨어지다
- misplace items 물건을 잘못 진열하다

문제 해결을 위한 제안
- ☐ send A a new shirt A에게 새 셔츠를 보내주다
- ☐ get/issue a refund 환불받다, 환불 해주다
- ☐ give A a discount A에게 할인 혜택을 주다
- ☐ offer A store credit A에게 매장 적립금으로 주다
- ☐ choose something else 다른 상품을 고르다, 다른 상품으로 교환하다
- ☐ return 반품하다
- ☐ handle A quickly A를 신속하게 처리해 주다
- ☐ contact the store 매장에 연락하다

마무리/감사 인사
- ☐ That's all I need to know. 이게 제가 알고 싶은 전부예요.
- ☐ Thank you so much. 정말 감사합니다.
- ☐ That's about it. 이게 다입니다.
- ☐ Thank you for your help. 도움을 주셔서 감사합니다.
- ☐ I hope you can help me. 도와주실 수 있으면 좋겠어요.
- ☐ Please let me know. 제게 알려주세요.
- ☐ I hope this can be sorted out soon. 이 문제가 빨리 해결되기를 바랍니다.

 1 옷가게에서 구매하고 싶은 옷에 대해 질문

 6_3

Q I'd like to give you a situation and ask you to act it out. You are in a shop looking for new clothes. Ask two or three questions about the clothes you want to purchase.

당신에게 주어진 상황에 맞춰서 역할극을 해주세요. 당신은 매장에서 새 옷을 찾고 있습니다. 사고 싶은 옷에 대해 두세 가지 질문을 해 보세요.

💡 답변 아이디어 노트

인사	도와줄 수 있을까요?
사고 싶은 옷 질문	티셔츠는 어디에 있나요? 보통 L 사이즈를 입는데 L 사이즈도 있나요?
추가 질문	티셔츠는 다양한 색상으로 나오나요? 가격은 얼마인가요?
마무리	이게 내가 알고 싶은 전부임

 실제답변 바로보기 ▶

Intro Hi, can you help me, please?

Body I'm looking for some clothes, and I have a few questions. First, where are the T-shirts? Also, I usually wear a large size, so do you have large sizes, too? Do the T-shirts come in different colors? And how much do they cost?

Wrap-up That's all I need to know. Thank you so much.

* IM1 보장 답변

안녕하세요, 도와주실 수 있을까요? 옷을 찾고 있는데 몇 가지 질문이 있습니다. 우선, 티셔츠는 어디에 있나요? 또, 저는 보통 L 사이즈를 입는데, L 사이즈도 있나요? 티셔츠는 다양한 색상으로 나오나요? 그리고 가격은 얼마인가요? 이게 제가 알고 싶은 전부예요. 정말 감사합니다.

🔍 주요 어휘

look for ~을 찾다   clothes 옷   wear ~을 입다

Q I'd like to give you a situation and ask you to act it out. You are in a shop looking for new clothes. Ask two or three questions about the clothes you want to purchase.

당신에게 주어진 상황에 맞춰서 역할극을 해주세요. 당신은 매장에서 새 옷을 찾고 있습니다. 사고 싶은 옷에 대해 두세 가지 질문을 해 보세요.

💡 답변 아이디어 노트

인사	도움을 받을 수 있는지 궁금함
사고 싶은 옷 질문	티셔츠 찾고 있음 어디에서 찾을 수 있나요? L 사이즈로도 나오나요? - 보통 XL 사이즈 입음
추가 질문	가격대가 어떻게 되나요? 현재 진행 중인 할인/특별 혜택도 있나요?
마무리	이게 다임

실제답변 바로가기 ▶

Intro   Hi, I was wondering if you could help me out.

Body   I'm looking for some new clothes, especially a T-shirt. I just have a few questions about that. First, where can I find the T-shirts? I can't seem to spot them anywhere. And do they come in large sizes as well? I usually wear an XL, so I just want to make sure it fits me well. Lastly, could you tell me the price range? Oh, and are there any ongoing discounts or special offers right now? I hope there's something affordable.

Wrap-up   That's about it, and thank you for your help.

＊ 이거 쓰면 **AL**

안녕하세요, 도움을 좀 받을 수 있는지 궁금합니다. 새 옷을 찾고 있는데, 특히 티셔츠를 찾고 있어요. 그와 관련해서 몇 가지 질문이 있어요. 먼저, 티셔츠는 어디에서 찾을 수 있나요? 어느 곳에서도 찾을 수가 없는 것 같아요. 그리고 L 사이즈로도 나오나요? 저는 보통 XL 사이즈를 입어서 제게 잘 맞는지 확인하고 싶어요. 마지막으로, 가격대가 어떻게 되는지 말해주실 수 있나요? 아, 그리고 현재 진행 중인 할인이나 특별 혜택도 있나요? 가격이 적당한 제품이 있으면 좋을 것 같아요. 이게 다고, 도움을 주셔서 감사합니다.

🔍 주요 어휘

especially 특히   find ~을 찾다   seem to do ~하는 것 같다   as well ~도   make sure ~을 확인하다, 확실히 하다

 **2 배송된 셔츠에 문제 있음/전화로 문제 해결**

🎧 6_5

Q I'm sorry, but there is a problem which I'll need you to solve. Your clothing order has been delivered, but one of the shirts is damaged. Call the store, explain the issue, and suggest two or three possible solutions.

유감스럽게도, 당신이 해결해야 할 문제가 있습니다. 당신의 옷 주문품이 배송되었지만, 셔츠 중 하나가 손상되어 있습니다. 매장에 전화해 그 문제를 설명하고, 가능한 해결책을 두세 가지 제안해 보세요.

💡 답변 아이디어 노트

인사	온라인으로 옷을 주문했는데 문제가 하나 있음
문제점	받은 셔츠 중 하나가 손상됨 – 약간 찢어져 있어 입을 수 X
문제 해결을 위한 제안	① 새 셔츠 보내주기 ② 환불 ③ 다음 주문에 할인 혜택 주기
마무리	도와줄 수 있으면 좋겠음, 나한테 알려줘

실제답변 바로보기 ▶

Intro Hi, I ordered some clothes online, but there is a problem.

Body One of the shirts I got was damaged. It has a small tear, so I can't wear it. I have some suggestions. First, could you send me a new shirt? Or can I get a refund instead? Another suggestion is to give me a discount on my next order.

Wrap-up I hope you can help me. Please let me know. Thank you.

* IM1 보장 답변

안녕하세요, 온라인으로 옷을 주문했는데 문제가 하나 있어요. 제가 받은 셔츠 중 하나가 손상되어 있어요. 약간 찢어져 있어서 입을 수가 없어요. 몇 가지 제안이 있는데요. 우선, 새 셔츠를 보내주실 수 있을까요? 아니면 대신 환불을 받을 수 있나요? 또 다른 제안으로는 제 다음 주문에 할인 혜택을 주시는 거예요. 도와주실 수 있으면 좋겠어요. 제게 알려주세요. 감사합니다.

🔍 주요 어휘

order A online A를 온라인으로 주문하다 **problem** 문제(점) **suggestion** 제안 **instead** ~ 대신 **another** 또 다른 **next** 다음의

🎧 6.6

Q I'm sorry, but there is a problem which I'll need you to solve. Your clothing order has been delivered, but one of the shirts is damaged. Call the store, explain the issue, and suggest two or three possible solutions.

유감스럽게도, 당신이 해결해야 할 문제가 있습니다. 당신의 옷 주문품이 배송되었지만, 셔츠 중 하나가 손상되어 있습니다. 매장에 전화해 그 문제를 설명하고, 가능한 해결책을 두세 가지 제안해 보세요.

💡 답변 아이디어 노트

인사	최근 주문에 문제가 하나 있어서 전화함
문제점	매장에서 옷을 주문했음, 셔츠 한 벌이 손상된 상태였음
문제 해결을 위한 제안	① 새 제품 보내주기 - 이건 입을 수가 없음 ② 환불해 주기 - 이상적이진 않음 ③ 매장 적립금으로 주기 - 다른 상품 고를 수 있음
마무리	이 문제가 빨리 해결되길 바람, 어떻게 조치할 수 있는지 알려줘

실제답변 바로보기 ▶

Intro Hi, I'm calling because there is a problem with my recent order.

Body I recently ordered some clothes from your store, and when they arrived, one of the shirts **turned out to** be damaged. I think **something needs to be done** about this, so I'd like to suggest a few options. First of all, could you possibly send me a new one? It's really not **wearable**. If that's not possible, could you please **issue a refund** instead? Well, it might not be ideal, but I **don't have a choice**. Or, you could offer me **store credit**. That way, I can choose something else.

Wrap-up I hope this can **be sorted out** soon. Please let me know what you can do. Thanks for your time.

* 이거 쓰면 AL

안녕하세요, 제 최근 주문에 문제가 하나 있기 때문에 전화드렸어요. 최근에 매장에서 옷을 주문했는데, 옷이 도착했을 때 셔츠 한 벌이 손상된 상태였어요. 이 문제에 대해 조치가 필요하다고 생각돼 몇 가지 선택지를 제안드리고 싶어요. 먼저, 가능하다면 새 제품을 보내주실 수 있을까요? 이건 정말 입을 수가 없어요. 만약 그게 가능하지 않다면, 대신 환불을 해 주실 수 있나요? 물론 이게 이상적이진 않지만, 다른 선택지가 없네요. 아니면, 매장 적립금으로 주셔도 됩니다. 그러면, 다른 상품을 고를 수 있을 것 같아요. 이 문제가 빨리 해결되기를 바랍니다. 어떻게 조치할 수 있는지 알려주세요. 시간 내주셔서 감사합니다.

🔍 **주요 어휘**

possibly 가능하다면 **wearable** 입을 수 있는 **ideal** 이상적인 **don't have a choice** 선택지가 없다 **sort out** ~을 해결하다

 ③ 구매한 물건/서비스 불만 경험

Q That's the end of the situation. Have you ever purchased clothes that you regretted buying? Have you returned an item due to a tear or a stain? Describe an experience when you had an issue with new clothing, and explain how you dealt with it.

상황극이 종료되었습니다. 당신은 옷을 산 것을 후회한 적이 있나요? 옷이 찢어지거나 얼룩 때문에 물건을 반품한 적이 있나요? 새 옷에 문제가 있었던 경험을 묘사하고, 그 문제를 어떻게 해결했는지 설명해 주세요.

💡 답변 아이디어 노트

옷을 산 것을 후회한 경험	비슷한 경험한 적 있음
물건을 반품한 경험	흰색 셔츠를 샀는데 앞면에 약간의 얼룩이 있었음 세탁해 봤지만 없어지지 않아 반품함
처리 방법	새 제품을 보내줌 직원들이 신속하게 처리해 줘서 만족함
마무리	그게 내 경험이고, 서비스에 만족했음

실제답변 바로보기 ▶

Intro   Yes, I've had a similar experience.

Body   I once bought a white shirt, but it had a small stain on the front. I tried to wash it, but it didn't go away. So, I returned it, and they gave me a new one instead. I was very satisfied because the staff handled it so quickly.

Wrap-up   So, that was my experience, and I was happy with the service.

IM1 보장 답변

네, 저도 비슷한 경험을 한 적이 있어요. 한 번 흰색 셔츠를 샀는데, 앞면에 약간의 얼룩이 있었어요. 세탁을 해봤지만, 얼룩은 없어지지 않았어요. 그래서 그걸 반품했고, 대신 제게 새 제품을 보내줬어요. 직원들이 아주 신속하게 처리해 줘서 정말 만족스러웠어요. 그래서 그게 제 경험이고 저는 서비스에 만족했어요.

🔍 주요 어휘

similar 비슷한   once 한 번, 한 때   front 앞면   wash ~을 세탁하다   go away 사라지다   satisfied 만족스러운

Q That's the end of the situation. Have you ever purchased clothes that you regretted buying? Have you returned an item due to a tear or a stain? Describe an experience when you had an issue with new clothing, and explain how you dealt with it.

상황극이 종료되었습니다. 당신은 옷을 산 것을 후회한 적이 있나요? 옷이 찢어지거나 얼룩 때문에 물건을 반품한 적이 있나요? 새 옷에 문제가 있었던 경험을 묘사하고, 그 문제를 어떻게 해결했는지 설명해 주세요.

💡 답변 아이디어 노트

옷을 산 것을 후회한 경험	실제로 그런 일이 한 번 있었음
물건을 반품한 경험	지난주 흰색 셔츠를 사러 가장 좋아하는 매장에 감 완벽하게 보이는 셔츠 발견, 바로 샀음 집에 와서, 셔츠 위에 약간의 얼룩 발견 – 세탁했지만 없어지지 X
처리 방법	매장에 연락했고 환불해 줌 모든 물건은 사기 전에 두 번씩 확인해야 한다는 교훈 배움
마무리	그게 내가 옷을 구매를 하고 후회했던 경험임

실제답변 바로보기 ▶

Intro Yes, that actually happened to me once, and I'll tell you about it.

Body So last week, I went to my favorite store to buy a white shirt. I found one that looked perfect, so I bought it right away. When I came home, I found out that it had a small stain on it. I tried to wash it off, but it didn't come out. So, I contacted the store, and they offered me a refund. It was such a relief that they allowed refunds. In the end, I learned a lesson that I should always double-check all my items before buying them.

Wrap-up So, that was my experience of regretting a clothing purchase.

*이거 쓰면 AL

네, 실제로 제게도 그런 일이 한 번 있었는데, 그 일에 대해 말해 볼게요. 지난주에, 흰색 셔츠를 사러 제가 가장 좋아하는 매장에 갔어요. 완벽하게 보이는 셔츠 하나를 발견해서 바로 샀어요. 집에 와서, 셔츠 위에 약간의 얼룩이 있는 것을 발견했어요. 얼룩을 지워보려고 세탁을 했지만, 없어지지 않았어요. 그래서, 매장에 연락했고 환불을 해 줬어요. 환불을 해 줘서 정말 다행이었어요. 결국, 모든 물건은 사기 전에 항상 두 번씩 확인해야 한다는 교훈을 배웠어요. 그래서 그게 제가 옷을 구매를 하고 후회했던 경험이에요.

🔍 주요 어휘

wash A off A를 세탁하다　**It was such a relief.** 정말 다행이었다.　**learn a lesson** 교훈을 배우다　**double-check** 두 번씩 확인하다

롤플레이 02 모임

- 모임 롤플레이 문제는 최근 들어 자주 출제되고 있으므로 반드시 대비
- 상점 롤플레이와 더불어, 많은 종류의 Combo 세트가 출제
- 휴일 파티에 대해 전화 질문, 파티에 늦거나 못 가게 될 상황 설명/대안 제시, 파티를 취소하거나 참석하지 못한 경험 등의 문제가 가장 자주 출제

문제 유형

 **최빈출 Combo**

- I'd like to give you a situation and ask you to act it out. You got invited to a holiday party. Call your friend and ask what time it begins and what you are expected to bring. Ask two or three questions about the party.

  당신에게 주어진 상황에 맞춰서 역할극을 해주세요. 당신은 휴일 파티에 초대받았습니다. 친구에게 전화해 파티가 몇 시에 시작하는지, 무엇을 가져가야 하는지 물어보세요. 파티에 대해 두세 가지 질문을 해 보세요.

- I'm sorry, but there is a problem which I'll need you to solve. You were in a car accident on your way to a holiday party, and you might arrive late. Call your friend, describe the situation, and offer what you can do.

  유감스럽게도, 당신이 해결해야 할 문제가 있습니다. 휴일 파티에 가는 길에 자동차 사고가 났고, 아마 늦게 도착할 것 같습니다. 친구에게 전화해 상황을 묘사하고, 당신이 할 수 있는 일을 제안해 보세요.

- That's the end of the situation. Tell me about an experience when you planned to go to a party or special event but couldn't make it. What was the reason? Tell me everything in detail.

  상황극이 종료되었습니다. 당신이 파티나 특별한 행사에 가려고 계획했지만 결국 가지 못했던 경험에 대해 말해 주세요. 이유는 무엇이었나요? 모두 자세히 말해 주세요.

필수 어휘 & 표현

🎧 6_10

인사
- [ ] How are you? 잘 지내지?
- [ ] How are you doing? 잘 지내고 있지?
- [ ] I have some bad news. 안 좋은 소식이 있어.
  - ➕ I've got bad news. 안 좋은 소식이 있어.
    Something bad happened. 안 좋은 일이 생겼어.
    There's a problem. 문제가 생겼어.
    I hate to say this, but ~ 이런 말하기 싫지만, ~

모임 관련 질문
- [ ] begin/start 시작하다
- [ ] bring anything 뭔가 가져가다
- [ ] dress code 드레스 코드
- [ ] check ~을 확인하다
- [ ] show up 참석하다, 나타나다
- [ ] theme 주제, 테마
- [ ] indoors 실내에서
- [ ] outdoors 야외에서
- [ ] look forward to ~을 기대하다
- [ ] fit in 분위기에 잘 어울리다

문제점
- [ ] a small/minor car accident 가벼운 교통사고
- [ ] be late 늦다
- [ ] deal with ~을 처리하다
- [ ] be/feel sick 몸이 안 좋다, 아프다
  - ➕ get stuck in traffic 교통 체증에 걸리다
    miss the bus/train 버스/기차를 놓치다
    get a flat tire 타이어가 펑크 나다
    get lost 길을 잃다
    slip on the road 길에서 미끄러지다
    have my phone die 휴대폰 배터리가 나가다
    forget my wallet 지갑을 두고 오다

문제 해결을 위한 제안
- [ ] get there as quickly as I can 가능한 한 빨리 도착하다
- [ ] start the party without me 나 없이 파티를 먼저 시작하다
- [ ] catch up later 나중에 합류하다
- [ ] arrive on time 제시간에 도착하다
- [ ] call 전화하다
- [ ] stay home to rest 집에 머물면서 쉬다
- [ ] explain the situation 상황을 설명하다

마무리
- [ ] See you soon! 곧 보자!
- [ ] Thanks again for the invite. 초대해 줘서 다시 한번 고마워.
- [ ] I'm really sorry. 정말 미안해.
- [ ] Thanks for your understanding. 이해해 줘서 고마워.

① 친구에게 휴일 파티에 대해 전화 질문

🎧 6_11

Q I'd like to give you a situation and ask you to act it out. You got invited to a holiday party. Call your friend and ask what time it begins and what you are expected to bring. Ask two or three questions about the party.

당신에게 주어진 상황에 맞춰서 역할극을 해주세요. 당신은 휴일 파티에 초대받았습니다. 친구에게 전화해 파티가 몇 시에 시작하는지, 무엇을 가져가야 하는지 물어보세요. 파티에 대해 두세 가지 질문을 해 보세요.

💡 **답변 아이디어 노트**

인사	에린, 잘 지내지?
파티에 대한 질문	파티는 몇 시에 시작해? 뭔가 가져가야 해?
추가 질문	드레스 코드가 있어? 편하게 입어도 될까?
마무리	알려줘! 곧 보자!

실제답변 바로보기 ▶

Intro Hi, Erin. How are you?

Body I have a few questions about the party. First, what time does it begin? I want to make sure I arrive on time. Also, do I have to bring anything, like some food or drinks? Lastly, is there a dress code? Or can I just wear something casual?

Wrap-up Please let me know! Thanks, and see you soon!

IM1 보장 답변

안녕, 에린. 잘 지내지? 파티에 대해 몇 가지 질문이 있어. 먼저, 파티는 몇 시에 시작해? 꼭 제시간에 도착하고 싶어. 또, 음식이나 음료 같이 내가 뭔가 가져가야 할까? 마지막으로, 드레스 코드가 있어? 아니면 그냥 편하게 입어도 될까? 나한테 알려줘! 고마워, 곧 보자!

🔍 **주요 어휘**

make sure (that) 꼭 ~하다, ~을 확실히 하다   arrive 도착하다   on time 제시간에   drink 음료   casual 편한, 캐주얼한

🎧 6_12

Q I'd like to give you a situation and ask you to act it out. You got invited to a holiday party. Call your friend and ask what time it begins and what you are expected to bring. Ask two or three questions about the party.

당신에게 주어진 상황에 맞춰서 역할극을 해주세요. 당신은 휴일 파티에 초대받았습니다. 친구에게 전화해 파티가 몇 시에 시작하는지, 무엇을 가져가야 하는지 물어보세요. 파티에 대해 두세 가지 질문을 해 보세요.

💡 답변 아이디어 노트

인사	에린, 잘 지내고 있지?
파티에 대한 질문	파티는 정확히 몇 시에 시작해? 뭐라도 가져가야 할까? 파티 주제/드레스 코드가 있니?
추가 질문	실내에서 해, 아니면 야외에서 해? 정말 오랜만이라 모두 빨리 만나고 싶어
마무리	초대해 줘서 고마워, 시간 될 때 문자 줘!

실제답변 바로보기 ▶

Intro   Hey, Erin. How are you doing? I just wanted to check a few things about the party.

Body   Firstly, what time does the party start exactly? I really don't want to show up late. Also, should I bring anything? Maybe some wine or snacks? I'd be happy to help out if you need me to. Lastly, is there any theme or dress code? I'm really looking forward to it, so I want to make sure I fit in. And by the way, is it going to be indoors or outdoors? I can't wait to see everyone—it's been ages!

Wrap-up   Thanks again for the invite. Text me when you get a chance!

* 이거 쓰면 **AL**

안녕, 에린. 잘 지내고 있지? 파티에 대해 몇 가지 확인하고 싶어. 먼저, 파티는 정확히 몇 시에 시작하니? 늦게 참석하고 싶지 않아서 그래. 그리고, 내가 뭐라도 가져가야 할까? 아마 와인이나 간식 같은 거? 내가 그렇게 하는 게 필요하다면 기꺼이 도울게. 마지막으로, 파티 주제나 드레스 코드가 있니? 정말 기대돼서 꼭 분위기에 잘 어울리고 싶어. 그리고 말 나온 김에, 실내에서 하는 거야, 아니면 야외에서 하는 거야? 정말 오랜만이라 모두 빨리 만나고 싶어! 초대해 줘서 다시 한번 고마워! 시간 될 때 문자 줘!

🔍 주요 어휘

exactly 정확히   **snack** 간식   **help out** 도와주다   **by the way** 말 나온 김에   **It's been ages!** 정말 오랜만이다!   **get a chance** 시간이 되다

 **2 차 사고로 파티에 늦게 될 상황/대안 제시**

🎧 6_13

Q I'm sorry, but there is a problem which I'll need you to solve. You were in a car accident on your way to a holiday party, and you might arrive late. Call your friend, describe the situation, and offer what you can do.

유감스럽게도, 당신이 해결해야 할 문제가 있습니다. 휴일 파티에 가는 길에 자동차 사고가 났고, 아마 늦게 도착할 것 같습니다. 친구에게 전화해 상황을 묘사하고, 당신이 할 수 있는 일을 제안해 보세요.

💡 답변 아이디어 노트

인사	안녕, 에린. 가는 길에 문제가 하나 생겼어
문제 상황 설명	가벼운 교통사고가 나서 늦을 거 같아
문제 해결을 위한 제안	① 가능한 한 빨리 도착하도록 노력해 볼게 ② 괜찮으면 나 없이 파티를 먼저 시작해도 돼
마무리	정말 미안해. 이해해 줘서 고마워.

실제답변 바로보기 ▶

Intro Hi, Erin. I was on my way, but there is a problem.

Body I had a small car accident, so I might be late. I'm really sorry. So, I have a few suggestions. Firstly, I will try to get there as quickly as I can. Or, if it's better, you could start the party without me. I will catch up later.

Wrap-up Once again, I'm really sorry, Erin. Thanks for your understanding. Bye!

*IM1 보장 답변

안녕, 에린. 가는 길에 문제가 하나 생겼어. 가벼운 교통사고가 나서 늦을 것 같아. 정말 미안해. 그래서, 몇 가지 제안이 있어. 먼저, 가능한 한 빨리 도착하도록 노력해 볼게. 아니면, 괜찮다면 나 없이 파티를 먼저 시작해도 돼. 내가 나중에 합류할게. 다시 한번 정말 미안해, 에린. 이해해 줘서 고마워. 안녕!

🔍 주요 어휘

be on my way 가는 길이다 try to do ~하도록 노력하다 if it's better 괜찮다면

Q I'm sorry, but there is a problem which I'll need you to solve. You were in a car accident on your way to a holiday party, and you might arrive late. Call your friend, describe the situation, and offer what you can do.

유감스럽게도, 당신이 해결해야 할 문제가 있습니다. 휴일 파티에 가는 길에 자동차 사고가 났고, 아마 늦게 도착할 것 같습니다. 친구에게 전화해 상황을 묘사하고, 당신이 할 수 있는 일을 제안해 보세요.

💡 답변 아이디어 노트

인사	안녕, 에린. 안 좋은 소식이 있어.
문제 상황 설명	파티 가는 길이었는데 가벼운 교통사고가 났어 이 상황을 처리해야 해서 조금 늦을 수도 있어
문제 해결을 위한 제안	① 나 없이 먼저 파티 시작해 - 제시간에 도착하려고 최선을 다해볼게 ② 도저히 못 갈 것 같으면, 다른 날에 놀자 　- 아쉽지만 안전이 가장 중요하니까
마무리	정말 미안해, 곧 다시 연락할게

실제답변 바로보기 ▶

Intro Hi, Erin. I'm sorry, but I have some bad news.

Body You know, I was on my way to the party, and I had a minor car accident. Luckily, no one was hurt. Everything's fine, but I need to deal with this situation right now, so I might be a bit late. I have a couple of ideas. Firstly, just start the party without me. It's totally fine. I'll try my best to arrive on time. If I really can't make it, I'll call you again, and we can hang out another day. I feel bad missing the fun, but safety comes first.

Wrap-up Once again, I'm really sorry, Erin. I'll call you again soon!

＊ 이거 쓰면 AL

안녕, 에린. 미안하지만 안 좋은 소식이 있어. 파티에 가는 길이었는데 가벼운 교통사고가 났어. 다행히, 다친 사람은 아무도 없어. 모든 게 괜찮지만, 지금 이 상황을 처리해야 해서 조금 늦을 수도 있을 것 같아. 나한테 몇 가지 생각이 있어. 우선, 그냥 나 없이 먼저 파티를 시작해. 나는 정말 괜찮아. 제시간에 도착하려고 최선을 다해볼게. 정말 도저히 못 갈 것 같으면 다시 전화할 테니 다른 날에 놀자. 즐거운 시간을 놓쳐서 아쉽지만, 안전이 가장 중요하니까. 다시 한번 정말 미안해, 에린. 곧 다시 연락할게!

🔍 주요 어휘

luckily 다행히　hurt 다친　hang out 놀다, 어울리다　feel bad 아쉽다　Safety comes first. 안전이 가장 중요하다.

 ③ 파티/행사에 참석하지 못하게 된 경험

Q That's the end of the situation. Tell me about an experience when you planned to go to a party or special event but couldn't make it. What was the reason? Tell me everything in detail.

상황극이 종료되었습니다. 당신이 파티나 특별한 행사에 가려고 계획했지만 결국 가지 못했던 경험에 대해 말해 주세요. 이유는 무엇이었나요? 모두 자세히 말해 주세요.

 답변 아이디어 노트

파티/행사에 가지 못했던 경험	그와 같은 경험한 적 있음
경험 설명	지난달, 친구 생일 파티에 가기로 계획, 그날 몸이 너무 안 좋았음 친구에게 전화를 걸었고, 집에 머물면서 쉬었음
결과	친구가 이해심이 많아서 마음이 놓였음
마무리	그때가 파티/행사에 가지 못했던 때임

 **IM**

 실제답변 바로보기 ▶

Intro Sure, I've had an experience like that.

Body It was last month. I planned to go to a friend's birthday party, but I was very sick that day. I called my friend to say sorry and stayed home to rest. Luckily, my friend was very understanding, so I felt relieved.

Wrap-up So, that was the time I couldn't go to a party or event.

* IM1 보장 답변

물론이죠, 저도 그와 같은 경험을 한 적이 있어요. 지난달이었어요. 친구 생일 파티에 가기로 계획했지만, 그날 몸이 너무 안 좋았어요. 그래서 친구에게 사과하기 위해 전화를 걸었고, 집에 머물면서 쉬었어요. 다행히, 친구가 이해심이 많아서 마음이 놓였어요. 그래서 그때가 제가 파티나 행사에 가지 못했던 때에요.

🔍 **주요 어휘**

plan to do ~할 계획이다 **say sorry** 사과하다 **understanding** 이해심이 많은 **relieved** 마음이 놓이는

Q That's the end of the situation. Tell me about an experience when you planned to go to a party or special event but couldn't make it. What was the reason? Tell me everything in detail.

상황극이 종료되었습니다. 당신이 파티나 특별한 행사에 가려고 계획했지만 결국 가지 못했던 경험에 대해 말해 주세요. 이유는 무엇이었나요? 모두 자세히 말해 주세요.

답변 아이디어 노트

파티/행사에 가지 못했던 경험	파티에 가지 못했던 때가 여전히 기억남
경험 설명	지난달 친구가 생일 파티를 열었음 정말 기대했지만, 그날 갑자기 몸이 많이 아팠음 - 너무 바빠서 잠을 충분히 자지 못했기 때문 친구에게 전화했고 상황 설명함
결과	친구가 이해심이 많아서 걱정 말라고 말해 줌 - 모든 게 잘 해결됨 푹 쉬니 훨씬 나아짐
마무리	그때가 파티에 가지 못했던 때임

 IH-AL

실제답변 바로보기 ▶

Intro I still remember a time I couldn't go to a party.

Body Last month, my friend hosted a birthday party. I had been looking forward to it for weeks, but I suddenly felt really sick that day. I think I had a fever. I think it was because I'd been too busy and didn't get enough sleep. I felt terrible and couldn't make it. I called my friend right away to apologize and explained the situation. Thankfully, my friend was super understanding and told me not to worry. We decided to meet the next week instead, so it all worked out. After taking a long rest, I felt much better.

Wrap-up So yeah, that was the time I couldn't make it to a party.

* 이거 쓰면 **AL**

파티에 가지 못했던 때가 여전히 기억나요. 지난달에 친구가 생일 파티를 열었어요. 몇 주 동안 정말 기대하고 있었지만, 그날 갑자기 몸이 많이 아팠어요. 열이 나는 것 같았어요. 아마도 너무 바빠서 잠을 충분히 못 잤기 때문이라고 생각해요. 몸이 너무 안 좋아서 결국 가지 못했어요. 저는 사과하기 위해 친구에게 바로 전화했고 상황을 설명했어요. 다행히, 친구가 정말 이해심이 많아서 걱정하지 말라고 말해줬어요. 대신 다음 주에 만나기로 결정했고, 모든 게 잘 해결됐습니다. 푹 쉬고 나니, 훨씬 나아졌어요. 그래서 그때가 제가 파티에 가지 못했던 때였어요.

주요 어휘

host ~을 열다 **suddenly** 갑자기 **fever** 열 **get enough sleep** 잠을 충분히 자다 **apologize** 사과하다 **worry** 걱정하다 **work out** 해결되다

호텔

- 호텔 롤플레이에서는 **호텔 투숙 전화 문의, 호텔 프런트 문의, 현지 날씨 전화 문의, 자유 시간에 할 수 있는 활동 문의** 등의 문제가 출제
- 모든 Combo의 문제 출제 순서가 [문의 → 문제 해결/대안 제시 → 경험] 순으로 고정되어 있으므로 최빈출 기출 Combo를 꼼꼼히 학습하는 것을 추천

문제 유형

- I'd like to give you a situation and ask you to act it out. You've just come to a new city and need a place to stay for the night. Tell the receptionist what type of room you'd like and ask three or four questions to get more information before booking.

  당신에게 주어진 상황에 맞춰서 역할극을 해주세요. 당신은 막 새로운 도시에 도착했고, 오늘 밤 숙박할 곳이 필요합니다. 프런트 직원에게 원하는 객실 종류를 말하고, 예약 전에 더 많은 정보를 얻기 위해 질문을 세네 가지 해 보세요.

- I'm sorry, but there is a problem which I'll need you to solve. You just found out that the hotel you wanted to stay at has no rooms available. Call your travel agency, explain the problem, and suggest different ways to handle this issue.

  유감스럽게도, 당신이 해결해야 할 문제가 있습니다. 숙박하고 싶었던 호텔에 객실이 없다는 것을 막 알게 됐습니다. 여행사에 전화해 문제를 설명하고, 이 문제를 해결할 수 있는 다른 방법을 제안해 보세요.

- That's the end of the situation. Describe a time when your trip didn't go smoothly as planned. What happened, what actions did you and others take, and how was it eventually resolved?

  상황극이 종료되었습니다. 당신의 여행이 계획대로 순조롭지 않았던 때를 묘사해 보세요. 무슨 일이 있었고, 당신과 다른 사람들이 어떤 행동을 했으며, 결국 어떻게 해결됐나요?

필수 어휘 & 표현

🎧 6_18

인사

- ☐ I'd like to do ~하고 싶습니다
- ☐ I have a little problem. 작은 문제가 하나 있습니다.
- ☐ I'm calling because ~ 때문에 전화드렸습니다

호텔 관련 질문

- ☐ book/make a booking 예약하다
- ☐ available 이용 가능한
- ☐ include breakfast 조식이 포함되어 있다
- ☐ separate 별도의, 따로인
- ☐ per night 1박당
- ☐ accept credit cards 신용카드를 받다
- ☐ cash only 현금 결제만 가능
- ☐ included 포함된
- ☐ free 무료의
- ☐ check-in/check-out 체크인/체크아웃

➕ have a gym/pool 헬스장/수영장이 있다
provide room service 룸서비스를 제공하다
offer an airport shuttle 공항 셔틀을 제공하다
have air conditioning 에어컨이 있다

호텔/여행 계획 관련 문제점

- ☐ have no rooms left 남은 객실이 없다
- ☐ don't have a room 객실이 없다
- ☐ be delayed 지연되다
- ☐ wait 기다리다
- ☐ arrive at my destination late 목적지에 늦게 도착하다

➕ have a noisy room 방이 시끄럽다
get the wrong room 다른 방을 받다
lose the reservation 예약이 누락되다
be overbooked 예약이 초과되다
lose luggage 짐을 잃어버리다
miss the flight 비행기를 놓치다
be late for check-in 체크인에 늦다

문제 해결을 위한 제안

- ☐ find another hotel 다른 호텔을 찾아보다
- ☐ change my reservation 예약을 변경하다
- ☐ don't mind paying a small extra fee 약간의 추가 요금도 지불할 의향도 있다
- ☐ give A a refund A에게 환불해 주다
- ☐ give A a food/meal voucher A에게 식사 쿠폰을 주다

마무리

- ☐ That's all I wanted to ask. 문의드리고 싶은 건 이게 다입니다.
- ☐ Please let me know what I can do. 제가 어떻게 해야 할지 알려주세요.
- ☐ Please let me know what can be done. 어떤 조치가 가능한지 알려주세요.

 ① 새로운 도시 방문/호텔 프런트 문의

🎧 6_19

Q I'd like to give you a situation and ask you to act it out. You've just come to a new city and need a place to stay for the night. Tell the receptionist what type of room you'd like and ask three or four questions to get more information before booking.

당신에게 주어진 상황에 맞춰서 역할극을 해주세요. 당신은 막 새로운 도시에 도착했고, 오늘 밤 숙박할 곳이 필요합니다. 프런트 직원에게 원하는 객실 종류를 말하고, 예약 전에 더 많은 정보를 얻기 위해 질문을 세네 가지 해 보세요.

💡 답변 아이디어 노트

인사	객실 하나 예약하고 싶음
예약하고 싶은 객실 종류	싱글룸
객실 관련 질문	이용 가능한 객실이 있나요? 1박에 얼마인가요? 요금에 조식이 포함되어 있나요?
마무리	감사합니다

Intro	Hi, I'd like to book a room.
Body	I want a single room, so I have a few questions. Firstly, do you have one available for tonight? Secondly, how much is it for one night? Lastly, does the price include breakfast? Or is it separate?
Wrap-up	Thanks a lot.

* IM1 보장 답변

안녕하세요, 객실을 하나 예약하고 싶습니다. 싱글룸을 원하는데 몇 가지 질문이 있습니다. 먼저, 오늘 밤에 이용 가능한 객실이 있나요? 둘째, 1박에 얼마인가요? 마지막으로, 요금에 조식이 포함되어 있나요? 아니면 별도인가요? 정말 감사합니다.

🔍 주요 어휘

room 객실, 방　single room 싱글룸　tonight 오늘 밤　one night 1박　price 가격

Q I'd like to give you a situation and ask you to act it out. You've just come to a new city and need a place to stay for the night. Tell the receptionist what type of room you'd like and ask three or four questions to get more information before booking.

당신에게 주어진 상황에 맞춰서 역할극을 해주세요. 당신은 막 새로운 도시에 도착했고, 오늘 밤 숙박할 곳이 필요합니다. 프런트 직원에게 원하는 객실 종류를 말하고, 예약 전에 더 많은 정보를 얻기 위해 질문을 세네 가지 해 보세요.

답변 아이디어 노트

인사	오늘 밤 객실 예약에 대해 문의하고 싶음
예약하고 싶은 객실 종류	싱글룸 – 혼자라 싱글룸이면 괜찮을 것 같음
객실 관련 질문	1박당 얼마인가요? – 신용카드 또는 현금만 받으시나요? 조식 포함인가요? 객실에 무료 와이파이가 있나요? 체크인/체크아웃은 언제인가요?
마무리	문의하고 싶은 건 이게 다임

실제답변 바로보기 ▶

Intro Hi, I'd like to ask about booking a room for tonight.

Body Before I make a booking, I have a few questions. Firstly, do you have a single room available? It's just for me, so a single room should be fine. Secondly, how much is it per night? Do you accept credit cards or cash only? I will only be staying for one night, so I hope it's not too expensive. Lastly, does it include breakfast? I usually have breakfast, so I hope it's included. Oh, and is there free Wi-Fi in the room? Also, what time is check-in and check-out?

Wrap-up That's all I wanted to ask. Thank you.

이거 쓰면 AL

안녕하세요, 오늘 밤 객실 예약에 대해 문의드리고 싶습니다. 예약을 하기 전에, 몇 가지 질문이 있어요. 우선, 이용 가능한 싱글룸이 있나요? 저 혼자라 싱글룸이면 괜찮을 것 같습니다. 그리고, 1박당 얼마인가요? 신용카드를 받으시나요, 아니면 현금만 받으시나요? 하룻밤만 머물 예정이라 너무 비싸지 않았으면 해요. 마지막으로, 조식이 포함되어 있나요? 저는 보통 아침을 먹어서 포함되어 있으면 좋을 것 같아요. 아, 그리고 객실에 무료 와이파이가 있나요? 또, 체크인과 체크아웃은 언제인가요? 문의드리고 싶은 건 이게 다입니다. 감사합니다.

🔍 주요 어휘

fine 괜찮은 **stay** 머물다 **expensive** 비싼 **Wi-Fi** 와이파이, 무선 인터넷

 **② 여행사에 만실 상황 알리기/대안 제시**

Q I'm sorry, but there is a problem which I'll need you to solve. You just found out that the hotel you wanted to stay at has no rooms available. Call your travel agency, explain the problem, and suggest different ways to handle this issue.

유감스럽게도, 당신이 해결해야 할 문제가 있습니다. 숙박하고 싶었던 호텔에 객실이 없다는 것을 막 알게 됐습니다. 여행사에 전화해 문제를 설명하고, 이 문제를 해결할 수 있는 다른 방법을 제안해 보세요.

답변 아이디어 노트

인사	작은 문제가 하나 있음
문제점 설명	호텔에 남은 객실이 없음
문제 해결을 위한 제안	① 근처 다른 호텔 찾는 걸 도와주기 ② 예약을 내일로 변경하기
마무리	어떻게 해야 할지 알려줌

실제답변 바로보기 ▶

Intro Hi, I have a little problem.

Body The hotel has no rooms left, so I have a few suggestions. Firstly, can you help me find another hotel nearby for me? Or, can you change my reservation to tomorrow? I hope you can help me with one of these options.

Wrap-up Please let me know what I can do. Thanks, bye!

* IM1 보장 답변

안녕하세요, 작은 문제가 하나 있습니다. 호텔에 남은 객실이 없어서 몇 가지 제안이 있어요. 먼저, 근처 다른 호텔을 찾는 걸 도와주실 수 있나요? 아니면 예약을 내일로 변경할 수 있을까요? 이 선택지들 중 하나로 도와주시면 좋겠습니다. 제가 어떻게 해야 할지 알려주세요. 감사합니다, 안녕히 계세요!

🔍 주요 어휘

help A do A가 ~하는 것을 도와주다   **nearby** 근처에   **tomorrow** 내일   **option** 선택지

🎧 6_22

Q I'm sorry, but there is a problem which I'll need you to solve. You just found out that the hotel you wanted to stay at has no rooms available. Call your travel agency, explain the problem, and suggest different ways to handle this issue.

유감스럽게도, 당신이 해결해야 할 문제가 있습니다. 숙박하고 싶었던 호텔에 객실이 없다는 것을 막 알게 됐습니다. 여행사에 전화해 문제를 설명하고, 이 문제를 해결할 수 있는 다른 방법을 제안해 보세요.

💡 답변 아이디어 노트

인사	약간의 문제가 있어서 전화함
문제점 설명	예약한 호텔에 객실이 없음 - 예약 확정 이메일도 받아서 정말 놀랐음
문제 해결을 위한 제안	① 다른 호텔 찾아주기 - 어디든 괜찮음 ② 예약을 내일로 변경하기 - 추가 요금도 지불할 의향도 있음 ③ 환불
마무리	어떤 조치가 가능한지 알려줌

실제답변 바로보기 ▶

Intro   Hi, this is Jenny. I'm calling because I've got a bit of a problem here.

Body   You know the hotel I booked? Apparently, they don't have a room for me. I was really surprised because I already got a confirmation email. So, something needs to be done about this, and I have a few suggestions. Firstly, is it possible for you to find another hotel for me? Anywhere is fine. If that doesn't work, I'm okay with changing the booking to tomorrow. I don't mind paying a small extra fee if needed. If nothing works, please just give me a refund.

Wrap-up   Please let me know what can be done. Thanks for your help. Bye.

*이거 쓰면 AL

안녕하세요, 저는 제니입니다. 여기 약간의 문제가 있어서 전화드렸어요. 제가 예약한 호텔 아시죠? 알고 보니, 객실이 없다고 하네요. 이미 예약 확정 이메일도 받았기 때문에 정말 놀랐어요. 그래서 이에 대한 조치가 필요할 것 같아서, 몇 가지 제안이 있어요. 먼저, 다른 호텔을 찾아주시는 게 가능할까요? 어디든 괜찮아요. 만약 그게 안되면, 예약을 내일로 변경해도 괜찮아요. 필요하다면 약간의 추가 요금도 지불할 의향도 있어요. 그래도 안된다면, 환불을 부탁드립니다. 어떤 조치가 가능한지 알려주세요. 도와주셔서 감사합니다. 안녕히 계세요.

🔍 주요 어휘

apparently 알고 보니, 분명히   **get a confirmation email** 예약 확인 이메일을 받다   **anywhere** 어디든   **if needed** 필요하다면

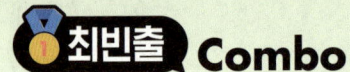 ③ 여행 계획이 뜻대로 되지 않은 경험

🎧 6_23

Q That's the end of the situation. Describe a time when your trip didn't go smoothly as planned. What happened, what actions did you and others take, and how was it eventually resolved?
상황극이 종료되었습니다. 당신의 여행이 계획대로 순조롭지 않았던 때를 묘사해 보세요. 무슨 일이 있었고, 당신과 다른 사람들이 어떤 행동을 했으며, 결국 어떻게 해결됐나요?

💡 답변 아이디어 노트

여행 계획이 뜻대로 되지 않은 경험	그런 여행 경험했음
경험 설명	비행편이 몇 시간 동안 지연됨 - 공항에서 기다림/정말 피곤했음 항공사에서 식사 쿠폰을 줘서 식사도 함
결과	목적지에 늦게 도착했지만 안전하게 도착함
마무리	너무 답답했기 때문에 아직도 선명하게 기억함

 IM

실제답변 바로보기 ▶

Intro OK, I've experienced a trip like that.

Body My flight was delayed for several hours, so I had to wait at the airport, and I felt very tired. We had a meal there too because the airline gave us a food voucher. Finally, I arrived at my destination late, but I was safe.

Wrap-up I remember that time clearly because it was very frustrating.

* IM1 보장 답변

네, 저도 그런 여행을 경험했었어요. 비행편이 몇 시간 동안 지연돼 공항에서 기다려야 했고, 정말 피곤했어요. 항공사에서 식사 쿠폰을 줘서 거기서 식사도 했습니다. 결국, 목적지에는 늦게 도착했지만 안전하게 도착했어요. 너무 답답했기 때문에 그때를 아직도 선명하게 기억해요.

🔍 주요 어휘

flight 비행편 **airport** 공항 **tired** 피곤한 **have a meal** 식사하다 **safe** 안전한 **frustrating** 답답한

Q That's the end of the situation. Describe a time when your trip didn't go smoothly as planned. What happened, what actions did you and others take, and how was it eventually resolved?

상황극이 종료되었습니다. 당신의 여행이 계획대로 순조롭지 않았던 때를 묘사해 보세요. 무슨 일이 있었고, 당신과 다른 사람들이 어떤 행동을 했으며, 결국 어떻게 해결됐나요?

답변 아이디어 노트

여행 계획이 뜻대로 되지 않은 경험	그런 일이 있던 때가 분명히 기억남
경험 설명	지난달, 친구들과 함께 호주 여행을 계획함 비행편이 약 3시간 정도 지연됨 항공사에서 식사 쿠폰을 제공해 줘서 기억에 남음
결과	공항에서 맛있는 식사를 하게 됨 - 지연에 대한 스트레스를 덜 느껴지게 해 줌 여행 시작 전부터 예상치 못하게 즐거운 시간 보낼 수 있었음
마무리	좋은 경험이 됨

실제답변 바로보기 ▶

Intro I definitely remember a time when something like that happened.

Body It was last month. I planned a trip to Australia with my friends. We were super excited and arrived at the airport early. But the thing is, our flight was delayed for about three hours. At first, we were a bit frustrated, but then we decided to make the best of it. It was memorable because the airline gave us a meal voucher. We ended up having a nice meal at the airport together. It actually made us feel less stressed about the delay. So, I guess we unexpectedly had a good time before the trip started.

Wrap-up So overall, the experience turned out to be a good one.

이거 쓰면 AL

저는 그런 일이 있었던 때가 분명히 기억나요. 지난달이었어요. 저는 친구들과 함께 호주 여행을 계획했어요. 우리는 정말 신나서 공항에 일찍 도착했어요. 그런데 문제는 우리 비행편이 약 3시간 정도 지연됐다는 거예요. 처음에는 조금 짜증 났지만, 우리는 최선을 다해 시간을 보내기로 했어요. 항공사에서 식사 쿠폰을 제공해 줬기 때문에 기억에 남아요. 결국 공항에서 함께 맛있는 식사를 하게 됐어요. 이게 지연에 대한 스트레스를 덜 느껴지게 해 줬어요. 그래서 여행을 시작하기 전부터 예상치 못하게 즐거운 시간을 보낼 수 있었어요. 그래서 전반적으로, 그 경험은 좋은 경험이 됐어요.

주요 어휘

early 일찍　make the best of 최선을 다해 ~을 하다　end up -ing 결국 ~하게 되다　stressed 스트레스받는　unexpectedly 예상치 못하게

롤플레이 04 건강

- 건강 롤플레이는 주로 헬스장 문의와 건강식품점/영양사에게 문의하는 유형으로 출제
- 새로 오픈한 동네 헬스장 전화 문의 문제는 Combo의 첫 번째 문제로 반복적으로 출제 중이므로 필수 준비
- 돌발주제 건강에서 학습했던 어휘&표현을 활용해 모범답변 준비 가능

문제 유형

 최빈출 Combo

- I'd like to give you a situation and ask you to act it out. You are interested in joining a new fitness center. Call the gym and ask a few questions about their facilities, classes, and membership options.

  당신에게 주어진 상황에 맞춰서 역할극을 해주세요. 당신은 새로운 헬스장에 가입하는 데 관심이 있습니다. 헬스장에 전화해 시설, 수업, 그리고 회원권 종류에 대해 몇 가지 질문을 해 보세요.

- I'm sorry, but there is a problem which I'll need you to solve. You visited a new fitness center for the first time, but it didn't meet your expectations. Call the manager, explain your experience, and request a full refund.

  유감스럽게도, 당신이 해결해야 할 문제가 있습니다. 처음 새로운 헬스장에 방문했는데, 기대에 미치지 못했습니다. 매니저에게 전화해 당신의 경험을 설명하고, 전액 환불을 요청해 보세요.

- That's the end of the situation. Staying healthy is not always easy. Tell me about a challenge you've done related to your health. Maybe you tried to follow a strict diet or quit a habit, like smoking. Give as much detail as possible.

  상황극이 종료되었습니다. 건강을 유지하는 일은 항상 쉽지 않습니다. 건강과 관련해 해 본 도전에 대해 말해 주세요. 엄격한 식단을 지키려고 했거나, 흡연 같은 습관을 그만뒀을 수도 있습니다. 가능한 한 자세히 설명해 주세요.

필수 어휘 & 표현

🎧 6_26

인사
- [ ] I'm interested in ~에 관심이 있습니다
- [ ] I'd like to get some details about ~에 대한 몇 가지 정보를 얻고 싶습니다
- [ ] I'd like to speak to someone in charge. 담당자와 이야기하고 싶습니다.

헬스장 관련 질문
- [ ] facility 시설
- [ ] have classes 수업이 있다
- [ ] membership fee 회비
- [ ] special offer 특별 혜택
- [ ] join ~에 등록하다, 가입하다
- [ ] personal trainer 개인 트레이너
- [ ] membership option 회원권 종류
- [ ] discount 할인

헬스장 관련 문제점
- [ ] don't work 작동하지 않다
- [ ] not clean 깨끗하지 않은
- [ ] don't meet my expectations 기대에 미치지 못하다
- [ ] old 오래된
- [ ] dust 먼지
- [ ] smell bad 냄새가 나다

➕
insufficient equipment 부족한 기구
short opening hours 짧은 운영 시간
rude staff 무례한 직원
overcrowded machines 너무 붐비는 기구
poor ventilation 환기가 잘 안되는

건강 관련 도전 과제
- [ ] follow a strict diet 엄격한 다이어트를 하다
- [ ] stop eating fast food 패스트푸드를 먹는 걸 멈추다
- [ ] drink a lot of water 물을 많이 마시다
- [ ] lose some weight 체중을 감량하다
- [ ] follow a healthy routine 건강한 루틴을 따라보다
- [ ] cut sugar 설탕을 끊다

➕
increase vegetable consumption 채소 섭취를 늘리다
sleep well 잘 자다
go for regular check-ups 정기 검진을 받다
avoid smoking/alcohol 흡연/음주를 피하다
improve posture 자세를 개선하다

마무리
- [ ] That's all (for now). (지금은) 이게 전부예요.
- [ ] That's all I wanted to ask. 제가 문의드릴 건 이게 다예요.
- [ ] Thanks for your help. 도와주셔서 감사합니다.
- [ ] I hope this can be resolved soon. 이 문제가 빨리 해결되기를 바랍니다.
- [ ] Thanks for your understanding. 이해해 주셔서 감사합니다.

 ❶ 새로 오픈한 동네 헬스장에 전화 문의

Q I'd like to give you a situation and ask you to act it out. You are interested in joining a new fitness center. Call the gym and ask a few questions about their facilities, classes, and membership options.

당신에게 주어진 상황에 맞춰서 역할극을 해주세요. 당신은 새로운 헬스장에 가입하는 데 관심이 있습니다. 헬스장에 전화해 시설, 수업, 그리고 회원권 종류에 대해 몇 가지 질문을 해 보세요.

💡 답변 아이디어 노트

인사	당신의 헬스장에 정말 관심 있음
헬스장 관련 질문	어떤 시설이 있나요? 요가/스피닝 같은 수업도 있나요?
추가 질문	회비는 얼마인가요? 현재 특별 혜택도 있나요?
마무리	지금은 이게 전부임

실제답변 바로보기 ▶

Intro Hi, I'm really interested in your fitness center.

Body I have a few questions. Firstly, what kinds of facilities do you have for gym members? Secondly, do you have classes, like yoga or spinning? Lastly, how much is the membership fee? Are there any special offers right now?

Wrap-up That's all for now. Thank you very much. Bye!

IM1 보장 답변

안녕하세요, 저는 당신의 헬스장에 정말 관심이 있습니다. 몇 가지 질문이 있어요. 우선, 헬스장 회원을 위해 어떤 시설이 있나요? 둘째, 요가나 스피닝과 같은 수업도 있나요? 마지막으로, 회비는 얼마인가요? 현재 특별 혜택도 있나요? 지금은 이게 전부예요. 정말 감사합니다. 안녕히 계세요!

🔍 주요 어휘

fitness center 헬스장, 피트니스 센터 **gym member** 헬스장 회원 **yoga** 요가 **spinning** 스피닝

Q I'd like to give you a situation and ask you to act it out. You are interested in joining a new fitness center. Call the gym and ask a few questions about their facilities, classes, and membership options.

당신에게 주어진 상황에 맞춰서 역할극을 해주세요. 당신은 새로운 헬스장에 가입하는 데 관심이 있습니다. 헬스장에 전화해 시설, 수업, 그리고 회원권 종류에 대해 몇 가지 질문을 해 보세요.

답변 아이디어 노트

인사	당신의 헬스장 등록에 관심 있어서, 몇 가지 정보를 얻고 싶음
헬스장 관련 질문	시설에 대해 말해 줄 수 있나요? 개인 트레이너가 있나요? 어떤 수업을 제공하나요? 요가/필라테스 수업이 있으면 좋겠음
추가 질문	회원권 종류에 대해 알고 싶음 장기 회원을 위한 할인 혜택도 제공하나요? 회원비는 얼마인가요?
마무리	문의할 건 이게 다임

실제답변 바로보기 ▶

Intro Hi, I'm interested in joining your fitness center, and I'd like to get some details about it.

Body Firstly, could you tell me about your facilities? Do you have treadmills or a swimming pool? Also, do you have personal trainers available? Second, what kind of classes do you offer? I hope you have something like yoga or Pilates. Lastly, I'd like to know about your membership options. Do you offer any discounts for long-term members? How much are the membership fees? It would be great if you could give me as much information as possible!

Wrap-up That's all I wanted to ask. Thanks for your help. Bye.

* 이거 쓰면 AL

안녕하세요, 당신의 헬스장에 등록하는 데 관심이 있어서 몇 가지 정보를 얻고 싶습니다. 먼저, 시설에 대해 말해주실 수 있나요? 러닝머신이나 수영장이 있나요? 또, 개인 트레이너가 있나요? 두 번째로, 어떤 수업을 제공하나요? 요가나 필라테스 같은 수업이 있으면 좋을 것 같아요. 마지막으로, 회원권 종류에 대해 알고 싶어요. 장기 회원을 위한 할인 혜택도 제공하나요? 회원비는 얼마인가요? 가능한 한 많은 정보를 주시면 감사하겠습니다! 제가 문의드릴 건 이게 다예요. 도와주셔서 감사합니다. 안녕히 계세요.

🔍 주요 어휘

treadmill 러닝머신 swimming pool 수영장 offer ~을 제공하다 long-term 장기의 as much A as possible 가능한 한 많은 A

 ❷ 헬스장 첫 방문 후 마음에 들지 않아 전화 환불 요청

🎧 6_29

Q I'm sorry, but there is a problem which I'll need you to solve. You visited a new fitness center for the first time, but it didn't meet your expectations. Call the manager, explain your experience, and request a full refund.

유감스럽게도, 당신이 해결해야 할 문제가 있습니다. 처음 새로운 헬스장에 방문했는데, 기대에 미치지 못했습니다. 매니저에게 전화해 당신의 경험을 설명하고, 전액 환불을 요청해 보세요.

💡 답변 아이디어 노트

인사	당신의 헬스장 방문했는데, 몇 가지 문제 있었음
문제점 설명	헬스장 기계 일부 작동 X, 시설도 깨끗하지 않았음
전액 환불 요청	방문에 만족하지 못했기 때문에 전액 환불받고 싶음
마무리	이게 다임

 IM

실제답변 바로보기 ▶

Intro Hi, I visited your gym, but I had some problems.

Body Some of the machines at the gym didn't work, and the place was not very clean. I'm not really satisfied with the visit, so I'd like to receive a full refund if it is okay. Could you help me with this issue as soon as possible?

Wrap-up That's all. Thanks for your help. Bye!

* IM1 보장 답변

안녕하세요, 당신의 헬스장을 방문했는데 몇 가지 문제가 있었어요. 헬스장의 기계 일부가 작동되지 않았고, 시설도 깨끗하지 않았어요. 방문에 정말 만족하지 못했기 때문에 괜찮다면 전액 환불을 받고 싶습니다. 이 문제에 대해 가능한 한 빨리 도와주실 수 있나요? 이게 다예요. 도와주셔서 감사합니다. 안녕히 계세요!

🔍 주요 어휘

visit v. ~을 방문하다 n. 방문   receive a full refund 전액 환불받다   issue 문제   as soon as possible 가능한 한 빨리

Q I'm sorry, but there is a problem which I'll need you to solve. You visited a new fitness center for the first time, but it didn't meet your expectations. Call the manager, explain your experience, and request a full refund.

유감스럽게도, 당신이 해결해야 할 문제가 있습니다. 처음 새로운 헬스장에 방문했는데, 기대에 미치지 못했습니다. 매니저에게 전화해 당신의 경험을 설명하고, 전액 환불을 요청해 보세요.

💡 답변 아이디어 노트

인사	담당자와 이야기하고 싶음
문제점 설명	기대에 전혀 미치지 못함 - 몇몇 기구 너무 오래됨/몇 개는 작동 X - 시설 깨끗 X, 바닥에 먼지 있었음, 탈의실에서 냄새남
전액 환불 요청	그래서 전액 환불 요청하고 싶음 - 합리적인 요구라고 확신함
마무리	이 문제가 빨리 해결되기를 바람

실제답변 바로보기 ▶

Intro Hi, I'd like to speak to someone in charge.

Body I'm calling because I'd like to share some feedback about your gym. Honestly, it didn't meet my expectations at all. For example, some of the machines were really old, and a few didn't even work. Also, the place was not very clean, there was dust on the floor, and the locker room smelled bad, which made me feel uncomfortable. So, I'd like to request a full refund. I'm pretty confident that this is a reasonable request.

Wrap-up I hope this can be resolved soon. Thank you for your understanding. Bye.

* 이거 쓰면 AL

안녕하세요, 담당자와 이야기하고 싶습니다. 당신의 헬스장에 대한 의견을 나누고 싶어서 전화했어요. 솔직히 기대에 전혀 미치지 못했습니다. 예를 들어, 몇몇 기구는 너무 오래됐고, 몇 개는 심지어 작동조차 되지 않았어요. 또한, 시설이 깨끗하지 않았고, 바닥에는 먼지가 있었으며, 탈의실에서는 냄새가 나서 불편했어요. 그래서 전액 환불을 요청하고 싶어요. 이건 합리적인 요구라고 확신합니다. 이 문제가 빨리 해결되기를 바랍니다. 이해해 주셔서 감사합니다. 안녕히 계세요.

🔍 주요 어휘

share feedback 의견을 나누다　honestly 솔직히 (말하면)　locker room 탈의실　confident 확신하는　reasonable 합리적인　request 요구

3 건강 증진을 위해 했던 도전 과제

🎧 6_31

Q That's the end of the situation. Staying healthy is not always easy. Tell me about a challenge you've done related to your health. Maybe you tried to follow a strict diet or quit a habit, like smoking. Give as much detail as possible.

상황극이 종료되었습니다. 건강을 유지하는 일은 항상 쉽지 않습니다. 건강과 관련해 해 본 도전에 대해 말해 주세요. 엄격한 식단을 지키려고 했거나, 흡연 같은 습관을 그만뒀을 수도 있습니다. 가능한 한 자세히 설명해 주세요.

💡 **답변 아이디어 노트**

건강과 관련된 도전	비슷한 걸 한 적 있음
경험 설명	지난달, 엄격한 다이어트를 했음 - 패스트푸드 먹는 걸 멈추고, 매일 물 많이 마심
경험에 대한 내 생각	처음에는 진짜 힘들었지만 체중 감량할 수 있었음 목표 달성한 나 자신이 자랑스러웠음
마무리	그게 내가 한 일, 엄청 보람 있는 경험이었음

 IM

실제답변 바로보기 ▶

Intro OK, I've done something similar.

Body Last month, I followed a strict diet for one month. I stopped eating fast food and drank a lot of water every day. At first, it was very hard, but I was able to lose some weight. I felt really proud of myself for achieving my goal.

Wrap-up So, that's what I did, and it was a very rewarding experience.

* IM1 보장 답변

네, 저도 비슷한 걸 한 적이 있어요. 지난달, 한 달 동안 엄격한 다이어트를 했어요. 패스트푸드를 먹는 걸 멈추고 매일 물도 많이 마셨어요. 처음에는 진짜 힘들었지만, 어느 정도 체중을 감량할 수 있었어요. 목표를 달성한 제 자신이 정말 자랑스러웠어요. 그래서 그게 제가 한 일이고, 엄청 보람 있는 경험이었어요.

🔍 **주요 어휘**

hard 힘든 feel proud of myself 나 자신이 자랑스럽다 achieve my goal 목표를 달성하다 rewarding 보람 있는

🎧 6_32

Q That's the end of the situation. Staying healthy is not always easy. Tell me about a challenge you've done related to your health. Maybe you tried to follow a strict diet or quit a habit, like smoking. Give as much detail as possible.

상황극이 종료되었습니다. 건강을 유지하는 일은 항상 쉽지 않습니다. 건강과 관련해 해 본 도전에 대해 말해 주세요. 엄격한 식단을 지키려 했거나, 흡연 같은 습관을 그만뒀을 수도 있습니다. 가능한 한 자세히 설명해 주세요.

💡 답변 아이디어 노트

건강과 관련된 도전	그와 같은 것을 한 경험 있음
경험 설명	지난달, 건강한 루틴을 따라보기로 결정함 – 설탕 완전히 끊는 것 처음에는 디저트를 너무 좋아해서 정말 힘들었음
경험에 대한 내 생각	일주일 후 에너지가 넘치는 느낌, 잠도 더 잘 자고 덜 피곤함 체중도 약간 감량함
마무리	도전적이었지만 보람 있는 경험이었음

 실제답변 바로보기 ▶

Intro I have some experience of doing something like that.

Body Last month, I decided to follow a healthy routine. I looked up some health trends and found out that cutting sugar completely could help. I tried it for one month. That meant no desserts or sweetened drinks at all. At first, it was really hard because I love desserts. I even dreamed about eating cake sometimes. But what else could I do? I wanted to stay healthy. After a week, I started feeling energetic. I also slept better and felt less tired during the day, and that made a big difference! In the end, I lost a little weight, too!

Wrap-up So, that was a challenging but rewarding experience for me.

* 이거 쓰면 **AL**

저는 그와 같은 것을 한 경험이 있어요. 지난달에, 건강한 루틴을 따라보기로 결정했어요. 건강 관련 트렌드를 찾아봤고, 설탕을 완전히 끊는 것이 도움이 된다는 것을 알게 되었어요. 이걸 한 달 동안 시도했어요. 이건 디저트나 단 음료는 전혀 먹지 않는 걸 의미해요. 처음에는, 제가 디저트를 너무 좋아해서 정말 힘들었어요. 심지어 종종 케이크를 먹는 것을 꿈 꾸기도 했어요. 그래도 제가 또 뭘 할 수 있었겠어요? 저는 건강해지고 싶었어요. 일주일 후, 에너지가 넘치는 느낌이 들기 시작했어요. 잠도 더 잘 자고 낮 동안 덜 피곤함을 느꼈는데 그게 큰 변화를 만들었어요! 결국, 체중도 약간 감량할 수 있었어요! 그래서 그건 제게 도전적이었지만 보람 있는 경험이었어요.

🔍 주요 어휘

look up ~을 찾아보다   **completely** 완전히   **sweetened** 단, 당이 첨가된   **make a big difference** 큰 변화를 만들다   **challenging** 도적적인

롤플레이 05 음식점

- 음식점 롤플레이 문제는 앞서 학습한 상점 롤플레이 문제와 유사해 해당 모범답변을 활용하여 답변 가능
- 음식점과 관련해 예기치 않았던 에피소드 문제는 Combo의 마지막 문제로 자주 출제되므로 반드시 꼼꼼하게 준비

문제 유형

- I'd like to give you a situation and ask you to act it out. You want to try a new restaurant that has just opened. Call the restaurant and ask several questions to decide whether it's worth visiting.

  당신에게 주어진 상황에 맞춰서 역할극을 해주세요. 당신은 막 문을 연 새로운 음식점에 가보고 싶습니다. 음식점에 전화해 가볼 만한 곳인지 결정할 수 있도록 몇 가지 질문을 해 보세요.

- I'm sorry, but there is a problem which I'll need you to solve. After enjoying a meal at a new restaurant, you realize you forgot your wallet at home. Talk to the staff, describe the problem, and propose some ways to resolve it.

  유감스럽게도, 당신이 해결해야 할 문제가 있습니다. 새 음식점에서 식사를 즐긴 후, 집에 지갑을 두고 온 것을 깨달았습니다. 직원에게 이야기해 문제를 묘사하고, 해결할 수 있는 방법을 몇 가지 제안하세요.

- That's the end of the situation. Describe a time when something memorable happened while you were at a restaurant. Maybe the food was not what you expected, or there was a problem with other customers. Explain the situation in detail.

  상황극이 종료되었습니다. 음식점에 있었을 때 기억에 남는 일이 있었던 때를 묘사해 주세요. 음식이 예상했던 것과 달랐다거나, 다른 손님과 문제가 있었을 수도 있습니다. 그 상황을 자세히 설명해 주세요.

필수 어휘 & 표현

인사
- [ ] I'd like to ask about ~에 대해 문의드리고 싶어요
- [ ] Excuse me. 실례합니다.

음식점 관련 질문
- [ ] serve ~을 제공하다
- [ ] special dish 특별한 요리
- [ ] recommend ~을 추천하다
- [ ] make a reservation 예약하다
- [ ] opening hours 영업 시간
- [ ] visit 방문하다
- [ ] walk in 예약 없이 방문하다
- [ ] price range 가격대
- [ ] have vegetarian options 채식 메뉴가 있다
- [ ] offer takeout or delivery 포장이나 배달 서비스를 제공하다
- waiting list 대기 명단
- have outdoor seating 야외 좌석이 있다
- service charge 서비스 요금
- customize my order 맞춤 주문을 하다
- Are pets allowed? 반려동물 출입이 가능한가요?

음식점 관련 문제점
- [ ] forget my wallet 지갑을 두고 오다
- [ ] can't pay 결제할 수 없다
- [ ] salty (음식이) 짠
- [ ] inedible 먹을 수 없는
- get the wrong order 주문을 잘못 받다
- undercooked/overcooked 덜 익은/너무 익은
- run out of menu items 메뉴가 다 떨어지다
- wait too long for the food 음식이 너무 늦게 나오다
- poor service 불친절한 서비스
- uncomfortable seating 불편한 좌석

문제 해결을 위한 제안
- [ ] go home quickly 빨리 집에 다녀오다
- [ ] pay online 온라인으로 결제하다
- [ ] show A my ID or contact info 신분증이나 연락처를 A에게 보여주다
- [ ] pay later 이따가 결제하다
- [ ] transfer the payment 결제 금액을 송금하다
- [ ] tell the waiter 직원에게 말하다
- [ ] give A a new dish A에게 새 요리를 가져다주다
- [ ] give A dessert for free A에게 디저트를 무료로 주다
- [ ] replace A with B A를 B로 바꿔주다, 교체하다

마무리
- [ ] Please let me know! 제게 알려주세요!
- [ ] I'm very sorry for the trouble. 불편을 드려 정말 죄송합니다.
- [ ] Please let me know which one works best for you. 어떤 방법이 가장 좋은지 알려주세요.

 ① 새로 문을 연 음식점에 전화 문의

🎧 6_35

Q I'd like to give you a situation and ask you to act it out. You want to try a new restaurant that has just opened. Call the restaurant and ask several questions to decide whether it's worth visiting.

당신에게 주어진 상황에 맞춰서 역할극을 해주세요. 당신은 막 문을 연 새로운 음식점에 가보고 싶습니다. 음식점에 전화해 가볼 만한 곳 인지 결정할 수 있도록 몇 가지 질문을 해 보세요.

 답변 아이디어 노트

인사	당신의 음식점에 대해 문의하고 싶음
음식점 관련 질문	어떤 음식을 제공하나요? 추천하는 특별한 요리가 있나요?
추가 질문	도착하기 전에 예약을 해야 하나요? 영업시간은 어떻게 되나요?
마무리	나에게 알려줘

 IM

실제답변 바로보기 ▶

Intro Hi, I'd like to ask about your restaurant.

Body Firstly, what kind of food do you serve? Are there any special dishes you recommend? Secondly, do I need to make a reservation before I arrive? Lastly, what are your opening hours? I'm really interested in visiting and trying your food!

Wrap-up Please let me know! Thank you very much. Bye!

* IM1 보장 답변

안녕하세요, 당신의 음식점에 대해 문의드리고 싶어요. 먼저, 어떤 음식을 제공하나요? 추천하시는 특별한 요리가 있나요? 둘째, 도착하기 전에 예약 을 해야 하나요? 마지막으로, 영업시간은 어떻게 되나요? 저는 정말 방문해서 음식을 맛보는 데 관심이 있어요. 제게 알려주세요! 정말 감사합니다. 안녕히 계세요!

🔍 주요 어휘

need to do ~해야 하다, ~할 필요가 있다 arrive 도착하다 be interested in ~에 관심이 있다 try your food 음식을 맛보다

🎧 6_36

Q I'd like to give you a situation and ask you to act it out. You want to try a new restaurant that has just opened. Call the restaurant and ask several questions to decide whether it's worth visiting.

당신에게 주어진 상황에 맞춰서 역할극을 해주세요. 당신은 막 문을 연 새로운 음식점에 가보고 싶습니다. 음식점에 전화해 가볼 만한 곳인지 결정할 수 있도록 몇 가지 질문을 해 보세요.

💡 답변 아이디어 노트

인사	당신의 식당이 최근에 열었다고 들었음
음식점 관련 질문	어떤 요리를 제공하나요? 예약 필요?/예약 없이 방문해도 되나요? 가능하면 내일 방문하고 싶음. 저녁 식사 가격대는 어떻게 되나요?
추가 질문	채식 메뉴도 있나요? 포장/배달 서비스도 제공하나요?
마무리	시간 될 때 알려줘

실제답변 바로보기 ▶

Intro Hi, I heard that your restaurant just opened recently!

Body I'm really interested in visiting your place, and I have a few questions. Firstly, what type of cuisine do you serve? Is it Korean, Italian, or something else? Second, do I need to make a reservation, or can I just walk in? And how crowded does it usually get around dinner time? I'd like to visit tomorrow, if possible. Also, what's the price range for dinner? I hope it's not too expensive. Lastly, do you have any vegetarian options? My sister is a vegetarian, so that's why I'm asking. Oh, and do you offer takeout or delivery as well?

Wrap-up Please let me know when you get a chance. Thanks a lot. Bye.

★ 이거 쓰면 AL

안녕하세요, 당신의 식당이 최근에 열었다고 들었어요. 음식점에 방문하는 데 정말 관심이 있어서 몇 가지 질문이 있습니다. 먼저, 어떤 요리를 제공하나요? 한국 음식, 이탈리아 음식 아니면 다른 건가요? 두 번째로, 예약이 필요한가요, 아니면 예약 없이 방문해도 되나요? 그리고 저녁시간에는 보통 얼마나 붐비나요? 가능하다면 내일 방문하고 싶어요. 또, 저녁 식사 가격대는 어떻게 되나요? 너무 비싸지 않으면 좋겠어요. 마지막으로, 채식 메뉴도 있나요? 제 여동생이 채식주의자라서 여쭤봅니다. 아, 그리고 포장이나 배달 서비스도 제공하시나요? 시간이 되실 때 알려주세요. 정말 감사합니다. 안녕히 계세요.

🔍 주요 어휘

recently 최근에 **cuisine** 요리 **crowded** 붐비는 **vegetarian** 채식주의자 **get a chance** 시간이 되다

 **② 지갑을 집에 두고 옴/직원에게 외상 요청**

Q I'm sorry, but there is a problem which I'll need you to solve. After enjoying a meal at a new restaurant, you realize you forgot your wallet at home. Talk to the staff, describe the problem, and propose some ways to resolve it.

유감스럽게도, 당신이 해결해야 할 문제가 있습니다. 새 음식점에서 식사를 즐긴 후, 집에 지갑을 두고 온 것을 깨달았습니다. 직원에게 이야기해 문제를 묘사하고, 해결할 수 있는 방법을 몇 가지 제안하세요.

💡 답변 아이디어 노트

인사	문제가 하나 있음
문제점 설명	집에 지갑을 두고 와서 지금 결제할 수 없음
문제 해결을 위한 제안	① 지갑 가져오기 위해 빨리 집에 다녀와도 되나요? ② 온라인/모바일 결제 앱으로 결제하는 게 가능하나요?
마무리	불편을 끼쳐 죄송합니다

실제답변 바로보기 ▶

Intro Excuse me, I have a problem.

Body I'm really sorry, but I forgot my wallet at home, so I can't pay right now. So, I have a few suggestions. First, can I go home quickly to get my wallet? Or is it possible to pay online or with a mobile payment app?

Wrap-up Once again, I'm very sorry for the trouble.

* IM1 보장 답변

실례지만, 문제가 하나 있어요. 정말 죄송한데, 제가 집에 지갑을 두고 와서 지금 결제할 수 없습니다. 그래서 몇 가지 제안을 드리고 싶어요. 먼저, 지갑을 가져오기 위해 빨리 집에 다녀와도 될까요? 아니면 온라인이나 모바일 결제 앱으로 결제하는 게 가능할까요? 다시 한번, 불편을 드려 정말 죄송합니다.

🔍 주요 어휘

right now 지금 **get my wallet** 지갑을 가져오다 **mobile payment app** 모바일 결제 앱

🎧 6_38

Q I'm sorry, but there is a problem which I'll need you to solve. After enjoying a meal at a new restaurant, you realize you forgot your wallet at home. Talk to the staff, describe the problem, and propose some ways to resolve it.

유감스럽게도, 당신이 해결해야 할 문제가 있습니다. 새 음식점에서 식사를 즐긴 후, 집에 지갑을 두고 온 것을 깨달았습니다. 직원에게 이야기해 문제를 묘사하고, 해결할 수 있는 방법을 몇 가지 제안하세요.

💡 답변 아이디어 노트

인사	작은 문제가 있음
문제점 설명	집에 지갑을 두고 온 것을 방금 깨달음
문제 해결을 위한 제안	① 오늘 중으로 이따가 결제 - 집에 다녀와서 지갑 가져올 수 있음 ② 모바일 뱅킹 앱으로 지금 바로 결제 금액 송금 ③ 친구가 도착할 때까지 여기서 기다려도 되나요?
마무리	어떤 방법이 가장 좋은지 알려줘

 IH-AL

실제답변 바로보기 ▶

Intro Excuse me, there's a bit of a problem here.

Body Well, I really enjoyed my meal here, but I just realized that I left my wallet at home. I can even show you my ID or contact info if needed. I'm really sorry about that, but I have a few suggestions. First, would it be possible for me to pay later today? I can go home quickly and get my wallet. Alternatively, I can transfer the payment using my mobile banking app right now. Would that be okay with you? I don't mind either way. Or if none of these work, is it okay if I wait here until my friend arrives? She will be here really soon.

Wrap-up Please let me know which one works best for you. Once again, I'm really sorry.

* 이거 쓰면 **AL**

실례지만, 작은 문제가 있어요. 음식은 정말 맛있게 먹었는데, 제가 집에 지갑을 두고 온 것을 방금 깨달았어요. 필요하다면 신분증이나 연락처를 보여드릴 수도 있어요. 정말 죄송하지만, 몇 가지 제안을 드리고 싶어요. 먼저, 오늘 중으로 이따가 결제하는 게 가능할까요? 집에 빠르게 다녀와서 지갑을 가져올 수 있어요. 또는, 모바일 뱅킹 앱으로 지금 바로 결제 금액을 송금할 수도 있어요. 그것도 괜찮으신가요? 저는 어느 쪽이든 괜찮아요. 만약 두 가지 모두 안된다면, 친구가 도착할 때까지 여기서 기다려도 될까요? 친구가 곧 도착할 거예요. 어떤 방법이 가장 좋은지 알려주세요. 다시 한번 정말 죄송합니다.

🔍 주요 어휘

realize that ~라는 것을 깨닫다 **alternatively** 또는, 대안으로 **I don't mind either way.** 어느 쪽이든 괜찮다. **wait** 기다리다 **soon** 곧

③ 음식점과 관련해 예상치 못했던 에피소드

🎧 6_39

Q That's the end of the situation. Describe a time when something memorable happened while you were at a restaurant. Maybe the food was not what you expected, or there was a problem with other customers. Explain the situation in detail.

상황극이 종료되었습니다. 음식점에 있었을 때 기억에 남는 일이 있었던 때를 묘사해 주세요. 음식이 예상했던 것과 달랐다거나, 다른 손님과 문제가 있었을 수도 있습니다. 그 상황을 자세히 설명해 주세요.

💡 답변 아이디어 노트

음식점에서 기억에 남는 일	기억에 남는 경험을 한 적이 있음
문제 설명	파스타 주문했는데 너무 짰음
문제 해결 방법	직원에게 말했고, 새 요리를 가져다 줌 게다가 디저트도 무료로 줌
마무리	잊을 수 없는 순간이었음

실제답변 바로보기 ▶

Intro   I had a memorable experience at a restaurant.

Body   I ordered pasta, but it was too salty for me. I told the waiter about the problem, and they gave me a new dish. Also, they gave me dessert for free. I was surprised by their service, but it made me very happy.

Wrap-up   So, it was an unforgettable moment for me.

*IM1 보장 답변

음식점에서 기억에 남는 경험을 한 적이 있어요. 파스타를 주문했는데 저한텐 너무 짰어요. 그 문제에 대해 직원에게 말했고, 직원이 새 요리를 가져다 줬어요. 게다가, 디저트도 무료로 줬어요. 서비스에 놀랐지만, 그게 저를 정말 행복하게 만들었어요. 그래서 제게는 잊을 수 없는 순간이었어요.

🔍 주요 어휘

order ~을 주문하다   be surprised by ~에 놀라다   happy 행복한   moment 순간

Q That's the end of the situation. Describe a time when something memorable happened while you were at a restaurant. Maybe the food was not what you expected, or there was a problem with other customers. Explain the situation in detail.

상황극이 종료되었습니다. 음식점에 있었을 때 기억에 남는 일이 있었던 때를 묘사해 주세요. 음식이 예상했던 것과 달랐다거나, 다른 손님과 문제가 있었을 수도 있습니다. 그 상황을 자세히 설명해 주세요.

💡 답변 아이디어 노트

음식점에서 기억에 남는 일	음식점에서 있었던 경험 하나를 분명히 기억함
문제 설명	동네에 새로 연 음식점에 갔음 파스타 주문했는데 너무 짜서 거의 먹을 수 없었음
문제 해결 방법	직원에게 말했고, 새 걸로 바꿔 줌 - 무료 디저트까지 제공해 줌 이 작은 행동이 식당에 대한 인상을 완전히 바꿈
마무리	이게 나에겐 잊을 수 없는 순간이었음

실제답변 바로보기 ▶

Intro I clearly remember one experience I had at a restaurant.

Body It was last week. I went to a newly opened restaurant in my town. I ordered pasta, but it turned out to be way too salty and almost inedible. I didn't want to complain, but it was just too much salt. I told the waiter about it, and the staff kindly replaced it with a new one. She was super friendly and professional. On top of that, they offered me a complimentary dessert. That small gesture completely changed my impression of the place. Even though I was disappointed at first, it actually turned into a memorable night.

Wrap-up So, this was an unforgettable moment for me.

* 이거 쓰면 AL

음식점에서 있었던 경험 하나를 분명히 기억해요. 지난주였어요. 우리 동네에 새로 연 음식점에 갔어요. 파스타를 주문했는데, 너무 짜서 거의 먹을 수 없었어요. 불평하고 싶지 않았지만, 그냥 소금이 너무 많았어요. 그래서 직원에게 말했고, 그 직원이 친절하게 새 걸로 바꿔줬어요. 직원이 정말 친절하고 전문적이었어요. 게다가, 무료 디저트까지 제공해 줬어요. 그 작은 행동이 식당에 대한 인상을 완전히 바꿨어요. 처음에는 실망했지만, 사실 기억에 남는 밤이었어요. 그래서 이게 제겐 잊을 수 없는 순간이었어요.

🔍 주요 어휘

complain 불평하다 **complimentary** 무료의 **gesture** 행동 **change my impression of** ~에 대한 인상을 바꾸다 **disappointed** 실망한

롤플레이 06 휴대폰

- 휴대폰 롤플레이 문제는 앞서 학습한 상점 롤플레이 유형과 비슷해 해당 모범답변을 조금 변형하여 사용 가능
- 가장 자주 출제되는 문제는 휴대폰 대리점에 새로운 휴대폰 구매 문의, 구매한 휴대폰 기능이 마음에 들지 않아 교환 요청

문제 유형

최빈출 Combo

- I'd like to give you a situation and ask you to act it out. You're planning to buy a new smartphone. Call a store, tell the staff what features you are looking for, and ask three or four questions about the phones they sell.

  당신에게 주어진 상황에 맞춰서 역할극을 해주세요. 당신은 새로운 스마트폰을 사려고 계획하고 있습니다. 매장에 전화해 직원에게 어떤 기능을 찾고 있는지 말하고, 판매하는 휴대폰에 대해 세네 가지 질문을 해 보세요.

- I'm sorry, but there is a problem which I'll need you to solve. You got a new mobile phone, but it doesn't include all the functions you wanted. Call the store, describe what's missing, and arrange to get a phone that has everything you need.

  유감스럽게도, 당신이 해결해야 할 문제가 있습니다. 새로운 휴대폰을 샀지만, 당신이 원했던 모든 기능이 있지 않습니다. 매장에 전화해 어떤 게 빠져 있는지 묘사하고, 필요한 기능이 다 있는 휴대폰을 살 수 있도록 조치해 보세요.

- That's the end of the situation. Have you ever bought a device or a piece of technology that was disappointing or different from what you had hoped for? Describe the whole story from the beginning to the end.

  상황극이 종료되었습니다. 실망스러웠거나 기대와 달랐던 기기나 전자 제품을 산 적이 있나요? 그 이야기를 처음부터 끝까지 전체적으로 묘사해 주세요.

필수 어휘 & 표현

🎧 6_42

인사

- ☐ I want to buy ~을 사고 싶어요
- ☐ I'm calling because ~ 때문에 전화드렸어요
- ☐ I have a small problem with ~에 작은 문제가 하나 있어요
- ☐ There's a little problem that I need help with. 도움이 필요한 작은 문제가 있습니다.

전화기 관련 질문

- ☐ recommend a phone 휴대폰을 추천하다
- ☐ easy to use 사용하기 쉬운
- ☐ with a high-quality camera 고화질 카메라가 있는
- ☐ feature 기능, 특징
- ☐ price range 가격대
- ☐ have ongoing promotions 현재 진행 중인 프로모션이 있다
- ☐ trade-in deal 보상 판매 혜택
- ☐ have in stock 재고가 있다
- ☐ plenty of options 다양한 선택지
- ☐ storage (capacity) 저장 (용량)
- come with a warranty 보증서가 포함되어 있다
- water-resistant 방수 기능이 있는
- wireless charging 무선 충전
- offer installment plans 할부를 제공하다
- plan 요금제
- repair cost 수리비

전화기 관련 문제

- ☐ don't have everything I want 내가 원하는 게 모두 있지 않다
- ☐ need a better camera 더 좋은 카메라가 필요하다
- ☐ The battery life was very short. 배터리 수명이 엄청 짧았다.
- ☐ turn off quickly 전원이 금방 꺼지다
- have no signal 신호가 잡히지 않다
- have a cracked screen 화면이 깨지다
- don't turn on 전원이 켜지지 않다
- malfunction 오작동하다
- run out of storage 저장 용량이 부족하다
- have slow internet connection 인터넷 속도가 느리다

문제 해결을 위한 조치

- ☐ exchange A for another model 다른 모델로 교환하다
- ☐ get the new phone 새 휴대폰을 받다
- ☐ come in 직접 방문하다
- ☐ discuss the issue in more detail 문제를 자세히 논의하다
- ☐ check inventory 재고를 확인하다
- ☐ hold a unit 한 대를 빼 두다, 확보하다
- ☐ go back to the store 매장에 다시 가다
- ☐ explain the problem/issue 문제를 설명하다
- ☐ lower the brightness 밝기를 낮추다
- ☐ close all the applications 모든 앱을 종료하다
- ☐ contact the store 매장에 연락하다
- ☐ offer to repair ~을 수리하는 것을 제안하다
- ☐ buy a better model 더 좋은 모델을 사다

 **① 휴대폰 대리점에 새로운 휴대폰 구매 문의**

Q I'd like to give you a situation and ask you to act it out. You're planning to buy a new smartphone. Call a store, tell the staff what features you are looking for, and ask three or four questions about the phones they sell.

당신에게 주어진 상황에 맞춰서 역할극을 해주세요. 당신은 새로운 스마트폰을 사려고 계획하고 있습니다. 매장에 전화해 직원에게 어떤 기능을 찾고 있는지 말하고, 판매하는 휴대폰에 대해 세네 가지 질문을 해 보세요.

답변 아이디어 노트

인사	새 스마트폰 하나 사고 싶음
휴대폰 관련 질문	좋은 카메라가 있는 스마트폰이 있나요? 최신 모델은 얼마인가요?
추가 질문	어떤 브랜드가 있나요? 사용하기 쉬운 휴대폰을 추천해 줄 수 있나요?
마무리	내 질문은 이게 전부임

실제답변 바로보기 ▶

Intro Hi, I want to buy a new smartphone.

Body I have a few questions. First, do you have smartphones with a good camera for taking photos and videos? Also, how much are the new models? Lastly, what brands do you have? Can you recommend a phone that is easy to use?

Wrap-up That's all my questions for now. Thank you. Bye!

* **IM1 보장 답변**

안녕하세요. 새 스마트폰을 하나 사고 싶어요. 몇 가지 질문이 있습니다. 먼저, 사진과 동영상을 찍기에 좋은 카메라가 있는 스마트폰이 있나요? 또, 최신 모델은 얼마인가요? 마지막으로, 어떤 브랜드가 있나요? 사용하기 쉬운 휴대폰을 추천해 주실 수 있나요? 제 질문은 이게 전부예요. 감사합니다. 안녕히 계세요!

🔍 주요 어휘

take photos and videos 사진과 동영상을 찍다   **brand** 브랜드

Q I'd like to give you a situation and ask you to act it out. You're planning to buy a new smartphone. Call a store, tell the staff what features you are looking for, and ask three or four questions about the phones they sell.

당신에게 주어진 상황에 맞춰서 역할극을 해주세요. 당신은 새로운 스마트폰을 사려고 계획하고 있습니다. 매장에 전화해 직원에게 어떤 기능을 찾고 있는지 말하고, 판매하는 휴대폰에 대해 세네 가지 질문을 해 보세요.

💡 답변 아이디어 노트

인사	새 스마트폰을 찾고 있어서 전화함
휴대폰 관련 질문	고화질 카메라가 있는 모델이 있나요? - 나한텐 이 기능이 정말 중요함 가격대가 어떻게 되나요? 진행 중인 프로모션/보상판매 혜택이 있나요?
추가 질문	재고가 있는 브랜드는 어떤 게 있나요? 선택지가 다양했으면 좋겠음
마무리	그게 내 질문 전부임

실제답변 바로보기 ▶

Intro Hi, I'm calling because I'm looking for a new smartphone.

Body So, I have a few questions. First, do you have a model with a high-quality camera? I love taking photos, so that feature is really important to me. Second, what is the price range of the phones you offer? I hope it's not too expensive. Do you have any ongoing promotions or trade-in deals? Lastly, which brands do you currently have in stock? I'm not fixed on a specific brand, so I hope there are plenty of options.

Wrap-up So, those are all of my questions. Thanks a lot. Bye.

* 이거 쓰면 **AL**

안녕하세요, 새 스마트폰을 찾고 있어서 전화드렸어요. 그래서, 몇 가지 질문이 있는데요. 먼저, 고화질 카메라가 있는 모델이 있나요? 제가 사진 찍는 것을 정말 좋아해서 제겐 이 기능이 정말 중요해요. 두 번째로, 제공하는 휴대폰의 가격대가 어떻게 되나요? 너무 비싸지 않으면 좋겠어요. 현재 진행 중인 프로모션이나 보상판매 혜택이 있나요? 마지막으로, 현재 재고가 있는 브랜드는 어떤 게 있나요? 특정 브랜드를 고집하지 않아서 선택지가 다양했으면 좋겠어요. 그래서 그게 제 질문 전부예요. 정말 감사합니다. 안녕히 계세요.

🔍 주요 어휘

currently 현재 **fixed on** ~을 고집하는, ~에 얽매여 있는

 **2** 구매한 휴대폰 기능이 마음에 들지 않음/교환 요청

Q I'm sorry, but there is a problem which I'll need you to solve. You got a new mobile phone, but it doesn't include all the functions you wanted. Call the store, describe what's missing, and arrange to get a phone that has everything you need.

유감스럽게도, 당신이 해결해야 할 문제가 있습니다. 새로운 휴대폰을 샀지만, 당신이 원했던 모든 기능이 있지 않습니다. 매장에 전화해 어떤 게 빠져 있는지 묘사하고, 필요한 기능이 다 있는 휴대폰을 살 수 있도록 조치해 보세요.

💡 답변 아이디어 노트

인사	내가 산 스마트폰에 작은 문제가 하나 있음
문제점	원하는 게 모두 있지 않음 - 더 좋은 카메라/더 많은 저장 공간이 필요함
문제 해결을 위한 조치	다른 모델로 교환할 수 있을까요? 내일까지 새 휴대폰을 받는 게 가능할까요?
마무리	나에게 알려줘

실제답변 바로보기 ▶

Intro Hi, I have a small problem with a phone I bought.

Body I bought a phone, but it doesn't have everything I want. I need a better camera and more storage. Can I exchange it for another model? I need a phone with these features. Also, is it possible to get the new phone by tomorrow?

Wrap-up Please let me know. Thanks. Bye!

* IM1 보장 답변

안녕하세요, 제가 산 스마트폰에 작은 문제가 하나 있어요. 휴대폰을 하나 샀는데, 제가 원하는 게 모두 있지 않습니다. 더 좋은 카메라와 더 많은 저장 공간이 필요해요. 다른 모델로 교환할 수 있을까요? 이런 기능들이 있는 휴대폰이 필요합니다. 또, 내일까지 새 휴대폰을 받는 게 가능할까요? 제게 알려주시기 바랍니다. 감사합니다. 안녕히 계세요!

🔍 주요 어휘

need ~을 필요로 하다 Is it possible to do ~? ~하는게 가능할까요? by tomorrow 내일까지

Q I'm sorry, but there is a problem which I'll need you to solve. You got a new mobile phone, but it doesn't include all the functions you wanted. Call the store, describe what's missing, and arrange to get a phone that has everything you need.

유감스럽게도, 당신이 해결해야 할 문제가 있습니다. 새로운 휴대폰을 샀지만, 당신이 원했던 모든 기능이 있지 않습니다. 매장에 전화해 어떤 게 빠져 있는지 묘사하고, 필요한 기능이 다 있는 휴대폰을 살 수 있도록 조치해 보세요.

답변 아이디어 노트

인사	도움이 필요한 작은 문제가 있어서 전화함
문제점	매장에서 휴대폰 샀는데, 기대했던 기능이 모두 있지 않음 더 좋은 카메라/더 많은 저장 공간 필요함
문제 해결을 위한 조치	다른 모델로 교환하는 게 가능할까요? 안된다면, 직접 방문해서 자세히 논의하고 싶음 재고 확인하고 한 대 빼 둘 수 있을까요?
마무리	도와줄 수 있길 바람

실제답변 바로보기 ▶

Intro Hi, I'm calling because there is a little problem that I need help with.

Body I bought a phone from your store, but it doesn't have all the features I expected. The thing is, I need a better camera and more storage capacity. This is really important to me because I take a lot of photos. So, would it be possible to exchange it for another model? If not, I'd like to come in and discuss the issue in more detail. Could you check your inventory and hold a unit for me if available?

Wrap-up I hope you can help. Please let me know. Bye.

* 이거 쓰면 **AL**

안녕하세요, 도움이 필요한 작은 문제가 있어서 전화드렸어요. 당신의 매장에서 휴대폰을 샀는데, 제가 기대했던 기능이 모두 있지 않아요. 문제는, 더 좋은 카메라와 더 많은 저장 공간이 필요하다는 거예요. 제가 사진을 많이 찍기 때문에 이게 정말 중요해요. 그래서 다른 모델로 교환하는 게 가능할까요? 만약 안된다면, 직접 방문해서 이 문제를 자세히 논의하고 싶어요. 재고를 확인하시고 가능하다면 한 대를 빼 둘 수 있을까요? 도와주실 수 있길 바랍니다. 제게 알려 주세요. 안녕히 계세요.

🔍 주요 어휘

expect ~을 기대하다, 예상하다 **Would it be possible to do ~?** ~하는 게 가능할까요? **if available** 가능하다면

 ③ 새로운 제품/기술이 마음에 들지 않았던 경험

🎧 6_47

Q That's the end of the situation. Have you ever bought a device or a piece of technology that was disappointing or different from what you had hoped for? Describe the whole story from the beginning to the end.

상황극이 종료되었습니다. 실망스러웠거나 기대와 달랐던 기기나 전자 제품을 산 적이 있나요? 그 이야기를 처음부터 끝까지 전체적으로 묘사해 주세요.

💡 **답변 아이디어 노트**

새로운 제품/기술이 마음에 들지 않았던 경험	비슷한 경험한 적 있음
경험 설명	몇 달 전 태블릿을 샀음, 배터리 수명이 엄청 짧았음 - 조금만 사용했을 때도 전원이 금방 꺼짐 매장 다시 가서 문제를 설명함
결과	전액 환불해 줌
마무리	나에겐 실망스러운 경험이었음

실제답변 바로보기 ▶

Intro Yes, I've had a similar experience.

Body I bought a tablet a few months ago, but the battery life was very short. It turned off very quickly, even when I just used it a little bit. I was so surprised, so I went back to the store to explain the problem. They gave me a full refund.

Wrap-up So, that was a disappointing experience for me.

* IM1 보장 답변

네, 비슷한 경험을 한 적 있어요. 몇 달 전에 태블릿을 샀는데 배터리 수명이 엄청 짧았어요. 심지어 조금만 사용했을 때도 전원이 금방 꺼졌어요. 너무 놀라서 매장에 다시 가서 문제를 설명했어요. 매장에서 전액 환불을 해줬어요. 그래서 그게 제겐 실망스러운 경험이었어요.

🔍 **주요 어휘**

use ~을 사용하다 a little bit 조금만 surprised 놀란 give A a full refund A에게 전액 환불을 해주다 disappointing 실망스러운

Q That's the end of the situation. Have you ever bought a device or a piece of technology that was disappointing or different from what you had hoped for? Describe the whole story from the beginning to the end.

상황극이 종료되었습니다. 실망스러웠거나 기대와 달랐던 기기나 전자 제품을 산 적이 있나요? 그 이야기를 처음부터 끝까지 전체적으로 묘사해 주세요.

답변 아이디어 노트

새로운 제품/기술이 마음에 들지 않았던 경험	그와 같은 경험 했고, 정말 실망스러웠음
경험 설명	지난달, 멋져 보이는 새 태블릿 샀음 사용할 때 배터리가 두 시간만 갔음 - 정말 답답했음 매장에 연락해 문제를 설명함 - 수리하는 것 제안했지만 환불받는 걸 선택함
결과	더 좋은 모델을 샀음 - 정확히 내가 원했던 것이었음
마무리	나에겐 실망스러운 경험이었음

실제답변 바로보기 ▶

Intro I've definitely had an experience like that, and it was really disappointing.

Body Last month, I bought a new tablet that looked amazing. But when I used it, I found out that the battery only **lasted** about two hours. I even tried **lowering the brightness** and closing all the applications, but **it didn't help**. It was frustrating because I needed it for work. I contacted the store and explained the issue. The staff were super friendly and offered me a few options. They also offered to repair it, but I needed a **reliable device** right away. I chose to receive a refund. **After a while**, I bought a better model. **It turned out** this model was **exactly** what I wanted.

Wrap-up So overall, it was a disappointing experience for me.

이거 쓰면 AL

저는 확실히 그와 같은 경험을 했고, 정말 실망스러웠어요. 지난달에 멋져 보이는 새 태블릿을 샀어요. 그런데 그걸 사용할 때, 배터리가 겨우 두 시간 정도만 갔어요. 심지어 밝기를 낮추고 모든 앱을 종료해도 소용없었어요. 일을 위해 필요했기 때문에 정말 답답했어요. 매장에 연락해 문제를 설명했어요. 직원들은 정말 친절했고 저한테 몇 가지 선택지를 제안해 줬어요. 태블릿을 수리하는 것을 제안하기도 했지만, 저는 바로 믿을 수 있는 기기가 필요했어요. 저는 환불받는 걸 선택했어요. 얼마 후, 저는 더 좋은 모델을 샀어요. 이번 모델은 정확히 제가 원했던 것이었어요. 그래서 전반적으로, 제겐 실망스러운 경험이었어요.

주요 어휘

last 오래 가다, 지속되다   **It didn't help.** 소용 없었다.   **reliable** 믿을 수 있는   **exactly** 정확히

롤플레이 07 여행

- 여행 롤플레이 문제는 기출 Combo의 종류가 많지 않지만 자주 출제되는 추세
- 주로 공항에서의 항공편 지연과 여행사에 여행 상품에 대해 문의 두 가지 카테고리로 출제
- 여행 롤플레이 Combo의 마지막 문제는 선택주제의 국내여행/해외여행에서 사용했던 모범답변을 활용해 답변 가능

문제 유형

최빈출 Combo

- I'd like to give you a situation and ask you to act it out. You have just checked in at the airport, but your flight is delayed for 2 hours. Go to the airline counter and ask a few questions to get information about the delay.

  당신에게 주어진 상황에 맞춰서 역할극을 해주세요. 당신이 막 공항에서 체크인을 마쳤는데, 비행편이 2시간 동안 지연됐습니다. 항공사 카운터로 가서 지연에 대한 정보를 얻기 위해 몇 가지 질문을 해 보세요.

- I'm sorry, but there is a problem which I'll need you to solve. Due to the flight delay, you won't make it to your scheduled business meeting. Call your client, explain what happened, and suggest two or three solutions.

  유감스럽게도, 당신이 해결해야 할 문제가 있습니다. 비행편 지연으로 인해 예정된 비즈니스 미팅에 갈 수 없게 됐습니다. 고객에게 전화해 무슨 일이 있었는지 설명하고, 두세 가지 해결책을 제안해 보세요.

- That's the end of the situation. Think about a time when you faced a problem while traveling. What was the problem, and how did you handle it?

  상황극이 종료되었습니다. 여행 중 문제를 겪었던 때에 대해 생각해 보세요. 무슨 문제였고, 어떻게 해결했나요?

필수 어휘 & 표현

🎧 6_50

인사

- ☐ I just heard that 방금 ~됐다고 들었어요
- ☐ I'm calling because I have some bad news. 나쁜 소식이 있어서 전화드렸어요.
- ☐ I'm calling to let you know about my current situation. 현재 제 상황을 알려드리려고 전화드렸어요.

여행 관련 질문

- ☐ flight 비행편
- ☐ delay 지연되다, 지연
- ☐ be/get canceled 취소되다
- ☐ provide/give out vouchers 쿠폰을 제공하다
- ☐ due to a technical issue 기술적 문제 때문에
- ☐ weather conditions 날씨
- ☐ check for the latest updates 최신 정보를 확인하다
- ☐ departure time 출발 시간

➕ get on an earlier flight 더 빠른 항공편에 탑승하다
compensation 보상
claim my baggage 수하물을 찾다
miss my connecting flight 연결편을 놓치다
boarding gate 탑승구
change my seat 좌석을 바꾸다

여행 관련 문제점

- ☐ I'm running a bit behind schedule. 일정이 조금 늦어지고 있다.
- ☐ not be able to come on time 제시간에 가지 못하다
- ☐ be supposed to arrive by now 원래라면 지금쯤 도착했어야 하다
- ☐ won't be able to make it on time 제시간에 도착할 수 없다
- ☐ My luggage got lost/was missing. 짐이 분실되다.

➕ fall behind schedule 일정이 뒤쳐지다
be delayed 일정이 지연되다
run late (비행기 등이) 예정보다 늦다
be behind schedule 일정이 늦어지다
experience a delay in the schedule 일정 지연을 겪다

문제 해결을 위한 제안

- ☐ change the meeting 회의를 바꾸다
- ☐ have/hold the meeting online 온라인으로 회의를 진행하다
- ☐ reschedule 일정을 변경하다
- ☐ go ahead without me 나 없이 진행하다
- ☐ get a summary from my colleague 동료에게 요약본을 받다
- ☐ go to the airline counter 항공사 카운터에 가다
- ☐ report the problem 문제를 신고하다
- ☐ deliver A to my hotel 내가 있는 호텔로 A를 배송해 주다

➕ adjust the schedule 일정을 조정하다
modify/revise the schedule 일정을 수정하다
rearrange the schedule 일정을 재조정하다

마무리

- ☐ I hope the issue gets solved quickly. 이 문제가 빨리 해결되기를 바랍니다.
- ☐ I'm very sorry for the trouble. 불편을 드려 정말 죄송합니다.
- ☐ I apologize for the delay. 지연에 대해 사과드립니다.

➕ I'm sorry for the delay. 지연에 대해 사과드립니다.
Sorry for keeping you waiting. 기다리게 해서 죄송합니다.
Please accept my apologies. 양해 부탁드립니다.

최빈출 Combo ① 공항 도착 후 항공편 2시간 출발 지연/카운터에 문의

🎧 6_51

Q I'd like to give you a situation and ask you to act it out. You have just checked in at the airport, but your flight is delayed for 2 hours. Go to the airline counter and ask a few questions to get information about the delay.

당신에게 주어진 상황에 맞춰서 역할극을 해주세요. 당신이 막 공항에서 체크인을 마쳤는데, 비행편이 2시간 동안 지연됐습니다. 항공사 카운터로 가서 지연에 대한 정보를 얻기 위해 몇 가지 질문을 해 보세요.

💡 답변 아이디어 노트

인사	방금 내 비행편이 지연됐다고 들음
항공사 카운터에서 질문	왜 비행편이 지연됐나요? 비행편이 취소될 예정인가요?
추가 질문	항공사에서 식사/음료 쿠폰을 제공할 예정인가요?
마무리	내가 알고 싶은 건 이게 다임

실제답변 바로보기 ▶

Intro Hi, I just heard that my flight is delayed.

Body I have a few questions about the delay. Why is the flight delayed? I want to know what happened. Will the flight be canceled? Also, will the airline provide any vouchers, like for meals or drinks? I'd like to know what I can do while I wait.

Wrap-up Yeah, that's all I need to know. Thank you very much for your help.

IM1 보장 답변

안녕하세요, 방금 제 비행편이 지연됐다고 들었어요. 지연에 대해 몇 가지 질문이 있습니다. 왜 비행편이 지연됐나요? 무슨 일인지 알고 싶어요. 비행편이 취소될 예정인가요? 또, 항공사에서 식사나 음료와 같은 쿠폰을 제공할 예정인가요? 기다리는 동안 뭘 할 수 있을지 알고 싶습니다. 네, 제가 알고 싶은 건 이게 다예요. 도와주셔서 정말 감사합니다.

🔍 주요 어휘

airline 항공사 meal 식사 drink 음료 know ~을 알다 while ~하는 동안 wait 기다리다

Q I'd like to give you a situation and ask you to act it out. You have just checked in at the airport, but your flight is delayed for 2 hours. Go to the airline counter and ask a few questions to get information about the delay.

당신에게 주어진 상황에 맞춰서 역할극을 해주세요. 당신이 막 공항에서 체크인을 마쳤는데, 비행편이 2시간 동안 지연됐습니다. 항공사 카운터로 가서 지연에 대한 정보를 얻기 위해 몇 가지 질문을 해 보세요.

답변 아이디어 노트

인사	방금 내 비행편이 지연됐다고 들었음
항공사 카운터에서 질문	지연의 정확한 이유를 말해줄 수 있나요? - 기술적 문제/날씨 때문? 비행기가 취소될 가능성이 있나요?
추가 질문	식사 쿠폰을 제공할 예정인가요? 출발 시간에 대한 최신 정보를 어디서 확인할 수 있나요?
마무리	이 문제가 빨리 해결되기를 바람

실제답변 바로보기 ▶

Intro Hi, I just heard my flight has been delayed, and I'd like to get some details about it.

Body So, I have a few questions about the delay. First, could you tell me the **exact reason** for the delay? Is it **due to a technical issue or weather conditions**? Also, **is there a chance** the flight might get canceled? **I'm running a bit behind schedule.** Lastly, will you be **giving out** any meal vouchers? I remember getting one last time there was a delay. And where can I **check for the latest updates** on the departure time?

Wrap-up I hope the issue **gets resolved quickly**.

* 이거 쓰면 AL

안녕하세요, 방금 제 비행기가 지연됐다고 들어서 이에 대해 몇 가지 정보를 알고 싶어요. 그래서 지연에 대해 몇 가지 질문이 있습니다. 먼저, 지연의 정확한 이유를 말해주실 수 있나요? 기술적 문제 때문인가요, 아니면 날씨 때문인가요? 또, 비행기가 취소될 가능성이 있나요? 제가 일정이 조금 밀리고 있어서요. 마지막으로, 혹시 식사 쿠폰을 제공할 예정인가요? 지난번 지연이 있었던 때 하나 받았던 기억이 있어요. 그리고 출발 시간에 대한 최신 정보를 어디서 확인할 수 있나요? 이 문제가 빨리 해결되기를 바랍니다.

🔍 주요 어휘

exact 정확한　**reason** 이유　**chance** 가능성, 기회　**give out** ~을 제공하다, 나눠주다

 ② 항공편 지연으로 고객 미팅 불참/전화로 대안 제시

Q I'm sorry, but there is a problem which I'll need you to solve. Due to the flight delay, you won't make it to your scheduled business meeting. Call your client, explain what happened, and suggest two or three solutions.

유감스럽게도, 당신이 해결해야 할 문제가 있습니다. 비행편 지연으로 인해, 예정된 비즈니스 미팅에 갈 수 없게 됐습니다. 고객에게 전화해 무슨 일이 있었는지 설명하고, 두세 가지 해결책을 제안해 보세요.

💡 답변 아이디어 노트

인사	나쁜 소식이 있어 전화함
문제점 설명	비행편이 지연돼서 제시간에 가지 못할 것 같음
문제 해결을 위한 제안	① 회의를 내일로 바꾸기 ② 온라인으로 대신 회의 진행하기
마무리	불편을 드려 정말 죄송함

실제답변 바로보기 ▶

Intro Hi, I'm calling because I have some bad news.

Body My flight was delayed, so I won't be able to come on time. I'm really sorry about this. I have a few suggestions to solve the problem. First, can we change the meeting to tomorrow? Or, can we have the meeting online instead?

Wrap-up Once again, I'm very sorry for the trouble.

IM1 보장 답변

안녕하세요, 나쁜 소식이 있어서 전화드렸어요. 제 비행편이 지연돼서 제시간에 가지 못할 것 같아요. 정말 죄송합니다. 문제를 해결하기 위해 몇 가지 제안을 드립니다. 우선, 회의를 내일로 바꿀 수 있을까요? 아니면, 온라인으로 대신 회의를 진행할 수 있을까요? 다시 한번, 불편을 드려 정말 죄송합니다.

🔍 주요 어휘

solve the problem 문제를 해결하다　**instead** 대신

🎧 6_54

Q I'm sorry, but there is a problem which I'll need you to solve. Due to the flight delay, you won't make it to your scheduled business meeting. Call your client, explain what happened, and suggest two or three solutions.

유감스럽게도, 당신이 해결해야 할 문제가 있습니다. 비행편 지연으로 인해, 예정된 비즈니스 미팅에 갈 수 없게 됐습니다. 고객에게 전화해 무슨 일이 있었는지 설명하고, 두세 가지 해결책을 제안해 보세요.

💡 답변 아이디어 노트

인사	현재 내 상황을 알리려고 전화함
문제점 설명	비행편이 몇 시간 지연돼서 제시간에 도착할 수 없게 됨
문제 해결을 위한 제안	① 내일로 일정 변경하기 – 확실히 회의 참석할 수 있음 ② 오늘 온라인으로 회의 진행하기 – 지금 노트북 가지고 있어서 가능함 ③ 둘 다 안된다면, 나 없이 회의 진행하기 　- 나중에 동료에게 요약본 받을 수 있음
마무리	지연에 대해 사과드림, 어떤 방법이 가장 좋은지 알려줌

실제답변 바로보기 ▶

Intro Hi, how are you? I'm calling to let you know about my current situation.

Body You know, I *was supposed to* arrive by now. But unfortunately, my flight's been delayed for a few hours, so I won't be able to *make it on time*. *I'm really sorry about this inconvenience.* So, I have a few suggestions to *make up for* this. First, is it okay if we reschedule for tomorrow? Then I can definitely *make it* to the meeting. Another option is to hold the meeting online today since I have my laptop with me. If neither works, please *go ahead* without me. I can *get a summary* from my colleague later.

Wrap-up Once again, I apologize for the delay. Please let me know *which option works best for you*. Bye.

★ 이거 쓰면 **AL**

안녕하세요, 잘 지내시나요? 현재 제 상황을 알려드리려고 전화드렸어요. 아시다시피, 제가 원래라면 지금쯤 도착했어야 합니다. 하지만 운이 나쁘게도, 제 비행편이 몇 시간 지연돼서 제시간에 도착할 수 없게 됐어요. 불편을 드려 정말 죄송합니다. 그래서 이를 만회하기 위해 몇 가지 제안을 드리고자 해요. 먼저, 내일로 일정을 변경하는게 괜찮을까요? 그러면 확실히 회의에 참석할 수 있어요. 또 다른 선택지는 오늘 온라인으로 회의를 진행하는 것인데, 제가 지금 노트북을 가지고 있어서 가능해요. 만약 둘 다 안된다면, 저 없이 진행해 주세요. 나중에 동료에게 요약본을 받을 수 있어요. 다시 한번, 지연에 대해 사과드립니다. 어떤 방법이 가장 좋으신지 알려주세요. 안녕히 계세요.

🔍 주요 어휘

unfortunately 운이 나쁘게도, 불행하게도　**inconvenience** 불편　**make up for** ~을 만회하다　**laptop** 노트북　**later** 나중에

3 여행 중 겪은 어려움

Q That's the end of the situation. Think about a time when you faced a problem while traveling. What was the problem, and how did you handle it?

상황극이 종료되었습니다. 여행 중 문제를 겪었던 때에 대해 생각해 보세요. 무슨 문제였고, 어떻게 해결했나요?

답변 아이디어 노트

여행 중 겪은 어려움	전에 여행 중 문제 하나 있었음
어려움 설명	작년, 여동생과 함께 파리에 감, 공항에서 내 짐이 분실됨
해결 방법	항공사 카운터에 가서 문제에 대해 말함 – 다음 날 내 짐을 찾았음 짐을 되찾았을 때 정말 안심했음
마무리	그게 내가 여행 중 겪었던 문제였음

 **IM**

Intro Oh, I've had a problem while traveling before.

Body I went to Paris with my sister last year. The thing is that my luggage got lost at the airport. I felt worried because all my clothes were inside. I went to the airline counter and told them about the problem. Luckily, they found it the next day. I felt super relieved when I got it back.

Wrap-up So, that was the problem I had during my trip.

IM1 보장 답변

오, 전에 여행 중에 문제가 하나 있었어요. 작년에 여동생과 함께 파리에 갔어요. 문제는 공항에서 제 짐이 분실됐다는 거예요. 모든 옷이 그 안에 있어서 걱정이 됐어요. 저는 항공사 카운터에 가서 문제에 대해 말했어요. 다행히, 항공사 카운터에서 다음 날 제 짐을 찾았어요. 짐을 되찾았을 때 정말 안심했어요. 그래서 그게 제가 여행 중 겪었던 문제였어요.

주요 어휘

feel worried 걱정되다 inside ~ 안에 luckily 다행히 find ~을 찾다 relieved 안심하는 get A back A를 되찾다

🎧 6_56

Q That's the end of the situation. Think about a time when you faced a problem while traveling. What was the problem, and how did you handle it?

상황극이 종료되었습니다. 여행 중 문제를 겪었던 때에 대해 생각해 보세요. 무슨 문제였고, 어떻게 해결했나요?

💡 답변 아이디어 노트

여행 중 겪은 어려움	여행 중 그런 문제 있었던 적 있었음
어려움 설명	작년 여름, 여동생과 파리에 감 도착했을 때 짐이 사라진 것을 알게 됨 - 거의 한 시간 동안 기다렸지만 짐은 나타나지 X
해결 방법	바로 항공사 카운터로 가서 문제 신고함 - 다행히 짐을 찾아서 호텔로 배송해 주겠다고 함 앞으로 짐을 더 신경 써야겠다는 교훈 얻음
마무리	이게 여행 중 스트레스받았던 경험이었음

실제답변 바로보기 ▶

Intro Oh, yes. I've had a problem like that while traveling.

Body It was last year. I went to Paris with my sister for summer vacation. When I landed, I found out that my luggage was *missing*. I even waited at the *carousel* for almost an hour, but it never *showed up*. I was really *stressed out*. I kept thinking, *what am I going to do now?* So, I immediately went to the airline counter and reported the problem. Thankfully, they found it and said they would deliver it to my hotel the next day. *It was such a relief*, and I learned my lesson to be more careful with my luggage.

Wrap-up So, it was a stressful experience while traveling.

＊이거 쓰면 AL

오, 네, 저는 여행 중에 그런 문제가 있었던 적이 있어요. 작년 여름이었어요. 저는 여름 방학에 여동생과 함께 파리에 갔어요. 도착했을 때, 제 짐이 사라진 것을 알게 됐어요. 심지어 수하물 찾는 곳에서 거의 한 시간 동안 기다렸지만, 짐은 나타나지 않았어요. 정말 스트레스를 받았어요. '이제 어떻게 하지?'라는 생각만 계속 들었어요. 그래서 바로 항공사 카운터로 가서 문제를 신고했어요. 다행히, 카운터에서 짐을 찾았고, 다음 날 제가 있는 호텔로 배송해 주겠다고 했어요. 정말 안심이 됐고, 앞으로 짐을 더 신경 써야 되겠다는 교훈을 얻었어요. 그래서 이게 여행 중 스트레스를 받았던 경험이에요.

🔍 주요 어휘

land 도착하다, 착륙하다 **carousel** 수하물 찾는 곳 **show up** 나타나다 **be stressed out** 스트레스를 받다 **careful** 신경 쓰는

롤플레이 08 교통(렌터카)

- 교통(렌터카) 롤플레이는 출제되는 Combo들이 문제 상황이 대부분 유사해 하나의 모범답변만 준비해도 충분
- 차 렌트 전화 문의와 렌터카 이용 경험 문제에 대한 답변 준비 필수
- IM-IH 레벨 목표 학습자들의 경우, 렌터카를 이용한 경험이 없다면 이용 경험이 없다고 간단히 말하고 1문제 정도는 넘어가도 목표 레벨 달성 가능

문제 유형

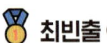 최빈출 Combo

- I'd like to give you a situation and ask you to act it out. You need a rental car for a week. Call the rental company and ask several questions to learn everything you need to know.

  당신에게 주어진 상황에 맞춰서 역할극을 해주세요. 당신은 일주일 동안 렌터카가 필요합니다. 렌터카 회사에 전화해 필요한 모든 것을 알기 위해 몇 가지 질문을 해 보세요.

- I'm sorry, but there is a problem which I'll need you to solve. You found out that the car you wanted to rent isn't available. Call the rental service, explain why you prefer that specific model, and discuss alternatives to make up for it.

  유감스럽게도, 당신이 해결해야 할 문제가 있습니다. 당신이 빌리려던 차를 이용할 수 없다는 사실을 알게 되었습니다. 렌터카 서비스 회사에 전화해 왜 그 특정 모델을 선호하는지 설명하고, 만회할 수 있는 대안을 논의해 보세요.

- That's the end of the situation. Tell me about a time when you rented a car. When and where was it, why did you rent it, and where did you travel? Give all the details.

  상황극이 종료되었습니다. 당신이 차를 빌렸던 때에 대해 말해 주세요. 언제, 어디였는지, 왜 빌렸는지, 그리고 어디로 여행 갔나요? 자세히 설명해 주세요.

필수 어휘 & 표현

🎧 6_58

인사
☐ I'd like to rent a car. 차 한 대를 빌리고 싶습니다.
☐ I have a problem with my car rental. 차 렌트에 문제가 하나 있어요.

렌터카 관련 질문
☐ available 이용 가능한
☐ small car 소형차
☐ sedan 세단
☐ SUV 스포츠형 다목적 차량
☐ explain the process 과정에 대해 설명하다
☐ need documents 서류가 필요하다
☐ pick A up A를 받다, 픽업하다
☐ charge per day 하루 요금을 청구하다
☐ offer weekly discounts 주간 할인을 제공하다
☐ special rate 특별 요금
☐ rental process 렌트 과정
☐ fill out forms in person 직접 서류를 작성하다

렌터카 관련 문제점
☐ not available 이용할 수 없는

➕ have a flat tire 타이어가 펑크 나다
get a scratch 차에 흠집이 생기다
be overcharged 과금되다
return the car late 차량을 늦게 반납하다
forget to bring my driver's license 운전면허증을 깜빡하다

문제 해결을 위한 제안
☐ give A a similar type of car A에게 비슷한 종류의 차로 주다
☐ give A a discount for another model A에게 다른 모델에 대해 할인해 주다
☐ discuss some alternatives 몇 가지 대안을 논의하다
☐ upgrade A to a higher model A에게 더 상위 모델로 업그레이드해 주다
☐ at no extra cost 추가 요금 없이
☐ adjust my rental dates 렌트 날짜를 조정하다

렌터카 이용 경험
☐ can fully enjoy our trip 여행을 완전히 즐길 수 있다
☐ explore A freely A를 자유롭게 탐험하다

➕ travel at your own pace 자신의 속도에 맞춰 여행하다
save time 시간을 절약하다
reduce transportation costs 교통비를 절약하다
visit multiple places in one day 하루에 여러 곳을 방문하다
enjoy scenic drives 풍경이 있는 도로의 드라이브를 즐기다

마무리
☐ That's all the questions I have. 이게 제가 가진 질문 전부입니다.
☐ That's all I wanted to know about renting a car. 차를 빌리는데 제가 알고 싶은 건 이게 다예요.
☐ Thanks in advance! 미리 감사드립니다!
☐ I'd appreciate it if you could help me with this. 이 부분에 대해 도와주신다면 정말 감사하겠습니다.

 ❶ 렌터카 업체에 차 렌트 관련 전화 문의

🎧 6_59

Q I'd like to give you a situation and ask you to act it out. You need a rental car for a week. Call the rental company and ask several questions to learn everything you need to know.

당신에게 주어진 상황에 맞춰서 역할극을 해주세요. 당신은 일주일 동안 렌터카가 필요합니다. 렌터카 회사에 전화해 필요한 모든 것을 알기 위해 몇 가지 질문을 해 보세요.

💡 답변 아이디어 노트

인사	차 한 대를 빌리고 싶음
렌터카 관련 질문	하루에 얼마인가요? 어떤 차를 이용할 수 있나요?
추가 질문	차를 빌리는 과정에 대해 설명해 줄 수 있나요? - 필요한 서류, 차를 어떻게 받을 수 있나요?
마무리	이게 내가 가진 질문 전부임

실제답변 바로보기 ▶

Intro Hi, I'd like to rent a car.

Body I have a few questions about renting a car. First, how much is it per day? Second, what kinds of cars do you have available? Are there small cars, sedans, or SUVs? Lastly, can you explain the process for renting a car? For example, what documents do I need, and how do I pick it up?

Wrap-up That's all the questions I have. Thanks a lot for your help. Bye!

IM1 보장 답변

안녕하세요, 차 한 대를 빌리고 싶습니다. 차를 빌리는 것과 관련해서 몇 가지 질문이 있어요. 먼저, 하루에 얼마인가요? 둘째, 어떤 차를 이용할 수 있나요? 소형차나 세단, 또는 SUV가 있나요? 마지막으로, 차를 빌리는 과정에 대해 설명해 주실 수 있나요? 예를 들어, 어떤 서류가 필요하고 차를 어떻게 받을 수 있나요? 이게 제가 가진 질문 전부입니다. 도와주셔서 정말 감사합니다. 안녕히 계세요!

🔍 주요 어휘

rent a car 차를 빌리다 **per day** 하루에

Q I'd like to give you a situation and ask you to act it out. You need a rental car for a week. Call the rental company and ask several questions to learn everything you need to know.

당신에게 주어진 상황에 맞춰서 역할극을 해주세요. 당신은 일주일 동안 렌터카가 필요합니다. 렌터카 회사에 전화해 필요한 모든 것을 알기 위해 몇 가지 질문을 해 보세요.

💡 답변 아이디어 노트

인사	일주일 동안 차를 빌리고 싶어서 전화함
렌터카 관련 질문	하루에 요금이 얼마인가요? - 주간 할인/특별 요금을 제공하나요? 어떤 차량이 있나요? - 브랜드에 대해 까다롭진 않음, 선택지 많았으면 좋겠음
추가 질문	렌트 과정은 어떻게 되나요? - 직접 서류 작성해야 하나요?
마무리	차 빌리는데 내가 알고 싶은 건 이게 다임

실제답변 바로보기 ▶

Intro Hi, I'm calling because I'd like to rent a car for a week.

Body So, I've got a few questions about some details. First, how much do you *charge per day*? Do you *offer any weekly discounts or special rates*? I hope it's affordable since I'll be renting it for a week. Second, what kinds of cars do you have? *I'm not picky about* brands, but I hope there are plenty of options. Lastly, how does the *rental process work*? Do I need to *fill out any forms in person*? That's all I wanted to know about renting a car.

Wrap-up *Thanks in advance!* Bye.

＊이거 쓰면 AL

안녕하세요, 일주일 동안 차를 빌리고 싶어서 전화드렸어요. 그래서 몇 가지 정보에 대해 질문이 있습니다. 먼저, 하루에 요금이 얼마인가요? 주간 할인이나 특별 요금을 제공하나요? 일주일 동안 빌릴 예정이라 저렴하면 좋을 것 같아요. 두 번째로, 어떤 차량이 있나요? 저는 브랜드에 대해 크게 까다롭진 않지만, 선택지가 많으면 좋겠어요. 마지막으로, 렌트 과정은 어떻게 되나요? 직접 서류를 작성해야 하나요? 차를 빌리는데 제가 알고 싶은 건 이게 다예요. 미리 감사드립니다! 안녕히 계세요.

🔍 주요 어휘

affordable (가격이) 저렴한 **picky about** ~에 까다로운 **plenty of** 많은

2 원하는 차종이 없어 전화로 문제 해결

🎧 6_61

Q I'm sorry, but there is a problem which I'll need you to solve. You found out that the car you wanted to rent isn't available. Call the rental service, explain why you prefer that specific model, and discuss alternatives to make up for it.

유감스럽게도, 당신이 해결해야 할 문제가 있습니다. 당신이 빌리려던 차를 이용할 수 없다는 사실을 알게 되었습니다. 렌터카 서비스 회사에 전화해 왜 그 특정 모델을 선호하는지 설명하고, 만회할 수 있는 대안을 논의해 보세요.

💡 답변 아이디어 노트

인사	차 렌트에 문제 하나 있음
문제점 설명	SUV 예약했는데 이용할 수 없다고 함
문제 해결을 위한 제안	① 비슷한 종류의 차로 주기 ② 다른 모델에 대해 할인해 주기
마무리	나한테 알려줘

실제답변 바로가기 ▶

Intro Hi, I have a problem with my car rental.

Body I reserved an SUV, but I just found out it's not available. I have a few suggestions. First, can you give me a similar type of car instead? Or, can you give me a discount on another model? It would be great if you could help me with one of these options.

Wrap-up Please let me know. Thank you. Bye!

* IM1 보장 답변

안녕하세요, 차 렌트에 문제가 하나 있어요. SUV를 예약했는데, 방금 확인해 보니 이용할 수 없다고 합니다. 몇 가지 제안을 드릴게요. 먼저, 대신 비슷한 종류의 차로 주실 수 있나요? 아니면, 다른 모델에 대해 할인을 해 주실 수 있나요? 이 선택지들 중 하나로 도와주시면 정말 좋을 것 같아요. 제게 알려주세요. 감사합니다. 안녕히 계세요!

🔍 주요 어휘

reserve ~을 예약하다   find out ~을 확인하다   instead 대신   option 선택지

Q I'm sorry, but there is a problem which I'll need you to solve. You found out that the car you wanted to rent isn't available. Call the rental service, explain why you prefer that specific model, and discuss alternatives to make up for it.

유감스럽게도, 당신이 해결해야 할 문제가 있습니다. 당신이 빌리려던 차를 이용할 수 없다는 사실을 알게 되었습니다. 렌터카 서비스 회사에 전화해 왜 그 특정 모델을 선호하는지 설명하고, 만회할 수 있는 대안을 논의해 보세요.

답변 아이디어 노트

인사	빌렸던 차에 조그만 문제 있어서 전화함
문제점 설명	SUV 빌리고 싶었음, 현재 그 차를 이용할 수 없다는 것을 알게 됨
문제 해결을 위한 제안	① 비슷한 차량으로 제공해 주기 - 브랜드에 까다롭지 않음 ② 추가 요금 없이 더 상위 모델로 업그레이드해 주기 - 일정 맞추는 데 큰 도움 될 것 같음 ③ 둘 다 안된다면, 렌트 날짜 조정할 수 있음
마무리	이 부분에 대해 도와준다면 감사하겠음

실제답변 바로보기 ▶

Intro Hi, I'm calling because I have a little issue with the car I rented.

Body I wanted to rent an SUV because of its size, which is important for my trip. I found out that it's not available *at the moment*. So, I was wondering if we could *discuss some alternatives*. *If possible*, could you provide me with a similar car? *I'm not picky about* the brand. If not, would it be possible to *upgrade* me to a higher model *at no extra cost*? That would really help me *stay on schedule*. If neither option works, I can *adjust* my rental dates. Would that be okay?

Wrap-up I'd really appreciate it if you could help me with this. Thank you. Bye.

* 이거 쓰면 AL

안녕하세요, 빌렸던 차에 조그만 문제가 있어서 전화드렸어요. 차 크기 때문에 SUV를 빌리고 싶었고, 이게 제 여행에는 중요해요. 현재 그 차를 이용할 수 없다는 것을 알게 됐어요. 그래서 몇 가지 대안을 논의할 수 있는지 궁금합니다. 가능하다면, 비슷한 차량으로 제공해 주실 수 있나요? 저는 브랜드에는 까다롭지 않아요. 만약 안된다면, 추가 요금 없이 더 상위 모델로 업그레이드해 주시는 게 가능할까요? 그러면 일정을 맞추는 데 큰 도움이 될 것 같아요. 두 선택지 모두 안된다면, 렌트 날짜를 조정할 수도 있어요. 그렇게 해도 괜찮을까요? 이 부분에 대해 도와주신다면 정말 감사하겠습니다. 감사합니다. 안녕히 계세요.

🔍 주요 어휘

because of ~ 때문에   size 크기   at the moment 현재   stay on schedule 일정을 맞추다

3 렌터카 이용 경험

Q That's the end of the situation. Tell me about a time when you rented a car. When and where was it, why did you rent it, and where did you travel? Give all the details.

상황극이 종료되었습니다. 당신이 차를 빌렸던 때에 대해 말해 주세요. 언제, 어디였는지, 왜 빌렸는지, 그리고 어디로 여행 갔나요? 자세히 설명해 주세요.

💡 답변 아이디어 노트

렌터카 이용 경험	차를 빌렸던 때가 있었음
경험 설명	작년, 가족과 함께 제주도 갔음 - 3일 동안 작은 차 빌림 해변/산으로 운전해서 다님 - 정말 즐겁고 편리했음
추가 설명	차 덕분에 여행을 완전히 즐길 수 있었음
마무리	그게 내가 차를 빌렸던 경험임

실제답변 바로보기 ▶

Intro Sure, there was a time I rented a car.

Body It was last year. I went to Jeju Island with my family. We rented a small car for three days. It was so easy for us to travel around. We drove to several beaches and mountains. It was super fun and convenient. Thanks to the car, we could fully enjoy our trip.

Wrap-up So, that was my experience renting a car.

* IM1 보장 답변

물론이죠, 차를 빌렸던 때가 있어요. 작년이었어요. 가족과 함께 제주도로 갔어요. 우리는 3일 동안 작은 차를 빌렸어요. 여행하기에 아주 쉬웠어요. 여러 해변과 산으로 운전해서 다녔어요. 정말 즐겁고 편리했어요. 차 덕분에, 여행을 완전히 즐길 수 있었어요. 그래서 그게 제가 차를 빌렸던 경험이에요.

🔍 주요 어휘

travel around 여행하다 **drive to** ~로 운전해서 다니다 **fun** 즐거운 **convenient** 편리한 **thanks to** ~ 덕분에

Q That's the end of the situation. Tell me about a time when you rented a car. When and where was it, why did you rent it, and where did you travel? Give all the details.

상황극이 종료되었습니다. 당신이 차를 빌렸던 때에 대해 말해 주세요. 언제, 어디였는지, 왜 빌렸는지, 그리고 어디로 여행 갔나요? 자세히 설명해 주세요.

답변 아이디어 노트

렌터카 이용 경험	여행 중 차 빌린 경험 있음
경험 설명	작년 여름, 가족과 함께 제주도에 갔음 섬을 자유롭게 탐험하고 싶어서 작은 차 빌림 아름다운 해변 방문, 현지 카페도 들름
추가 설명	모든 게 정말 편리하고 편안했음 대중교통 이용할 때와 비교해 시간도 많이 절약해 줌 - 기회가 되면 다시 차 빌릴 거임
마무리	렌터카가 여행을 기억에 남고 잊을 수 없게 해 줌

실제답변 바로가기 ▶

Intro Yes, I have some experience renting a car while traveling.

Body So last year, I went to Jeju Island with my family for summer vacation. We rented a small car for three days because we wanted to explore the island freely. We drove along the coast and visited beautiful beaches. We even stopped at a local café overlooking the ocean. It was all about flexibility and freedom. Thanks to the rental car, everything was super convenient, and comfortable. It saved us so much time compared to using public transportation. If I have the chance, I would definitely rent a car again.

Wrap-up So, to sum up, it made the trip really memorable and unforgettable.

* 이거 쓰면 **AL**

네, 저는 여행 중에 차를 빌린 경험이 있어요. 작년 여름, 여름 방학에 가족과 함께 제주도에 갔어요. 섬을 자유롭게 탐험하고 싶어서 3일 동안 작은 차를 빌렸어요. 해안을 따라 운전하며 아름다운 해변도 방문했어요. 심지어 바다가 내려다 보이는 현지 카페에도 들렀어요. 유연함과 자유로움이 핵심이었어요. 렌터카 덕분에, 모든 게 정말 편리하고 편안했어요. 대중교통을 이용할 때와 비교해 시간도 많이 절약해 줬어요. 기회가 된다면, 저는 확실히 다시 차를 빌릴 거예요. 그래서 요약하면, 렌터카가 여행을 정말 기억에 남고 잊을 수 없게 해 줬어요.

주요 어휘

drive along ~을 따라 운전하다 coast 해안 stop at ~에 들리다 overlook ~이 내려다 보이다 flexibility 유연함 freedom 자유로움

AL 고난도

- **01** 집
- **02** 음식점
- **03** 휴대폰
- **04** 산업
- **05** 인터넷
- **06** 지형

최빈출 AL 고난도 기출 Combo

🧺 집
- ⑭ 새로운 가전제품이 가사 노동에 가져온 변화
- ⑮ 생활에 유용한 가전제품 또는 가전제품이 삶에 가져온 변화

- ⑭ 집에 생기는 문제와 관련해 부모님/나의 해결 방법 차이
- ⑮ 집을 구할 때 사람들이 겪는 문제

- ⑭ 몇 년간 우리나라 주택들의 변화
- ⑮ 우리나라 주택 시장 문제 관련 뉴스

🧺 음식점
- ⑭ 음식점의 건강식 트렌드 변화
- ⑮ 체인/지역 음식점의 고객 경험 비교

- ⑭ 사람들이 음식점에 대해 언급하는 요소
- ⑮ 음식점의 최근 변화

🧺 휴대폰
- ⑭ 5년 전/지금의 휴대폰 이용 방식 비교
- ⑮ 젊은 사람들의 휴대폰 과다사용 부작용 또는 젊은 사람들이 대면 대화를 선호하지 않는 이유

- ⑭ 과거/현재 휴대폰을 통한 정보 검색 비교
- ⑮ 휴대폰으로 검색한 국내외 이슈

- ⑭ 과거/현재 휴대폰 비교/소통 방식에 미친 변화
- ⑮ 휴대폰 사용 관련 문제점/우려

🧺 산업
- ⑭ 관심 있는 업계 최근 근황/3년 전과 비교
- ⑮ 해당 업계에서 기대에 못 미친 상품/서비스

- ⑭ 사람들이 커리어를 위해 하는 노력/5년 전과 비교
- ⑮ 사람들이 관심 있는 산업

🧺 인터넷
- ⑭ 인터넷 관련 문제점/우려
- ⑮ 연령별 인터넷 이용 차이점

- ⑭ 초창기/현재의 인터넷 서핑 비교
- ⑮ 인터넷 관련 문제점/우려

🧺 지형
- ⑭ 우리나라와 지리적으로 근접한 국가 변화
- ⑮ 최신 이웃 국가 관련 뉴스

- ⑭ 우리나라와 다른 국가와의 관계/관계 변화
- ⑮ 우리나라와 이웃 국가와의 역사적 사건/여파

AL 고난도 01 집

- 자가평가 난이도 5-5 이상을 선택한다면, 14-15번에서 집과 관련된 주제로 AL 고난도 문제 출제
- 가전제품, 집 관련 문제에 대한 해결 방식의 차이, 집을 구할 때 겪는 어려움, 우리나라의 주택 변화, 주택 시장 관련 뉴스 등의 주제 빈출

문제 유형

🎯 AL 고난도 Combo

- I'd like to talk about the place you live in. How have the styles of houses changed over the past few years? What were the homes like a decade ago, and what kinds of new features can you notice today?

  당신이 살고 있는 곳에 대해 이야기해보고 싶습니다. 지난 몇 년 동안 주택 스타일은 어떻게 변해왔나요? 10년 전의 집들은 어땠으며, 요즘에는 어떤 새로운 특징들을 발견할 수 있나요?

- When there are either too many houses or not enough new ones, it can cause conflicts in some communities. Was there a situation like this reported in your area? What was the issue, and why was it being discussed?

  집이 과도하게 많거나 새로운 집이 충분하지 않으면, 일부 지역사회에서는 갈등이 발생할 수 있습니다. 당신이 사는 지역에서 이런 상황이 보도된 적이 있나요? 그 문제는 무엇이었고, 왜 그것이 논의되고 있었나요?

필수 어휘 & 표현

🎧 7_2

주택 유형
- [ ] house 주택
- [ ] apartment complex 아파트 단지

주택 요소
- [ ] garden 정원
- [ ] kitchen 주방
- [ ] bathroom 욕실, 화장실
- yard 마당
- garage 차고
- balcony 발코니
- terrace 테라스
- living room 거실
- bedroom 침실
- laundry room 세탁실
- storage room 창고

주택 특징
- [ ] simple 단순한
- [ ] memorable 기억에 남는
- [ ] small 작은
- [ ] tiny 아담한
- [ ] different 다른, 달라진
- [ ] smart home system 스마트 홈 시스템
- [ ] convenient 편리한
- security system 보안 시스템
- smart lighting 스마트 조명
- smart blinds 자동 커튼
- voice assistant 음성 제어 시스템
- built-in appliances 빌트인 가전
- automated parking system 자동 주차 시스템
- sky garden 옥상 정원

주택 변화
- [ ] be a huge change 아주 큰 변화가 있다
- [ ] go through a dramatic shift 극적인 변화를 겪다

주택 시장 문제
- [ ] don't know much about ~에 대해 많이 알지 못하다
- [ ] build new apartments 새 아파트를 짓다
- [ ] be a big issue 큰 문제이다
- [ ] not satisfied 만족하지 않는
- [ ] overcrowded 붐비는, 과밀한
- [ ] cause inconvenience 불편이 생기다, 불편을 유발하다
- [ ] start protesting 시위를 시작하다
- [ ] be all over the news 뉴스에서 크게 보도되다
- skyrocketing house prices 급등하는 주택 가격
- housing shortage 주택 부족
- high demand, low supply 높은 수요, 낮은 공급
- high mortgage rate 높은 주택담보대출 금리
- excessive debt 과도한 가계부채
- poor infrastructure 부족한 기반 시설
- speculation in real estate 부동산 투기

 **⑭ 몇 년간 우리나라 주택들의 변화**

 7.3

Q I'd like to talk about the place you live in. How have the styles of houses changed over the past few years? What were the homes like a decade ago, and what kinds of new features can you notice today?

당신이 살고 있는 곳에 대해 이야기해보고 싶습니다. 지난 몇 년 동안 주택 스타일은 어떻게 변해왔나요? 10년 전의 집들은 어땠으며, 요즘에는 어떤 새로운 특징들을 발견할 수 있나요?

💡 답변 아이디어 노트

우리나라 주택들의 변화	아주 큰 변화 있어서 말할 게 많음
과거	대부분 꽤 단순 - 정원이 있는 주택에서 살았음 우리 집: 작은 부엌/아담한 욕실 있었음
현재	아파트 단지에 살아서 많은 게 달라짐 - 스마트 홈 시스템
마무리	지금은 정말 많이 달라짐

실제답변 바로보기 ▶

Intro Oh, there's so much I can tell you about because there have been huge changes.

Body In the past, I remember that most homes were quite simple. People usually lived in houses with gardens. My house was especially memorable because it had a small kitchen and a tiny bathroom. However, over the years, houses have gone through a dramatic shift. Nowadays, people usually live in an apartment complex, so obviously things are very different. One thing that stands out is the smart home systems. They are super convenient, especially when I'm busy.

Wrap-up When it comes to houses, I'd have to say they are a whole lot different now.

오, 아주 큰 변화가 있었기 때문에 말할 게 정말 많아요. 과거에는, 대부분의 집들이 꽤 단순했던 것으로 기억해요. 사람들은 보통 정원이 있는 주택에서 살았어요. 우리 집은 특히 기억에 남는데 작은 부엌과 아담한 욕실이 있었기 때문이에요. 하지만, 세월이 지나면서, 집들은 극적인 변화를 겪었어요. 요즘은, 사람들이 보통 아파트 단지에 살아서 확실히 많은 것들이 달라졌어요. 눈에 띄는 한 가지는 스마트 홈 시스템이에요. 특히 제가 바쁠 때 엄청 편리하게 느껴져요. 집에 관해서라면, 제 생각엔 지금은 정말 많이 달라졌어요.

AL 고난도 Combo — 15 우리나라 주택 시장 문제 관련 뉴스

🎧 7_4

Q When there are either too many houses or not enough new ones, it can cause conflicts in some communities. Was there a situation like this reported in your area? What was the issue, and why was it being discussed?

집이 과도하게 많거나 새로운 집이 충분하지 않으면, 일부 지역사회에서는 갈등이 발생할 수 있습니다. 당신이 사는 지역에서 이런 상황이 보도된 적이 있나요? 그 문제는 무엇이었고, 왜 그것이 논의되고 있었나요?

💡 답변 아이디어 노트

우리나라 주택 시장 문제	많이 알지는 못하지만, 알고 있는 것 말하겠음
문제점	정부가 우리 동네에 새 아파트 지었음 일부 사람들이 만족 X - 큰 문제였음
논의된 이유	지역이 너무 붐빌 것이라 생각 - 이미 주민 많아 불편 생길 수 있었음 그래서 시위 시작, 한동안 뉴스에서 크게 보도됨
마무리	주택과 관련해 아주 큰 문제였음

실제답변 바로보기 ▶

Intro Oh, that's an interesting question. Actually, I don't really know much about this, but let me tell you what I know.

Body I remember a time when the government built new apartments in my neighborhood. It was a big issue because some people were not satisfied. One reason was that people thought the area would become overcrowded. There were already many residents, so it would cause some inconvenience. Because of this, people started protesting, and it was all over the news for a while.

Wrap-up So, I think that was a very big issue regarding housing.

오, 흥미로운 질문이네요. 사실, 저는 이에 대해 많이 알지는 못하지만, 제가 알고 있는 것을 말할게요. 정부가 우리 동네에 새 아파트를 지었던 때가 기억나요. 일부 사람들이 만족하지 않았기 때문에 큰 문제였어요. 이유 중 하나는 사람들이 그 지역이 너무 붐빌 것이라고 생각했기 때문이었어요. 이미 주민들이 많아서, 불편이 생길 수 있었기 때문이에요. 이 때문에, 사람들은 시위를 시작했고, 한동안 뉴스에서도 크게 보도됐어요. 그래서 저는 이 일이 주택과 관련해 아주 큰 문제였다고 생각해요.

AL 고난도 02 음식점

- 자가평가 난이도 5-5 이상을 선택한다면, 14-15번에서 음식점 관련 주제로 AL 고난도 문제 출제
- 음식점의 최근 변화, 체인/지역 음식점의 고객 경험 비교, 사람들이 음식점에 대해 언급하는 요소가 최빈출 기출 문제

문제 유형

🎧 7_5

🎯 AL 고난도 Combo

- Have you noticed that more fast-food and takeout places are adding healthy items to their menus? Why do you think this trend is happening? Is it because of pressure from consumers, changes in the market, or a different reason?

  더 많은 패스트푸드와 포장 음식 가게들이 메뉴에 건강식을 추가하고 있다는 것을 발견한 적 있나요? 왜 이런 트렌드가 생긴다고 생각하나요? 소비자들의 요구 때문인가요, 시장 변화 때문인가요, 아니면 다른 이유인가요?

- What new things have you noticed about takeout or delivery food? Maybe it's how many people use apps to order online or the increase in new menu items. Tell me about the changes you have seen recently.

  포장 음식이나 배달 음식에서 어떤 새로운 점들을 발견했나요? 어쩌면 사람들이 온라인으로 주문하기 위해 앱을 사용하는 경우가 많아진 것일 수도 있고, 새로운 메뉴가 늘어난 것일 수도 있습니다. 최근에 본 변화에 대해 말해 주세요.

필수 어휘 & 표현

🎧 7.6

건강 관련 트렌드

- notice a trend 트렌드를 발견하다, 인지하다
- try to do ~하려고 하다, 노력하다
- stay healthy 건강을 유지하다
- prefer healthy food 건강한 음식을 선호하다 ➕ organic foods 유기농 식품
- eat clean food 깨끗한 재료로 만든 음식을 먹다, 건강식을 먹다
- look for ~을 찾다
- balanced meal 균형 잡힌 식사
- eat healthy food 건강한 음식을 먹다

  - organic foods 유기농 식품
  - plant-based diet 식물성 중심 식단
  - low-carb diet 저탄수화물 식단
  - high-protein diet 고단백 식단
  - detox diet 해독 식단
  - fermented foods 발효 식품

음식점 관련 변화

- apply to ~에도 적용되다, 해당되다
- become a trend itself 이 자체가 트렌드가 되다
- be a dramatic change 극적인 변화가 있다
- call a restaurant directly 식당에 직접 전화하다
- order food 음식을 주문하다
- use delivery applications 배달 앱을 사용하다
- instead of ~ 대신
- calling 전화
- recent change 최근 변화

트렌드에 대한 내 생각

- surprise ~을 놀라게 하다
- trendy 트렌드인, 유행인
- do it to upload pictures on social media 소셜 미디어에 사진을 올리기 위해 그렇게 하다
- not sure 확실하지 않은
- popular thing 인기 있는 것
- positive 긍정적인 ➕ beneficial 유익한
- inconvenient 불편한
- handy (쓰기에) 편리한
- convenient (상황이) 편리한
- fast 빠른

  - beneficial 유익한
  - healthy 건강한
  - nutritious 영양가 있는
  - well-balanced 균형 잡힌
  - eco-friendly 환경 친화적인
  - energy-boosting 활력을 주는

14 음식점의 건강식 트렌드 변화

Q Have you noticed that more fast-food and takeout places are adding healthy items to their menus? Why do you think this trend is happening? Is it because of pressure from consumers, changes in the market, or a different reason?

더 많은 패스트푸드와 포장 음식 가게들이 메뉴에 건강식을 추가하고 있다는 것을 발견한 적 있나요? 왜 이런 트렌드가 생긴다고 생각하나요? 소비자들의 요구 때문인가요, 시장 변화 때문인가요, 아니면 다른 이유인가요?

 답변 아이디어 노트

패스트푸드/포장 음식 가게의 건강식	건강식을 추가하는 트렌드 발견, 몇 가지 이유 있음
트렌드의 이유 ①	건강을 유지하려고 하기 때문에 건강한 음식 선호함 - 패스트푸드나 포장 음식에도 적용됨
트렌드의 이유 ②	이 자체가 트렌드가 됨 소셜 미디어에 사진을 올리기 위해 그렇게 하는 걸지도 모름
마무리	긍정적인 트렌드인 것 같음

실제답변 바로보기 ▶

Intro Yes, I've definitely noticed that trend, and I guess there are several reasons for it.

Body People these days try to stay healthy, so they prefer healthy food. This even applies to fast food and takeout. For example, many of my friends make it a habit to eat clean food, which surprised me. They always look for balanced meals. Also, I think that has become a trend itself. I mean, it's definitely trendy to eat healthy food. Maybe people do it to upload pictures on social media? I'm not sure, but I think it's a popular thing now.

Wrap-up So overall, I'd say it's a really positive trend.

네, 저는 분명히 그 트렌드를 발견했고, 아마 그에 대한 몇 가지 이유가 있는 것 같아요. 요즘 사람들은 건강을 유지하려고 하기 때문에 건강한 음식을 선호해요. 이런 트렌드는 심지어 패스트푸드나 포장 음식에도 적용돼요. 예를 들어, 제 친구들 중에는 깨끗한 재료로 만든 음식을 먹는 습관을 들이는 사람들이 많은데, 이게 놀라웠어요. 그들은 항상 균형 잡힌 식사를 하려고 해요. 또한, 저는 이 자체가 하나의 트렌드가 된 것 같다고 생각해요. 즉, 건강한 음식을 먹는 것이 확실히 트렌드가 됐어요. 아마 사람들은 소셜 미디어에 사진을 올리기 위해 그렇게 하는지도 몰라요. 확실하지는 않지만, 지금은 인기 있는 것인 것 같아요. 그래서 전반적으로, 제 생각에 정말 긍정적인 트렌드인 것 같습니다.

15 음식점의 최근 변화

🎧 7.8

Q What new things have you noticed about takeout or delivery food? Maybe it's how many people use apps to order online or the increase in new menu items. Tell me about the changes you have seen recently.

포장 음식이나 배달 음식에서 어떤 새로운 점들을 발견했나요? 어쩌면 사람들이 온라인으로 주문하기 위해 앱을 사용하는 경우가 많아진 것일 수도 있고, 새로운 메뉴가 늘어난 것일 수도 있습니다. 최근에 본 변화에 대해 말해 주세요.

 답변 아이디어 노트

포장 음식/배달 음식 트렌드	포장 음식에 극적인 변화 있었음
과거	주문하려면 식당에 직접 전화 - 꽤 불편
최근 변화	기술 발전으로 휴대폰이 편리해짐 음식 주문 위해 많은 앱 쓸 수 있음 우리나라 - 대부분의 사람들이 배달 앱 사용 더 빠르고 편리함
마무리	이게 포장 음식의 최근 변화 중 하나임

실제답변 바로보기 ▶

Intro   Oh, I can say for sure that there has been a dramatic change in takeout food.

Body   In the past, people usually had to call a restaurant directly to order. It was pretty inconvenient. But, with the development of technology, our phones have become so handy. Now, there are many applications we can use to order food. In my country, most people nowadays use delivery applications instead of calling. It's much faster and way more convenient.

Wrap-up   So, this is one of the recent changes in takeout food.

오, 저는 포장 음식에 극적인 변화가 있어왔다고 확실히 말할 수 있어요. 과거에는, 사람들이 보통 주문하려면 식당에 직접 전화해야 했어요. 꽤 불편했죠. 하지만, 기술의 발전으로 휴대폰이 정말 편리해졌어요. 이제는, 음식을 주문하기 위해 많은 앱들을 쓸 수 있어요. 우리나라에서는 요즘 대부분의 사람들이 전화를 거는 대신 배달 앱을 사용해요. 그게 훨씬 빠르고 편리해요. 그래서 이게 포장 음식의 최근 변화 중 하나예요.

03 휴대폰

AL 고난도

- 자가평가 난이도 5-5 이상을 선택한다면, 14-15번에서 휴대폰과 관련된 주제로 AL 고난도 문제 출제
- 과거와 현재 휴대폰 이용 방식 비교, 휴대폰 관련 문제점/우려, 휴대폰이 소통 방식에 미친 변화, 요즘 사람들이 대면 대화를 선호하지 않는 이유가 가장 많이 출제

문제 유형

🎯 **AL 고난도 Combo**

- Describe how people used their phones about 5 years ago. What kinds of functions and applications did they use back then? What are some of the biggest differences between phone use in the past and now? Describe the phone you used before.

  약 5년 전에 사람들이 휴대폰을 어떻게 사용했는지 묘사해 주세요. 그때는 어떤 기능과 앱을 사용했나요? 과거와 지금의 휴대폰 사용의 가장 큰 차이는 무엇인가요? 예전에 사용했던 휴대폰을 묘사해 주세요.

- It is often said that young people may be losing important face-to-face communication skills due to heavy phone use. What are the opinions of people in your country about the way young people spend time on their phones?

  흔히 젊은 사람들이 휴대폰의 과도한 사용으로 인해 중요한 대면 의사소통 능력을 잃어버리고 있을지도 모른다고 말합니다. 젊은 사람들이 휴대폰으로 시간을 보내는 방식에 대해 당신의 나라 사람들은 어떤 의견을 가지고 있나요?

필수 어휘 & 표현

🎧 7_10

전화기 기능
- [ ] call 전화
- [ ] text 문자
- [ ] camera 카메라
- voicemail 음성 사서함
- Wi-Fi 무선 인터넷, 와이파이
- Bluetooth 블루투스
- navigation 내비게이션
- alarm 알람
- calendar 캘린더, 달력
- email 이메일
- mobile payment 모바일 결제

전화기 특징
- [ ] simple 단순한
- [ ] good 좋은, 괜찮은
- [ ] be like ~ 같다
- [ ] have many features 많은 기능을 갖추다
- [ ] as A as B B만큼 A한
- [ ] in high quality 고화질의

전화기 사용 방법
- [ ] access online videos 온라인 영상을 이용하다
- [ ] watch A anytime 언제든지 A를 보다
- [ ] do almost everything 거의 모든 것을 하다
- [ ] order food 음식을 주문하다
- [ ] search for information 정보를 검색하다
- listen to music 음악을 듣다
- play mobile games 모바일 게임을 하다
- use social media SNS를 사용하다
- chat with friends 친구들과 채팅하다, 이야기하다
- shop online 온라인으로 쇼핑하다

전화기 관련 문제점
- [ ] heavy phone use 휴대폰 과다 사용
- [ ] don't prefer face-to-face conversation 대면 대화를 선호하지 않다
- [ ] have a huge impact on ~에 큰 영향을 미치다
- [ ] social skills 사회적 능력
- [ ] agree 동의하다
- [ ] argue that ~라고 주장하다
- [ ] need ~을 필요로 하다
- disrupt sleep 수면을 방해하다
- trigger neck pain 목 통증을 유발하다
- decrease one's attention span ~의 집중력을 낮추다
- cause social isolation 사회적 고립을 초래하다
- weaken communication skills 의사소통 능력을 약화시키다
- waste time 시간을 낭비하다
- create safety hazards 안전 위험을 초래하다

14 5년 전/지금의 휴대폰 이용 방식 비교

🎧 7_11

Q Describe how people used their phones about 5 years ago. What kinds of functions and applications did they use back then? What are some of the biggest differences between phone use in the past and now? Describe the phone you used before.

약 5년 전에 사람들이 휴대폰을 어떻게 사용했는지 묘사해 주세요. 그때는 어떤 기능과 앱을 사용했나요? 과거와 지금의 휴대폰 사용의 가장 큰 차이는 무엇인가요? 예전에 사용했던 휴대폰을 묘사해 주세요.

💡 답변 아이디어 노트

5년 전 휴대폰 사용 방식	여러 변화 있었음
과거	전화/문자용, 앱이 얼마나 있었는지도 잘 기억 안 남 카메라 단순, 좋지 않았음
현재	많은 기능을 갖춰서 거의 미니 컴퓨터 같음 카메라도 DSLR만큼 좋음 언제든 고화질 영상도 볼 수 있음
마무리	요즘 휴대폰으로 거의 다 할 수 있음

실제답변 바로보기 ▶

Intro I'd have to say there have been several changes in phones.

Body Back in the day, people mainly used their phones just for calls and texts. I don't even remember if there were many applications back then. The camera was simple, but not that good. However, now, smartphones are like mini computers because they have so many features. For example, the camera is as good as a DSLR. Plus, you can access any online videos and watch them anytime in high quality.

Wrap-up Basically, you can do almost anything with your phone these days.

휴대폰에 여러 변화가 있었다고 말할 수 있어요. 예전엔, 사람들은 주로 전화와 문자용으로만 휴대폰을 썼어요. 심지어 그때 앱이 얼마나 있었는지조차 잘 기억이 나지 않아요. 카메라도 단순했지만, 그리 좋지는 않았어요. 그런데, 지금은 스마트폰이 많은 기능을 갖췄기 때문에 거의 미니 컴퓨터와 같아요. 예를 들어, 카메라는 DSLR만큼 좋아요. 게다가, 어떤 온라인 영상이든지 이용할 수 있고, 언제든지 고화질로 영상을 볼 수 있어요. 기본적으로, 요즘에는 휴대폰으로 거의 다 할 수 있어요.

15 젊은 사람들의 휴대폰 과다사용 부작용

Q It is often said that young people may be losing important face-to-face communication skills due to heavy phone use. What are the opinions of people in your country about the way young people spend time on their phones?

흔히 젊은 사람들이 휴대폰의 과도한 사용으로 인해 중요한 대면 의사소통 능력을 잃어버리고 있을지도 모른다고 말합니다. 젊은 사람들이 휴대폰으로 시간을 보내는 방식에 대해 당신의 나라 사람들은 어떤 의견을 가지고 있나요?

답변 아이디어 노트

젊은 사람들의 휴대폰 과다사용	논쟁 있음
일부 사람들의 주장	사용량이 너무 많음 – 젊은 사람들이 대면 대화 선호하지 않기 때문 사회적 능력에 큰 영향 줄 수 있음
다른 사람들의 주장	동의 X – 요즘 휴대폰은 중요함 모든 일에 필요함 – 음식 주문/정보 검색
마무리	그 문제에 대한 건 이 정도임

실제답변 바로보기 ▶

Intro In my country, there is a debate about young people's heavy phone use.

Body Some say it is too much. The main reason is that young people don't prefer face-to-face conversations these days. This can have a huge impact on their social skills. However, others don't agree. They argue that phones are really important these days. You need them for everything. For example, even when you are ordering food or searching for information, you often have to use your phone.

Wrap-up So, that's about it for that issue.

우리나라에서는 젊은 사람들의 휴대폰 과다사용에 대한 논쟁이 있어요. 어떤 사람들은 사용량이 너무 많다고 말해요. 주된 이유는 요즘 젊은 사람들이 대면 대화를 선호하지 않기 때문이에요. 이게 그들의 사회적 능력에 큰 영향을 줄 수 있어요. 하지만, 다른 사람들은 동의하지 않아요. 그들은 요즘 휴대폰이 정말 중요하다고 말해요. 모든 일에 휴대폰이 필요하다는 거예요. 예를 들어, 음식을 주문하거나 정보를 검색할 때도 휴대폰을 자주 써야만 해요. 그래서 그 문제에 대한 건 이 정도예요.

AL 고난도 04 산업

- 자가평가 난이도 5-5 이상을 선택한다면, 14-15번에서 산업 주제의 AL 고난도 문제 출제
- 특히 산업 문제는 높은 난이도로 출제되는 편
- 관심 있는 업계 근황/과거와 비교, 사람들이 관심 있어 하는 산업, 업계에서 기대에 못 미친 상품/서비스가 최빈출 기출 출제

문제 유형

AL 고난도 Combo

- Can you explain an industry you personally find interesting? Perhaps, you pay attention to an industry like food, energy, or technology. What was this industry like three years ago, and how has it developed since then?

  개인적으로 흥미롭다고 생각하는 산업을 설명해 줄 수 있나요? 어쩌면, 당신은 음식, 에너지, 혹은 기술 같은 산업에 관심이 있을 수도 있습니다. 그 산업은 3년 전에는 어떤 모습이었고, 그 이후 어떻게 발전해 왔나요?

- Tell me about a time when a new product or a service failed to meet people's expectations. It could be a new video game, smartphone, or some software that didn't work well when released. Explain what happened and how the public and industry experts responded.

  사람들의 기대에 못 미쳤던 새로운 제품이나 서비스에 대해 말해 주세요. 새 비디오 게임일 수도 있고, 스마트폰일 수도 있으며, 또는 출시 당시 잘 작동하지 않았던 소프트웨어일 수도 있습니다. 무슨 일이 있었는지, 그리고 대중과 업계 전문가들이 어떻게 반응했는지 설명해 주세요.

필수 어휘 & 표현

🎧 7_14

산업 종류
- [ ] entertainment 엔터테인먼트, 연예

산업 특징
- [ ] interesting 흥미로운
- [ ] strong 강세를 보이는

산업 근황
- [ ] grow bigger 더욱 성장하다
- [ ] be a worldwide trend 전 세계적인 트렌드가 되다
- [ ] perform at ~에서 공연하다
- [ ] expansion 확장(성)
- [ ] actively communicate with ~와 적극적으로 소통하다
- [ ] global fan 전 세계 팬
- [ ] K-pop idol group 케이팝 아이돌 그룹
- [ ] be a thing 대세가 되다
- [ ] go well 잘되다
- [ ] launch/release ~을 출시하다
- [ ] exclusive videos 독점 영상
- [ ] notice a lot of problems 많은 문제를 발견하다
- [ ] too expensive 너무 비싼
- [ ] get disappointed 실망하다
- [ ] only care about ~에만 관심이 있다
- [ ] make money 돈을 벌다
- [ ] fix the issue 문제를 해결하다
- [ ] stop using A A를 사용하는 것을 중단하다
- [ ] huge failure 큰 실패

➕ film 영화
music 음악
gaming 게임
theme parks 테마파크
streaming services OTT
artificial intelligence(AI) 인공지능
E-commerce 전자상거래

➕ fast-growing 빠르게 성장하는
expanding 확장하는
stable 안정적인
reliable 신뢰할 수 있는
innovative 혁신적인
cutting-edge 최첨단의
promising 전망이 좋은

➕ transform 변화하다
capture market share 시장 점유율을 차지하다
lead the market 시장을 선도하다
outperform competitors 경쟁사보다 뛰어나다
evolve 진화하다
gain competitiveness 경쟁력을 높이다

14 관심 있는 업계 최근 근황/3년 전과 비교

🎧 7.15

Q Can you explain an industry you personally find interesting? Perhaps, you pay attention to an industry like food, energy, or technology. What was this industry like three years ago, and how has it developed since then?

개인적으로 흥미롭다고 생각하는 산업을 설명해 줄 수 있나요? 어쩌면, 당신은 음식, 에너지, 혹은 기술 같은 산업에 관심이 있을 수도 있습니다. 그 산업은 3년 전에는 어떤 모습이었고, 그 이후 어떻게 발전해 왔나요?

💡 답변 아이디어 노트

관심 있는 산업	엔터테인먼트 산업
3년 전	케이팝 산업은 우리나라에서 오랫동안 강세 보임
그 이후 변화	더 많이 성장, 지금은 전 세계적 트렌드가 됨 – 확장성 소셜 미디어를 통해 전 세계 팬들과 활발히 소통함 케이팝 아이돌 그룹에는 특별한 게 있음
마무리	요즘 이 산업이 확실히 큰 화제임

실제답변 바로보기 ▶

Intro   There are many that comes to mind, but one is the entertainment industry.

Body   This industry, especially K-pop, is very interesting. It has been strong in my country for a long time. But, over the past few years, it has grown bigger. Now, it's a worldwide trend, with artists performing at global festivals and concerts. One thing that stands out is its expansion. Companies are actively communicating with global fans on social media. I guess there is something special about K-pop idol groups.

Wrap-up   I'd have to say the entertainment industry is definitely a big sensation these days.

떠오르는 산업이 많지만, 그중 하나는 엔터테인먼트 산업이에요. 이 산업은 정말 흥미로운데 특히 케이팝 산업이 그렇습니다. 이 산업은 오랫동안 우리나라에서 강세를 보여 왔어요. 하지만, 지난 몇 년 동안 더 많이 성장했어요. 지금은 전 세계적인 트렌드가 됐고, 아티스트들이 글로벌 축제와 콘서트에서 공연도 하고 있어요. 눈에 띄는 한 가지는 그 확장성이에요. 회사들은 소셜 미디어를 통해 전 세계 팬들과 활발히 소통하고 있어요. 아마 케이팝 아이돌 그룹에는 특별한 무엇인가가 있는 것 같아요. 요즘 이 산업이 확실히 큰 화제라고 말할 수 있어요.

AL 고난도 Combo — 15 해당 업계에서 기대에 못 미친 상품/서비스

🎧 7_16

Q Tell me about a time when a new product or a service failed to meet people's expectations. It could be a new video game, smartphone, or some software that didn't work well when released. Explain what happened and how the public and industry experts responded.

사람들의 기대에 못 미쳤던 새로운 제품이나 서비스에 대해 말해 주세요. 새 비디오 게임일 수도 있고, 스마트폰일 수도 있으며, 또는 출시 당시 잘 작동하지 않았던 소프트웨어일 수도 있습니다. 무슨 일이 있었는지, 그리고 대중과 업계 전문가들이 어떻게 반응했는지 설명해 주세요.

💡 답변 아이디어 노트

기대에 못 미쳤던 새로운 제품/서비스	새로운 엔터테인먼트 앱이 잘 되지 않았음
제품/서비스 설명	대형 케이팝 회사가 아이돌들과 채팅/독점 영상을 볼 수 있는 앱을 출시
사람들의 반응	처음에는 모두 기대 - 그런 앱이 업계에 없었음 앱이 출시되고 많은 문제 발견하기 시작 많은 팬들이 실망, 앱 사용 중단
마무리	지금도 많은 사람들이 이야기하는 큰 실패로 끝남

실제답변 바로보기 ▶

Intro I remember a time when a new entertainment application didn't do well.

Body A few years ago, a big K-pop company launched an application that allowed fans to chat with their favorite idols and watch exclusive videos. At first, everyone was super excited about it because there had never been an application like that in the industry before. However, once it was released, people started to notice a lot of problems. The application kept crashing, and some of the features were way too expensive for teenagers. Many fans got disappointed and even said the company only cared about making money. Although the company tried to fix the issues later, most users had already stopped using it.

Wrap-up In the end, it turned out to be a huge failure that many people still talk about today.

새로운 엔터테인먼트 앱이 잘되지 않았던 때를 기억해요. 몇 년 전, 한 대형 케이팝 회사가 팬들이 가장 좋아하는 아이돌들과 채팅하고 독점 영상을 볼 수 있는 앱을 출시했어요. 처음에는, 모두가 매우 기대했는데, 그전까지 업계에 그런 앱이 없었기 때문이에요. 그러나, 앱이 출시되자마자, 사람들은 많은 문제를 발견하기 시작했어요. 앱이 계속해서 꺼졌고, 일부 기능들은 10대들에게 너무 비쌌어요. 많은 팬들이 실망했고, 심지어 그 회사가 돈을 버는 것에만 관심이 있다고 말했어요. 회사에서 나중에 이 문제를 해결하려고 노력했지만, 대부분의 이용자들은 이미 그 앱을 사용하는 것을 중단했어요. 결국, 그건 지금도 많은 사람들이 이야기하는 큰 실패로 끝났어요.

AL 고난도 05 인터넷

- 자가평가 난이도 5-5 이상을 선택한다면, 14-15번에서 AL 고난도 문제로 인터넷 관련 주제도 출제
- 돌발주제 인터넷에서 학습한 모범답변을 확장하여 답변 가능
- 인터넷 관련 문제점/우려, 연령별 인터넷 이용 차이, 초창기/현재 인터넷 서핑 비교가 자주 등장

문제 유형

- How has the way people surf the internet changed compared to the past? What do you notice is still the same, and what is now different?

  사람들이 인터넷을 서핑하는 방식은 과거와 비교해 어떻게 변화했나요? 당신이 보기에 여전히 같은 점은 무엇이고, 지금은 무엇이 달라졌나요?

- What problems or concerns do people sometimes face when using the internet? Choose one issue and give some background about it. Why do people who use the internet find this issue worrying?

  인터넷을 사용할 때 사람들이 겪는 문제점이나 우려는 어떤 것이 있나요? 문제점 하나를 골라 그 배경을 설명해 주세요. 인터넷을 사용하는 사람들이 왜 이 문제점을 걱정하나요?

필수 어휘 & 표현

🎧 7_18

인터넷 사용 방식

- ☐ mainly use 주로 ~을 사용하다
- ☐ check emails 이메일을 확인하다
- ☐ browse websites 웹사이트를 둘러보다
- ☐ basic needs 기본적인 필요
- ☐ access the internet 인터넷에 접속하다
- ☐ stay connected 연결된 상태를 유지하다
- ☐ do so many things 아주 많은 것을 할 수 있다

인터넷 사용 방식의 변화

- ☐ with the development of technology 기술의 발전으로 ⊕ adaptation of new technologies 새로운 기술의 채택
- ☐ experience a dramatic change 극적인 변화를 겪다
- ☐ the biggest difference 가장 큰 차이
- ☐ use one's phone 휴대폰을 사용하다
- ☐ completely different 완전히 달라진

  increase in mobile usage 모바일 사용의 증가
  advancement of devices 기기의 발전
  faster network 더 빠른 네트워크
  demand for convenience 편리함에 대한 수요
  desire for real-time communication 실시간 소통에 대한 바람
  globalization 글로벌화

인터넷 관련 우려/문제점

- ☐ privacy 개인정보 보호
- ☐ put in personal details 개인 정보를 입력하다
- ☐ type in ~을 적어 넣다
- ☐ phone number 휴대폰 번호
- ☐ full name 이름
- ☐ address 주소
- ☐ hacker 해커
- ☐ collect the data 정보를 수집하다
- ☐ use A in a bad way A를 나쁜 용도로 사용하다
- ☐ user 사용자
- ☐ feel unsafe 불안함을 느끼다 ⊕ be concerned about ~에 대해 걱정하다
- ☐ do banking online 온라인 뱅킹을 하다
- ☐ see similar issues on the news 뉴스에서 이런 비슷한 문제를 보다
- ☐ Something needs to be done. 뭔가 조치가 필요하다.

  worry about ~에 대해 우려하다
  feel vulnerable 취약함을 느끼다
  be at risk of ~의 위험에 처하다
  be exposed to ~에 노출될 위험이 있다

 **14 초창기/현재의 인터넷 서핑 비교**

Q How has the way people surf the internet changed compared to the past? What do you notice is still the same, and what is now different?

사람들이 인터넷을 서핑하는 방식은 과거와 비교해 어떻게 변화했나요? 당신이 보기에 여전히 같은 점은 무엇이고, 지금은 무엇이 달라졌나요?

 답변 아이디어 노트

인터넷 사용 방식	과거에 비해 많이 변함
과거	데스크톱 컴퓨터 사용 - 이메일 확인/기초적인 웹사이트 보기 기본적인 필요를 채우는 용도
현재	인터넷 접속하기 위해 휴대폰 사용 - 가장 큰 차이 언제 어디서나 연결된 상태 유지, 온라인으로 많은 것을 할 수 있음
마무리	현재 인터넷 사용 방식은 완전히 달라짐

실제답변 바로보기 ▶

Intro As you know, it has changed a lot compared to the past.

Body In the past, people mainly used desktop computers to check emails or browse basic websites. I guess it was only for basic needs. But now, with the development of technology, the internet has experienced a dramatic change. You can use your phones to access the internet. I think that's the biggest difference. You can stay connected anywhere, anytime, and do so many things online.

Wrap-up So overall, the way people use the internet is completely different now.

아시다시피, 인터넷은 과거에 비해 정말 많이 변했어요. 과거엔, 사람들은 주로 이메일을 확인하거나 기초적인 웹사이트를 보기 위해 데스크톱 컴퓨터를 사용했어요. 그때는 단순히 기본적인 필요만을 채우는 용도였던 것 같아요. 하지만, 지금은 기술의 발전으로 인터넷은 극적인 변화를 겪었어요. 인터넷에 접속하기 위해 휴대폰을 사용할 수 있어요. 저는 이게 가장 큰 차이라고 생각해요. 언제 어디서나 연결된 상태를 유지할 수 있고, 온라인으로 아주 많은 것들을 할 수 있어요. 그래서 전반적으로, 현재 사람들이 인터넷을 사용하는 방식은 완전히 달라졌어요.

 인터넷 관련 문제점/우려

Q What problems or concerns do people sometimes face when using the internet? Choose one issue and give some background about it. Why do people who use the internet find this issue worrying?

인터넷을 사용할 때 사람들이 겪는 문제점이나 우려는 어떤 것이 있나요? 문제점 하나를 골라 그 배경을 설명해 주세요. 인터넷을 사용하는 사람들이 왜 이 문제점을 걱정하나요?

답변 아이디어 노트

인터넷 사용과 관련된 문제/우려	여러 가지 나눌 수 있지만, 하나만 말하겠음
문제점/우려	개인정보 보호 인터넷 사용 시 개인 정보 입력해야 함
걱정하는 이유	해커가 나쁜 용도로 사용할 수 있음 이게 사용자가 불안함을 느끼게 함, 특히 온라인 뱅킹할 때
마무리	이 문제에 대한 조치가 필요함

실제답변 바로보기 ▶

Intro There are many things I can share with you, but let me just talk about one.

Body One big concern is privacy. When you use the internet, you sometimes need to put in your personal details. For example, you might type in your phone number, full name, and address. The thing is that hackers might collect this data and use it in a bad way. This makes many users feel unsafe, especially when doing banking online. I've seen similar issues on the news recently. So, I guess it's a big problem these days.

Wrap-up I strongly think that something needs to be done about it.

여러 가지를 나눌 수 있지만, 하나만 말할게요. 큰 우려 중 하나는 개인정보 보호에요. 인터넷을 사용할 때, 때때로 개인 정보를 입력할 필요가 있어요. 예를 들어, 휴대폰 번호, 이름, 그리고 주소를 적어 넣어야 할 때도 있어요. 문제는 해커들이 이런 정보를 수집해서 나쁜 용도로 사용할 수 있다는 거예요. 이게 많은 사용자가 불안함을 느끼게 하고, 특히 온라인 뱅킹을 할 때 그렇습니다. 저도 최근 뉴스에서 이런 비슷한 문제를 본 적이 있어요. 그래서 요즘 이게 큰 문제라고 생각해요. 저는 이 문제에 대해 뭔가 조치가 꼭 필요하다고 생각해요.

AL 고난도 06 지형

- 자가평가 난이도 5-5 이상을 선택한다면, 14-15번에서 AL 고난도 문제로 지형 관련 문제도 출제
- 지형 AL 고난도 문제는 앞서 학습한 산업 주제와 함께 특히 어려운 문제에 속함
- 지리적으로 근접한 국가의 변화, 이웃 국가 관련 뉴스, 우리나라와 이웃 국가와의 관계 변화/역사적 사건 등이 자주 출제

문제 유형

🎯 **AL 고난도 Combo**

- Tell me about the changes you have seen in your country's relationships with other countries. These changes could be in economics, politics, sports, arts, or culture. Describe what has changed in detail.

  당신의 나라가 다른 나라들과 맺고 있는 관계에서 당신이 본 변화에 대해 말해 주세요. 이 변화는 경제, 정치, 스포츠, 예술, 혹은 문화에 있을 수도 있습니다. 무엇이 변했는지 자세히 묘사해 주세요.

- I'd like to hear about a particular historical event that significantly impacted the relationship between your country and a neighboring country. It might be a treaty, a cultural event, or an official visit by a foreign leader. Tell me everything that happened.

  당신의 나라와 이웃 나라 사이의 관계에 큰 영향을 준 특정 역사적 사건에 대해 듣고 싶습니다. 그것은 조약일 수도 있고, 문화 행사일 수도 있으며 혹은 외국 지도자의 공식 방문일 수도 있습니다. 무슨 일이 있었는지 모두 말해 주세요.

필수 어휘 & 표현

🎧 7_22

우리나라/다른 국가와의 관계
- [ ] don't know much about ~에 대해 잘 알지 못하다
- [ ] have close relationships with ~와 긴밀한 관계를 맺다
  - maintain a bond 유대를 유지하다
  - be closely connected 밀접하게 연결되어 있다
  - have a tight relationship 단단한 관계를 가지다
  - have a partnership 파트너십을 가지다
  - collaborate closely with ~와 긴밀히 협력하다

관계 변화 요소
- [ ] be in culture 문화에 있다
- [ ] cultural exchange 문화 교류
- [ ] rising popularity 높아진 인기
  - tourism 관광
  - sports diplomacy 스포츠 외교
  - joint business ventures 공동 사업
  - trade agreement 무역 협정
  - peace treaties 평화 조약
  - international alliances 국제 동맹
- [ ] K-pop concert 케이팝 콘서트
- [ ] expand visa-free entry 무비자 입국을 확대하다
- [ ] increase the number of flight routes 항공 노선 수를 늘리다

관계 변화 결과
- [ ] soften the relationship with ~와의 관계를 완화하다, 부드럽게 만들다
- [ ] bring A and B closer A와 B를 더 가깝게 하다
- [ ] agree to do ~하기로 합의하다
- [ ] make A easier A를 더 쉽게 만들다
- [ ] visit each other's countries 서로의 나라를 방문하다
- [ ] boost ~을 촉진하다
  - peace 평화
  - harmony 조화
  - stability 안정
  - cooperation 협력
  - mutual understanding 상호 이해
  - economic growth 경제 성장
  - trade expansion 무역 확대
  - prosperity 번영
- [ ] learn ~을 배우다
- [ ] appreciate ~을 이해하다
- [ ] show more interest in ~에 더 많은 관심을 보이다
- [ ] explore ~을 탐험하다
- [ ] meaningful step 의미 있는 한 걸음
- [ ] strengthen the relationship 관계를 강화하다

 ⑭ 우리나라와 다른 국가와의 관계/관계 변화

Q Tell me about the changes you have seen in your country's relationships with other countries. These changes could be in economics, politics, sports, arts, or culture. Describe what has changed in detail.

당신의 나라가 다른 나라들과 맺고 있는 관계에서 당신이 본 변화에 대해 말해 주세요. 이 변화는 경제, 정치, 스포츠, 예술, 혹은 문화에 있을 수도 있습니다. 무엇이 변했는지 자세히 묘사해 주세요.

💡 답변 아이디어 노트

우리나라와 다른 나라 관계	잘 알지는 못하지만, 아는 것 말해 보겠음
관계 특징	여러 나라와 긴밀한 관계 맺고 있음– 특히 문화에 큰 변화 있음 과거엔 문화 교류 많지 않았음
관계 변화	케이팝 인기가 높아지면서 케이팝 콘서트/합동 행사 많아짐 이런 행사들이 관계를 더욱 완화해 줌
마무리	케이팝에는 특별한 무언가가 있음

실제답변 바로보기 ▶

Intro I don't know much about this issue, but I'll tell you what I know.

Body My country has several close relationships with other countries. One big change has been in culture. In the past, there was not much cultural exchange with other countries. However, with the rising popularity of K-pop, there are so many K-pop concerts and joint events in other countries, such as the United States, France, and Australia. These events have softened the relationships with these countries.

Wrap-up So, I guess there's something special about K-pop these days.

이 문제에 대해 잘 알지는 못하지만, 제가 아는 걸 말해 볼게요. 우리나라는 여러 나라와 긴밀한 관계를 맺고 있어요. 큰 변화 중 하나는 문화에 있어요. 과거에는 다른 나라와의 문화 교류가 많지 않았어요. 하지만, 케이팝의 인기가 높아지면서 미국, 프랑스, 그리고 호주 같은 여러 나라에서 케이팝 콘서트와 합동 행사들이 많아지고 있어요. 이런 행사들이 그 나라들과의 관계를 더욱 완화해 줬어요. 그래서 요즘 케이팝에는 특별한 무언가가 있는 것 같아요.

AL 고난도 Combo ⑮ 우리나라와 이웃 국가와의 역사적 사건/여파

🎧 7_24

Q I'd like to hear about a particular historical event that significantly impacted the relationship between your country and a neighboring country. It might be a treaty, a cultural event, or an official visit by a foreign leader. Tell me everything that happened.

당신의 나라와 이웃 나라 사이의 관계에 큰 영향을 준 특정 역사적 사건에 대해 듣고 싶습니다. 그것은 조약일 수도 있고, 문화 행사일 수도 있으며 혹은 외국 지도자의 공식 방문일 수도 있습니다. 무슨 일이 있었는지 모두 말해 주세요.

💡 답변 아이디어 노트

우리나라/이웃 국가의 역사적 사건	한국/일본을 더 가깝게 만든 사건은 관광 재개
사건 설명	무비자 입국 확대, 항공 노선 수 늘림 – 여행 더 쉽게 만듦
결과	서로의 나라 방문 시작, 주요 도시 경제 크게 촉진시킴 서로의 문화도 배우고 이해하게 됨
마무리	두 나라의 관계를 강화하는 데 의미 있는 한 걸음이었음

실제답변 바로보기 ▶

Intro One event that brought Korea and Japan closer was the reopening of tourism.

Body A few years ago, both countries agreed to make traveling easier by expanding visa-free entry and increasing the number of flight routes. After that, more people started visiting each other's countries, which greatly boosted tourism and local businesses, especially in major cities like Seoul and Tokyo. It also allowed people to learn and appreciate each other's culture through various cultural exchanges. For example, Japanese people showed more interest in K-pop and Korean food, while many Koreans started exploring traditional Japanese art and fashion.

Wrap-up Overall, it was a meaningful step that helped strengthen the relationship between the two countries.

한국과 일본을 더 가깝게 만든 사건 중 하나는 관광 재개였어요. 몇 년 전, 두 나라는 무비자 입국을 확대하고 항공 노선 수를 늘려 여행을 더 쉽게 만들기로 합의했어요. 그 후, 더 많은 사람들이 서로의 나라를 방문하기 시작했고, 이는 관광 산업과 지역 상권, 특히 서울과 도쿄 같은 주요 도시의 경제를 크게 촉진시켰어요. 다양한 문화 교류를 통해 사람들이 서로의 문화도 배우고 이해할 수 있게 했어요. 예를 들어, 일본 사람들은 케이팝과 한국 음식에 더 많은 관심을 보였고, 많은 한국인들은 일본의 전통 예술과 패션을 탐색하기 시작했어요. 전반적으로, 이것은 두 나라의 관계를 강화하는 데 도움이 된 의미 있는 한 걸음이었어요.

오픽의 모든 것!
없는 거 빼고 다 있는
제니쌤의 오픽 편의점

레벨별 맞춤 답변 가이드
필요한 레벨만 쏙-골라서!
IM / IH-AL 맞춤 답변 제공!

최빈출 COMBO 총정리
기출 기반 문제은행으로
모든 질문 완벽 커버

오픽 편의점 풀패키지 혜택!

시험장 필수템!
워크북+핸드북 제공
*핸드북은 PDF 제공

목표 달성까지
수강기간 무한연장
*연장신청 시

제니쌤 직접 관리
카톡 온라인 스터디

제니쌤의 오픽 편의점 풀패키지   **149,000원**

시원스쿨 LAB(http://lab.siwonschool.com/)에서 제니쌤의 오픽 편의점 풀패키지를 구매하실 수 있습니다.
제공하는 혜택은 기간에 따라 다를 수 있습니다.

시원스쿨 오픽

1000% 최대
오픽 환급반

시작만해도 50%+최대 **1,037,400원 환급**까지!

오픽 자신감
제니

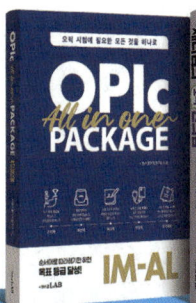

오픽 만점
소나

수강료
최대 **1000% 환급**
공부만 했는데
최대 1,037,400원 환급!?
* 환급 미션 달성시
* 제세공과금&교재비 제외

출석없이
100% 환급
더 쉬워진
환급조건으로
출석 없이 환급받자!
* 성적표 제출 및 후기 작성 시
* 제세공과금&교재비 제외

+200일
수강연장
미션 실패해도 괜찮아!
수강 연장 혜택
* 환급조건 미달성시

첫 시험에 오픽 AL 달성한
시원스쿨LAB 수강생의 후기!

" 여러분도 할 수 있습니다! "

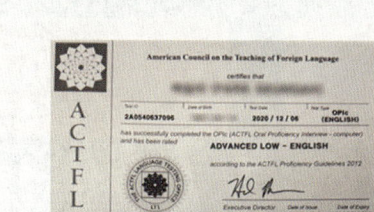

첫 시험에 오픽 AL 달성!

온라인스터디를 통해서 매일 새로운
주제가 올라왔고, 매일 다른 주제로 연습함으로써
실전에 대비할 수 있었습니다.

- 오픽 수강생 박승*

시원스쿨LAB(lab.siwonschool.com)에서 환급반을 신청하실 수 있습니다.
제공하는 혜택 및 환급 조건은 기간에 따라 다를 수 있습니다.

과목별 스타 강사진 영입, 기대하세요!

시원스쿨LAB 강사 라인업

20년 노하우의 오픽/토스/토익/지텔프/텝스/아이엘츠/토플/SPA/듀오링고
기출 빅데이터 심층 연구로 빠르고 효율적인 목표 점수 달성을 보장합니다.

시험영어 전문 연구 조직
시원스쿨어학연구소

 시험영어 전문

 기출 빅데이터

 264,000시간

OPIc/TOEIC Speaking/TOEIC/
G-TELP/TEPS/IELTS/
TOEFL/SPA/Duolingo
공인 영어시험 콘텐츠 개발 경력
20년 이상의 국내외 연구원들이
포진한 전문적인 연구 조직입니다.

본 연구소 연구원들은
매월 각 전문 분야의 시험에 응시해
시험에 나온 모든 문제를 철저하게
해부하고, 시험별 기출문제 빅데이터
분석을 통해 단기 고득점을 위한
학습 솔루션을 개발 중입니다.

각 분야 연구원들의 연구시간
모두 합쳐 264,000시간
이 모든 시간이 쌓여
시원스쿨어학연구소가
탄생했습니다.

시원스쿨LAB